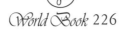
World Book 226

Johann Wolfgang von Goethe
DIE WAHLVERWANDTSCHAFTEN
HERMANN UND DOROTHEA
친화력/헤르만과 도로테아
요한 볼프강 폰 괴테/곽복록 옮김

동서문화사

디자인 : 동서랑 미술팀

친화력/헤르만과 도로테아
차례

Die Wahlverwandtschaften

친화력

주요 등장인물

에두아르트 혈기왕성한 한창 나이의 부유한 남작. 젊어서 샬로테와 사랑에 빠지지만, 아버지 뜻에 따라 연상의 돈 많은 여인과 결혼. 그녀가 죽자 샬로테와 재혼한 뒤 성관에 틀어박혀 외부와 거리를 둔 생활을 즐긴다.

샬로테 에두아르트의 아내. 나이 많은 남편이 죽고 나서 에두아르트와 재혼. 성관에 초대한 남편의 친구인 대위에게 강하게 이끌리지만 애써 자제한다. 전남편과 사이에서 낳은 딸 루치아네를 기숙학교에 보내고 있다.

오틸리에 샬로테의 조카. 루치아네와 같은 기숙학교에서 생활하다가 대위와 같은 시기 샬로테 배려로 성관에서 지내게 된다. 여린 마음과 무모한 애정으로 에두아르트에게 강하게 이끌리며, 둘은 거스를 수 없는 자연의 결합인 '친화력'에 순종한다.

대위 에두아르트의 친구. 학식, 재능, 능력 등을 고루 갖추었으나 그에 어울리는 직업을 찾지 못해 불운한 세월을 보낸다. 에두아르트 집에 초대되었다가 안주인 샬로테와 사랑에 빠진다. 뒷날 대령에 오른다.

루치아네 샬로테의 딸. 외향적이고 사교적이다.

미틀러 에두아르트 부부의 친구. 전 성직자로, 어떤 분쟁도 조율하고 중재할 수 있다고 자부한다.

건축가 내성적인 성격으로, 에두아르트와 대위가 성관을 떠난 뒤에 헌신적으로 여자들을 돌본다. 오틸리에를 짝사랑한다.

조교 오틸리에와 결혼하여 기숙학교 물려받기를 꿈꾼다.

제1부

제1장

에두아르트―우리는 한창 혈기왕성한 어느 부유한 남작을 이렇게 부르기로 한다. 그는 싱싱하게 솟아난 새순을 어린 가지에 접붙이면서 더없이 아름다운 4월 오후를 자신의 묘목원 묘판에서 보내고 있다. 이제 막 그 힘든 작업을 끝냈다. 그가 연장들을 통에 집어넣고 뿌듯한 마음으로 오늘 일의 성과를 바라보는데 정원사가 다가왔다. 그는 주인이 정원 가꾸기에 관심을 갖고 몸소 돌보는 열정을 보며 기뻐했다.

에두아르트가 떠날 채비를 하면서 정원사에게 물었다. "자네 우리 집사람을 보지 못했나?"

"저쪽 새로 만들고 있는 집터에 계시던데요." 정원사가 대답했다. "마님 명령으로 성 맞은편 바위산 위에 짓고 있는 이끼 정자*1가 오늘로 완성될 겁니다. 마무리가 아주 잘되어, 주인님께서도 틀림없이 만족하실 겁니다. 그 정자는 전망이 매우 훌륭합니다. 아래에 마을이 내려다보이고 조금 오른쪽으로 교회가 보이는데, 시야가 탁 트여서 교회 탑은 눈에도 안 들어올 정도지요. 그 앞쪽을 바라보시면 성과 정원이 보이고요."

"맞아. 여기서 몇 발자국 떨어진 곳에서도 사람들이 일하는 모습이 모두 보였어." 에두아르트가 말했다.

"그리고 오른쪽으로는 골짜기가 펼쳐집니다. 나무들이 울창한 숲 너머로 탁 트여 멀리까지 훤히 보이죠. 바위산 위로 올라가는 오솔길은 또 얼마나 예쁘게 꾸며 놨는지 모릅니다. 마님께서는 그런 일에 아주 밝으셔서 모두들 마님을 따라 아주 즐겁게 일하고 있답니다."

---

*1 '이끼 정자'는 '이끼로 덮인 오두막'이라는 의미의 독일어를 옮긴 것이다. 겉을 이끼로 덮어 자연스러운 느낌이 나도록 지은 정자를 말하는데, 이 소설의 공간적 배경인 공원과 마찬가지로 주인공의 심리상태나 작품의 분위기를 공간적으로 암시하는 역할을 한다. 가려진 정자는 탁 트인 공원과 대조적으로 '보호' 또는 '은신'에 대한 동경을 공간적으로 상징한다.

"아내에게 가서, 내 그리로 갈 테니 기다려 달라고 말해 주게. 내가 그녀의 새 작품을 감상하고 싶어 한다고 말이야." 에두아르트가 말했다.

정원사는 서둘러 그 자리를 떠났고, 에두아르트도 곧 그 뒤를 따라갔다.

에두아르트는 언덕을 내려가는 길에 온실과 종묘 밭을 두루 살피고 강가로 나가 작은 다리를 건넜다. 새 공원으로 가는 오솔길이 두 갈래로 나뉘는 지점에 이르렀다. 한쪽은 교회 묘지만 지나면 곧장 바위산으로 뻗은 길이었는데, 그는 이 길을 놔두고 다른 길을 택했다. 그가 선택한 방향은 왼쪽으로 좀 돌아가게 되어 있지만, 아름다운 떨기나무 숲을 완만하게 지나 올라가는 길이었다. 갈림길이 하나로 다시 합쳐지는 지점에서 그는 적당한 곳에 놓인 벤치에 잠깐 앉았다가, 바위산으로 곧장 이어지는 오르막길로 들어섰다. 때로는 가팔라졌다가 다시 완만해지곤 하는 좁은 길을 따라서 저마다 다르게 생긴 계단을 올라가다가 층계참에서 한숨 돌리다 보니 어느덧 정자에 이르렀다.

문가에서 샬로테가 남편을 맞이하여 자리로 안내했다. 그 자리는 문과 여러 개의 창으로 펼쳐지는 바깥 풍경이 마치 여럿의 액자그림처럼 한눈에 내다보이는 곳이었다. 곧 봄이 되면 이 풍경도 한결 풍요로워지고 활기를 띠겠지 그런 생각을 하면서 그는 벅찬 마음으로 경치를 감상했다. "다 좋은데 한 가지가 걸리네." 그가 말했다. "이 정자가 좀 좁은 것 같아."

"우리 둘이 쓰기에 이 정도면 충분하죠." 샬로테가 말했다.

"그야 그렇지." 에두아르트가 말했다. "한 사람쯤 더 와도 자리는 충분할 거 같아."

"그럼요." 샬로테가 대답했다. "네 사람이어도 충분할걸요. 그보다 많이 오면 다른 장소를 마련하면 되고."

"지금은 우리 둘만 오붓하게 있으니까 하는 말인데," 에두아르트가 말을 이었다. "마음도 아주 편하고 기분도 좋고 해서 당신한테 고백하고 싶은 게 하나 있어. 오래전부터 마음에 담아 두었던 이야기지. 당신한테 꼭 말을 해야 하는데. 이제껏 털어놓고 싶어도 그러지를 못했어."

"왠지 그래 보였어요." 샬로테가 말했다.

"정말 솔직히 말할게. 만약 내일 아침 우편배달부가 급하게 와야 하는 상황이 아니라면, 다시 말해 우리가 오늘 중으로 어떤 결정을 내려야만 하는 상황이 아니라면, 앞으로도 한동안은 이 이야기를 꺼내지 않았을 거야."

"무슨 일인데 그러세요?" 샬로테가 다정하게 물었다.

"우리 친구인 대위와 관련된 일이야." 에두아르트가 말했다. "세상에 많은 사람이 그렇듯이 그 친구도 아무런 잘못 없이 딱한 처지가 되었다는 건 당신도 알지. 그만큼 대단한 식견과 재능, 숙련된 능력을 가진 사람이 일정한 직업이 없다니. 본인은 얼마나 괴롭겠어? 그래서 난 그를 위해 어떤 일을 계획했어. 그 계획을 솔직하게 털어놓을게. 실은 얼마간 그 친구를 우리 집에 머무르게 하고 싶어."

"그런 일이라면 잘 생각해 봐야 하지 않을까요? 어떤 한 가지만 생각할 게 아니라 여러 측면을 고려해야죠." 샬로테가 대답했다.

"먼저 내 생각을 말해 보면 이래." 그녀의 말에 에두아르트가 대답했다. "그 친구가 가장 최근에 보낸 편지를 보면, 그가 얼마나 심한 우울증에 빠져 있는지 알 수 있어. 그 친구가 뭔가가 부족해서 그런 게 아냐. 그는 검소하게 사는 법을 아는 친구고, 꼭 필요한 것은 내가 다 마련해 주었거든. 그렇다고 해서 내게서 뭔가를 받는다는 사실 때문에 우울해하는 것도 아니야. 우리는 지금까지 살아오면서 서로에게 너무 많은 빚을 지고 살아서 누가 받을 것이 얼마고 갚을 것이 얼마인지 계산하는 것 자체가 무의미하거든. 그 사람을 고통스럽게 하는 건 직업이 없다는 거야. 이것저것 계발해 온 자신의 능력을 다른 사람에게도 유용하게끔 하루하루 매시간을 잘 이용하는 것, 이것이야말로 그의 기쁨, 아니 그의 열정이라 할 수 있지. 그런데 지금은 두 손 놓고 그냥 있거나 계속 배우며 다음 능력을 연마하는 수밖에 없어. 이미 완벽하게 갖춘 능력들을 제대로 발휘하지도 못하는 이 마당에 말이야. 이쯤 이야기하고, 샬로테, 정말 그 친구 처지가 딱해. 게다가 그 친구는 혼자라서 그 고통을 두 배, 아니 세 배로 느끼고 있어."

"하지만 여러 곳에서 그분에게 일자리를 제안했었잖아요? 나도 현직에서 활동 중인 몇몇 친구에게 그분을 도와 달라는 편지를 썼어요. 그런 것이 아무 효과가 없으리라고는 생각되지 않는데요."

"맞아." 에두아르트가 말했다. "하지만 그런 여러 기회와 제안들이 그에게는 오히려 새로운 고통과 초조함을 가져다주었지. 그중에 어느 것도 그에게 맞는 일이 아니었거든. 그의 능력을 발휘할 수 없는 일들뿐이었단 말이야.

시간도 희생해야 되고, 자기 방식대로 살겠다는 신념도 포기해야 하는데 어떻게 그런 일을 쉽게 받아들일 수 있겠어. 그런 사정을 고려하면 할수록, 또 그 친구의 사정이 어떤지 느끼면 느낄수록 그를 우리 집에 데려오고 싶다는 내 소망도 간절해지고 있어."

"그건 분명 좋은 일이고, 당신은 따뜻한 사람이에요." 샬로테가 대답했다. "친구의 일을 자신의 일처럼 생각하다니 말이에요. 하지만 난 당신이 당신 생각도 좀 하고, 우리 생각도 좀 해 주었으면 좋겠군요."

"물론 생각했지." 에두아르트가 말했다. "하지만 내 생각에 그 친구가 우리 곁에 있으면 즐겁고 좋은 일들만 나타나게 될 거야. 비용은 문제가 안 돼. 한 사람 더 같이 산다고 해서 크게 달라지진 않을 테니까. 또 그가 와 있다고 해서 우리 생활이 불편해질 이유는 조금도 없고. 성관*2 오른쪽 한편에 방만 마련해 주면 나머지는 알아서 해결될 거야. 그에게는 그것만으로도 큰 위안이 될 테고. 게다가 그와 함께 지내면 우리로서도 많은 일이 편해질 거야. 또한 그로 인해 유익한 일도 아주 많이 생기게 될 거야. 나는 오래전부터 영지와 그 주변을 측량해 보고 싶었어. 그 친구라면 그 일을 도맡아서 실행해 줄 거야. 당신은 소작인들과 지금까지의 계약이 끝나면 그다음부터는 모든 영지를 전부 당신이 직접 관리할 생각이지? 그런 계획은 정말로 신중하게 세워야 해! 바로 그럴 때 그 친구가 우리에게 많은 사전지식을 주고 도와줄 수 있지 않겠어? 난 평소 그런 조언을 해줄 사람이 정말 절실히 필요했거든. 시골 사람들도 올바른 지식을 갖고 있기는 하지. 하지만 그들이 알려 주는 측량에 대한 내용은 명확하지 않을뿐더러 솔직하지도 않아. 대학에서 공부한 도시인들은 명료하고 논리정연하게 말하긴 하지만 정작 측량일에 대해서는 직감적인 통찰력이 없단 말이야. 하지만 그 친구는 이 두 가지를 모두 가지고 있어. 거기에서는 또 그 밖의 많은 생활상의 변화가 파생될 거고 난 상상만 해도 매우 기뻐. 그런 변화는 당신과도 무관하지 않을 거야. 거기서 좋은 일이 많이 생겨날 거라고 난 믿고 있어. 내 얘기를 차분하게 들어줘서 고마워. 이제는 당신이 솔직하게 얘기해 봐. 하고 싶은 이야기가 있으면 숨기지 말고 다 털어놔. 도중에 당신이 하는 말을 끊지는 않을 테니

---

*2 15세기부터 17세기 초기까지의 서유럽에서 군주나 귀족이 살던 별장.

까."

"좋아요." 샬로테가 대답했다. "일단 일반론부터 시작하죠. 남자들은 개별적인 일, 즉 지금 눈앞에 닥친 일만 생각하는 경향이 있어요. 물론 그건 당연한 일이죠. 남자들의 천성 자체가 행동하고 움직이게 되어 있으니까요. 하지만 여자들은 삶 전체를 아우르고 있는 관계를 중요시해요. 이것 또한 당연한 일이에요. 여자의 운명, 가족의 운명은 바로 그 관계와 연결되어 있고, 그 관계를 유지하는 것이 세상 여자에게 요구되는 역할이니까요. 그러니까 우리의 현재와 과거 생활을 한번 돌이켜 보세요. 그러면 대위를 불러오는 일은 우리의 목적과 계획, 그리고 처지와 일치하는 일이 아니란 걸 당신도 인정하게 될 테니까.

우리가 처음 만났던 때를 생각하면 난 얼마나 마음이 푸근해지는지 몰라요! 젊었던 우리 두 사람은 서로를 진심으로 사랑했지만 헤어졌죠. 당신이 나와 헤어진 것은 당신 아버지가 끝없는 돈 욕심에 당신을 당신보다 훨씬 나이 많은 부잣집 여자와 결혼시켰기 때문이고, 내가 당신과 헤어진 것은 다른 대안도 없는 처지에서 부유한 남자의 구혼을 뿌리칠 수 없었기 때문이었어요. 나는 그를 존경하기는 했지만 사랑하지는 않았죠. 그러다가 우리는 다시 자유로운 몸이 되었어요. 당신이 나보다 좀 더 빨랐죠. 당신의 아내는 당신에게 엄청나게 많은 재산을 물려주고 죽은 거예요. 내가 자유의 몸이 된 건 그보다 늦은 때였어요. 당신이 여행에서 돌아오던 바로 그 무렵이었죠. 그래서 우리는 다시 만나게 되었지요. 우리는 즐겁게 옛날을 회상하기도 했고, 추억은 너무나도 소중했어요. 이제 우리를 방해하는 것은 아무것도 없었죠. 당신은 당장 결혼하자고 성화였지만, 나는 그 청혼을 바로 받아들일 수는 없었어요. 난 여자로서 그리 젊다고 할 수 없었지만 나와 비슷한 나이인 당신은 남자로서 아직 젊은 편이기 때문이었죠. 하지만 결국엔 당신 자신의 유일한 행복이라고 생각하는 결혼을 계속 거절할 수는 없었어요. 궁정과 군대, 먼 여행으로 다사다난한 나날을 보내 왔던 당신은 이제 내 곁으로 돌아와 편안하고 안정된 삶을 즐기고 싶어 했지요. 당신은 오로지 나와 단둘이서 그렇게 하고 싶다고 말했죠. 그래서 나는 하나뿐인 내 딸도 기숙학교에 보냈어요. 물론 시골에 있는 것보다야 학교에 있는 편이 다양한 소양을 쌓을 수 있어서 좋기야 하죠. 하지만 그 애 혼자만 보낸 건 아니에요. 내 사랑하는 조카 오틸리에도 그곳으로 같이 보냈죠. 어쩌면 오틸리에는 나와 함께 집안일을 도우며 지내는 편이 성격상 가장 맞을는지도 몰라요. 그것도 다 우리 둘만을 위해 살기 위해서였어요. 우리가 일찍이 그토록 원했던 행복, 늦게나마 마침내 얻은 그 행복을 방해받지 않고 만끽하기 위해서 말이에요. 그렇게 해서 우리는 영지에서 생활하게 되었지요. 나는 가계 재정을 맡고 당신은 바깥일과 가계의 전반적인 관리를 맡았어요. 난 오로지 당신에게 잘하기 위해, 오로지 당신만을 위해 살려고 집안을 꾸려 왔어요. 그러니까 얼마 동안만이라도 지금 상태를 유지하면서, 우리 단둘이서 어디까지 만족스러운 생활을 할 수 있는지 시험해 봤으면 좋겠다는 것이 내 생각이에요."

"당신 말대로 관계 형성은 여성들의 특기지." 에두아르트가 대답했다. "그러니까 남자들은 여자들의 이야기는 처음부터 들을 필요도 없거니와 그 이야기를 들으면 무조건 동의할 각오를 해야 해. 실제로 이제까지는 당신 말이 다 옳았어. 우리가 지금까지 쌓아 온 삶의 기반은 넘치지도 않고 모자라지도 않아. 그런데 그 기반을 더 높이 쌓아 나가면 안 되나? 그것을 더 발전시키면 안 돼? 내가 묘목원에서 하는 일이나 당신이 공원에서 공사를 감독하는 일은 오로지 세상과 동떨어져 사는 사람들만을 위한 거야?"

"당신 말이 옳아요!" 샬로테가 대답했다. "맞는 말이에요! 다만 우리 생활을 방해하는 요소나 이질적인 요소는 들여놓지 말아야 한다는 거예요! 우리의 계획과 우리의 즐거움은 둘만의 오붓한 생활과 어느 정도 관련되어 있다는 점을 잊지 말아 주었으면 해요. 맨 처음에 당신이 세웠던 계획은 당신 여행일지를 정리해서 나에게 보여 주겠다는 것이었어요. 이 기회에 수많은 여행 관련 노트도 정리할 것이고, 귀중하지만 아직 뒤죽박죽인 수첩과 종이 쪽지들을 정리해야 하니 나더러 도와 달라고 했잖아요. 우리뿐만 아니라 다른 사람도 즐겁게 읽을 수 있는 책으로 내겠다고 말이에요. 난 당신의 정서 작업을 돕겠다고 약속했어요. 이 작업을 통해 우리가 함께 다니며 볼 수 없었던 세상을 회상 속에서라도 함께 두루두루 여행할 수 있다고 생각하면 얼마나 즐겁고 유쾌해요. 또한 얼마나 포근하고 아련한 기분이 되었을지 생각해 봐요. 그 첫 부분은 이미 작업을 시작했잖아요. 그리고 당신은 저녁마다 내 피아노 반주에 맞춰 플루트를 연주해 주잖아요. 우린 이웃과의 왕래도 결코 적지 않은 편이고요. 적어도 나는 이런 식으로 이번 여름을 즐길 생각이었어요. 내 인생에서 처음으로 기분 좋게 즐기기로 작정한 여름이니까.”

“당신이 되풀이해서 하는 말은 정말 사랑스럽고 논리적이야.” 에두아르트가 이마를 문지르며 말했다. “하지만 난 대위가 온다고 해서 방해될 건 없다는, 아니 모든 일이 더 순조롭게 진행되어 새로운 활력을 줄 거라는 생각을 떨쳐 버릴 수가 없어. 난 여행의 일부를 그 친구와 같이했어. 그 친구도 자기 관점에서 많은 것을 관찰하고 메모해 놓았지. 나는 그것도 같이 이용했으면 좋겠어. 그러면 우리의 여행기가 정말로 멋진 작품이 될 거야.”

“정 그렇다면 내 진짜 속마음을 말해야겠군요.” 샬로테가 조금 짜증을 내며 말했다. “이 계획은 왠지 마음에 걸려요. 뭔가 좋지 않은 결과를 가져올 것 같은 예감이 든다고요.”

“당신이 그렇게 말하니까 당신네 여자들을 설득할 도리가 없다는 거야.” 에두아르트가 대답했다. “처음에는 논리적으로 나와서 반박하기 어렵게 만들고, 그 뒤에는 사랑스러운 말을 들고 나와서 기꺼이 져 주고 싶게 만들지. 그러다가 감정적으로 나와서 저러다 마음이 상하면 어쩌나 하고 걱정하게 만들고, 예감이니 어쩌니 하는 말로 사람을 오싹하게 만들지.”

“나는 미신을 믿지 않아요.” 샬로테가 말했다. “이런 막연한 불안감도 그게 그저 예감에 그칠 것 같다면 신경도 쓰지 않을 거예요. 하지만 불길한 예감이 든다는 건 대개 우리가 우리 자신이나 남들의 행동에서 체험한 결과를, 그 결과가 좋았건 나빴건 무의식중에 기억하고 있다는 의미죠. 어떤 관계에서든 제삼자가 끼어드는 것만큼 큰일은 없어요. 난 친구나 형제자매, 연인, 부부—이런 사람들 사이에 우연이든 의도적이든 새로운 인물이 끼어들어 그 관계가 완전히 바뀌어 버리거나 처지가 뒤집혀 버리는 사례들을 많이 봐 왔어요.”

“그런 일도 생길 수는 있지.” 에두아르트가 대답했다. “하루하루를 대충대충 사는 사람들에게는 말이야. 하지만 이미 경험을 통해 눈이 뜨이고 자기 자신을 좀 더 의식하게 된 사람들에게는 있을 수 없는 일이야.”

“여보, 자의식이라는 건 결코 믿을 만한 무기가 못 돼요. 때로는 그걸 믿는 사람에게 도리어 위험한 무기가 되니까요. 그러니까 이 모든 사정을 고려해 보면, 적어도 너무 서둘러서는 안 된다는 결론이 나오는 거예요. 지금 결정하지 말고 나에게 며칠만 시간을 더 줘요.”

"지금 상황으로 보아 하니, 며칠 뒤에도 마찬가지로 너무 서두르지 말자는 결론이 나올 거야. 이제까지 서로 찬성하는 이유와 반대하는 이유를 다 얘기했으니 지금 결정을 내려야 해. 이럴 때는 제비로 결정하는 것이 최선이라고 생각하는데."

"난 잘 알죠." 샬로테가 말했다. "당신은 확신이 서지 않을 때면 제비를 뽑거나 주사위 던지기를 좋아하잖아요. 그렇지만 이처럼 중요한 일을 그런 식으로 결정하는 건 잘못된 생각이에요."

"그럼 대위한테 뭐라고 써서 보내라는 거야?" 에두아르트가 소리쳤다. "지금 당장 편지를 써야 한단 말이야."

"침착하고 현명하게 위로의 편지를 쓰세요." 샬로테가 말했다

"그런 편지는 쓰나마나야." 에두아르트가 말했다.

"그래도 때에 따라서는 아예 편지를 쓰지 않는 것보다는 아무 내용 없는 편지라도 쓰는 편이 나아요. 그 친구를 위한다면 말이죠."

제2장

에두아르트는 자기 방에 혼자 있었다. 샬로테의 입을 통해 자신의 인생을 되새겨 보고 두 사람의 현재 상태와 미래 계획을 떠올려 보니 금세 기분 좋은 자극을 받아 생기가 넘쳤다. 그는 아내 곁에서 그녀와 이야기를 나누는 것만으로도 커다란 행복감을 느꼈다. 그래서 대위에게 우정 어린 동정심은 넘치지만 특별한 내용은 없는 담담한 편지를 써야겠다고 생각했다. 그러나 책상으로 가서 친구의 편지를 집어 들고 다시 그 내용을 읽어 보는 순간, 이 재주 많은 친구의 서글픈 처지가 그의 뇌리를 스쳐 갔다. 그러자 요사이 그를 괴롭혔던 모든 감정이 되살아났다. 그는 도저히 그 친구를 이처럼 불안한 상태에 있도록 내버려 둘 수는 없다고 생각했다.

에두아르트는 어떤 생각을 단념하는 데 익숙하지 않았다. 어릴 때부터 부유한 부모에게 응석받이로 자란 외아들인 데다가, 부모님의 설득으로 자신보다 훨씬 나이 많은 부잣집 여성과 유별나지만 꽤 유리한 결혼을 했던 그였다. 이 연상의 아내 또한 남편의 착한 태도에 최대한 후하게 보답하고자 남편이 어떤 면에서도 부족함이 없도록 배려해 주었었다. 게다가 아내가 죽은 뒤로 그는 누구의 눈치도 보지 않게 되었다. 여행도 마음껏 하고, 무슨 일이든지 바꾸고 싶으면 예정을 마음대로 바꾸었다. 어떤 일을 정도에 지나치게 하는 편은 아니었지만, 뭐든 심도 있게 경험해 보고자 하는 자유로운 마음으로 기꺼이 선의를 베풀며 때로는 겁이 없다 싶을 정도로 용감한 삶을 살아온 그였다. 그러니 이 세상에 그 무엇이 그의 소망을 가로막을 수 있었겠는가!

지금까지는 모든 일이 그의 뜻대로 되어 왔다. 정말 소설에서나 있을 법한 충정을 바쳐서 샬로테를 차지하는 일도 결국에는 해냈다. 그런데 지금은 난생처음 자신의 뜻이 반대에 부딪쳐 방해받고 있다는 느낌이었다. 그것도 자신의 죽마고우를 불러들여 자신의 삶 전체를 완성시키려는 이 중요한 시점에서 말이다. 그는 불쾌하기도 하고 초조하기도 해서 몇 번이나 펜을 들었다가 다시 내려놓곤 했다. 뭐라고 써야 할지 갈피를 잡을 수 없었다. 아내의 소망을 거스르고 싶지는 않았지만, 그녀의 요구에 따를 수도 없었다. 아내의 요구대로 하자면 심란한 마음을 간직한 채 냉정한 편지를 써야만 한다. 그러나 그의 성격상 그렇게 하기란 불가능했다. 지금으로서는 결정을 미루는 게 상책이었다. 그는 요즘 편지가 뜸해서 미안하지만 지금 자세한 내용을 쓸 형편은 아니니 양해해 달라는 내용을 짤막하게 쓴 뒤, 다음번에는 구체적이고 도움이 되는 편지를 보내겠다고 약속했다.

샬로테는 다음 날 같은 장소로 산책하러 가는 도중에 다시 그 이야기를 꺼냈다. 아마 어떤 계획을 두 번 다시 꺼내지 않는 데는 그 일을 계속해서 거론하는 것이 가장 확실한 방법이라는 확신에서였다.

그러나 이 이야기를 다시 꺼낸 것은 에두아르트로서도 바라던 바였다. 그는 그만의 부드럽고 편안한 태도로 자신의 의견을 말했다. 그는 예민한 성격이라 쉽게 타오르고, 어떤 것을 원할 때는 지나치게 활기가 넘쳐 매우 집요하고 고집스러워져서 상대를 짜증나게 했다. 그러나 이럴 때는 상대방의 기분이 상하지 않도록 부드러운 표현만 쓰기 때문에, 상대방은 그를 다루기 힘든 사람이라고 느끼면서도 결국 호감을 느끼기 마련이었다.

그는 이날 아침에도 그런 식으로 샬로테의 기분을 최고로 띄워 놓은 다음 교묘하게 대화를 이끌었다. 결국 혼란스러워진 그녀는 이렇게 외치고 말았다. "당신은 내가 남편에게는 단호히 거절해도 애인한테는 양보해야 한다고 생각하는군요!"

"그런데 에두아르트." 그녀는 말을 계속했다. "적어도 이것만은 말해야겠어요. 당신의 소망, 그리고 그 소망을 말하는 당신의 다정하고 활기찬 모습에 나도 감동하고 동요하지 않는 건 아니에요. 하지만 나도 지금까지 당신에게 숨겨온 이야기를 고백해야겠다는 생각이 드네요. 당신이 억지로 꾹 참고 있었던 것처럼 나도 지금껏 힘겹게 마음에 담아온 이야기를 말이에요."

"기꺼이 들어주고말고." 에두아르트가 말했다. "역시 부부는 가끔 싸워야 하는가봐. 그래야 상대에 대해 새로운 사실을 알게 되니까 말이야."

"그럼 얘기할게요." 샬로테가 말했다. "당신이 대위를 걱정하는 것처럼 나는 오틸리에가 신경 쓰여요. 그 아이가 기숙학교 생활을 힘들어한다는 이야기를 들을 때마다 정말 기분이 안 좋거든요. 그에 반해 내 딸 루치아네는 천성이 사교적이라서 그곳에서 사교계에 진출하는 데 필요한 교양을 잘 쌓고 있대요. 외국어와 역사를 비롯한 그 밖의 지식들도 빨리 습득할 뿐 아니라 어떤 악보를 보면 그 변주곡까지 단번에 연주한다는 거예요. 천성이 활달하고 기억력이 뛰어나서, 뭐랄까, 뭐든 다 까먹었다가도 금방 완벽하게 기억해 낸다는군요. 태도는 느긋하고 춤출 때는 우아하고 장소에 맞는 세련된 말을 할 줄 알아서 누구에게나 돋보이는 존재라네요. 뿐만 아니라 통솔력도 타고나서 작은 사교계의 여왕 같은 위치를 차지하다 보니 그 학교 교장선생님은 루치아네를 어린 신이라도 되는 양 생각할 정도래요. 자신의 지도를 받은 어린 신이 재능을 활짝 꽃피워서 자신에게 명예와 신뢰를 가져다주고 젊은 학생들도 밀려들 거라고 생각하는 거죠. 교장이 매달 보내는 편지의 앞부분은 언제나 그 애의 우수함에 대한 찬가로 가득 메워져 있답니다. 물론 나라고 그 찬가를 곧이곧대로 믿는 건 아니에요. 그런데 이와는 정반대로, 편지 끝에 가서 드디어 오틸리에 이야기가 나오면 이번에는 '유감입니다', '죄송합니다'가 줄을 잇는 거예요. 다른 면에서는 흠잡을 데 없이 예쁘게 자라고 있는 애가 학업 면에서는 조금도 진전을 보이지 못하고, 그 어떤 재능이나 능력도 보이지 않는다는 거예요. 교장은 자세한 내용을 짤막하게 덧붙이곤 하는데, 그걸 읽으면 그 상황이 눈앞에 있는 듯 훤히 보이죠. 그 애한테서는 그 애 엄마의 성격이 고스란히 보이는 것 같으니까요. 그 애 엄마는 나와 언제나 붙어 다녔던 소중한 친구예요. 그 앤 그런 친구의 딸이니까, 그 애를 내 밑에서 가르치고 돌볼 수만 있다면 반드시 훌륭한 여성으로 키워 낼 자신이 있어요.

하지만 난 오틸리에 일은 아예 단념하고 있어요. 그건 결국 우리 계획과 맞지 않는 일이고, 현재 생활을 이리저리 바꾸거나 뭔가 새로운 것을 시작하는 일은 피하는 게 좋으니까요. 내 딸은 가엾은 오틸리에가 우리 말고는 의지할 데가 없다는 걸 잘 알면서도 자기의 우월한 처지를 이용해 그 애한테 오만하게 굴어서 우리의 선행을 조금 깎아내리고 있답니다. 그런 걸 보면 기분이 상하기도 하지만, 그래도 난 꾹 참고 있다고요.

하지만 자신의 우월함을 잔혹하게 과시하지 않으려고 수양하는 사람이 어디 있겠어요? 또 그런 모욕을 받고도 괴로워하지 않으며 초연한 삶을 사는 사람은 없겠죠. 오틸리에도 그런 시련을 겪으면서 자신의 가치를 높여 가는 거겠죠. 하지만 그 애의 상황이 얼마나 힘든지 확실히 파악한 이상, 그 애를 어디 다른 집에라도 있게 해야겠다 싶어서 여기저기 문의하던 중이었어요. 당장에라도 답장이 오면 더는 망설이지 않을 생각이에요. 에두아르트, 이제 알겠죠? 우리 두 사람은 똑같은 걱정거리를 마음에 품고 있었던 거예요. 친구를 생각하는 변함없는 마음으로 말이에요. 우리 둘의 걱정은 서로 다르지 않으니까 서로의 걱정을 함께 짊어지고 나갔으면 좋겠어요."

"우린 참 이상해." 에두아르트가 웃으며 말했다. "걱정거리를 눈앞에서 치워 버리기만 하면 모든 일이 다 해결된 것처럼 생각하니 말이야. 전체가 되면 커다란 것은 희생하지만 개인이 되면 작은 것도 포기하지 못하잖아. 우리 어머니가 그러셨어. 내가 유년기와 성장기 때 어머니는 매사에 걱정이셨지. 내가 말을 타고 멀리 나갔다가 늦기라도 하면 꼭 불행한 일이 생겼다고 믿으셨고, 내가 소나기에 흠뻑 젖기라도 하면 영락없이 열병에 걸릴 거라고 믿으셨어. 그러다 어머니 곁을 떠나 여행에 나서자 그때부터는 나를 식구가 아닌 것처럼 대하시더라고."

"지금 상황을 좀 더 심도 있게 짚어 보자면" 그가 말을 이었다. "우린 둘 다 미련하고 무책임하게 행동하고 있는 거야. 우리 마음에 중요한 자리를 차지하는 고귀한 두 영혼이 그토록 힘들어하는데도, 그저 우리는 자기 자신만 편하자고 그들을 고통과 압박 속에 내버려 둔 셈이니까. 이걸 이기적이라고 하지 않는다면 도대체 뭐가 이기적인 걸까! 당신은 오틸리에를 데려오도록 해. 대위는 내게 맡기고. 모든 결과는 하늘에 맡기고 일단은 일을 벌여 보자고!"

"그런 모험도 해 볼만은 하죠." 샬로테가 조심스럽게 말했다. "위험이 우리에게만 닥친다면 말이에요. 당신은 대위와 오틸리에를 한 식구로 불러들이는 게 정말 현명한 일이라고 생각해요? 당신 또래의 남자는—우리 둘만 있으니까 이런 얘기를 하는 거지만—이제 사랑할 줄도 알고 사랑받을 만한 자격이 생기는 나이인데, 그런 나이의 남자를 오틸리에처럼 빼어난 처녀하고 같은 식구가 되어 함께 살게 해도 괜찮겠어요?"

"나로선 이해가 안 되네." 에두아르트가 대답했다. "어째서 당신이 그렇게 오틸리에를 높이 평가하는지 말이야. 그 애 어머니에 대한 당신의 호감이 그 애에게로 이어졌다고밖에는 설명이 안 되는군. 그 애가 예쁘기는 해. 그건 사실이야. 그리고 그 일도 기억나는군. 내가 그 애에게 관심을 갖게 하려고 대위가 애썼던 일 말이야. 작년에 대위와 내가 여행에서 돌아와 당신 숙모 댁에서 당신과 함께 있는 그 애를 만났을 때였지. 그 애는 예뻐. 특히 눈이 아름답지. 하지만 왠지는 몰라도 나는 그 애에게서 조금도 특별한 인상을 받지 않았어."

"난 당신의 그런 점이 좋아요." 샬로테가 말했다. "그건 그 자리에 내가 있었기 때문이에요. 그 애가 나보다 훨씬 어리기는 하지만, 당신은 예전 여자 친구가 거기 있다는 게 너무 황홀해서, 막 피어나는 미래의 아름다움을 제대로 보지 못했던 거죠. 그런 성격도 당신다운 점이에요. 그런 점 때문에 난 당신과 인생을 함께하고 있는 거고요."

샬로테는 솔직하게 얘기하는 것처럼 보였지만 사실은 뭔가를 숨기고 있었다. 그 무렵 샬로테가 여행에서 돌아온 에두아르트에게 오틸리에를 보여 준 것은 생각이 있어서였다. 다름 아니라 그녀의 엄마를 대신해서 이 소중한 처녀에게 훌륭한 배필을 찾아 주고자 했었다. 그녀는 자신이 에두아르트와 다시 맺어지리라는 생각을 더 이상 하고 있지 않았던 것이다. 대위가 에두아르트의 관심을 오틸리에에게 돌리려고 했던 것도 샬로테가 그렇게 부탁했기 때문이었다. 그러나 샬로테에 대한 첫사랑을 오매불망 간직해 온 에두아르트는 다른 사람은 보려고 하지 않았다. 그는 그토록 간절히 원했지만 이런저런 사건으로 영원히 얻지 못할 것만 같던 보물을 마침내 손에 넣을 수 있다는 생각에 그저 행복할 따름이었다.

두 사람이 새 산책로를 따라 성관 쪽으로 막 내려가려던 때였다. 한 하인이 저만치 아래에서 입가에 웃음을 머금고 서둘러 올라오면서 두 사람에게 소리쳤다. "주인님! 빨리 이리로 내려오세요. 미틀러 씨가 말을 타고 성 안마당에 들어오셨습니다. 우리 모두를 불러 모으시더니, 주인님을 찾아서 별일 없는지 여쭤 보라고 큰 소리로 명령하셨습니다. '별일 없는지 여쭤 봐! 알겠나? 어서 가서 여쭤 봐, 어서!' 하시면서 우리 뒤에서 고래고래 소리치시던 걸요."

"그분도 참 괴짜야!" 에두아르트가 소리쳤다. "정말 때맞춰 오시는군. 안 그래, 샬로테? —어서 돌아가서 말씀드려라." 그는 하인에게 명령했다. "별일이 있다고. 그것도 아주 심각하다고 말이야. 어서 말에서 내리시라고 말씀드려. 말은 쉽게 하고, 그분을 홀로 안내해서 가벼운 식사를 차려 드리도록 해. 우리도 곧 갈 테니까."

"우린 가까운 길로 가지." 그는 아내에게 이렇게 말하고, 평소에는 다니기를 꺼렸던 묘지를 통과하는 오솔길로 접어들었다. 그러나 그는 이 길에도 샬로테의 세심한 배려의 손길이 닿아 있다는 것을 깨닫고 깜짝 놀랐다. 그녀는 오래된 묘비들을 가급적 보호하면서도 모든 것을 서로 어울리게 정돈해 놓았다. 그리하여 사람들의 시각과 상상력을 자극하는 쾌적한 공간이 조성되어 있었던 것처럼 묘비도 알맞게 제 위치에 있도록 신경을 썼다. 묘비들은 연도순으로 담벼락을 따라 다시 세워지기도 하고 틈새에 끼워지기도 했으며, 그 밖의 다른 방법으로 각각 어울리는 자리에 어울리는 방식으로 배치되어 있었다. 교회의 높은 주춧돌도 그런 묘비들처럼 다양하게 꾸며져 있었다. 에두아르트는 작은 문을 통해 묘지 안으로 들어서자마자 일찍이 경험하지 못한 놀라움을 느꼈다. 샬로테의 손을 지그시 잡은 그의 눈에는 눈물이 어려 있었다.

그러나 곧이어 괴짜 손님 미틀러가 나타나는 바람에 그의 눈물도 쏙 들어가 버렸다. 이 손님은 성관에서 한숨 돌리지도 않고 곧바로 마을을 지나 묘지 정문까지 말을 내달려 왔던 것이다. 그는 입구에 말을 세우고 친구들을 향해 이렇게 외쳤다. "설마 날 놀리는 건 아니겠지? 정말로 무슨 일이 있다면 점심까지만 먹고 가지. 나는 오늘 할 일이 많으니까. 더는 붙잡지 마."

"이왕 거기까지 오셨으면" 에두아르트가 그에게 외쳤다. "여기 안쪽까지 들어오세요. 그럼 우린 엄숙한 장소에 함께 있을 수 있을 테니 말이죠. 샬로테가 이곳을 얼마나 이름답게 꾸며 놓았는지 좀 보세요."

I

미틀러는 말을 탄 채로 말했다. "그 안에는 말을 타건 마차를 타건 걸어서건 들어갈 생각이 없어. 그곳에 평화롭게 잠들어 있는 사람들은 나한테 아무 볼일이 없으니까 말일세. 언젠가 내가 머리 대신 발을 앞에다 두고 그리로 실려 가게 될 때는 하는 수 없겠지만. 그래 심각한 일인가?"

"그래요." 샬로테가 외쳤다. "정말 심각한 일이랍니다. 우리 신혼부부가 이렇게 난처해 보기는 처음이에요. 어떻게 하면 좋을지 모르겠어요."

"그렇게 보이진 않는데." 그가 대답했다. "하지만 그 말을 믿기로 하지. 하지만 만약에 날 우롱하는 거라면 앞으로 자네들한테 어떤 어려운 일이 있어도 모른 척할 거야. 그럼 어서 따라 내려와. 내 말도 좀 쉽게 해 줘야지."

곧 세 사람은 홀에서 자리를 잡고 앉았다. 음식이 들어오고, 미틀러는 그가 오늘 한 일들이며 이후 계획들에 대해 이야기했다. 이 희한한 사나이의 전직은 성직자였다. 그는 지칠 줄 모르는 활동과, 특히 집안 식구나 이웃 사이의 개인적인 분쟁에서부터 교구끼리의 분쟁이나 토지 소유자 사이의 분쟁에 이르기까지 어떤 분쟁이든 중재하고 해결하는 솜씨를 발휘하여 자기 직업에서 두각을 나타냈다. 그가 성직자로 일하는 동안 그 지방에서 이혼한 부부가 한 쌍도 없었고, 영방(領邦)재판소도 그 지방에서 올라오는 소송 문제로 시달린 적이 없었다. 그는 자기에게 법률 지식이 얼마나 유용한 것인지 일찌감치 깨달았다. 그는 오로지 법률 공부에 매달렸고, 이윽고 자신이 법률실무가로서도 상당한 수준에 이르렀음을 느꼈다. 그의 활동 범위는 놀라울 정도로 확대되었다. 사람들은 그가 아래 위치에서 시작한 일을 윗자리에서 완성할 수 있게 해 주려고 그를 영주가 있는 수도로 불러들였다. 그런데 그때 그는 거액의 복권에 당첨되었다. 그래서 조그만 토지를 사들여 소작을 주고, 그곳을 자신의 활동 근거지로 삼았다. 그는 중재나 도움이 필요 없는 가정에는 절대로 머물지 않는다는 확고한 생각을 하고 있었다. 아니 어쩌면 확고한 생각이라기보다는 그저 오랜 습관과 성향에 따르는 것일지도 모른다. 이름의 의미를 미신적으로 믿는 사람들은 본디 '중재하는 사람'을 의미하는 미틀러라는 이름 때문에 그가 이처럼 희한한 천직을 갖게 된 거라고 주장했다.

후식이 나오자 이 손님은 자기는 커피만 마시고 가야 하니까 할 이야기가 있으면 빨리 털어놓으라고 진지한 얼굴로 주인 부부를 재촉했다. 부부는 자신들의 문제를 자세히 털어놓았다. 그런데 미틀러는 사정을 파악하자마자 벌컥 화를 내며 자리를 박차고 일어나 창가로 휙 달려가더니 말에 안장을 얹으라고 명령했다.

"자네들은 나라는 사람을 모르거나 아니면 이해하지 못하는 모양이군." 그가 외쳤다. "아니면 아주 못된 사람들이거나. 도대체 이곳에 무슨 분쟁거리가 있다는 건가? 이곳에 내가 도와줄 일이 뭐가 있느냐 말이야. 내가 충고나 하려고 이 세상에 존재한다고 생각하나? 그런 건 인간이 할 수 있는 일

가운데에서 가장 멍청한 일이야. 누구든 각자 곰곰이 생각해 보고, 정 해야 겠다 싶은 일은 그냥 하면 되는 거야. 그래서 잘되면 자신의 지혜와 행운을 기뻐하면 되고, 만약 잘못 된다면 그때는 내가 도와줄 수 있어. 골치 아픈 일에서 벗어나고자 하는 사람이라면 자기가 뭘 원하는지도 알 것 아닌가. 하지만 자네들처럼 지금 가진 것보다 더 나은 것을 바라는 사람들은 완전히 눈먼 사람이지. 그래, 그래, 그렇게 웃으라고—. 자네들처럼 그렇게 술래잡기를 하다 보면 언젠간 뭔가를 붙잡을지도 모르지. 하지만 그런다고 대단한 게 걸릴 것 같은가? 그냥 하고 싶은 대로 해. 그래도 결과는 마찬가지야. 그 친구들을 불러들이고 싶으면 불러들이고, 내버려 두고 싶으면 내버려 둬. 어차피 그게 그거야. 나는 대단히 현명한 계획이 실패로 끝나는 것도 보았고, 정말 한심한 일이 잘되는 것도 보았어. 골머리 썩일 필요가 없다니까. 설령 이러저러해서 일이 잘 안 풀린다고 해도 고민할 것 없어. 그땐 나를 불러. 그러면 내가 자네들을 도와줄 테니까. 그때까지 잘들 있게나!"

그러고서 그는 커피도 기다리지 않고 말에 홀쩍 올라탔다.

"이제 알겠죠?" 샬로테가 말했다. "새로 맺어진 두 사람 사이에 조금이라도 균형이 깨졌을 땐 제삼자는 아무런 도움도 되지 못한다는 걸 말이에요. 지금 우리 상태는 아까보다 더 한층 혼란스럽고 불확실해진 건 아닌지 모르겠네요."

지난번 에두아르트가 보낸 편지에 대한 대위의 답장이 도착하지 않았다면 두 사람은 그 상태로 한참을 더 동요하고 있었을 것이다. 대위는 제의가 들어온 일자리 몇 군데 중 한 곳—결코 그에게 어울리는 자리는 아니었지만—에 취직하기로 했다고 전했다. 그리하여 그는 지체 높고 부유한 사람들과 어울리며 그들의 권태를 공유하게 되었다. 물론 높은 사람들은 대위가 자신들의 권태를 몰아내 주리라 기대하고 있겠지만.

에두아르트는 그동안의 사정을 분명히 파악하고 다양한 묘사를 섞어 가며 이야기했다. "우리 친구가 이런 처지에 놓여 있는데도 모른 척할 셈이야?" 그가 흥분해서 외쳤다. "샬로테, 설마 당신 그렇게까지 모진 사람은 아니겠지?"

"미틀러 씨는 희한한 분이긴 하지만 결국 옳은 이야기를 한 거예요. 이런 계획들은 도박이나 다름없어요. 그 결과가 어떨지는 아무도 예측하지 못하죠. 이런 새로운 관계는 엄청난 행복을 가져올 수도 있고 반면에 불행을 가져올 수도 있어요. 하지만 그걸 딱히 우리의 공적이나 죄과로 돌릴 수는 없죠. 당신 생각에 더 반대할 기운도 없군요. 한번 그렇게 해 봐요! 다만 당신에게 딱 한 가지 부탁이 있어요. 잠시 동안만 그렇게 하자는 거예요. 당신이 거기에 동의한다면, 나도 지금까지보다 더 열심히 그분을 위해 애써 볼게요. 내 힘이 닿는 데까지 그리고 내 인맥을 총동원해서, 그분 생활 태도에 비추어 조금이나마 만족스러운 자리를 마련해 보겠어요."

에두아르트는 자신이 아내에게 얼마나 감사해하는지를 아주 극진하게 표현했다. 그는 매우 홀가분하고 즐거운 기분으로 친구에게 서둘러 편지를 썼다. 그는 샬로테에게도 그녀 또한 남편 의견에 찬성이니 대위가 이 제안을 들어주기를 진심으로 바란다는 내용의 추신을 직접 써 넣도록 했다. 그녀는 숙련된 필체로 공손하고 정중하게 쓰긴 했지만 평소 습관과는 달리 조금 서둘렀다. 그러다가 결국 편지지를 잉크 얼룩으로 더럽히고 말았다. 그 얼룩은 지우려고 하면 할수록 더 크게 번졌다. 그녀로서는 좀처럼 없던 실수였다.

에두아르트는 그 모습을 보고 놀려댔다. 그리고 아직 쓸 자리가 남았기에 두 번째 추신을 덧붙였다. 이 잉크 자국을 보고 자기들이 얼마나 초조하게 기다리는지 알아야 하고, 이 편지가 급하게 쓰인 것만큼이나 얼른 떠날 채비를 하라는 내용이었다.

우편집배인이 떠났다. 에두아르트는 샬로테에게 이제 오틸리에를 기숙학교에서 데리고 오라고 말했다. 샬로테에 대한 감사의 마음을 표현하는 데 그 주장만큼이나 좋은 방법은 없다고 믿었던 것이다.

하지만 샬로테는 그 일은 좀 미뤄 달라고 했다. 다만 이날 저녁 샬로테는 에두아르트를 부추겨 음악 연주를 즐겼다. 샬로테는 피아노를 굉장히 잘 쳤지만 에두아르트는 플루트를 그녀만큼 능숙하게 연주하지는 못했다. 그도 매우 열심히 연습하곤 하지만, 그런 재능을 습득하는 데 필요한 인내심과 끈기가 부족했다. 그래서 그가 자기 파트를 연주할 때는 음이 매우 들쭉날쭉했다. 능숙하게 부는 소절도 있었지만 그것도 군데군데 속도가 너무 빨랐고, 자기에게 익숙지 않은 소절에서는 연주를 멈추기도 했다. 그러니 누구라도 그와 이중주하는 일은 여간 어려운 일이 아니었다. 그럼에도 샬로테는 그와 보조를 맞출 줄 알았다. 그녀는 그가 연주 중에 헤매면 자신도 연주를 멈추

었고, 다시 그가 시작하면 따라 연주했다. 그런 식으로 해서 소절마다 박자
는 제각각일지언정 전체적으로는 균형이 잡히도록 조율하는 의무, 다시 말
해 그녀는 뛰어난 지휘자이자 또 현명한 주부라는 두 가지 의무를 동시에 수
행해 내고 있었다.

제3장

대위가 도착했다. 그는 도착하기에 앞서 대단히 설득력 있는 편지를 보냈으므로 샬로테의 염려도 씻은 듯이 사라졌다. 대위는 자기 자신에 대해 확실히 인식하고 있었고, 자신과 친구들의 형편에 대해서도 분명하게 이해하고 있었다. 그랬기에 샬로테는 앞으로 그와 함께 지내는 일이 유쾌하고 즐거울 것 같았다.

한동안 만나지 못했던 친구들이 재회했을 때 흔히 그렇듯이, 그들도 처음 몇 시간 동안은 담소가 끊임없이 이어졌다. 세 사람 모두 서로 이야기하다 지칠 정도였다. 저녁 무렵이 되자 샬로테는 새 공원 부지를 산책하자고 제안했다. 대위는 부지를 산책하며 그 일대의 매력을 진심으로 만끽했다. 새로 길이 뚫림으로써 감상하고 음미할 수 있게 된 아름다움을 하나하나 놓치지 않으려고 했다. 그는 숙련된 안목을 지니고 있었지만 그다지 까다롭지는 않았다. 그는 거기에 뭐가 더 필요한지 정확하게 알고 있었다. 그럴 때 다른 사람 같으면 주인의 사정이 허락하지 않는 것을 요구하거나 다른 곳에서 더 완벽한 것을 봤다고 괜한 소리를 해서 모처럼 자신의 소유지를 두루두루 구경시켜 주는 사람의 기분을 상하게 하는 것이 보통이었다. 하지만 대위는 그러지 않았다.

그들이 정자에 이르러서 보니 정자는 아주 재미있게 장식되어 있었다. 비록 조화와 담쟁이덩굴로만 꾸며지기는 했지만, 그 아래에는 야생 밀을 비롯한 곡물들, 과일을 탐스럽게 엮은 다발이 아름답게 배열되어 있었다. 그 모습은 그것을 장식한 사람의 풍부한 예술 감각을 칭찬하고 싶은 마음을 절로 불러일으켰다.

"남편은 자기 생일이나 명명일에 잔치하는 것을 좋아하지 않지만, 오늘은 좋은 일이 세 가지나 겹친 것을 기념하여 바치는 이 조촐한 화환을 나무라지는 않겠죠." 샬로테가 말했다.

"세 가지 축제라고?" 에두아르트가 외쳤다. "그럼요." 샬로테가 대답했다. "우리의 친구가 도착했으니 당연히 축하해야 할 일이고, 또 두 분은 기억을 못하시는 것 같은데, 오늘이 두 분의 명명일이잖아요. 둘 다 오토라는 이름이 아니던가요?"

두 친구는 작은 탁자 위에서 악수를 나누었다. "그래." 에두아르트가 말했다. "당신이 우리 유년기의 우정을 생각나게 해 주는군. 우리 둘 다 어렸을 때는 그런 이름이었지. 그런데 우리가 기숙학교에서 함께 지내게 되면서 이름 때문에 여러 가지로 혼동이 생기다 보니 내가 자발적으로 이 간결하고 아름다운 이름을 저 친구에게 양보한 거야."

"하지만 자네가 너그럽기 때문에 양보한 건 아니잖아." 대위가 말했다. "지금도 뚜렷하게 기억하는데, 자네는 에두아르트라는 이름을 더 좋아했거든. 발음 좋은 사람이 그 이름을 부르면 유달리 아름답게 들린다는 이유로 말이야."

그들은 탁자에 둘러앉았는데, 그 자리는 샬로테가 대위가 오는 것에 대해 열심히 반대론을 펼쳤던 바로 그곳이었다. 지금의 상태가 무척 만족스러운 에두아르트는 아내에게 그때의 이야기를 떠오르게 하지 않으려고 했지만, 결국에는 참지 못하고 이야기를 꺼내고 말았다. "네 번째 사람이 와도 자리가 충분하겠는걸."

바로 그때 성관 쪽에서 산지기가 부는 뿔피리 소리가 들려왔다. 마치 여기 모인 친구들의 착한 심성과 소망에 동의하고 격려해 주는 소리 같았다. 그들은 정적 속에서 조용히 귀 기울이며 저마다 상념에 잠겼다. 이토록 아름다운 우정으로 맺어진 행복이 두 배로 커진 것 같은 느낌이었다.

먼저 침묵을 깬 사람은 에두아르트였다. 그는 자리에서 일어나 정자 밖으로 나갔다. 그리고 샬로테에게 이렇게 말했다. "이제 손님을 데리고 정상까지 올라가 볼까? 저 친구가 우리의 세습영지이자 거주지가 이 좁은 골짜기뿐이라고 생각하지 않도록 말이야. 위에 가면 전망이 더 좋아서 가슴도 탁트일 거야."

"오늘까지는 옛날에 다니던 조금 험한 오솔길로 가야 해요. 하지만 머잖아 지금 조성 중인 오르막길과 계단이 완성될 테니까 다음번엔 더 편한 길로 갈 수 있을 거예요." 샬로테가 대답했다.

그리하여 그들은 바위를 넘고 덤불과 떨기나무를 지나 정상에 다다랐다. 정상에는 평지라고는 눈을 씻고 찾아보려고 해도 없었지만, 거기서부터 길게 뻗은 풍요로운 산등성이가 시작되었다. 뒤쪽에 있는 마을들과 성관은 보이지 않았다. 저 아래쪽으로는 평야에 펼쳐진 연못들이 보이고, 그 너머에는 초록으로 뒤덮인 언덕들이 보였다. 그 언덕 기슭을 따라 연못이 길게 펴져 있고, 저만치 끝에서는 수면을 날카롭게 잘라 떨어뜨리듯이 수직으로 솟은 가파른 암벽이 그 위풍당당한 위용을 수면 위에 드러내고 있었다. 거센 물살이 연못과 합류하는 저편 골짜기에는 물방앗간 하나가 반쯤 가려진 채 있었는데, 주위 풍경과 어울려 아늑한 쉼터처럼 보였다. 반원형으로 내다보이는 시야 안에는 저지대와 고지대, 촘촘한 덤불과 울창한 숲들이 다양하게 번갈아 가며 어우러져 있고, 이제 막 푸르러 가는 신록은 앞으로 다가올 계절에 풍요롭고 싱그러운 풍경을 보여 줄 것이다. 여기저기 흩어져 있는 나무 군락들이 보는 사람의 시선을 끌었다. 이러한 풍경을 감상하는 친구들의 발치 쪽 중간쯤에 있는 연못가를 따라 자란 한 무리의 포플러와 플라타너스[1]들이 그중에서도 특히 눈에 띄었다. 무럭무럭 자라고 있는 나무들은 싱싱하고 건강하게 사방팔방으로 가지를 내뻗으며 우뚝 솟아 있었다.

에두아르트는 친구에게 특히 이 나무들을 강조했다. "저 나무들은 말이지." 그가 외쳤다. "어린 시절에 내가 직접 심은 거야. 아버지가 어느 한여름에 성관의 정원을 확장하는 대공사를 하셨는데, 그때 어린나무들은 죄다 뽑아 버리셨지. 그걸 내가 다시 살린 거야. 그러니 저 녀석들은 올해도 감사하는 마음으로 새로운 기운에 넘쳐 가지를 더욱 뻗어 나갈 거야."

일행은 만족스럽고 명랑한 마음으로 성채로 돌아갔다. 손님에게는 성관 오른쪽 끝에 있는 아늑하고 널찍한 방이 제공되었다. 손님은 즉시 자신의 책과 서류, 도구들을 정리했다. 평소 해 오던 일을 여기서도 계속할 생각이었지만, 처음 며칠 동안은 에두아르트가 그를 가만히 그냥 놔두지 않았다. 그는 때로는 말을 타고, 때로는 도보로 사방팔방 그를 데리고 다니며 부근 일대의 자기 영지를 보여 주었다. 그리고 자신은 오래전부터 이곳을 더 잘 파악하고 효율적으로 이용하고 싶다는 생각을 품어 왔다고 고백했다.

---

[1] 플라타너스가 자라는 호수는 이 소설의 주요 무대인 동시에, 이 소설의 주요한 주제인 죽음을 암시하는 복선의 역할도 한다.

"우리가 첫 번째로 해야 할 일은" 대위가 말했다. "이 주변 일대를 자석을 이용해서 재는 일이야. 쉽고도 재밌는 작업이지. 아주 정확한 측량을 할수 있는 건 아니지만 충분히 유용한 일이고, 마음 편히 시작할 수 있는 일이야. 특별히 남의 도움 없이도 할 수 있는 일이니까 언제 끝날지 정확하게 예상할 수도 있고. 그래도 좀 더 정밀한 측량을 해 보고 싶다면, 그때 가서 적절한 생각이 떠오를 거야."

대위는 이러한 측량술에 숙달된 사람이었고 필요한 도구들도 미리 가져왔기에 바로 작업이 시작되었다. 그는 자기 일을 도와줄 에두아르트와 사냥꾼 두어 명, 농부에게 작업 순서를 가르쳐 주었다. 작업하기에 매우 좋은 날씨였다. 저녁과 이른 아침은 도면을 그리고 세밀한 음영선을 넣으며 보냈다. 그 음영선은 다시 수채물감으로 재빨리 경계를 흐리면서 칠해 준 다음 전체적으로 선명하게 채색하면서 아름답게 꾸몄다. 에두아르트는 자신의 영지가 마치 새로 창조된 것처럼 종이 위에 또렷이 모습을 드러내는 것을 보았다. 그는 이제야 처음으로 자신의 영지를 제대로 알게 된 것 같았고, 온전하게 자신의 소유가 된 기분이었다.

영지 일대와 공원부지에 대해서도 논의할 기회가 있었다. 공원을 조성할 때는 순간적인 착상에 따라 자연을 건드리기보다는 이런 설계도를 바탕으로 생각하는 게 좋다는 의견이었다.

"샬로테에게도 자네 의견을 확실하게 말해 줘야겠군." 에두아르트가 말했다.

"그러면 안 돼!" 대위가 대답했다. 대위는 자신의 생각으로 다른 사람들의 신념이 흔들리는 것을 좋아하지 않았다. 그는 인간의 견해란 아무리 이상적인 생각에 근거하더라도 단 한 가지로 모으기에는 너무도 다양하다는 사실을 경험으로 익히 알고 있었다. "그만둬." 그가 단호하게 말했다. "그러면 부인은 혼란스러워할 거야. 그저 취미로 이런 일을 하는 사람들이 그렇듯이, 자네 부인도 어떤 일이 제대로 되고 있다는 사실보다는 자기가 뭔가를 한다는 사실이 더 중요한 거야. 그런 사람은 자연을 여기저기 건드려 보는 거지. 그러다가 문득 여기저기에 애착을 느끼는 거야. 하지만 온 천지에 널린 장애물을 치워 버리려고 하지는 않지. 뭔가를 희생할 용기가 없는 거야. 완성될 모습을 미리 상상하지 못하고 일단 해 보면서 성공도 하고 실패도 하지. 어떤 것은 바꿔 보기도 하지만, 그냥 놔두어야 할 것을 바꾸기도 하고, 바꿔야 할 것은 그냥 놔두기도 해. 그런 식으로 해서 결국 완성되는 건 딱히 나쁘지는 않지만 좋지도 않은 작품이지. 만족감을 주지 못하는 누더기가 된 작품 말이야."

"솔직하게 말해 봐." 에두아르트가 말했다. "집사람이 만든 공원이 마음에 들지 않는 거로군."

"기본 구상은 아주 좋으니까, 그걸 철저히 실행만 한다면 지적할 사항도 없을 거야. 자네 부인은 고생고생해서 바위 사이를 지나 정상에 오르는 길을 만들었어. 그런데 이런 표현을 써도 될지 모르겠지만, 그 길은 올라가는 사람 모두를 고생시키고 있어. 옆으로 나란히 걷든, 앞뒤로 걷든 간에 느긋하게 걸을 수가 없단 말이지. 걸음의 리듬이 계속 깨지거든. 그 밖에도 지적할 점은 많지만."

"달리 만들 방법도 있었단 말인가?" 에두아르트가 물었다.

"아주 간단한 방법이 있지." 대위가 대답했다. "바위 모서리를 제거하기만 하면 됐었어. 어차피 그 바위는 자잘한 암석으로 이루어진 것이라 볼품도 없어. 그걸 없앴다면 완만한 선을 그리며 올라가는 길도 생겼을 거고, 그 캐낸 돌멩이들을 이용해서 좁고 흉하게 파인 길을 메울 수도 있었을 거야. 하지만 이건 자넬 믿고 한 말이니, 우리끼리 한 말로 치고 철저히 비밀에 부치자고. 말이 새어 나가면 부인은 당황해하고 불쾌하게 생각할 거야. 이왕 만든 거니까 그대로 둬야지. 그래도 돈과 노력을 더 들일 생각이 있다면, 정자부터 위로 올라가는 길은 편하게 손볼 곳이 아직 많을 거야."

두 친구는 이렇게 현재 일을 처리하느라 정신없이 바빴지만, 옛 기억을 추억하며 즐기는 일도 소홀히 하지 않았다. 그런 대화에는 샬로테도 빠지지 않았다. 두 사람은 시급한 일만 해치우고 나면 지난날을 회상하기 위한 여행기 작업에도 착수할 생각이었다.

한편 에두아르트는 샬로테와 단둘이 되면 이야깃거리가 없었다. 특히 공원에 대한 대위의 비판—그것은 전적으로 옳다고 생각되었다—을 마음에 간직하게 된 뒤로는 더욱 그랬다. 그는 대위가 비밀을 전제로 털어놓은 의견을 오랫동안 누설하지 않았다. 그러나 아내가 정자에서 고지대로 올라가는 곳에 다시 계단이며 오솔길을 만들자 이제는 가만히 있을 수가 없었다. 그는 아내에게 처음에는 빙빙 돌려 말하다가 결국 자신의 새로운 의견을 직설적으로 말하고야 말았다.

샬로테는 실로 당황스러운 기색이었다. 하지만 총명한 그녀는 남자들의 생각이 옳다는 것을 즉시 알아차렸다. 그러나 그녀가 이미 해 놓은 일이었기에 그 의견을 받아들이는 것에는 반대했다. 일은 이미 벌어졌고, 그녀는 지금까지 생각대로 완성되었다고 만족하고 있었다. 심지어 비난의 대상이 된 그곳조차도 그녀에게는 어느 것 하나 버리기 힘든 애착을 불러일으켰다. 그녀는 설득에 넘어가지 않으려고 자신의 작은 창조물들을 옹호했다. 그리고 비난의 화살을 남자들에게 돌렸다. 남자들은 금방 과장된 말을 하고, 사소한 농담이나 재미에서 큰일을 벌이려고 하며, 계획을 부풀리며 필연적으로 거기에 따라올 비용 문제는 생각도 안 한다고 비난했다. 그녀는 당황하고 자존심이 상했으며 기분도 나빴다. 그녀는 당초 계획을 포기하지도 못하면서 새 제안을 끝까지 거부하지도 못했다. 그러나 샬로테는 원체 단호한 성격인지라 작업을 즉시 중단시켰다. 그리고 좋은 생각이 저절로 무르익을 때까지 천천히 생각하면서 검토해 보기로 했다.

남자들은 점점 더 자주 모여 자신들의 일을 해 나갔다. 특히 정원과 온실을 열심히 돌봤고, 틈틈이 사냥을 하기도 하고, 말을 사고 교환하고 돌보며 조련하는 등 귀족의 임무에도 충실했다. 안 그래도 작업의 즐거움을 잃어버린 샬로테는 그런 남자들 곁에서 날이 갈수록 점점 깊은 외로움을 느꼈다. 그녀는 대위를 위해 편지쓰기도 더욱 열심히 해 보았지만, 그래도 고독했다. 그럴수록 그녀를 기쁘고 즐겁게 해 주는 것은 기숙학교에서 오는 통지문들이었다.

어느 날, 여느 때와 마찬가지로 그녀의 딸이 얼마나 잘 크고 있는가를 만족스럽고 장황하게 쓴 여교장의 편지 끝에 짧은 추신이 덧붙어 있었다. 그리고 학교의 젊은 남자 조교가 쓴 편지도 함께 들어 있었다. 이 두 글의 내용은 이렇다.

여교장의 추신

"존경하는 부인, 오틸리에에 관해서는 지난번 통지서에 담긴 내용을 반복할 수밖에 없을 것 같습니다. 오틸리에를 비난할 수는 없겠지만 만족하지도 않습니다. 오틸리에는 여전히 겸손하고 다른 사람에게 친절합니다. 하지만 제게 이러한 겸양과 봉사정신은 그다지 좋게 보이지 않습니다. 부인께서는 최근에 돈과 여러 옷감을 그 아이에게 보내셨지요. 그런데 그 아이는 그 돈에 손도 대지 않았거니와 옷감들도 고스란히 남아 있습니다. 물론 그 애는 원체 옷을 아주 깨끗하고 입고 보관하는 편입니다. 어쩌다 옷을 갈아입는 것도 오로지 그런 목적을 위해서인 것 같습니다. 식사를 절제하는 것도 칭찬하기는 어렵습니다. 저희 학교는 상다리가 부러질 정도로 잘 차려 주지는 못합니다만, 맛있고 건강에 좋은 음식을 제공하고 있고, 학생들이 그것을 배불리 먹는 것을 보는 것처럼 기쁜 일도 없지요. 저는 학교에서 심사숙고한 끝에 자신 있게 식탁에 내놓는 음식은 남기지 말고 먹어야 한다고 봅니다. 그런데 오틸리에에게 아무리 그렇게 말해도 도무지 말을 들으려고 하지 않는군요. 그뿐만 아니라 그 애는 하녀들이 뭔가 실수를 하면 그 틈을 메우려고 금방 일을 만드는데, 사실 그건 요리 한 접시, 후식 하나라도 먹지 않으려고 자리를 비우기 위한 핑계랍니다. 이래저래 장황하게 말씀드렸습니다만, 가끔 그 애가 왼쪽 머리에 편두통을 앓고 있다는 사실은 알아 두셔야 할 것 같습니다. 저도 최근에야 알게 된 사실입니다. 비록 일시적이기는 하지만 고통스럽고 심각한 것 같습니다. 하지만 그런 점 말고는 예쁘고 사랑스러운 아이입니다. 이것으로 글을 마치겠습니다."

조교의 편지

"훌륭하신 우리 교장선생님께서는 제자들에 관한 소견을 학부모나 후견인들게 알리는 편지를 쓰실 때마다 저에게 읽어 보게 하십니다. 저도 그런 편지들을 읽을 때마다 두 배의 신중함과 기쁜 마음을 가집니다. 세상에 나가는 데 필요한 눈부신 품성을 다 갖춘 따님을 두신 것을 축하하는 것은 당연한 일입니다. 하지만 이에 못지않게 주위 사람에게 행복과 만족을 주고, 자신의 행복을 위해 태어난 아이처럼 보이는 오틸리에 같은 양녀를 얻으신 것에 대해서도 행복한 분이라 칭송하지 않을 수가 없습니다. 오틸리에는 존경하는 교장선생님과 제가 의견의 일치를 보지 못한 유일한 학생입니다. 저는 유능하신 교장선생님께서 자신이 공들인 결과가 겉으로 분명하게 나타나기를 원하시는 것을 결코 나쁘게 생각하지 않습니다. 하지만 열매 중에는 지금은 비록 딱딱한 껍질에 갇혀 있지만 정말 좋은 알맹이를 가져서 언젠가는 아름다운 생명으로 자라나는 열매도 있는 법입니다. 오틸리에가 바로 그런 열매지요. 제가 가르치면서 관찰해 본 결과, 오틸리에는 일정한 걸음걸이로 천천히 발전하는 학생입니다. 그러나 결코 후퇴하는 법은 없습니다. 모든 것을 첫 단계부터 가르쳐야 하는 학생이 있다면 그건 바로 오틸리에입니다. 먼저 어떤 것이 있었고 그 결과 이런 것이 나왔다는 식이 아니면 오틸리에는 이해하지 못합니다. 쉽게 이해할 수 있는 것도 어떤 연관관계를 이해하지 못하면 그 앞에서 아무런 대책을 찾지 못하게 되거나 심지어 뻣뻣하게 굳어 버립니다. 하지만 앞뒤 연관관계를 찾아내 알아듣게 설명만 해 주면 아무리 어려운 것이라도 이해합니다.

학습속도가 이처럼 더디다 보니 오틸리에는 동급생들보다 진도가 많이 늦어지는 편입니다. 그녀와는 완전히 다른 능력을 지닌 동급생들은 계속 발전만 하며, 서로 연관관계가 없는 것도 쉽게 이해하고 잘 기억하고 응용까지 해냅니다. 그에 반해 오틸리에는 진도를 빨리 나가는 수업에서는 아무것도 외우지 못하고 대답도 못합니다. 우수하긴 하지만 성질이 급하고 참을성 없는 교사의 수업시간일수록 더욱 그렇답니다. 오틸리에의 필체*2에 대한 불만도 있었고, 문법 규칙을 잘 외우지 못한다는 불만도 나왔습니다. 저는 이런 비판을 좀 더 면밀히 검토해 봤습니다. 이러한 불만대로 오틸리에는 글씨를 쓰는 속도가 느리고, 글씨체는 딱딱합니다. 하지만 일부러 미적거리는 것도 아니고 못 알아볼 정도로 악필이지도 않습니다. 제 과목은 아닙니다만 프랑스어를 차근차근 가르쳐 봤더니 쉽게 터득하더군요. 다만 놀라운 사실은, 오틸리에는 아는 것도 많고 그것을 제대로 이해하고 있음에도 질문만 받으면 아무것도 모르는 사람처럼 보인다는 것입니다.

일반적인 소견으로 이 편지를 마쳐야 한다면 이렇게 말씀드리고 싶습니다. 오틸리에는 교육을 받을 사람이 아니라 교육을 행할 사람으로서 배우고 있습니다. 말하자면 학생으로서가 아니라 미래의 선생으로서 말이지요. 부인께는 이상하게 보일지도 모르겠습니다만, 저 스스로 아이들을 가르치는 교사의 처지로서 어떤 학생을 저와 같은 부류의 사람이라고 선언하는 것이야말로 그 학생에 대한 최고의 칭찬이라고 생각합니다. 서툴지만 선의로 드

---

*2 오틸리에의 필체는 오틸리에의 내면을 보여 주는 중요한 소재이다. 그녀의 필체가 변해 가는 과정은 그녀의 내면이 변해 가는 과정을 반영하고 있다.

리는 제 말씀을 부인께서는 뛰어난 통찰력과 깊은 인간과 세상에 대한 이해력으로 좋게 해석해 주시리라 믿습니다. 부인께서는 이 아이의 앞날에 기쁜 일이 많이 생길 것임을 확신하시게 될 것입니다. 이만 글을 줄이며, 앞으로도 뭔가 중요하고 즐거운 내용이 있으면 곧바로 다시 소식을 전하겠습니다."

샬로테는 이 편지를 읽고 매우 흐뭇했다. 그 내용은 그녀가 오틸리에에게 품고 있는 생각과 거의 비슷했기 때문이다. 게다가 이 조교가 오틸리에에게 보내는 동정은, 교사가 흔히 제자들의 장점을 발견했을 때 느끼게 되는 관심을 넘어선 애정이었다. 샬로테는 이 모습을 보자 미소를 머금지 않을 수 없었다. 선입견에 좌우되지 않는 냉정하고 자유로운 성격상 그녀는 이 문제도 다른 문제들처럼 있는 그대로 내버려 두었다. 그러면서도 이 분별력 있는 남성이 오틸리에를 관심 있게 지켜본다는 사실에 높은 의미를 두었다. 그녀는 무관심과 혐오감이 팽배한 이 세상에서 진정한 호감이 얼마나 높이 평가 받아야 하는지를 삶의 경험으로 충분히 깨달았기 때문이다.

제4장

　지형도는 곧 완성되었다. 도면에 옮겨진 영지와 그 주변 지역은 매우 축소되어 선과 색으로 생생하게 그 특징이 표현되었다. 대위는 몇 번에 걸친 삼각측량을 통해 지형도를 정확하게 수정해 갔다. 이 부지런한 남자만큼 잠이 적은 사람도 드물 것이다. 그는 낮 시간 동안 부지런히 일을 처리하는 통에 저녁이 되면 늘 뭔가가 완성되어 있었다.

　"자 이제는," 그가 친구에게 말했다. "다른 일을 시작하는 게 어떨까. 농지대장 말이야. 이것저것 손은 많이 가지만, 농지대장을 만들어 놔야 그걸 근거로 나중에 소작료도 산출할 수 있고 그 밖의 다양한 일을 스스로 판단할 수 있어. 단, 한 가지 원칙만은 확실히 정해 놓고 시작하는 게 좋겠어. 적어도 일과 생활은 철저하게 분리해야 한다는 거야! 일에는 진지함과 엄격함이 요구되지만, 생활은 자유와 방종을 원하지. 또한 일에는 철저한 일관성이 요구되지만, 생활에는 가끔 앞뒤가 맞지 않는 일도 필요하잖아. 사실 앞뒤가 맞지 않을수록 마음은 편하고 즐거워지는 법이지. 한쪽 기반을 탄탄히 다져 놓으면 그만큼 다른 한쪽에서는 자유롭게 행동할 수 있고. 그래야 양쪽의 경계가 모호해졌을 때 자유로운 행동이 착실한 노력을 쓸모없는 물거품으로 만들어 버릴 위험이 없거든."

　에두아르트는 그의 이 제안이 자신을 은근히 비난하는 것처럼 느껴졌다. 천성이 너저분한 편은 아니었지만, 그는 자신의 서류를 항목별로 분류해 두지 못하고 있었다. 그는 다른 사람과 의논해서 처리해야 하는 일과 혼자 알아서 해야 하는 일을 언제나 구별하지 못했다. 누군가와 함께해야 할 일과 혼자 책상에 앉아서 봐야 할 실무, 다 같이 어울려 노는 단란함과 자유로운 산만함은 늘 뒤죽박죽 엉켜 있었다. 하지만 이제는 사정이 편해졌다. 친구가 분신처럼 그의 옆에서 그런 일들을 도맡아 해 주고 있었고 본디 자아는 그런 구별을 위해 제2의 자아로 억지로 분열하지 않아도 되었다.

그들은 대위가 머무르는 곳에 현재 필요한 서류를 보관할 문서정리 선반과 과거의 모든 기록을 보관할 문서 창고를 만들고, 집 안에 있는 모든 창고, 방, 장롱, 서랍에 있는 모든 기록, 서류, 편지를 그리로 옮겼다. 그리하여 혼란은 순식간에 쾌적한 질서 속으로 들어와, 항목별로 이름이 붙은 채 분류 선반에 차곡차곡 정리되었다. 그들의 바람은 당초 예상보다 훨씬 완벽하게 이루어졌다. 이 점에서 늙은 서기는 많은 도움이 되었다. 이전까지 에두아르트를 언제나 불만스럽게 했던 그는 이제 낮 동안은 말할 것도 없고 심지어 밤이 되어서도 책상을 떠나는 법이 없었다.

"저 사람은 이제까지 내가 알던 그 사람이 아니야." 에두아르트가 친구에게 말했다. "어쩌면 저렇게도 부지런하고 쓸모 있는 사람이 된 걸까?"

대위가 대답했다. "그건 그가 눈앞의 일을 자기가 원하는 방식으로 끝내기 전에는 우리가 새로운 일을 맡기지 않아서지. 그러면 자네도 보다시피 저 사람은 아주 많은 일을 해낼 수 있지. 하지만 일하는 도중에 간섭을 받으면 아무 일도 못하지."

그런 식으로 두 친구는 낮 시간을 함께 보냈지만, 밤이 되면 잊지 않고 샬로테를 방문했다. 이웃 마을이나 영지의 지인들이 찾아와서 저녁식사를 함께하지 않는 날도 자주 있었는데, 그런 밤에는 대개 두 사람의 대화와 독서 주제는 시민들의 일반적인 복지와 이익, 편의 증진으로 방향을 잡았다.

주위 환경을 잘 활용하는 습관이 있는 샬로테는 남편이 만족해하는 모습을 보니 자신도 덩달아 여러모로 발전되는 것 같았다. 오래전부터 바랐지만 본격적으로 손대지 못했던 성관 내부의 여러 시설도 대위를 통해 갖추어졌고, 몇 종류밖에 없던 상비구급약 선반에도 약품 종류가 다양해졌다. 좋은 책과 개인 수업의 도움으로 샬로테는 자신의 기질을 보다 더 자주, 더 효과적으로 발휘할 수 있게 되었다.

흔하지만 막상 일어나면 사람을 놀라게 하는 사고들에 대한 대비책도 충분히 고려해서, 물에 빠진 사람을 구하는 데 필요한 물품도 모두 갖추어 놓았다. 특히 이 부근에는 연못이나 개천, 저수지 따위가 많아서 그런 사고가 자주 발생했기 때문에 그만큼 더 만반의 준비가 필요했다. 대위는 이러한 물건들의 목록도 세심하게 작성했다. 그런데 에두아르트는 자기도 모르게 그런 기구한 사고가 친구의 인생을 백팔십도로 바꾸어 놓았다는 이야기를 내

뱉어 버렸다. 그러나 대위가 슬픈 기억을 떠올리지 않으려는 듯 침묵을 지키자 그도 입을 다물었다. 그 사고의 전반적인 사정을 알고 있던 샬로테도 그 말을 못 들은 척 넘겨 버렸다.

"응급조치 물품들을 이처럼 세심하게 갖춰 놓은 것은 잘한 일이라고 생각해." 어느 저녁에 대위가 말했다. "하지만 우리한테 가장 중요한 것이 하나 빠져 있어. 그런 물품을 자유자재로 다룰 줄 아는 유능한 사람이 없다는 거지. 그래서 잘 아는 군의관을 하나 추천하고 싶어. 지금이라면 그리 까다롭지 않은 조건으로 부를 수 있을 거야. 그는 자기 분야에서는 발군의 실력자지. 내가 심각한 내과 질환으로 진찰을 받았을 때도 그 어떤 의사보다도 훨씬 만족스러운 진찰을 해 주곤 했어. 뭐니 뭐니 해도 시골에서는 늘 가장 아쉬운 게 응급처치잖아."

이 의사를 부르는 편지도 즉시 작성되었다. 부부는 여유자금으로 남겨 놓은 목돈을 이처럼 요긴한 일에 쓸 수 있게 되어 기뻤다.

이런 식으로 샬로테는 대위의 지식과 부지런함을 자신을 위해서도 활용했다. 이제는 그가 와 있는 것에 진심으로 만족했고, 다가올 모든 결과에 대해서도 안심하기 시작했다. 그녀는 여러 가지 질문을 하기 전에 미리 준비하는 버릇이 있었다. 그리고 삶에 대한 애착이 강해서 해로운 것이나 독이 되는 것은 무엇이건 멀리하려고 애썼다. 예컨대 도자기에 입히는 납이 들어간 유약이나 놋그릇의 녹청 등은 예전부터 그녀의 걱정거리였다. 그녀는 이 분야에 대해서도 가르쳐 달라고 대위에게 청했고, 그러다 보니 이야기는 자연스럽게 물리와 화학의 기본개념들로 거슬러 올라갔다.

사람들 앞에서 낭독하기 좋아하는 에두아르트는 이러한 대화를 우연히 할 수 있게 해 주었고, 그런 기회는 언제나 환영받았다. 그는 듣기에 매우 좋은 저음의 목소리를 가지고 있었다. 이전에는 문학작품이나 연설문을 생기 넘치고 풍부한 감정을 실어 가며 낭송해서 호평을 받고 유명해지기도 했다. 그러나 지금 그가 관심을 갖고 있는 대상은 문학이 아닌 분야라서 낭독하는 텍스트도 변론이 아니라 저작이었다. 특히 얼마 전부터는 물리, 화학, 기술 등을 내용으로 하는 텍스트들을 낭독했다.

아마 다른 사람도 별다르지 않겠지만, 에두아르트의 독특한 버릇 가운데 하나는 자신이 책을 읽을 때 누군가가 그 책을 들여다보면 몹시 싫어한다는 것이었다. 이전에 시나 희곡, 소설 등을 낭독할 때는 그것은 당연한 일이었다. 낭독자는 자신이 시인이나 연극배우, 소설가가 된 것처럼 책의 내용을 생생하게 전달하고 싶어 한다. 그래서 낭독하는 도중에 갑자기 청중을 놀라게 한다든지 읽다가 잠시 뜸을 들여서 기대감을 부추기곤 한다. 그런데 제삼자가 텍스트를 미리 눈으로 읽어 버리면 앞부분의 내용을 알기에 낭독자가 의도한 효과가 나지 않게 된다. 그래서 그는 낭독할 때 아무도 그의 등쪽에 앉을 수 없는 위치에 자리를 잡았다. 물론 지금은 세 사람뿐이어서 그렇게까지 조심할 필요는 없었다. 게다가 감정을 불러일으키거나 상상력을 자극하는 이야기를 하는 것이 목표가 아니어서 특별히 조심해야겠다는 생각을 하지 않고 있었다.

그런데 어느 날 저녁, 그는 아무렇게나 자리를 잡고 앉았다가 샬로테가 어깨 너머로 책을 들여다보고 있는 것을 문득 알게 되었다. 그러자 예전의 성마름이 되살아난 그는 조금 퉁명스럽게 샬로테에게 면박을 주었다. "그런 무례는 삼갔으면 좋겠군. 흥겨운 낭독 분위기를 흩뜨리는 나쁜 버릇은 고쳐야 하지 않겠어? 책을 낭독한다는 것은 상대방에게 구두로 뭔가를 전달하는 행위잖아. 내가 읽는 텍스트는 글로 쓰여 인쇄된 것이지만, 내 생각과 마음을 대신하는 거야. 그런데 내 마음을 들여다볼 수 있는 창문이 활짝 열려서, 내가 전달하고 싶은 모든 말과 감정을 그 청중이 먼저 속속들이 들여다보고 그 내용을 모조리 알아 버린다고 가정해 보라고. 그러면 굳이 고생해서 낭독하고 싶겠어? 난 내가 낭송하는 책을 누가 들여다볼 때마다 언제나 나 자신이 둘로 쪼개지는 기분이 든단 말이야."

샬로테는 크고 작은 모임에서 어떤 불쾌한 말이나 격한 말이 나오거나 분위기가 조금 과하게 무르익었을 때 그 자리를 능숙하게 정리할 줄 알았다. 이러한 점에서 샬로테의 사교술은 특히 빛났다. 그녀는 이야기가 늘어진다 싶으면 자를 줄 알고, 이야기가 끊긴다 싶으면 활기를 불어넣을 줄도 알았다. 이번에도 그녀는 그런 훌륭한 재능을 유감없이 발휘했다.

"방금 내 마음속에서 무슨 일이 일어났는지 고백하면 당신은 틀림없이 내 실수를 용서하게 될 거예요. 당신이 막 친근성에 관해 낭독하고 있는데 갑자기 내 사촌들 생각이 나지 뭐예요. 요즘 그들 때문에 걱정이었거든요. 그러다가 다시 당신이 낭독하는 내용으로 관심을 돌렸는데, 그땐 이미 무생물에 관한 이야기로 옮아가고 있었죠. 그래서 내용 파악을 하려고 책을 들여다봤던 거라고요."

"당신을 유혹하고 혼란에 빠뜨린 그 대목은 하나의 비유야." 에두아르트가 말했다. "실제로 이 책이 다루는 대상은 토양과 광물뿐이지. 하지만 인간이란 물에 비친 제 모습에 심취한 나르시스와 같아서 어디서든지 자신의 모습을 비춰 보고 기뻐하지. 자신의 거울로 전세계를 비춰 보려고 하거든."

"그렇다마다." 대위가 말을 이었다. "인간은 자신의 외부에 있는 모든 것을 그런 식으로 다루지. 인간은 자신의 현명함과 어리석음, 의지와 변덕 같은 것이 동물에도 있고, 식물에도 있고, 원소, 심지어 신에게도 있다고 생각하거든."

샬로테가 대답했다. "두 분을 눈앞의 관심에서 멀리 벗어나게 하고 싶지 않아서 드리는 말씀인데요, 여기서 친근성이란 본디 무엇을 의미하는 건지 간단히 가르쳐 주시지 않을래요?"

"가르쳐 드리고말고요." 샬로테의 질문을 받은 대위가 대답했다. "물론 제가 가르쳐 드릴 수 있는 범위 안에서 말이죠. 그러니까 제가 약 10년 전에 배우고 책에서 읽은 대로 가르쳐 드린다는 겁니다. 아직도 과학계에서 그렇게 생각하는지, 그게 최근의 학설에 맞는지는 저도 자신 있게 말씀드리지 못하겠군요."

"정말 고약하지 뭐야." 에두아르트가 말했다. "한번 공부한 걸 평생 써먹을 수 있는 시대가 끝났다니. 우리 조상들은 젊어서 배운 것에 평생토록 의존하면서 살 수 있었어. 그런데 지금은 완전히 유행에서 뒤지지 않으려면 5년에 한 번꼴로 재교육을 받아야 하잖아."

"우리 여자들은 그렇게 빡빡하게 생각하지 않아요." 샬로테가 말했다. "솔직히 말하자면 난 사실 그 단어의 의미만 알면 돼요. 사람들이 모인 자리에서 외래어나 기술 용어를 잘못 쓰는 것만큼 우스꽝스러운 일도 없거든요. 그러니까 난 이 표현이 지금 이야기에 나온 대상에 어떤 뜻으로 사용되는지를 알고 싶을 뿐이에요. 과학적으로 어떻다 하는 얘기는 과학자들에게 맡기면 되죠. 내가 관찰한 바로는 학자들도 어차피 의견의 일치를 보기 어려울 것 같지만요."

"자, 가장 빨리 핵심으로 들어가려면 어디에서부터 시작해야 할까?" 에두아르트가 잠시 사이를 두었다가 대위에게 물었다. 대위는 생각하는 것 같더니 곧 대답했다.

"얼핏 한참 돌아가는 것처럼 보이는 방식으로 설명하는 편이 도리어 가장 빨리 핵심에 다다를 수 있지."

"주의 깊게 집중해서 들을 테니 말씀하세요." 샬로테가 뜨개질거리를 구석으로 밀어 놓으며 말했다.

대위는 이야기를 시작했다. "우리가 모든 자연물질을 볼 때 가장 먼저 깨닫게 되는 사실은 그 물질들은 그 물질 자체와 관계를 맺고 있다는 점입니다. 물론 이처럼 뻔한 이야기를 대단한 진리인 것처럼 말하면 이상하게 들릴 겁니다. 하지만 우리가 이미 아는 사실이더라도 서로 충분히 이해할 때만이 비로소 미지의 진리로 한 발짝 나아갈 수 있는 법이지요."

"내 생각엔 말이지," 에두아르트가 그의 말을 끊으며 말했다. "실례를 들어 설명하는 편이 이해하기 쉬울 것 같아. 이를테면 물이나 기름, 수은 같은 것을 떠올려 보자고, 샬로테. 그러면 그것을 이루는 부분들 간에 어떤 통일성이나 연관관계가 있다는 것을 알게 될 거야. 외부로부터의 힘이나 그 밖의 특별한 조건이 없는 한 그 합일성은 유지되지. 또한 합일성이 깨졌을 때도 외부의 힘이나 그 밖의 조건이 사라진다면 그 물질들은 금세 하나로 합쳐지고."

"듣고 보니 그렇군요." 샬로테가 고개를 끄덕이며 말했다. "빗방울이 모여서 물줄기를 이루듯이 말이에요. 우리가 어렸을 때 수은이 작은 방울들로 갈라졌다가 다시 합쳐지게 하는 놀이를 하면서 신기해했잖아요."

"그렇다면 한 가지 중요한 사실을 말씀드리겠습니다." 대위가 덧붙였다. "요컨대 액체 상태이기에 가능한 이 완전하고도 순수한 관계는 방울 모양으로만 나타난다는 특징이 있습니다. 이것은 결정적이고 예외가 없죠. 떨어지는 물방울은 그대로 동그랗지요. 수은 방울에 대해서는 부인이 직접 말씀하셨고요. 납을 녹여서 떨어뜨릴 때도, 완전히 굳을 수 있는 충분한 시간만 있다면, 아래에 도착했을 때는 구슬 모양이 되어 있을 겁니다."

"대위님이 결론적으로 하시려는 이야기가 뭔지 맞혀 볼까요?" 샬로테가 말했다. "모든 물질은 자기 자신과 어떤 관계를 갖고 있는 것처럼 다른 물질과도 반드시 관계를 갖는다는 것이죠?"

"그리고 물질의 차이에 따라 그 관계도 달라지지." 에두아르트가 서둘러 화제를 이어 나갔다. "어떤 때는 서로의 성질을 변화시키지 않고도 친구나 오랜 지인처럼 만나자마자 재빨리 합쳐지지. 포도주와 물이 섞일 때처럼 말이야. 반면에 어떤 물질들은 나란히 있어도 서로 낯선 사람처럼 고개를 돌리고 있지. 이들은 억지로 뒤섞어 놓아도 절대 결합하지 않지. 예컨대 물과 기름을 휘저어 뒤흔들어 놓아도 얼마 지나지 않아 다시 분리되는 것처럼 말이야."

샬로테가 말했다. "그 단순한 관계 속에 우리가 아는 사람들의 모습 대부분이 고스란히 보인다 해도 틀린 말은 아닌 것 같군요. 특히 그동안 몸담아 온 여러 사교 모임이 생각나요. 물질에는 정신이란 게 없지만, 그런 물질과 가장 닮은 것은 살아가면서 서로 대립하는 인간 집단이니까요. 예컨대 귀족과 제3신분, 군인과 민간인의 관계처럼 신분이나 직업 때문에 대립하는."

에두아르트가 말했다. "게다가 그런 집단이 관습이나 법에 의해 강제로 결합되듯이, 화학 세계에서도 서로 거부하는 물질들을 결합시키는 촉매라는 것이 있어."

"예컨대" 대위가 끼어들었다. "알칼리염을 이용해서 물과 기름을 결합시키는 경우죠."

"제발 강의 진도가 너무 빠르지 않았으면 좋겠어요." 샬로테가 말했다. "제가 강의를 따라가고 있다는 것을 보여드릴 수 있도록 말예요. 이쯤하면 친근성 문제를 거론할 때가 되지 않았나요?"

"바로 그렇습니다." 대위가 말했다. "곧 친근성의 위력과 특성을 알게 될 겁니다. 서로 만나면 재빨리 상대를 붙잡으면서 상호간에 영향을 끼치는 두 개의 자연물질을 가리켜 서로 친근성이 있다고 합니다. 알칼리와 산은 대립하는 물질이지만, 그렇게 서로 대립하기에 다른 물질보다도 서로를 열렬히 찾고 붙잡고 변화시키면서 함께 새로운 물질을 만들어 나가죠. 이 알칼리와 산의 관계에서 친근성이 두드러지게 나타나는 것입니다. 석회만 봐도 간단히 알 수 있는데, 이 녀석은 산성이면 뭐든지 대단한 애호성을 보이며 결합하고 싶어 하지요. 제 화학약품 상자가 도착하는 대로 다양한 실험을 통해 보여 드리지요. 아주 재밌습니다. 말이나 용어, 또는 전문적 표현을 갖고 설명하는 것보다 이해하기도 훨씬 쉽고요."

"제 생각을 말씀드리죠." 샬로테가 말했다. "이 독특한 물질들을 가리켜 친근성이 있다고 말씀하신다면, 그 친근성은 혈통적인 친근성이라기보다는 정신이나 영혼의 친근성으로 보이네요. 사람들 사이에서도 진정한 우정은 바로 그런 과정을 거쳐 생겨나잖아요. 대립하는 성질은 오히려 대립하기 때문에 더 친밀한 융합을 가능하게 하죠. 저는 이제 대위님이 그 신비스러운 작용과 관련해서 어떤 것을 보여 주실지 가만히 지켜보고 있을게요." 샬로테는 에두아르트를 향해 몸을 돌리면서 말했다. "이제부터는 당신의 낭독을 방해하지 않을게요. 이렇게 많은 것을 알게 됐으니 그만큼 더 열심히 듣겠어요."

"당신 때문에 이런 이야기가 나온 셈이니 그렇게 쉽게 벗어나지는 못할걸." 에두아르트가 대답했다. "사실 뒤엉킨 관계야말로 가장 흥미로운 법이거든. 이런 사례를 살펴보면 비로소 친근성의 모든 단계, 즉 가까운 관계와 강한 관계, 먼 관계와 약한 관계를 알 수 있을 거야. 친근성은 두 물질이 이별할 때 비로소 흥미로워지지."

샬로테가 외쳤다. "유감스럽게도 요즘 들어 이별이라는 슬픈 단어를 너무 자주 듣게 되던데, 그 단어가 자연과학에도 나오나요?"

"그럼!" 에두아르트가 대답했다. "예전엔 화학자들을 분리의 예술가라고 우대하는 명칭을 썼는걸."

"그러니까 지금은 그런 표현을 쓰지 않는다는 말이군요." 샬로테가 말했다. "그래야 옳지요. 결합시키는 편이 더 위대한 예술이자 공적이니까 말이에요. 결합의 예술가라면 이 세상 어떤 전문 분야에서도 환영받을 거예요. ─자, 그럼 기왕 설명을 시작했으니 그런 사례를 몇 가지만 들려주세요."

대위가 말했다. "그럼 이미 앞에서 얘기한 부분부터 이야기를 이어 나가겠습니다. 예컨대 우리가 석회석이라고 부르는 물질은 조금이나마 순수한 석회토를 말하는데, 흔히 기체 형태라고 알려져 있는 약산과 단단히 결합해 있지요. 이 석회토 한 조각을 황산에 집어넣으면 황산이 석회에 흡착하면서 석고가 되고, 기체 형태였던 약산은 휘발해 버립니다. 여기서는 분리와 동시에 새로운 결합이 나타나므로 선택적 친화력이란 표현을 사용할 수 있습니다. 실제로 어떤 관계가 다른 관계보다 선호되고, 이 관계가 저 관계에 앞서 선택되는 것처럼 보이니까요."

"부디 제 주제넘은 의견을 용서해 주세요." 샬로테가 말했다. "제가 자연 과학자들을 용서하는 것처럼 말이죠. 하지만 전 거기에 어떤 선택이 있다고 생각하지 않아요. 있다면 오히려 자연의 필연성이 있겠죠. 그런 필연성도 거의 없을 것 같지만. 그건 결국 기회 문제에 불과하니까요. 기회는 다양한 관계를 만들어 내잖아요. 도둑을 만들어 내는 것처럼 말예요. 지금 대위님이 말씀하신 모든 자연물질의 경우에도 선택은 오로지 그 물질들을 결합시키는 화학자의 손에 달린 것처럼 보이는군요. 그리고 두 물질이 일단 하나로 합쳐지면 그다음은 하느님의 은총에 맡길 수밖에 없어요. 다만 지금 말씀하신 사례를 두고 말하자면, 전 다시 무한한 공간을 떠돌게 된 불쌍한 기체 상태의 산이 너무 안됐네요."

"그건 그 산이 어떻게 느끼느냐에 따라 다르죠." 대위가 대답했다. "기체 상태의 산은 물과 결합하여 광천수가 되어 건강한 사람과 아픈 사람에게 생기를 북돋아 줄 수 있으니까요."

"석고는 팔자가 좋군요." 샬로테가 말했다. "자기는 이제 완성되어 하나의 물질로서 부족한 것이 없게 되었으니까요. 하지만 쫓겨난 기체는 다시 머물 곳을 찾을 때까지 수많은 어려움을 만나야 하잖아요."

"내가 잘못 생각하는 게 아니라면, 당신 말에는 뭔가 짓궂은 의도가 숨어 있는 것 같군." 에두아르트가 웃으면서 말했다. "그게 뭔지 솔직하게 털어놓지그래. 결국 당신이 보기에 나는 석회인데, 유황산인 대위에게 붙잡히는 바람에 당신과의 완벽했던 관계에서 떨어져 나가 딱딱한 석고로 변해 버렸다는 말이군."

샬로테가 대답했다. "그래도 당신이 양심에 찔려서 그런 관찰에 이르렀다면 나로서도 안심해도 되겠군요. 이런 재치 있고 유쾌한 비유로 비슷한 점을 드는 건 누구나 좋아하는 일이죠. 하지만 인간이란 그런 원소보다는 몇 단계나 높은 위치에 있는 존재예요. 그러니까 인간이 선택이니 친화력이니 하는 단어를 맘껏 써먹었으면, 이제 다시 자신의 내면으로 돌아가야 해요. 그래서 이 기회에 그런 표현들에 숨은 가치를 곰곰이 되새겨 보는 것이 바람직한 일이 아닐까요? 유감스럽게도, 결코 떨어질 수 없던 어떤 두 사람이 친밀하게 결속되어 있다가 우연히 끼어든 제삼자 때문에 서로의 관계가 깨지고, 예전에 그토록 아름답게 결합해 있던 두 사람 가운데 한쪽은 막막한 저편으로 쫓겨나는 경우를 난 몇 번이나 봤거든요.”

“그 점에서 화학자들은 훨씬 인심이 좋은 편이지.” 에두아르트가 말했다. “어떤 요소도 홀몸으로 나가는 경우가 없도록 제4의 요소를 붙여 주니까.”

“그렇고말고!” 대위가 맞장구쳤다. “그런 반응을 보이는 예가 가장 중요하고 주목할 만한 경우입니다. 상호 인력과 친화성, 이탈과 결합은 이른바 십자 형태로 교차하는 것을 분명히 보여 주거든요. 지금까지는 둘씩 짝지어 있던 네 물질이 서로 접촉함으로써 각각 지금까지의 결합에서 이탈하여 새로운 상대와 다시 결합하는 거죠. 이처럼 떠나보내고 붙잡고, 달아나고 찾고 하는 과정을 보면 정말이지 여기에는 단순한 무기물보다 더 높은 섭리가 숨어 있다고 생각됩니다. 그런 물질에도 어떤 의지와 선택 능력이 있는 거죠. 그래서 ‘선택성 친화력’이라는 단어가 아주 적절하다고 생각합니다.”

“그런 예를 한 가지만 알려 주세요.” 샬로테가 말했다.

“말로 하기는 어렵습니다.” 대위가 대답했다. “아까도 말씀드렸지만, 제가 그런 실험을 직접 보여 드리면 모든 것을 좀 더 구체적으로 쉽게 이해하실 수 있을 겁니다. 지금으로서는 이 낯설고 과장스러운 전문용어들을 사용하는 수밖에 없군요. 얼핏 생명이 없는 것처럼 보이지만 내적으로는 늘 활동 준비가 되어 있는 이런 물질들을 관찰할 때는 그 작용을 직접 관찰해야 합니다. 그것들이 어떤 방식으로 서로를 찾고 끌어당기고 붙잡고 파괴하고 집어삼키고 잡아먹는지, 그다음엔 가장 단단하게 결합되었던 관계가 어떤 방식으로 옛 형태를 버리고 예기치 않은 형태로 변화해 가는지를 공감의 마음과 눈으로 동시에 확인해야 합니다. 그래야 비로소 그 물질에는 영원한 생명, 감각과 지성이 있다는 사실을 믿을 수 있을 겁니다. 우리 오관(五官)의 지각력과 이성은 그 물질들을 올바르게 관찰하고 파악할 수 있을 만큼 충분하지 못하다는 사실을 그제야 깨달을 수 있을 테니까요.”

“나도 그렇게 생각해.” 에두아르트가 말했다. “직접 관찰하거나 명확한 개념을 통해 이해한 사람이라면 모를까, 그렇지 않은 사람에게 희한한 전문용어는 성가시고 우스꽝스럽게 비치기 마련이지. 하지만 문자를 기호로 사용한다면, 여기서 문제되고 있는 그 관계는 잠깐이나마 쉽게 표현되지 않을까?”

대위가 대답했다. “현학적이라고 생각하지 않으신다면 기호를 이용해서 간단히 요약해 드리지요. A라는 것이 있는데, A는 B와 서로 결합되어 있고 어떤 수단이나 압력을 가해도 A는 B에서 절대로 떨어지지 않는다고 생각해 보죠. 마찬가지로 D와 그런 관계를 맺고 있는 C가 있다고 칩시다. 이 두 쌍의 결합체를 서로 접촉시켰더니 A는 D에게 붙고 C는 B에게 붙습니다. 이때 우리는 이 네 물질 가운데 무엇이 먼저 자기 짝을 버렸고 어떤 것이 먼저 새 짝과 결합했는지는 알 수 없습니다."

에두아르트가 끼어들었다. "이 모든 것을 직접 관찰할 때까지는 그 공식을 비유적으로 표현하기로 하고, 거기서 당장 쓸모 있는 교훈을 끌어내 보도록 하지. 샬로테, 당신이 A 역할을 하는 거야. 그럼 나는 B가 되겠지. B가 A를 따르는 것처럼 난 당신에게 좌우되고 당신을 따르니까 말이야. 당연히 C는 당신에게서 날 빼앗아 간 대위일 테고. 이때 당신이 허공에 홀로 남겨지지 않으려면 마땅히 D라는 사람을 따라야겠지. 그리고 그 D는 사랑스러운 숙녀 오틸리에겠지. 난 그 점을 의심할 여지가 없어. 그러니까 당신은 그녀를 불러들이자는 계획을 더 이상 반대해서는 안 되는 거야."

"좋아요!" 샬로테가 대답했다. "지금 예로 든 것이 우리 상황에 딱 들어맞지는 않지만, 오늘 우리가 이렇게 느긋하게 모여 앉아, 자연적 친화력이니 선택적 친화력이니 하는 개념들로 우리 사이에 작용하는 문제를 이야기할 수 있게 된 것은 오히려 잘된 일이라고 생각해요. 그럼 솔직하게 말하죠. 사실 난 오늘 오후부터 오틸리에를 데려오기로 결심하고 있었어요. 지금까지 충실하게 살림을 맡아 봐 주던 사람이 결혼 때문에 갑자기 그만두게 되었거든요. 이번 결정은 내 처지에서 나를 위해 내린 거예요. 오틸리에를 위한 이유라면 여기에 있으니까 당신이 소리 내어 읽어 주세요. 괜히 들여다봐서 방해하지는 않을 테니까. 물론 난 내용을 알지만 말이에요. 어서 읽어 줘요, 어서!"

이렇게 말하면서 그녀는 편지 한 통을 꺼내 에두아르트에게 내밀었다.

제5장

여교장의 편지

"오늘은 제가 편지를 아주 짧게 쓰더라도 용서해 주시기 바랍니다. 지난해 학생들의 훈육에 대한 성과를 예측해 보는 공개 시험이 종료됨에 따라 학부모와 후견인 여러분께 그 결과를 알려 드리겠습니다. 따님에 관해서는 단몇 마디로도 많은 내용을 전달할 수 있으므로 짧게 써도 될 것 같습니다. 따님은 모든 과목에서 최고의 성적을 거두었습니다. 동봉한 성적표와 따님이 직접 쓴 편지를 보시면 안심하시고 기뻐하실 거라 생각됩니다. 편지는 자기가 어떤 상을 받았는지에 대한 설명과 자신도 그렇게 좋은 성적을 거둬서 대단히 만족스럽다는 내용입니다. 물론 이렇게 훌륭하게 발전한 여성을 우리 곁에 붙잡아 둘 이유가 없다고 생각하니 제 기쁨은 조금 줄어들긴 합니다만, 머잖아 따님을 위해 어떻게 하는 것이 최선의 길인지에 대해 제 부족한 소견을 말씀드리겠습니다. 이것으로써 삼가 글을 끝맺습니다. 그리고 오틸리에에 관해서는 저의 친절한 조교가 서신을 올릴 것입니다."

조교의 편지

"존경하는 교장선생님이 오틸리에에 관한 내용은 저더러 보고하라고 지시하셨습니다. 부인께 말씀드리고자 하는 내용이 교장선생님의 생각으로는 말씀드리기가 난처한 내용이기도 하고, 또한 교장선생님이 직접 사과드려야 할 일을 제가 대신 말해 주었으면 하고 바라셨기 때문입니다.

저는 착한 오틸리에가 충분한 재능과 능력을 갖고 있으면서도 그것을 밖으로 표현하는 데 얼마나 서툰지를 너무도 잘 알고 있는 터라 공개 시험을 앞두고 얼마쯤 걱정이 되었습니다. 그 시험은 미리 준비할 수도 없는 시험이었기에 더욱 걱정이 되었습니다. 하지만 준비할 수 있다고 해도 오틸리에게 좋은 성적을 받도록 공부 시키는 일은 거의 불가능합니다. 시험 결과는 제가 걱정하던 그대로 나타나고 말았습니다. 오틸리에는 아무 상도 받지 못하고 어떤 수료증도 받지 못한 서너 명 가운데 한 명이었습니다. 이 이상 무엇을 더 말씀드리겠습니까. 글쓰기에서 다른 학생들은 오틸리에만큼 글자가 또박또박하지는 않았지만 훨씬 자유롭게 썼습니다. 산수에서는 오틸리에가 가장 느렸고, 그녀가 자신 있어 하는 어려운 문제들은 시험에 나오지 않았습니다. 프랑스어에서는 오틸리에보다 회화와 해석 능력이 월등히 뛰어난 학생이 많았습니다. 역사에서는 이름과 연도를 능숙하게 외우지 못했고, 지리에서는 정치적 영토분할에 주의를 기울이지 않았더군요. 음악에서는 조금 연주할 수 있는 몇 안 되는 곡을 연주했지만, 심사위원들은 그 곡을 충분히 들어줄 여유와 침착함이 없었습니다. 미술에서는 그대로만 했다면 확실히 상을 탈 수 있었을 겁니다. 윤곽도 선명하게 잡혀 있었고, 그것을 채워 나가는 방식도 대단히 신중하고 재치 있었습니다. 그러나 유감스럽게도 오틸리에는 너무 커다란 것을 계획한 나머지 그림을 완성하지 못했습니다.

학생들이 물러가고 시험관들이 모여 의논하면서 저희 교사들에게도 몇 마디 발언 기회가 주어졌습니다. 그런데 오틸리에에 대해서 언급하는 사람은 아무도 없었으며, 간혹 언급한다 해도 비난까지는 아닐지언정 몹시 냉담한 어조로 이야기했습니다. 제가 그 애의 성품을 솔직하게 이야기한다면 얼마만큼이라도 시험관들의 호의를 얻을 수 있으리라 기대했습니다. 그것들은 제 확신에서 우러나온 말이었고, 저 역시 어렸을 때 그 애같이 슬픈 처지에 놓여 있었던 경험이 있었으므로, 저는 제 힘껏 시험관들에게 열심히 설명했습니다. 위원들은 제 이야기를 주의 깊게 들어주었습니다. 그런데 제가 발언을 끝냈을 때, 수석시험위원은 호의는 담겨 있지만 단호한 어조로 이렇게 말씀하시더군요. '잠재력은 누구에게나 있습니다. 문제는 그것이 능력으로 발전하느냐지요. 바로 이것이 모든 교육의 목적입니다. 학부형들도 그 점을 명확히 바라고 있고, 절반의 아이들의 무의식에 깃들어 있는 어렴풋한 소망이기도 합니다. 그것은 시험의 대상이기도 하면서 그것에 따라 학생뿐만 아니라 교사도 함께 평가받는 것입니다. 하지만 당신 말을 들어 볼 때, 그 학생의 앞날에 희망을 걸어 볼 수는 있겠군요. 그리고 당신이 그 학생의 재능을 정확히 관찰하고 있다는 점은 칭찬할 만합니다. 앞으로 1년 동안 그 재능을 능력으로 키워 주세요. 그러면 당신과 재능 있는 당신의 학생은 아낌없는 박

수를 받을 것입니다.'

그다음에 어떤 결과가 나타날지에 대해 저는 이미 각오하고 있었습니다. 하지만 각오하던 것보다 더 나쁜 사태가 연달아 발생하리라고는 생각지도 못했지요. 선한 목자로서 자기가 키우는 양 가운데 한 마리라도 잃어버리거나 제대로 다듬어지지 않은 모습을 보기 싫어하는 선량한 교장선생님은 시험관들이 자리를 뜨자마자 불만을 폭발시키셨습니다. 그래서 다른 학생들이 자기가 받은 상들을 보고 기뻐하는 동안 아주 태연하게 홀로 창가에 서 있는 오틸리에에게 이렇게 말씀하셨지요. '세상에, 말 좀 해 봐요. 어쩌면 그렇게 바보같이 굴 수가 있지요? 정말로 바보가 아니라면 말예요.' 그러자 오틸리에는 아주 침착하게 대답하더군요. '용서하세요, 교장선생님. 오늘 또 두통*1이 도졌지 뭐예요. 그것도 아주 심하게요.'―'그걸 누가 어떻게 알겠어!' 평소에는 그렇게나 인자한 교장선생님이셨지만, 이때만큼은 화가 나서 이렇게 말씀하시곤 몸을 홱 돌리셨지요.

하지만 사실 그렇습니다. 그걸 누가 어떻게 안단 말입니까. 두통이라고 해도 오틸리에는 얼굴색 하나 변하지도 않았고, 저도 그 애가 한 번이라도 손을 관자놀이 근처로 가져가는 것을 보지 못했으니까요.

일은 그것으로 끝나지 않았습니다. 존경하는 부인, 부인의 따님 루치아네는 평소에도 활달하고 자유분방합니다만 오늘은 승리감에 도취되어 감정은 풀어지고 오만해졌습니다. 따님은 자기가 받은 상이며 수료증들을 들고 이 방 저 방으로 뛰어다니더니 오틸리에의 코앞에도 들이밀고 흔들어 보였습니다. 그러고는 큰 소리로 외쳤지요. '너는 또 시험을 망쳤지?' 오틸리에는 조금도 침착함을 잃지 않고 대답했습니다. '오늘 시험이 마지막 시험은 아니잖아.'―'그래도 넌 꼴찌를 벗어나지 못할걸!' 따님은 이렇게 외치더니 뛰어나갔습니다.

다른 사람에게는 오틸리에가 태연해 보였겠지만, 제게는 그렇게 보이지 않았습니다. 오틸리에는 불쾌한 감정의 동요를 억누르려고 애쓸 때면 얼굴색이 고르지 않기 때문에 표가 나거든요. 오른쪽 뺨은 창백한데 왼쪽 뺨이

---

*1 오틸리에의 두통은 그녀의 필체와 마찬가지로 오틸리에의 특성을 보여 주는 동시에 이 소설의 진행방향도 암시한다. 육체적 현상으로서의 두통을 넘어서서 이 소설에서 그녀가 겪게 될 정신적인 고뇌도 암시하고 있는 것이다.

한순간 붉어지니까요. 이러한 징후를 보자 저는 도저히 이 상황을 그냥 넘길 수가 없었습니다. 저는 교장선생님을 구석으로 모시고 가서 이 사태에 대해 진지하게 논의했습니다. 훌륭하신 선생님은 자신의 실수를 인정하셨습니다. 우리는 한참 동안 의논을 거듭했습니다. 그것이 어떤 내용이었는지 장황하게 설명하는 대신 저희의 결론과 부탁을 바로 말씀드리고자 합니다. 그것은 다름 아니라 오틸리에를 얼마 동안 데려가 주십사 하는 것입니다. 그 이유는 부인께서 직접 확인해 보심이 좋을 듯합니다. 그렇게 결정해 주신다면, 이 착한 아이를 다루는 방법에 대해 더 여러 말씀을 올리겠습니다. 그리고 따님이 예정대로 이곳을 떠나고 나면 저희는 그때 가서 오틸리에를 다시 기꺼이 받아들이고자 합니다.

혹시라도 나중에 잊어버릴 수 있을 것 같아 한 가지 더 말씀드리겠습니다. 저는 오틸리에가 어떤 것을 요구하거나 어떤 것이 갖고 싶다고 조르는 모습을 한 번도 본 적이 없습니다. 그러나 상당히 드문 경우이긴 하지만 거꾸로 남이 부탁한 일을 거절할 때는 가끔 있지요. 그럴 때면 그 기분을 어떤 몸짓으로 표현하는데, 그 몸짓이 뜻하는 바를 이해한 사람은 결코 더 이상 거역하지 못합니다. 오틸리에는 두 손을 공중에 올려 합장하고는 가슴께로 가져가면서 몸을 조금 앞으로 수그리고는 조바심의 눈초리로 상대방을 뚫어져라 쳐다봅니다. 그러면 상대방은 자기가 요구하거나 희망하는 것이 무엇이건 간에 그것을 깨끗이 단념하게 되지요. 부인 옆에 있으면 설마 그런 일은 없겠지만, 만에 하나 이런 몸짓을 보게 되시거든 그땐 부디 제 말을 떠올려 오틸리에의 기분을 살펴 주십시오.”

에두아르트는 빙그레 웃기도 하고 고개를 저으며 두 편지를 읽었다. 그리고 거기 나오는 인물들과 사건에 대한 평도 잊지 않았다.

“논의의 여지는 없군!” 마침내 에두아르트가 외쳤다. “이것으로 결정을 했어! 그 애를 이리로 데려오는 거야! 당신한테는 말상대가 생길 거고, 그럼 우리는 계획을 진척시켜도 되겠지. 난 아무래도 대위가 사는 건물 오른쪽 끝으로 옮겨야겠어. 같이 일하기엔 저녁시간과 아침시간이 가장 좋으니까. 당신은 당신과 오틸리에를 위해 왼쪽 끝에 있는 가장 아름다운 방을 쓰도록 해.”

샬로테는 그의 말에 동의했다. 에두아르트는 앞으로의 생활양상을 그려 보이면서 이렇게 외치기도 했다. "그 애가 왼쪽 머리에 가벼운 두통을 앓고 있다니, 정말 내 마음에 드는군. 난 오른쪽 편두통이 있잖아. 우리한테 두통이 한꺼번에 일어나서 난 오른쪽 팔꿈치를 괴고 그 애는 왼쪽 팔꿈치를 괸 채 같은 방향으로 머리를 기울이고 손으로 머리를 받친 채 마주 앉는다면 그 야말로 멋진 대조의 한 쌍이 되겠는걸."

하지만 대위는 그렇게 평화로운 그림은 아닐 것 같다고 대답했다. 그러자 에두아르트는 그에게 큰 소리로 말했다. "경애하는 친구, D에게 주의를 기울여 주게! 그런데 C를 빼앗기게 되면 B는 어찌한다?"

샬로테가 대답했다. "음, 내 생각엔 저절로 답이 나오는 거 같은데요."

에두아르트가 외쳤다. "물론 B는 원래의 A에게 되돌아가는 거지. 그의 알 파이자 오메가인 A에게로." 그는 갑자기 자리에서 벌떡 일어나더니 샬로테를 가슴에 꼭 끌어안았다.

제6장

오틸리에를 태운 마차가 도착했다. 샬로테는 그녀를 마중했다. 이 사랑스러운 아이는 서둘러 샬로테에게 다가오더니 발치에 몸을 던지고는 그녀의 무릎을 꼬옥 끌어안았다.

"왜 이래 꼭 복종하듯 이러니!" 조금 당황한 샬로테가 오틸리에를 일으켜 세우려고 하면서 말했다. "복종하는 뜻으로 이러는 게 아녜요." 오틸리에는 그 자세로 대답했다.

"저는 다만, 제 키가 아주머니 무릎에도 닿지 않았던 그 시절, 아주머니 사랑에 안심하고 지냈던 그때를 떠올리고 싶었을 뿐이에요."

오틸리에가 일어섰다. 샬로테는 오틸리에를 따뜻하게 포옹했다. 오틸리에는 남자들에게 소개되었고 손님으로서 특별한 대접을 받았다. 미인은 어디서나 환영받는 손님이었다. 오틸리에는 대화를 주의 깊게 듣는 것 같았지만, 끼어들지는 않았다.

다음날 아침 에두아르트가 샬로테에게 말했다. "호감도 가고 재미있는 아가씨야."

"재미있는 아가씨라고요?" 샬로테가 빙그레 웃으며 대답했다. "그 애는 입도 뻥긋하지 않았는데요."

"그랬던가?" 에두아르트는 뭔가를 골똘히 생각하며 대답했다. "그렇다면 정말 신기한걸."

샬로테는 이 새 식구에게 살림 꾸리는 법에 관해 극히 필요한 몇 가지를 알려 주었다. 그러나 오틸리에는 생각보다 전체의 질서를 빨리 이해했다. 아니, 직접 보고 이해했다기보다는 몸으로 느꼈다. 그녀는 자신이 모두를 위해, 또 한 사람 한 사람을 위해 무엇을 신경 써야 하는지 금방 알아차렸다. 모든 일이 제때 준비되었다. 그녀는 명령하는 것처럼 보이지 않게 일을 시킬 줄 알았고, 누군가가 할 일을 제대로 하지 않으면 몸소 그 일을 처리했다.

자기에게 자유 시간이 얼마나 있는지를 알게 되자 그녀는 곧 샬로테의 허락을 얻어 자신의 시간표를 만들고 그것을 정확히 지켰다. 오틸리에가 자기에게 주어진 일을 처리하는 방식은 샬로테가 조교에게서 들은 이야기 그대로였다. 그래서 사람들은 그녀가 하는 대로 내버려 두었다. 다만 샬로테는 가끔 그녀가 새로운 눈을 뜰 수 있도록 시도해 보았다. 예컨대 닳아서 끝이 뭉툭해진 펜을 오틸리에의 책상에 몰래 올려놓았는데, 이는 오틸리에의 필체가 보다 자유로워지게 하기 위해서였다. 그러나 펜들은 곧 다시 뾰족하게 깎여 있었다.

그리고 여자들은 자기네끼리만 있을 때는 프랑스어로 이야기하기로 정했다.[*1] 특히 샬로테는 이 원칙을 엄수했다. 그렇게 외국어연습이 의무화되자 오틸리에는 독일어로 이야기할 때보다 프랑스어로 이야기할 때 말이 더 많아졌고, 하고 싶은 말보다 더 많이 이야기하는 듯이 보였다. 특히 이야기의 주제가 우연히 기숙학교로 향하게 되자, 오틸리에가 그곳 생활을 자세하고도 애정을 담아 묘사하는 것을 보면서 샬로테는 상당히 흡족했다. 오틸리에는 샬로테에게 사랑스러운 말벗이 되었다. 그리하여 샬로테는 언젠가는 오틸리에가 모든 것을 믿고 털어놓을 수 있는 친구가 되기를 바랐다.

샬로테는 오틸리에와 관련된 옛날 서류들을 다시 꺼냈다. 교장과 조교가 이 착한 아이에 대해 내렸던 평가를 되짚어 직접 그녀의 인성과 비교해 보고 싶었다. 샬로테는 같이 사는 사람들의 성격은 되도록 빨리 알아두는 편이 좋다고 생각했다. 그들에게 무엇을 기대할 수 있으며 그들은 어떤 소질을 지니고 있는지, 또 그들의 어떤 결점은 인정하고 용서해 줘야 하는지를 알아야 하기 때문이었다.

편지를 다시 훑어본 결과 새로운 사실을 발견하지는 못했지만, 이미 알고 있던 몇몇 사실은 새삼 중요하고 기이하게 생각되었다. 예컨대 오틸리에가 식사를 과도하게 절제한다는 보고는 매우 걱정스러웠다.

여자들이 그다음으로 신경을 많이 쓰는 것은 옷차림이었다. 샬로테는 오틸리에가 좀 더 세련되고 두루 갖춰 입기를 바랐다. 그러자 이 착하고 부지런한 처녀는 예전에 선물 받은 옷감을 직접 재단하더니, 다른 사람의 손길은

---

*1 괴테가 살던 시대에는 프랑스어가 상류사회의 주요한 사교언어였다. 프리드리히 대왕이 궁정에서 프랑스어만 쓰게 한 것도 그 한 예이다.

크게 빌리지 않고 사랑스럽게도 자기 몸에 맞는 옷을 아주 솜씨 좋게 완성했다. 유행에 맞는 새 옷들은 그녀의 자태를 한층 돋보이게 했다. 인간의 향기는 그 사람이 입은 옷을 통해서도 나타나지만, 그 사람이 자신의 장점을 새로운 환경에 고스란히 드러내면, 그것을 보는 사람은 그만큼 더 그가 새롭고 우아하게 보이기 마련이다.

따라서 오틸리에는 남자들에게 처음보다 더—솔직한 표현을 쓰자면—진정한 즐거움을 주었다. 에메랄드의 선명한 빛깔은 시각에 좋은 영향을 주었고, 심지어 그 시각이라는 고귀한 감각의 피로를 어느 정도 덜어 주는 능력까지 갖고 있었다. 이처럼 인간의 아름다움은 보는 이의 외적·내적 감각과 관능에 보다 훨씬 강력하게 작용한다. 아름다운 사람을 보는 이는 사악한 마음을 가지지 않으며, 자기 자신과 세계가 조화 속에 있다고 느끼게 된다.

그러므로 오틸리에가 온 것은 이 집안의 모임에 여러모로 도움이 되었다. 두 친구는 모임 시간을 전보다 정확하게, 심지어 분초까지도 정확히 엄수했다. 이제 두 사람은 식사할 때나 차를 마실 때, 산책할 때도 필요 이상으로 남을 기다리게 하지 않았다. 특히 저녁 식사 뒤에는 이전처럼 서둘러 식탁을 떠나는 일이 없어졌다. 샬로테도 이것을 눈치채고, 두 사람을 유심히 관찰했다. 그녀는 둘 가운데 누가 주도자인지 알아내고자 했지만, 두 사람의 태도에는 아무런 차이도 없었다. 둘 다 전반적으로 전보다 사교적인 태도를 보였다. 이들은 대화할 때도 어떤 이야기가 오틸리에의 관심을 불러일으키기에 적절한지, 무엇이 그녀의 이해력과 지식수준에 적합한지에 대해 서로 배려하는 것 같았다. 낭독이나 대화 중에 오틸리에가 자리를 뜨면 두 사람은 그녀가 다시 올 때까지 멈추고 그녀를 기다리곤 했다. 그들은 더 부드러워졌고 무슨 주제로든 말이 많아졌다.

그에 대한 답례처럼 오틸리에의 봉사정신도 나날이 커져 갔다. 그녀는 이 집과 사람들, 그리고 여러 사정에 대해 알게 될수록 그만큼 더 열심히 일했다. 사소한 시선이나 동작, 심지어 하다 만 말이나 단순한 소리조차 재빨리 그 의미를 파악했다. 그녀의 평온하면서도 주의 깊은 태도는 여전히 변함없었고, 침착하면서도 부지런한 태도 역시 그대로였다. 그녀가 자리에 앉고 일어나고 가고 돌아오고 무언가를 꺼내고 가지고 돌아오고 다시 자리에 앉는 동작에서는 조금도 불안한 기색이 느껴지지 않았다. 그것은 단지 영원히 변화하면서도 이어지는 우아한 움직임이었다. 그녀는 발소리조차 내지 않을 정도로 조용히 움직였다.

이처럼 예의 바른 오틸리에의 봉사정신은 샬로테를 매우 기쁘게 했다. 하지만 그녀의 그런 태도 가운데서 샬로테도 반드시 온당하다고는 생각하지 않는 점이 한 가지 있었다. 샬로테는 어느 날 오틸리에에게 그런 의견을 숨기지 않고 말했다. "누가 손에서 물건을 떨어뜨리면 얼른 몸을 굽혀 그것을 주워 주는 행동은 칭찬할 만한 배려겠지. 그건 그 사람에게 봉사할 마음가짐이 되어 있다는 증거니까. 다만 좀 더 넓은 사회에서는 누구에게 그런 배려를 보여 줘야 할지를 생각해 봐야 해. 여성에게 그렇게 한다면 그걸 가지고 뭐라 할 생각은 없어. 너는 아직 어려. 윗사람이나 연장자에게 그렇게 하는 건 네 의무고, 동년배에게 그렇게 하는 건 예의지. 너보다 어린 사람에게 그렇게 한다면 따뜻한 마음에서 우러나온 행동이라 할 수 있어. 다만 남자에게도 그런 식으로 순종과 복종의 자세를 보여 준다면 그건 숙녀에게 어울리는 행동이 아니란다."

"앞으로는 그러지 않도록 노력하겠어요." 오틸리에가 대답했다. "하지만 제가 왜 그렇게 행동하는지 말씀드리면 아주머니께서도 그간의 저의 불찰을 용서하실 거예요. 저희는 역사를 배웠는데, 저는 마땅히 외워야 할 내용을 외우지 못했어요. 그것을 어디에 써먹을 수 있는지 이해하지 못했으니까요. 단지 몇몇 사건은 제게 아주 인상적이었는데, 예컨대 이런 것이죠.

청교도 혁명 때였어요. 영국의 찰스 1세[2]가 그의 판관들 앞에 섰을 때, 그가 들고 다니던 지팡이의 황금 손잡이가 아래로 떨어졌어요. 이럴 때는 주위 사람들이 앞다투어 자기를 위해 애쓰는 데에 익숙해 있었죠. 그래서 왕은 이번에도 주위를 둘러보면서, 누군가가 자신을 위해 시중을 들어주리라 기대하고 있었어요. 그런데 아무도 움직이지 않았어요. 하는 수 없이 왕은 몸소 허리를 굽혀 손잡이를 집어 들었답니다. 전 그 이야기가 무척 가슴 아팠어요. 그 이야기를 들은 뒤로는, 저는 누군가가 무엇을 떨어뜨렸을 때 도저

---

*2 찰스 1세는 의회의 결정에 반하는 행동을 일삼다가 크롬웰이 이끄는 혁명군에 의해 사형당한 영국의 절대군주였다. 이러한 찰스 1세의 태도는 앞으로 전개될 에두아르트의 자기중심적인 태도를 연상시키며, 찰스 1세의 이야기를 이해하는 오틸리에의 모습도 에두아르트에 대한 오틸리에의 감정을 간접적으로 드러내고 있다.

히 줍지 않고는 배길 수 없게 되었답니다. 그렇게 하는 게 옳은 일인지 아닌지는 모르겠지만요. 하지만 제 행동이 언제나 적절하다고 말할 수 없고, 게다가" 그녀는 웃으면서 말을 계속했다. "제가 매번 제 사정을 이야기할 수 있는 것도 아니니까요. 하지만 앞으로는 자제하겠습니다."

한편 이런 일이 벌어지는 동안에도 대위와 에두아르트가 사명감을 가지고 해 오던 작업은 쉼 없이 계속되었다. 날마다 심사숙고해서 처리해야 하는 일들도 계속해서 생겨났다.

어느 날 두 사람은 마을을 지나고 있었다. 그런데 터가 좁고 귀해서 주민들이 질서와 청결에 유난히 신경 쓰는 마을과 비교해 볼 때 이 마을은 질서와 청결 면에서 상당히 뒤떨어져 있었다. 두 사람은 이것을 보고 그 불결함에 대해 이야기를 나누었다.

"자네도 기억하겠지." 대위가 말했다. "우리가 스위스를 여행할 때 말했던 이야기 말이야. 이런 지형의 마을을 스위스식 건축양식이 아니라 스위스식 질서와 청결을 접목해서 더 효율적으로 이용할 수 있는 마을로 만들고 싶다고 했었잖아. 그래서 시골의 모든 공원을 정말 아름답게 꾸미고 싶다 했었고."

"이곳이라면 그 계획을 실현시킬 수 있을 것 같군." 에두아르트가 대답했다. "저기 성이 있는 산은 완만하게 내려오면서 앞으로 툭 튀어 나온 지형이야. 그와 마주하고 있는 마을은 잘 정리된 반구 형태를 이루고 있고. 그 사이에는 개천이 흐르는데, 개천의 범람을 막기 위해 어떤 사람은 돌을 쌓으려 하고, 어떤 사람은 말뚝을 박으려 하지. 또 어떤 사람은 통나무로, 그 옆집 사람은 널빤지로 막으려고 들어. 하지만 서로 돕지 않아서 오히려 모두에게 손해와 불이익만 가져온단 말이야. 길도 마찬가지여서, 흉하게 구불거리며 오르락내리락하고, 여울을 건너는가 하면 바위를 기어오르는 식이거든. 마을사람들이 직접 손볼 생각이 있다면, 큰돈을 들이지 않고도 이곳에 반원형의 제방을 쌓고 인가들이 있는 높이까지 길을 뚫어서 아름답고 널찍한 공간을 만들고 청결하게 가꿀 수 있을 텐데. 즉 한 번의 대규모 공사로 자잘한 불안요소들을 모두 다 해결할 수 있는 거지."

"좋아, 우리가 한번 해 보자." 대위가 주변 지형을 둘러보고 신속하게 판단하며 말했다.

"그들에게 맘대로 명령을 내릴 수 있는 위치가 아니라면 나는 시민이나 농부와는 관계를 맺고 싶지 않아." 에두아르트가 대답했다.

"그렇게 틀린 말도 아니야." 대위가 말했다. "나도 그런 일 때문에 불쾌한 경험을 수두룩하게 했지. 어떤 것을 얻으려면 무엇을 어느 정도로 희생해야 하는가 하는 계산을 정확하게 하기는 참으로 어려워! 하나의 목적을 지향하면서 그 실현 수단을 우습게 아는 오류를 범하지 않는 것도 어려운 일이고! 심지어 수단과 목적을 혼동해서 목적은 잃어버리고 수단만 보고 좋아하는 사람도 많아. 모든 해악은 그것이 나타나는 지점에서 바로 제거되어야 하는데 사람들은 그 해악의 근원, 다시 말해 화근의 출발점은 신경 쓰지도 않지. 그래서 의견을 모으기가 그렇게 어려운 거야. 특히 민중을 상대로 할 때는 더욱이 그렇지. 그들은 그날그날의 일은 지혜롭게 처리하지만, 내일 이후에는 어떻게 될지 생각하지 않거든. 이를테면 공동사업으로 누구는 이익을 보고 누구는 손해를 보는 경우까지 생기면, 조정 따위는 한 걸음도 진척되지 못하지. 그러니까 공동의 이익을 추구하는 작업을 할 때는 영주로서의 무한한 권력으로 보호하고 추진하는 수밖에 없어."

두 사람이 그 자리에 서서 이런 말을 하는 동안, 가난하기보다는 뻔뻔스럽게 보이는 한 남자가 그들에게 가까이 오더니 돈을 달라고 했다. 이야기가 중단되는 바람에 언짢아진 에두아르트는 온화하게 그에게 두어 번 저리 가라고 명령했으나 거지는 들은 척도 하지 않았다. 그러자 그는 거지에게 심하게 호통을 쳤다. 그제야 그 남자는 입속으로 뭐라고 투덜거리더니 느릿느릿 멀어져 갔다. 그러면서 거지는 다른 사람들과 마찬가지로 자신도 하느님의 보호를 받고 있으므로 적선은 거절하더라도 모욕을 해선 안 된다고 거지의 권리를 주장했다. 에두아르트는 화가 난 나머지 완전히 이성을 잃고 말았다.

대위가 그를 진정시키려고 말했다. "이 사건은 우리의 치안복지 정책을 이 마을까지 확대해 달라는 요청으로 봐야 해. 적선은 필요하지만, 직접 주지는 않는 편이 좋아. 특히 자기 영지에서는 그렇지. 자기 영지에서는 무슨 일을 할 때건 절제와 균형을 잃지 말아야 하는데, 적선을 할 때도 마찬가지야. 너무 많이 주면 거지를 떨어내는 게 아니라 오히려 불러들이는 격이 되지. 그 대신 여행 중이라면 길바닥에 앉아 있는 거지 앞에 행운처럼 불쑥 나타나서 갑작스러운 선물을 던져 주는 정도야 해도 되겠지. 이 마을과 성의 위치는 그런 선행을 베풀기에 아주 적당하게 되어 있어. 나는 전에도 이런 생각을 한 적이 있다네.

마을 한쪽 끝에는 주막이 있고, 다른 한쪽 끝에는 착한 노부부가 살고 있잖나. 두 곳 모두 자네가 약간의 돈을 맡겨 놓으면 되는 거야. 마을로 들어오는 사람이 아니라 마을에서 나가는 사람들은 거기에서 얼마쯤 돈을 받는 거지. 두 집 모두 성으로 통하는 길목에 있어서, 성을 방문하려면 누구나 그 중 한 곳은 지나야 하거든."

"가자." 에두아르트가 말했다. "그 일부터 당장 처리하자고. 자세한 것은 나중에 천천히 보충해도 되니까."

그들은 주막 주인과 노부부를 찾아갔다. 그렇게 그 일은 해결되었다.

두 사람이 다시 성관으로 올라가면서 에두아르트가 말을 꺼냈다.

"나는 세상 모든 일에는 좋은 착상과 확고한 결심이 중요하다는 사실을 알고 있지. 그래서 자네도 내 아내가 맡고 있는 공원 조성 계획을 아주 정확하게 비판하고, 그것을 어떻게 하면 개선할 수 있는가 귀띔까지 해주었던 게 아닌가. 그래서 털어놓는 이야기지만, 나는 아내에게 그 의견을 즉시 알려줬어."

"나도 짐작은 했지." 대위가 대답했다. "하지만 적절한 행동이었다고는 말하기 어려워. 자네는 자네 부인을 혼란스럽게 한 거야. 부인은 모든 작업을 중단시켰고, 그 일에 관해서는 우리에게 마음을 터놓으려 하지 않아. 부인은 거기에 대해서는 언급조차 피하고 있고, 우리를 다시 그 이끼 덮인 정자로 초대하지도 않잖아. 오틸리에하고는 시간 날 때마다 올라가면서도 말이지."

"그렇다고 해서 우리가 눈치 볼 것까지야 없지." 에두아르트가 말했다. "나는 어떤 좋은 일을 실현할 수 있고 또 해야 하겠다고 확신이 서면, 그 일이 완성되는 것을 보기 전까지는 마음이 편치 않아. 우린 이야기의 실마리를 찾아내는 게 특기 아닌가. 먼저 오늘 저녁 식사 뒤에 동판화가 들어 있는 영국식 정원*3 안내서를 화젯거리로 삼아 보세. 그런 다음 자네가 그린 영지 지도에 대해서도 이야기하는 거지. 처음에는 농담을 반 정도 섞어 가며, 단정짓지 않고 얘기하는 편이 좋겠어. 그러다 보면 자연스럽게 진지한 이야기도 나올 거야."

이 약속에 따라, 저녁 식사 뒤에 정원 조성에 관한 책이 펼쳐졌다. 책장을 퍼자 어떤 지역의 가공하지 않은 자연 그대로의 풍경과 평면도가 그려져 있었고, 다른 장을 넘기자 자연의 장점을 모두 살린 채 끌어올리는 조경술이 그 지역을 어떻게 변모시켰는가가 소개되어 있었다. 거기서 자신들의 영지와 주변 환경, 그리고 그곳에서 가능한 조경 작업에 관한 이야기로 화제를 옮기는 일은 꽤 수월했다.

샬로테도 이제는 대위가 작성한 지도를 근거로 작업하자는 의견에 흔쾌히 동의했다. 처음 작업을 시작했을 때 가졌던 구상에서 완전히 벗어나기는 힘들었지만, 이들은 결국 정상까지 더 편히 올라갈 수 있는 방법을 생각해 냈다. 그 방법은 위쪽 산비탈에 아담한 숲이 있는데 그 앞에 별장을 하나 짓고, 이것을 성과 연결하자는 생각이었다. 성의 창문에서 별장을 바라볼 수 있도록 하고, 별장에서도 성과 정원 목초지를 볼 수 있게 한다는 계획이었다.

이미 모든 것을 숙고하고 측량해 본 대위는 그 개천을 따라 난 마을길과 제방과 거기에 쓸 석재를 다시 화제에 올렸다.

"정상까지 걸어서 올라가기 편한 길을 만들면, 제방 쌓는 데 필요한 만큼의 석재도 확보할 수 있을 겁니다." 대위가 말했다. "두 일을 연관시키면 양쪽 모두 그만큼 비용은 덜 들고 속도는 더 빠르게 해낼 수 있지요."

샬로테가 말했다. "하지만 바로 그게 제가 걱정하는 부분이에요. 그렇게 하려면 반드시 일정한 지출 한도를 정해 놔야 해요. 그런 공사에 비용이 얼마나 들지 계산이 되면 작업도 나눠서 해야 하고요. 주 단위까지는 아니더라도 적어도 월 단위로 말이죠. 회계는 제가 맡겠어요. 청구서도 제가 처리하고 부기도 제가 작성할 거예요."

"당신은 우리 능력을 별로 신뢰하지는 않는 것 같군." 에두아르트가 말했다.

"충동적이라는 점에서는 그다지 신뢰하지 않아요." 샬로테가 대답했다.

**3 프랑스식 정원이 베르사유 궁전에 딸린 정원처럼 기하학적, 대칭적 균형미를 드러내는 스타일이라면, 영국식 정원은 숲 속에 생겨난 길처럼 자연스러운 느낌을 살리는 스타일인데, 18세기 중엽에 영국에서 발전하기 시작해서 독일에도 18세기 끝무렵에는 널리 알려졌다. 괴테도 이러한 영국식 정원에 관심이 많았다. 뒤벤에 있는 '영국식 정원'은 이름부터가 이 스타일대로 지어진 정원임을 알려 주는 것으로 1789년에 만들어졌다. 프랑스식 정원의 형식이 절제된 균형미를 추구하고 영국식 정원이 있는 그대로의 자연스러움을 추구한다는 점에서, 프랑스식 정원은 고전주의적 정원으로 영국식 정원은 낭만주의적 정원으로 불리기도 하는데, 이 소설에서도 영국식 정원의 등장은 주인공들의 낭만적 사랑과 맞물려 있다.

"충동을 제어하는 점에서는 우리 여자들이 당신들보다 한 수 위죠."

준비는 마무리되고 일은 신속하게 시작되었다. 대위는 언제나 현장에 나갔다. 이제는 샬로테도 거의 날마다 그의 진지하고 결단력 있는 성격을 직접 두 눈으로 볼 수 있었다. 대위도 샬로테를 한층 깊이 알게 되었다. 그럴수록 두 사람이 힘을 합쳐 어떤 일을 완수하는 것도 그만큼 더 쉬워졌다.

사업은 춤과 같은 것이다. 보조를 잘 맞추는 사람들은 서로에게 없어서는 안 될 존재이며, 거기서 필연적으로 상호간의 호의도 생겨난다. 샬로테도 대위를 더 잘 알게 되면서 그에게 호의를 갖게 되었다. 이에 대한 확고한 증거도 하나 있었다. 그녀는 자기가 처음 설계했을 때 특별히 공들여 장식했던 아름다운 휴게 공간이 대위의 계획과 맞지 않는다는 사실을 알자, 아무 거리낌 없이 그것을 허물도록 한 것이다. 하지만 샬로테는 거기에 대해 추호의 불쾌함도 느끼지 않았다.

제7장

샬로테가 대위와 함께 일하게 되자 에두아르트는 자연히 오틸리에와 지내는 시간이 많아졌다. 그렇지 않아도 그의 마음속에는 얼마 전부터 그녀에 대한 은밀한 호감이 싹트고 있었다. 오틸리에는 누구에게나 친절하고 다정했지만, 자기중심적인 에두아르트는 그녀가 자기에게 유독 잘해 준다고 생각했다. 이제 오틸리에는 그에게 무엇을 어떻게 요리해 주어야 좋아하는지까지 정확하게 알고 있었다. 그가 차를 마실 때 설탕을 얼마나 타는지도 눈여겨보면서 그에 대해서 많은 것을 놓치지 않고 관찰했다. 특히 오틸리에는 외풍을 완벽하게 차단하는 일에 매우 신경을 썼다. 에두아르트는 거의 병적일 정도로 외풍을 싫어해서, 환기에 대단히 신경을 쓰는 샬로테와 자주 말다툼을 벌였다. 오틸리에는 나무와 꽃을 재배하는 데도 재능이 있었다. 또한 에두아르트가 원하는 일이면 무엇이든 도와주려 했고 그를 짜증나게 하는 일은 피하려고 했다. 그리하여 그녀는 짧은 시간에 친절한 수호신처럼 에두아르트에게 없어서는 안 될 인물이 되었다. 가끔 그녀가 안 보이면 그는 고통스럽기까지 했다. 오틸리에도 그와 단둘이 있을 때는 평소보다 말수도 많아지고 더 자유분방해졌다.

에두아르트는 나이를 먹어 가면서도 어딘가 어린애 같은 순진함을 간직하고 있었는데, 이런 면이 젊은 오틸리에의 눈에는 특별히 좋게 비쳐졌다. 그들은 자신들이 처음 만났던 옛날을 즐겨 회상하곤 했다. 추억은 에두아르트가 처음 샬로테에게 애정을 느꼈던 시절까지 거슬러 올라갔다. 오틸리에는 두 사람이 궁정에서 가장 아름다운 한 쌍이었던 것으로 기억한다고 말했다. 에두아르트가 그런 꼬맹이 시절의 기억이 아직 남아 있겠느냐고 했지만 그녀는 그래도 어떤 장면은 생생하게 기억난다고 주장했다. 에두아르트가 성에 들어왔을 때 자기는 샬로테의 무릎 위로 도망갔는데, 그건 무서워가 아니라 어린아이처럼 놀라서 그랬다는 것이었다. 오틸리에가 솔직하게 이렇게 덧붙였다고 해도 거짓은 아니었을 것이다. 사실 그의 강렬한 인상에 강한 호감을 느꼈기 때문이었노라고.

사정이 이렇다 보니, 두 친구가 함께 계획했던 많은 일들이 조금 지연되고 말았다. 이 때문에 그들은 다시 전체적으로 일을 검토하고 설계안도 몇 개 작성하며 편지도 써야 함을 알았다. 그래서 집무실로 가 보았더니, 늙은 서기가 하는 일 없이 한가롭게 앉아 있었다. 두 사람은 일을 시작했고, 곧 서기에게도 일감을 주었다. 그런데 평소라면 직접 해치웠을 몇 가지의 일까지 아무 생각 없이 서기에게 떠넘기고 말았다. 뿐만 아니라 대위는 첫 번째 설계안부터 제대로 작성하지 않았고, 에두아르트도 첫 번째 편지부터 제대로 쓰지 않았다. 두 사람은 한동안 초안을 잡고 수정하느라 애를 먹었다. 마침내 대위보다 더 힘겨워하고 있던 에두아르트는 시간이 얼마나 흘렀느냐고 초조하게 물었다.

그제야 대위는 정밀한 초시계의 태엽을 감아 주는 것을 잊고 있었음을 깨달았다. 이는 수년 만에 처음 있는 일이었다. 그때 두 사람은 자기들이 시간에 무관심해지고 있다는 사실을 확실히는 아니더라도 어렴풋이 느끼고 있었다.

이렇게 남자들이 일을 소홀히 하는 동안, 여성들의 활동은 오히려 더 늘어났다. 일반적으로 말해서 정해진 사람들과 정해진 환경으로 성립하는 보통의 가정생활이란 커다란 통과 같아서, 이미 특별해져 버린 호감이나 커가는 격렬한 애정까지도 함께 담아내 버린다. 그리고 이 새로운 성분이 눈에 보이는 발효 현상을 일으키고 부글부글 끓으면서 통 밖으로 넘쳐나기까지는 상당한 시간이 필요하다.

우리 네 친구의 경우에는 이제 막 생성 중인 상호간의 호감이 더없이 좋은 효과를 발휘했다. 모두의 마음이 열리고, 어느 한 사람을 향한 호감은 모두에 대한 배려로 발전했다. 이들은 각자 행복하다고 느꼈으며, 타인의 행복도 기꺼이 인정해 주었다.

이런 상태는 사람의 마음을 넓혀 주고 정신도 고양시킨다. 그리하여 모든 행동과 계획은 무한한 저편을 지향하게 된다. 네 사람은 집에만 틀어박혀 있지는 않았다. 그들의 산책*1 범위도 넓어졌다. 에두아르트가 오틸리에와 함께 오솔길을 따라 앞서 가면, 대위는 샬로테와 다양한 주제로 담소를 나누거나 새로 발견된 장소라든가 예기치 못하게 나타난 경치들을 즐기면서, 앞서 간 두 사람의 흔적을 따라 유유히 뒤따르곤 했다.

어느 날 네 사람은 성관 오른쪽 대문을 나와 여관이 있는 곳까지 내려간 다음 다리를 건너 연못 쪽으로 산책을 했다. 물가를 따라 걸으니 숲이 우거진 언덕이 나오고 그 앞은 바위에 가로막혀 더 이상 나갈 수가 없었다. 연못가 산책은 보통 이 지점에서 끝났다.

그러나 워낙 사냥을 하느라고 이 근방을 자주 돌아다녀 지리에 밝은 에두아르트는 오틸리에와 함께 풀이 무성하게 자란 오솔길로 산책을 강행했다. 조금만 더 가면 바위 사이에 숨겨진 오래된 물레방앗간이 있다는 것을 잘 알고 있었기 때문이다. 그러나 그 길은 사람들이 다닌 흔적이 거의 없어 두 사람은 이끼 낀 바위들 사이로 자란 덤불에서 길을 잃고 말았다. 하지만 그것도 잠깐이었다. 어디선가 물레방아 도는 소리가 조용히 들려왔고, 그들은 자신들이 찾는 장소가 그 근처에 있음을 알 수 있었다.

절벽을 따라 위로 올라가니, 저 아래는 가파른 바위들과 높은 나무들에 가려진 채 낡고 시커멓고 괴이하게 생긴 오두막이 보였다. 두 사람은 오래 생각할 것도 없이 이끼와 바위로 뒤덮인 비탈을 따라 그곳까지 내려가기로 했다. 에두아르트가 앞장섰다. 문득 위쪽을 올려다보니, 오틸리에가 겁먹은 기색도 없이 바위에서 바위로 더없이 우아하게 균형을 유지하면서 자신을 따라 사뿐사뿐 내려오고 있었다. 그는 마치 천사가 자신의 머리 위에서 떠도는 느낌이 들었다. 그리고 오틸리에가 불안정한 곳에 있을 때 그가 내미는 손을 잡거나 그의 어깨에 기대기라도 하면, 이번에 그는 자기 몸에 닿은 이 여성이 세상에서 가장 고혹적인 여성이라는 것을 부정할 수 없었다. 오틸리에가 발을 헛디뎌 넘어지기라도 해서 자기의 두 팔로 그녀를 받아 끌어안을 수 있다면 얼마나 좋을까! 하지만 그는 어떠한 상황에서도 실제로 그렇게 하지는 않았을 것이다. 거기에는 여러 가지 이유가 있었다. 그는 그녀의 자존심을 상하게 하거나 그녀에게 상처를 주게 될까 봐 두려웠다.

이것이 무슨 의미인지 우리는 곧 알게 될 것이다. 에두아르트는 오두막에

---

*1 산책은 자주 등장하는 소재로, 주인공들의 내면 상태를 볼 수 있게 해 주는 하나의 프리즘이다. 산책이 길어지거나 산책에서 빨리 돌아오거나, 평소와 다른 산책길을 찾거나 하는 행동은 주인공들의 심리 상태에 상응한다.

다다르자, 커다란 나무 아래에 있는 시골풍 탁자를 사이에 두고 오틸리에와 마주 앉아 친절한 물방앗간 안주인에게 우유를 부탁했다. 헐레벌떡 나온 주인에게 샬로테와 대위를 데려오라고 보낸 뒤, 조금 망설이다가 다음과 같은 이야기를 꺼냈다.

"오틸리에, 부탁이 하나 있어요. 들어주지 않아도 좋으니 언짢게만 생각하지 말아요. 아가씨가 전혀 숨기지도 않고 또 숨길 필요도 없는 일이라서 하는 말인데, 아가씨는 옷 속 가슴에 초상화가 든 펜던트가 달린 목걸이를 걸고 다니죠? 아가씨가 알지 못하긴 해도 훌륭한 아버지의 초상화니 그 자리를 차지할 만도 해요. 그분은 어느 모로 보나 아가씨의 가슴을 장식하기에 어울리는 분이시죠. 그런데 이런 말을 해서 미안하지만, 그 초상은 너무 커서 어울리지 않아요. 난 그 가장자리의 금속과 중앙의 유리를 볼 때마다 괜히 불안한 생각이 든답니다. 당신이 아이를 들어 올리거나 뭔가를 들고 갈 때 마차가 흔들릴 때나 다 같이 덤불을 빠져나갈 때, 바로 지금처럼 바위를 따라 내려오다가 예기치 않게 뭔가와 충돌하거나, 넘어지거나, 스쳐서 돌이킬 수 없는 상처를 입을지도 모른다고 생각하니 너무나도 끔찍해요. 제발 나를 위해서라도 그 펜던트를 떼어내 줘요. 기억이나 방에서 떼어 내라는 게 아닙니다. 오히려 아가씨의 거처에서 가장 아름답고 성스러운 장소에다 그 그림을 장식하라는 겁니다. 제발 당신 가슴에서만은 떼어 내도록 해요. 어쩌면 쓸데없는 걱정일지도 모르지만 그것이 가까이 있으면 당신이 위험해질 것 같아서 하는 말이에요."

오틸리에는 그가 말하는 동안 말없이 앞만 바라보고 있었다. 그런 다음 서두르거나 망설이는 기색도 없이 하늘 쪽으로 시선을 돌리더니 목걸이를 끌러서 펜던트를 떼어 냈다. 그리고 그것을 이마에 지그시 갖다 댄 다음 에두아르트에게 건네며 이렇게 말했다. "집으로 돌아갈 때까지 대신 보관해 주세요. 그 친절한 배려에 제가 얼마나 감사하는지를 보여 드리려면 그게 가장 좋은 방법인 것 같아요."

에두아르트는 감히 그 그림을 입술에 갖다 댈 용기는 없었다. 대신 오틸리에의 손을 잡고 자기 눈에 그림을 지그시 갖다 댔다. 이 손은 아마도 지금껏 맞잡았던 손 중에서 가장 아름다운 손이었을 것이다. 가슴에 맺힌 것이 확 풀리는 기분이었다. 자신과 오틸리에를 가로막았던 벽이 저절로 무너져 내린 것 같았다.

살로테와 대위는 물방앗간 주인의 안내를 받으며 그리 험하지 않은 오솔길을 따라 내려왔다. 일행은 인사를 나누고 휴식을 즐기며 피로를 풀었다. 모두 왔던 길로는 돌아가고 싶어 하지 않았으므로 에두아르트는 개천 반대편에 있는 바윗길로 가자고 제안했다. 조금 힘들여 걷다 보니 다시 연못들이 보였다. 이어서 다양하게 펼쳐진 숲을 지나가니, 평지 쪽으로 풍요로운 녹음에 둘러싸인 형형색색의 군락이며 마을, 농장이 보이기 시작했다. 언덕배기 숲 한가운데에 아주 평화롭게 자리한 농장이 먼저 눈에 들어왔다. 완만하게 굽이치는 언덕 위에서 앞뒤로 펼쳐지는 풍경은 이 고장의 더할 나위 없는 풍요로움을 아름답게 보여 주었다. 네 사람은 그곳을 출발하여 환하고 쾌적한 숲에 이르렀고, 그 숲을 빠져나오자 그들은 자신들이 어느덧 성관과 마주보는 가파른 절벽 위에 와 있음을 알게 되었다.

아무런 예측도 하지 못한 채로 그곳에 도착한 만큼, 네 사람이 느낀 기쁨은 얼마나 컸겠는가! 그들은 하나의 작은 세계를 돌아온 셈이었다. 그들은 새 건물이 들어설 자리에 서서, 자신들이 살고 있는 성관의 창문을 정면으로 바라보았다.

그 뒤에 그들은 이끼 정자로 내려갔다. 처음으로 네 사람이 정자에 함께 앉았다. 오늘 한 바퀴 도는 데 상당한 시간과 고생을 했던 산책로를 앞으로는 잘 닦고 정비해야겠다는 소망을 이구동성으로 외친 것은 지극히 자연스러운 일이었다. 네 사람은 다 같이 즐겁게 대화하면서 더 여유롭고 편하게 걷고 싶다고 생각했다. 다들 나름대로 저마다의 의견을 내놓았다. 오늘은 한 바퀴 도는 데 몇 시간이나 걸렸던 그 길도 잘 닦아 놓으면 한 시간 안에 성까지 다다를 수 있다는 계산이 나왔다. 그들은 또 저마다 물레방앗간 아래쪽 개천이 연못으로 흘러가는 곳에 다리를 놓으면 거리도 단축되고 풍경도 더 아름다워질 거란 상상을 했다. 이때 살로테가 그러한 공사를 하는 데 비용이 얼마나 드는지를 상기시키는 바람에 그 풍부한 상상의 나래는 멈출 수밖에 없었다.

"그 문제도 해결 방법은 있지." 에두아르트가 말했다. "숲 속에 있는 농장 위치는 좋은 것 같지만 수확은 별로 없으니까 그것을 팔아서 그 대금을 이 공사에 쓰면 돼. 그럼 우리는 돈으로는 살 수 없는 산책의 즐거움을 만끽하면서, 투자가 잘된 자본이 어떤 이자를 가져다주는지 누릴 수 있을 거야. 작년도 연말 결산에서 알 수 있었지만, 요즘 농장은 우울하리만큼 보잘것없는 수익밖에 내지 못하고 있으니까 말이야."

샬로테는 훌륭한 살림 책임자로서 그 계획에 반대할 이유가 없었다. 이전에도 논의된 바가 있었던 일이었고, 대위는 그 토지를 조림업자들에게 분할 매각하는 계획을 짜려고 했다. 그러나 에두아르트는 더 빠르고 편하게 그 일이 진행되기를 바랐다. 그는 이미 사들이겠다고 제안한 지금의 임차인에게 할부로 팔아넘기고, 공사도 그 대금이 들어올 때마다 구간별로 나누어 진행하자고 주장했다.

이렇게 합리적이고 무리하지 않는 방식으로 공사를 진행하자는 계획은 당연히 모두의 호응을 얻었다. 네 사람의 머릿속에는 이미 새 길이 굽이치며 뻗어 나가고 있었고, 그들은 길가와 주변에 더없이 쾌적한 쉼터와 탁 트인 전망대가 지어진 모습을 보게 되리라는 희망에 부풀었다.

모든 것을 더 구체적으로 하나하나 마음속에 그려 보기 위해 일행은 저녁에 집에 도착하자마자 새 지도를 펼쳤다. 그들은 오늘 걸었던 길을 훑어보면서, 더 쾌적한 길을 낼 수 있을 것 같은 지점을 두어 군데 짚어 보았다. 그리고 이전의 계획을 또다시 재검토하고 새로운 생각들을 추가했다. 성관 맞은편에 들어설 새 별채의 위치가 적절한지도 재확인했고, 오늘 일주한 길을 그곳에서 연결해 순환도로로 만들자는 데에도 합의했다.

오틸리에는 그런 얘기가 오가는 동안 입을 열지 않았다. 그러자 에두아르트는 지금까지 샬로테 앞에 놓여 있던 지도를 그녀 앞으로 밀면서 의견을 말해 달라고 청했다. 오틸리에가 잠시 머뭇거리자, 그는 아직 아무것도 확정된 건 없고 지금 막 결정하는 단계이니 뭐든 말해 보라고 다정하게 격려까지 했다.

그러자 오틸리에는 손가락으로 언덕 맨 위의 평지를 가리키며 말했다. *2

＊2 이 소설의 줄거리가 진행될수록 성서의 이야기를 연상시키는 오틸리에의 행동이 늘어나는데, 오틸리에가 건물이 지어져야 할 곳을 손가락으로 정확히 가리키는 이 장면도 마찬가지다. 옛날 태피스트리(여러 가지 색실로 그림을 짜 넣은 직물) 중에는 사도 요한이 어떤 수도원이 어느 곳에 지어져야 할지를 손가락으로 가리키는 장면을 보여 주는 것이 있는데, 괴테도 이 태피스트리에서 모티프를 따왔을 것으로 추측된다.

"저라면 여기에 별장을 짓겠어요. 그럼 숲에 가려서 성이 보이지는 않겠죠. 그러면 마을과 인가까지 모두 가려져서 또 다른 새로운 세계에 있는 기분이 들 거예요. 거기서 보이는 연못, 물방앗간, 언덕들, 먼 산맥, 그리고 평야로 이어지는 조망은 얼마나 아름다운지 몰라요. 전 그곳을 지나오면서 알게 되었죠."

"그 말이 맞네!" 에두아르트가 외쳤다. "왜 우린 그 생각을 못했을까! 오틸리에, 여기를 말하는 거지?" 그는 연필을 집어 들고, 언덕 위에 길쭉한 사각형을 진하게 북북 그려 넣었다.

대위는 에두아르트가 하는 행동을 보면서 마음이 쓰라렸다. 자신이 정성껏 깨끗하게 그려 놓은 지도가 이런 식으로 더럽혀지는 것을 보고 참기가 매우 힘들었던 것이다. 그러나 대위는 마음을 가다듬고 속으로만 가볍게 욕하고는 오틸리에의 제안을 검토해 보았다. "오틸리에, 당신의 말이 맞군요." 그가 말했다. "우리는 집에서 질리도록 마시는 커피 한 잔을 신선한 기분으로 마시려고, 그리고 집에서는 맛없는 생선 요리를 맛있게 먹으려고 기꺼이 마차를 타고 멀리까지 나가지 않습니까. 변화와 낯선 대상들이 필요한 거죠. 옛사람들이 이곳에 성을 지은 것은 합리적이었어요. 이곳이라면 바람으로부터도 보호되고, 일상적인 용무를 보기에도 편리하니까요. 하지만 주거 공간보다는 사교 공간으로 쓰일 건물을 짓는다면 맞은편 언덕 꼭대기가 적절할 것 같군요. 저곳이라면 날씨가 좋은 계절에는 더없이 쾌적한 시간을 즐길 수 있을 겁니다."

이 계획에 대해서 이야기하면 할수록, 그것은 점점 더 적절한 계획처럼 생각되었다. 그래서 에두아르트는 오틸리에가 그 생각을 해냈다는 사실에 우쭐한 표정을 감출 수가 없었고, 마치 자기가 제안한 것처럼 자랑스러웠다.

제8장

대위는 즉시 그 다음날 새벽부터 그 터를 조사하고 임시 설계도를 그렸다. 그리고 다른 사람들과 함께 다시 한 번 현장을 둘러본 뒤 그렇게 하기로 결정되자, 견적과 기타 필요한 모든 사항이 다 들어간 정확한 도면을 작성했다. 필요한 준비는 모두 끝났다. 얼마 지나지 않아 농장 매각 절차도 재개되었다. 남자들에게 다시 새롭게 일할 계기가 주어진 것이다.

대위는 에두아르트에게 별장의 정초식(定礎式)을 샬로테의 생일 축하 행사로 만들면 근사할 것이며, 또 마땅히 그래야 한다고 강력하게 주장했다. 에두아르트는 본디 정초식 같은 행사를 혐오했지만, 이번만큼은 그 오랜 혐오감을 쉽게 떨쳐 낼 수 있었다. 그렇게 해 놓으면, 곧 다가올 오틸리에의 생일도 그렇게 성대하게 축하해 줄 수 있다는 생각이 들었기 때문이다.

샬로테는 견적과 공사 진행, 자금 분배 계획 등을 혼자 재검토하느라 정신이 없었다. 그녀는 새 공사와 그에 뒤따를 작업들을 중요하고 진지하게, 심지어 걱정스럽게 생각했다. 사람들은 낮에는 서로 얼굴을 보는 일이 드물었고, 밤에는 그만큼 더 그리워하는 마음으로 서로를 찾았다.

그러는 사이 오틸리에는 거의 완벽하게 집안을 관리하는 안주인이 되어 있었다. 오틸리에의 조용하고 침착한 태도를 보면 그것도 당연하게 느껴졌다. 그녀의 사고방식은 세상의 일보다는 집안일에, 가정 밖의 생활보다는 가정생활에 더 어울렸다. 에두아르트는 그녀가 자신과 함께 인근을 산책하는 것은 단지 다른 사람들에 대한 배려에서였다는 것, 다른 사람들과 어울려야 한다는 의무감 때문에 저녁 시간을 바깥에서 보낸다는 것, 그래서 집안일을 핑계로 집으로 다시 들어간다는 것을 알아차렸다. 그래서 그는 다 같이 바깥을 산책하더라도 해가 지기 전에는 집으로 돌아올 수 있게끔 이끌었다. 그리고 오랫동안 중단했던 시낭송을 다시 시작했는데, 특히 순수하면서도 정열적인 사랑 표현이 들어 있는 시를 골랐다.

네 사람은 저녁이면 작은 탁자를 중심으로 대개 정해진 자리에 둘러앉았다. 샬로테는 소파에, 오틸리에는 그 맞은편 의자에 앉았고, 남자들은 두 여성 옆에 자리를 잡았다. 오틸리에는 에두아르트의 오른쪽에 앉았는데, 에두아르트는 낭독할 때면 오틸리에 쪽으로 등불을 밀쳤다. 그러면 오틸리에도 책을 들여다보려고 그쪽으로 다가왔다. 그녀는 남의 입놀림보다는 자신의 눈을 더 믿었기 때문이다. 에두아르트도 오틸리에가 편하게 볼 수 있도록 몸을 최대한 바짝 붙였다. 오틸리에가 그 페이지의 끝 부분까지 다 읽기 전에 페이지를 넘기는 일이 없도록 필요 이상으로 낭독을 길게 하기까지 했다.

샬로테와 대위는 이것을 눈치챌 때마다 미소를 주고받았다. 그러나 한편으로는 오틸리에의 표정에 이따금 말없는 호감이 드러나는 것을 보고 놀라지 않을 수가 없었다.

어느 날 저녁이었다. 어떤 불청객이 찾아와, 이 작은 모임을 원하는 사람들에게서 저녁 시간을 빼앗아 갔다. 그래서 에두아르트는 손님이 돌아가고 나서 좀 더 같이 있자고 제안했다. 문득 그는 요즘 들어 손에 들 기회가 통 없었던 플루트를 연주하고 싶어졌다. 샬로테는 언제나 둘이서 합주하던 소나타 악보를 찾았으나 보이지 않았다. 그러자 오틸리에가 잠시 머뭇거리더니, 그것을 자기 방으로 가져갔다고 털어놓았다.

"그렇다면 아가씨가 내 플루트에 맞춰 피아노 반주를 해 줄 수 있다는 뜻이군요. 해 주겠지요?" 에두아르트가 기쁨에 눈을 빛내며 외쳤다. 오틸리에가 대답했다. "아마 할 수 있을 거예요." 그녀는 악보를 가져와서 피아노 앞에 앉았다. 청중은 주목했고, 오틸리에가 그 곡을 혼자 연습해서 완벽하게 익힌 것을 보고 깜짝 놀랐다. 그들은 무엇보다 오틸리에가 에두아르트의 별난 연주 방식에 맞춰 연주하고 있다는 것을 깨닫자, 더욱 놀라게 되었다. 사실 '연주 방식에 맞춰 연주한다'는 것은 적절한 표현이 아니다. 때로는 머뭇거리다가 때로는 서두르는 남편의 습관에 보조를 맞춰 속도를 조절하는 것이 샬로테의 기술과 자유로운 의지에 달린 일이었다면, 오틸리에는 예전에 이 부부가 연주한 소나타를 몇 번 듣고는 오로지 에두아르트의 플루트 연주를 통해서만 곡을 익혀 버린 듯한 느낌이었다. 그렇게 그의 결점은 곧 그녀의 결점이 되었고, 그 결과 두 사람의 합주로 두 음색이 하나로 녹아드는 생기 넘치는 음악이 재탄생되었다. 그것은 악보에 충실하지는 않지만, 더없이 편안하고 부드러운 울림이었다. 이 곡의 작곡가라도 자신의 곡이 그렇게 사랑스러운 방식으로 변한 것을 듣는다면 기쁨을 억누르지 못했으리라.

대위와 샬로테는 이 놀랍고 예기치 않은 사건을 복잡한 심경으로 묵묵히 바라보았다. 우리는 어린아이의 행동을 관찰할 때, 그 행동의 결과가 걱정스러우면 절대 그냥 넘어가지 않는다. 그렇다고 바로 혼낼 수는 없고, 때에 따라서는 부러워지기까지 한다. 지금 샬로테와 대위는 바로 이런 미묘한 감정을 느끼고 있었다. 두 사람이 서로에게 느끼는 감정도 앞에 있는 두 사람이 느끼는 호감 못지않게 점점 커 가고 있었기 때문이다. 더구나 샬로테와 대위는 둘 다 진지하고 확고했으며 자기 성찰을 할 줄 아는 성격인 만큼, 어쩌면 두 사람 사이에 싹튼 호감이 더 위험한 것인지도 모른다.

대위는 이미 저항할 수 없는 습관의 힘이 샬로테와 자신을 엮으려 하는 것을 느끼기 시작했다.[*1] 그는 샬로테가 공사장에 찾아오는 시간대를 피하기로 어렵게 결심하고, 새벽이 되기가 무섭게 일어나서 모든 일을 처리했다. 그 뒤 자기 방에 틀어박혀 일에 몰두하기로 했다. 샬로테는 처음 며칠간은 그것이 우연이라고 생각했다. 그녀는 대위가 있을 법한 장소들을 모조리 찾아다녔다. 이윽고 그녀는 대위의 마음을 이해할 수 있을 것 같았고, 그런 만큼 더욱더 그를 존경하게 되었다.

대위는 이제 샬로테와 단둘이 있는 것은 피했지만, 반면에 다가오는 그녀의 생일잔치를 화려한 축제로 만들기 위해 더욱 열심히 공사를 재촉했다. 그는 마을 뒤쪽을 지나는 걷기 편한 길을 아래에서 위쪽으로 닦게 했으나, 다른 한편으로는 공사에 쓸 돌을 얻는다는 핑계로 위에서 아래로도 공사를 진행시켰다. 생일 전날 밤에 양쪽 길이 만나도록 모든 준비와 계산을 다 해 놓고 있었던 것이다. 위쪽에 새로 별장을 짓기 위한 지하실 자리는 이미 파내진, 아니 폭파된 상태였고, 기념품을 넣을 수 있도록 여러 칸들이 파내져 있었다. 또한 이 부분에는 아름다운 주춧돌과 뚜껑으로 쓸 석판도 준비되었다.

겉으로는 각자 부지런히 활동하고 있었으나 속으로는 조금 자제된 선의의

[*1] 에두아르트와 오틸리에 간의 애정이 점점 더 뚜렷하고 강해지는 반면, 샬로테와 대위의 애정은 처음부터 조금 체념적인 상태로 시작되고 있다. 이로써 이 소설의 애정은 한편에서는 저항할 수 없는 열정으로 나타나고(에두아르트와 오틸리에), 다른 한편에서는 체념을 동반한 상태에 머물면서(샬로테와 대위) 양극적인 형태로 펼쳐진다. 그럼으로써 낭만주의적 열정과 고전주의적 절제가 대조되는 것이다.

감정으로 여러 일들을 비밀스럽게 진행하다 보니, 그들은 같이 모여도 예전처럼 대화는 활기를 띠지 않았다. 뭔가 허전함을 느낀 에두아르트는 어느 날 저녁, 대위에게 샬로테의 피아노에 맞춰 바이올린을 켜 달라고 부탁했다. 이에 모두들 같은 마음이었으므로 대위는 거절할 수가 없었다. 두 사람은 가장 어려운 곡 가운데 하나를 골라 감정을 넣어 편안하고도 자유롭게 연주했다. 그들은 물론 그것을 듣고 있던 에두아르트와 오틸리에도 곡의 선율에 매우 만족했다. 그들은 앞으로도 이런 기회를 자주 갖고 연습도 함께하기로 약속했다.

"오틸리에, 저 사람들이 우리보다 훨씬 잘하는걸!" 에두아르트가 말했다. "저 두 사람에게는 아낌없는 박수를 보내며, 우린 우리대로 즐겨 봅시다."

제9장

생일이 다가오고, 모든 것은 마무리되었다. 높이 쌓아 올려진 제방은 마을 길과 강을 갈라놓고, 교회 옆을 지나는 길도 완성되었다. 이 길은 교회에서 부터 얼마쯤은 샬로테가 만들어 놓은 오솔길을 따라가다가 바위를 휘감으며 위로 뻗어 갔다. 이 길은 이끼 정자를 왼쪽으로 올려다보면서 크게 구부러지 며 더 올라가다 보면 이번에는 정자를 왼쪽으로 내려다보며 서서히 정상에 다다르게 되어 있었다.

그날은 매우 많은 사람들이 왔다. 사람들은 화려하게 치장을 한 교구민들 이 모여 있는 교회로 발걸음을 옮겼다. 예배가 끝난 뒤에는 소년과 젊은이, 기혼 남성이 정해진 순서에 따라 먼저 나갔다. 그다음은 영주 일행이 손님들 과 종자들을 데리고 나가고, 소녀와 아가씨, 기혼 여성이 그 뒤를 따랐다.

길이 곡선으로 굽이져 있는 곳에 바위로 된 앉을자리가 높다랗게 마련되 어 있었다. 그곳에서 대위는 샬로테와 손님들을 쉬게 했다. 이곳에서는 길 전체가 내다보였다. 위로 올라가는 남자들과 그 뒤를 천천히 올라오면서 지 금 막 바위 옆을 지나는 여자들의 행렬까지 모두 보였다. 화창한 하늘 아래 그것은 놀라우면서도 아름다운 광경이었다. 샬로테는 눈을 휘둥그레 뜨고 감동해서 대위에게 감사가 담긴 악수를 청했다.

일행은 천천히 앞으로 나아가는 군중의 뒤를 따라 올라갔다. 선두는 별장 부지를 둘러싸고 둥그렇게 모여 서 있었다. 건축주와 그의 가족, 그리고 지 체 높은 손님들은 안내에 따라 중앙의 깊은 구덩이로 내려갔다. 여기에는 주 춧돌이 곧 내려갈 준비를 마치고 한쪽만 내려진 채 받쳐져 있었다. 잘 차려 입은 미장이가 한 손에는 흙손을 다른 한 손에는 망치를 들고 운율에 맞춰 우아한 연설을 했는데, 우리로서는 그 내용을 산문으로 바꾸어 전달할 수밖 에 없다.

"건축에서는" 그가 말하기 시작했다. "세 가지를 유의해야 합니다. 즉 제대로 된 장소에 지어졌느냐, 기초공사가 잘되었느냐, 그리고 완벽하게 마무리가 되었느냐입니다. 첫 번째 것은 사실 건축주가 할 일입니다. 도시에서 군후(君侯)와 시민공동체가 어디에 건물을 지을지 결정하듯이, 지방에서는 영주만이 내 건물은 여기에다 지어야 하며 다른 곳은 안 된다고 말할 수 있는 특권을 가지니까요."

에두아르트와 오틸리에는 마주보고 서 있었지만, 이 연설을 듣고서 눈을 들어 시선을 교환할 용기가 없었다.

"세 번째 것, 즉 마무리는 많은 직종의 일꾼이 신경 써야 하는 일입니다. 이 일에 관여하지 않는 사람은 거의 없다고 해도 과언이 아니죠. 하지만 두 번째 일, 즉 기초공사는 미장이의 일로서 좀 과감하게 표현해도 된다면, 건축 전 과정에서 가장 중요한 일이라고 할 수 있습니다. 이것은 가장 엄숙한 일이며, 따라서 여러분을 엄숙한 마음으로 이 자리에 초대했습니다. 이 행사는 깊은 땅속에서 거행되고 있고, 여러분은 여기 흙을 파낸 좁은 공간으로 내려오셔서, 우리가 비밀스럽게 진행해 온 작업의 증인이 되어 주시는 것입니다. 이제 저는 잘 다듬어진 주춧돌을 내려놓을 것입니다. 그러면 지금 위대하고 훌륭하신 여러분의 자리를 빛내 주고 있는 이 토벽도 더는 접근할 수 없게 될 것입니다. 이 공간은 흙으로 메워질 테니까요.

주춧돌 모서리는 건물의 오른쪽 모서리를 나타내고, 이 돌이 직각인 것은 건물의 균형을 나타내며, 수평연직 상태는 모든 벽이 수평연직 상태임을 나타내는데, 이제 우리는 아무런 불안감 없이 주춧돌을 내려놓아도 될 것 같습니다. 이 주춧돌은 자체의 무게 때문에 제 스스로 정확한 자리를 찾아가니까요. 그러나 여기서도 접착제로서 석회가 빠져서는 안 되겠지요. 저절로 이끌리는 두 사람도 법률로써 결합하면 더욱 굳게 결속되듯이, 형태상 잘 들어맞는 두 개의 돌도 이러한 접합제의 도움을 받으면 더 강하게 합쳐집니다. 그리고 옆에 있는 사람은 열심히 일하는데 자기만 빈둥거리는 것은 온당치 못한 일인 만큼, 여러분도 여기서 이 작업에 동참하는 것을 승낙하시리라 생각합니다."

그는 이렇게 말하고 나서 흙손을 샬로테에게 건넸다. 샬로테는 그것으로 석회를 떠서 주춧돌 아래에 발랐다. 미장이는 다른 사람들에게도 같은 작업을 요구했고, 주춧돌은 곧 땅속에 깊이 묻혔다. 곧이어 샬로테를 비롯한 모두에게 망치가 전달되었고, 사람들은 주춧돌을 세 번씩 두드려 주춧돌과 지반의 결합을 축복했다.

"미장이 일은" 연사가 말을 이었다. "지금 이 순간에도 밝은 하늘 아래서 이루어지고 있으며, 반드시 보이지 않는 곳에서 이루어지는 것은 아니지만, 결국에는 숨겨지기 위한 일입니다. 우리가 차곡차곡 쌓아 올린 기초 부분은 흙으로 덮이고, 우리가 대낮에 쌓아 올린 담장 옆에서도 사람들은 우리 미장이를 기억하지 않습니다. 석공과 조각가의 작업은 우리 작업보다 눈에 띄는 법이지요. 심지어 도장공이 우리의 작업에 덧칠을 하고 윤을 내어 솔질을 해서 우리가 작업한 흔적을 완전히 지워 버리고 자기의 공으로 돌려도 우리는 그저 받아들일 수밖에 없습니다.

그러니 자기가 할 일을 양심에 비추어 부끄럽지 않게 제대로 하는 것을 미장이 이상으로 높이 평가하는 사람이 어디에 또 있을까요? 집이 완성되고 땅이 다져지고 포장되며 외벽이 장식으로 덮이더라도 미장이는 여전히 그러한 모든 껍데기를 뚫고 그 안을 들여다봅니다. 그리고 거기서 질서정연하고 꼼꼼한 접합 작업의 흔적을 알아봅니다. 바로 그 접합 작업 덕분에 건물 전체가 안전하게 존재할 수 있는 거지요.

하지만 나쁜 짓을 한 사람이 아무리 그 죄를 숨기려고 발버둥쳐도 결국은 자신의 악행이 온 천하에 드러나게 될 것을 두려워하듯이, 남몰래 선행을 한 사람도 자신의 의지와는 무관하게 언젠가는 그 일이 세상에 알려질 것을 예상하고 있어야 합니다. 그래서 우리는 이 주춧돌을 동시에 기념비로도 만들고자 합니다. 이 돌에 새겨진 다양한 홈들에는 먼 훗날 후손들에게 전달할 증거로서 여러 가지 물건이 헌정될 것입니다. 여기 이 합금으로 땜질한 금속통에는 문자로 작성된 보고서가 들어 있고, 이 금속판에는 갖가지 진기한 사실이 새겨져 있습니다. 여기 이 아름다운 유리병에는 최고급 포도주가 부어지고 제조연대가 표시되었습니다. 올해 주조된 각종 화폐도 빠질 수 없지요. 이 모든 것은 관대하신 건축주의 뜻에 따른 것입니다. 아직도 자리가 많이 남아 있으니, 초대받으신 분이나 구경하러 오신 분 가운데 후세에 뭔가 남기고 싶은 것이 있으면 넣어 주십시오."

미장공은 잠시 말을 멈추고 주위를 둘러보았다. 그러나 이런 경우에 흔히 그렇듯이, 아무도 준비가 되어 있지 않아 보였고 모두들 당황스러워 보였다.

마침내 젊고 활달한 어느 장교가 입을 열었다. "저더러 이 보물창고에 담을 수 있는 것을 기부하라 하신다면, 저는 제 군복에서 단추를 두어 개 떼어내 겠습니다. 어쩌면 이 단추들도 후세에 전해질 만한 자격은 있을 겁니다." 그 말은 속전속결로 실행되었다. 그러자 많은 사람이 그와 비슷한 생각으로 물 건을 기부했다. 여자들도 질세라, 머리에 꽂았던 작은 장식용 빗을 뽑아 집 어넣었다. 향수병과 다른 장식품들도 아낌없이 기부되었다. 오틸리에는 기 부되어 넣어진 물건들을 관찰하면서 망설이고 있다가, 에두아르트가 부드러 운 말로 재촉하자 그제야 정신을 차렸다. 그녀는 아버지의 초상이 들어 있는 금목걸이를 목에서 끌러 내어 다른 장식들 위에 살며시 내려놓았다. 그러자 에두아르트는 꼭 맞게 제작된 뚜껑을 주춧돌에 덮고 얼른 석회로 봉합하라 고 황급히 지시했다.

젊은 미장공은 그 일을 앞장서서 마치고는 다시 연사의 표정으로 돌아와 계속 말했다. "우리는 이 건물의 현재와 미래의 소유주들이 오래오래 기쁨 을 누리시도록 기초를 확실히 하기 위해 주춧돌을 이곳에 놓았습니다. 말하 자면 하나의 보물을 이곳에 파묻었습니다. 그와 더불어 우리는 세상 모든 일 가운데 가장 근본적인 이 일을 하면서도 인간사의 무상함을 생각해야 합니 다. 이처럼 굳게 봉인된 뚜껑도 언젠가는 다시 열릴 날이 있으리란 것이지 요. 하지만 그것은 우리가 아직 짓지도 못한 이 건물이 형체도 없이 파괴되 는 경우가 아니라면 생길 수 없는 일입니다.

그러나 지금은 바로 이 건물을 지어야 할 시점입니다. 그러니 우리의 생각 을 미래에서 현재로 되돌립시다! 이 기초 위에서 작업을 계속할 일꾼들이 한 명도 일손을 놀리지 않도록, 오늘 이 축하가 끝나는 즉시 공사를 다시 시 작합시다! 건물이 하루라도 빨리 그 높은 위용을 드러내며, 오늘은 존재하 지 않는 창문에서 이 집의 주인이 가족과 손님들과 더불어 기쁜 마음으로 이 일대를 둘러볼 그날이 하루라도 앞당겨지기를 바라며. 건축주 및 가족 여러 분, 그리고 여기 계신 모든 분의 건강을 위하여 건배합시다!"

그렇게 말하면서 그는 정교한 세공이 들어간 술잔을 단숨에 비우고 그것 을 공중으로 높이 던졌다. 기쁜 일에 썼던 잔을 깨트리는 것은 넘치는 기쁨 을 표현하는 행위이다. *¹ 그러나 이번에는 달랐다. 잔은 땅바닥에 떨어지지 않았다. 그렇다고 무슨 기적이 일어난 것도 아니었다.

요컨대 공사를 진척시키기 위해 이미 주춧돌 반대편 모서리에는 기초가 완벽하게 다져지고 벽도 올라가기 시작한 상태였고, 벽 공사의 마지막 단계까지 내다보고 비계*²도 상당한 높이로 설치해 놓았었다.

특히 이날은 축하 행사를 위해 비계에 널빤지를 덧대고 구경꾼을 그 위로 올라가게 허락했다. 그것은 직공들을 위해 만들어진 것이었는데, 유리잔이 그 위로 날아가서 어떤 사람이 그것을 받았던 것이다. 남자는 이 우연을 행운의 표시라고 생각해서, 주위의 요청에 따라 모두에게 보여 주긴 했으나 절대로 손에서 놓지는 않았다. 잔에는 상당히 기교 있는 흘림체로 E와 O가 새겨져 있었다. 소년 시절의 에두아르트를 위해 만든 잔들 가운데 하나였던 것이다.

비계 위는 다시 아무도 없었고, 손님 중에서 가벼운 사람들이 그 위로 올라가 주위를 둘러보고 사방으로 트인 아름다운 전망을 칭찬하기에 여념이 없었다. 높은 위치에서는 단 한 층이라도 더 높이 있어도 모든 것이 새로워 보이기 때문이다! 평지 저쪽에는 몇몇 마을이 새로이 시야에 들어왔고, 은빛 강줄기도 뚜렷하게 보였다. 심지어 이 지방 왕도(王都)의 첨탑들까지 보인다고 주장하는 사람도 있었다. 뒤쪽에는 숲이 우거진 언덕들 뒤로 먼 산맥의 푸른 정상들이 솟아올라 있었고, 이웃 지방도 한눈에 내려다보았다. 한 사람이 외쳤다. "이제 작은 연못 세 개를 합쳐서 호수로 만들기만 하면 웅장하고 멋진 풍경을 모두 볼 수 있겠군요." 대위가 말했다. "그럴 수 있을 겁니다. 그 세 개의 연못은 옛날엔 하나의 호수였다고 하니까요."

"제발 나의 플라타너스들과 포플러들도 좀 봐 주게." 에두아르트가 말했다. "가운데 있는 호수 주변으로 그토록 아름답게 서 있는 나무들을 말이야. 보세요." 그는 오틸리에에게 몸을 돌리더니 그녀의 손을 잡고 몇 걸음 앞으로 데려가면서 아득한 아래쪽을 가리켰다. "저 나무들은 내가 직접 심었지요."

＊1 독일의 민속신앙에 의하면, 상량식을 할 때 술잔을 든 목수가 참석한 사람들의 건강을 기원하는 이야기를 한 뒤 술을 다 마시고 나서 술잔을 어깨 뒤로 던지는 풍습이 있는데, 이때 술잔이 깨지지 않으면 불행을 가져온다고 한다. 괴테는 여기서 상량식 대신에 정초식을 모티프로 사용하면서, 술잔을 어깨 뒤로 던지는 것이 아니라 공중으로 던지는 것으로 살짝 바꿔 놓았다.

＊2 건축물을 지을 때 인부들이 단처럼 디디고 서서 작업하는 발판. 때에 따라서는 '작업대'로 번역했다.

"심은 지 얼마나 됐는데요?" 오틸리에가 물었다. 에두아르트가 대답했다. "대략 당신이 살아온 만큼 오래됐지요. 그래요, 오틸리에. 당신이 요람에 있을 때 나는 이미 이 나무들을 심었지요."

일행은 성관으로 돌아갔다. 식사가 끝나자 그들은 마을로 가는 산책길에 초대되었다. 마을까지 가면서 새 시설을 둘러보기 위한 것이었다. 대위의 제안에 따라, 마을에 들어서자 주민들이 자기 집 앞에 나와 있었다. 그들은 열을 지어 선 것이 아니라 가족끼리 자연스럽게 모여 있었다. 일부는 저녁에 필요한 일들을 하기도 했고, 일부는 새로 만든 벤치에 앉아 쉬고 있었다. 적어도 일요일과 잔치가 있는 날에는 청결과 질서를 새롭게 하는 일이 그들에게 요구된 쾌적함을 위한 의무였다.

서로에 대한 호감을 바탕으로 우리 네 친구 사이에 형성된 내적인 친밀감이 수많은 사람의 방문으로 깨지는 것만큼 싫은 일도 없다. 그래서 네 사람은 다시 자기들끼리만 홀에 있게 되자 마음이 편안해졌다. 그러나 이 가족적인 분위기도 에두아르트에게 온 한 통의 편지로 조금 깨지고 말았다. 편지는 내일 새로운 손님이 도착한다는 전갈이었다.

"예상했던 대로야." 에두아르트가 샬로테에게 외쳤다. "백작이 온다는군. 바로 내일 말이야."

"그렇다면 남작부인도 머잖아 오겠군요." 샬로테가 대꾸했다.

"맞아!" 에두아르트가 대답했다. "부인은 내일 따로 도착할 거야. 둘 다 우리 집에서 하룻밤 묵고 모레 떠난다는군."

"오틸리에, 그럼 우리도 늦지 않게 준비해야겠구나." 샬로테가 말했다.

"어떻게 준비하면 될까요?" 오틸리에가 물었다.

샬로테는 대략적인 지시를 내렸고, 오틸리에는 자리에서 물러났다.

대위는 이 두 사람의 관계에 대해 물어보았다. 지금까지는 막연하게만 알고 있었던 그들의 관계였다. 이들은 각자 다른 상대와 결혼한 상태였지만, 어느 날 열렬한 사랑에 빠져 버렸다. 결혼생활은 파탄에 이르렀고, 사람들의 입방아에 오르내렸다. 그래서 그들은 이혼을 생각했다. 남작부인은 이혼이 가능했지만, 백작은 그렇지 못했다. 표면상 두 사람은 헤어져야 했으나 관계는 지속되었다. 그리고 겨울에는 궁정 주변에 묶여 함께 지낼 수 없는 만큼, 여름이 되면 여행지나 온천지에서 만나는 것으로 위안받았다. 둘 다 에두아르트와 샬로테보다 조금 나이가 많았고, 에두아르트와 샬로테가 이전에 궁정생활을 할 때부터 잘 알던 친구였다. 에두아르트 부부는 두 사람의 모든 점을 좋게 보지는 않았지만 좋은 관계를 유지해 왔다. 하지만 샬로테는 이번 방문이 어쩐지 시기가 부적절하다고 느껴졌다. 그녀가 그 원인을 곰곰이 생각해 보았더라면, 그것은 다름 아니라 오틸리에 때문이라는 것을 깨달았다. 착하고 순수한 아가씨는 이런 사례를 빨리 접하지 않는 편이 좋았다.

"그들이 2, 3일 정도만 늦게 와도 좋을 텐데." 오틸리에가 돌아왔을 때 에두아르트는 이렇게 말하고 있었다. "그때까지는 농장 매각 문제를 끝낼 수 있으니까 말이지. 서류 초안은 완성돼 있어. 정서(正書)한 것도 여기 한 부 있고. 이제 한 부를 더 정서하면 되는데, 하필 그 늙은 서기가 지독한 병에 걸렸지 뭐야." 대위가 그 일을 하겠다 나섰고 샬로테도 나섰지만, 여기에는 몇 가지 문제가 있었다. "저한테 주세요!" 오틸리에가 초조하게 달려들며 말했다.

"너한텐 무리야." 샬로테가 말했다.

"모레 아침까지는 꼭 필요해. 양도 꽤 되고." 에두아르트가 말했다. "그때까지 반드시 끝낼게요." 오틸리에가 힘주어 말했다. 이미 그녀의 손에는 서류가 들려 있었다.

다음날 아침, 모두가 손님을 맞이하려고 2층에서 사방을 살피고 있을 때 에두아르트가 말했다. "저 길을 따라 저렇게 천천히 말을 타고 오는 사람이 도대체 누굴까?" 대위가 그 사람의 용모를 자세히 묘사했다. "그렇다면 역시 그분이군." 에두아르트가 말했다. "나보다 시력이 좋은 자네가 관찰한 특징들이 내 마음에 떠오른 그의 전체적인 모습과 딱 맞아떨어지거든. 미틀러 씨야. 그런데 왜 저렇게 굼벵이처럼 느릿느릿 오는 걸까?"

그 인물이 가까이 왔다. 정말로 그는 미틀러였다. 그가 천천히 계단을 올라오자 모두들 그를 따뜻하게 환영했다. "어제는 왜 안 오셨죠?" 에두아르트가 그에게 외쳤다.

"시끄러운 잔치는 좋아하지 않아." 그가 대답했다. "하지만 오늘은 자네들과 함께 내 친구의 생일을 조용히 축하하고 싶어서 찾아왔지. 비록 하루 늦었지만 말이야."

"이번에는 어쩐 일로 많은 시간이 나셨는지요?" 에두아르트가 농담조로 물었다.

"어제 느낀 바가 좀 있었거든. 내 방문이 조금이나마 기쁘다면 그건 다 내가 어제 했던 생각 덕분이란 점을 알아 두게. 나는 어제 내가 화해시켜 준 어떤 가정에서 아주 흡족하게 반나절을 보냈네. 그리고 여기에서 생일잔치를 한다는 이야기를 들었지. 나는 혼자 생각했어. '내가 다시 화목하게 만들어 준 가족들하고만 기쁨을 나누려고 한다면 그거야말로 이기적인 생각이 아닐까? 어째서 가정의 평화를 유지하고 간직하는 친구들하고는 단 한 번도 기쁨을 나누려 하지 않지?' 하고 말이야. 말이 나왔으면 실천을 해야지. 그래서 이렇게 오게 된 거네."

"어제 오셨으면 사람들을 많이 만나셨을 텐데. 오늘은 얼마 없네요." 샬로테가 말했다. "백작과 남작부인이 오신대요. 그들도 당신에게 도움을 받은 적이 있었죠."

희한한 손님을 환영하며 빙 둘러 서 있는 네 식구의 한가운데에 있던 미틀러는 이 말을 듣자마자 화가 나서 씩씩댔다. 그리고 문을 박차고 나가면서 모자와 채찍을 집어 들었다. "조금이라도 쉬면서 위안을 좀 받을라치면 머리 위에 불운의 먹구름이 드리운단 말이야! 나는 또 어쩌자고 평소에는 안 하던 짓을 했을까! 오는 게 아니었는데, 오자마자 이렇게 쫓겨나는군. 그 사람들하고는 한 지붕 아래 머물고 싶지 않네. 자네들도 명심해. 그들은 화만 몰고 오니까. 그들은 자기가 가진 균을 계속해서 퍼트리는 누룩 같은 존재야."

모두 그를 달래 보았지만 소용없었다. 그가 외쳤다. "내 앞에서 혼인 제도를 모독하는 사람, 말에서 행동으로 모든 윤리적인 사회의 바탕을 해치는 자는 나하고 볼일이 없어. 하지만 그런 사람을 막을 수 없다면 나는 더 이상 그 사람과는 관계를 맺고 싶지 않아. 결혼은 모든 문화의 시작이자 정점이야. 그것은 거친 사람을 부드럽게 만들지. 또 아무리 심오한 자기 형성을 이룩한 사람이라도 결혼만큼 자기의 온화함을 보여 주기에 좋은 기회는 없어. 결혼은 커다란 행복을 가져오니까 절대로 깨져서는 안 돼. 개개의 우연한 불행을 다 합치더라도 결혼이 깨지는 것에 비하면 상대가 안 돼. 아니 애초에 뭐가 불행이지? 가끔 짜증이란 것이 엄습할 뿐이지. 인간은 그럴 때 다시 자신이 불행하다고 느끼고 싶어 해. 하지만 그 순간만 지나면 자신의 행복을 찬양하고 싶어 하는 거야. 지금껏 오래 존재해 온 것이 여전히 존재한다는 사실 때문이지. 헤어지기에 충분한 이유라는 것은 절대로 존재하지 않아. 인간의 삶은 기쁘건 슬프건 너무도 고귀한 것이어서, 한 쌍의 부부가 그 안에서 상대방에게 서로 무엇을 빚지고 있는지는 계산할 수도 없어. 그것은 영원한 존속으로써만 갚을 수 있는 무한한 빚이지. 때로는 불편할 수도 있겠지. 그럴 수 있다고 생각해. 또 그게 당연하고. 하지만 우리는 양심과 결혼한 것 아니겠어? 가끔 양심으로부터 풀려나기를 바라고, 남편이나 아내가 아무리 불편하다 해도 양심의 가책에 비하면 아무것도 아니라고 생각하면서 말이야."

그는 흥분해서 이렇게 말했다. 그때 두 대의 역마차에서 마부가 나팔을 불어 손님들의 도착을 알리지 않았더라면 그 뒤로도 연설은 계속되었을 것이다. 손님들을 태운 마차는 서로 약속이나 한 듯 각각 다른 방향에서 성관의 안뜰로 동시에 들어섰다. 미틀러는 식구들이 그들을 맞으러 나가는 틈을 타서 잠시 숨어 있다가 말을 식당으로 가져오게 하고는 화를 내며 그곳을 떠났다.

제10장

손님들은 환대를 받으며 안으로 안내되었다. 그들은 이 집에 다시 들어서게 된 것을 기뻐했다. 예전에는 여기서 많은 나날을 즐겁게 보냈는데, 그 뒤로는 한동안 올 기회가 없었다. 네 친구에게도 이 손님들은 매우 반가운 존재였다. 젊었을 때보다는 나이가 들어서 훨씬 매력적으로 보이는 사람들이 있는데, 백작과 남작부인도 그런 고귀하고 아름다운 부류에 속했다. 이런 사람들은 막 피어나는 청춘의 아름다움은 조금 사라졌어도 그 대신 호감을 주는 태도로 깊은 신뢰감을 불러일으킨다. 이 두 사람의 태도는 상당한 호감을 불러일으켰다. 인생의 여러 국면에 대처하는 자유로운 태도며 쾌활하고 겉으로 분명히 드러나는 스스럼없는 태도 등이 금세 느껴졌다. 고도의 예의범절이 전체 분위기를 좌우하고 있었지만, 그것이 강요되고 있다는 느낌은 조금도 들지 않았다.

이런 효과는 즉시 다른 사람들에게도 나타났다. 새 손님들은 의복, 소지품, 그 밖의 여러 면에서도 알 수 있듯이 넓은 세상에 있다가 이제 막 이곳으로 들어왔다. 바로 그런 이유 때문에, 목가적이면서도 속으로는 은근한 열정을 키우고 있는 우리 친구들과는 뚜렷한 대조를 이루었다. 그러나 예전의 기억과 현재의 우정이 뒤섞이고, 활발하고 열띤 대화가 모두를 신속하게 결합시킴에 따라 이러한 대립은 곧 사라지게 되었다.

그러나 얼마 되지 않아 모임은 두 개로 나뉘었다. 여자들은 그들이 거주하는 성의 날개부분으로 물러가서 파우더룸에 앉아 이런저런 이야기를 나누었다. 그들은 실내복이며 모자 따위의 최신 유행 모양과 재단법 등을 따지며 신나게 수다를 떨었다. 반면에 남자들은 새 여행마차와 말에 대해 정신없이 이야기를 나누다가 양도와 교환 조건을 말하기 시작했다.

사람들은 식사 시간이 되어서야 다시 한자리에 모였다. 다들 옷을 갈아입고 나왔는데, 이 점에서도 새로 온 남녀는 확연히 앞서 나갔다. 그들이 걸친 것은 모두 새로운 것, 말하자면 예전에는 본 적도 없는 스타일이었지만 그동안 몸에 배어 익숙하고 편하게 보였다.

대화는 끊임없이 활발하게 이어졌다. 이런 사람들은 흥미롭긴 하지만 별로 무겁지 않은 주제를 다루었고, 하인들이 알아듣지 못하게 프랑스어로 말했다. 화제는 왕족들에 관한 소문, 같은 귀족들의 비밀 이야기 등 마음 내키는 대로 흘러갔다. 다만 한 가지 주제만이 다른 주제들보다 길게 이야기되었다. 샬로테가 유년 시절의 어떤 여자 친구의 소식을 물었다가, 그녀가 곧 이혼하게 될 것 같다는 이야기를 듣고 적잖이 놀랐을 때였다.

"정말 마음이 안 좋네요." 샬로테가 말했다. "먼 곳에 사는 친구들이 어떻게든 잘 살고 있겠지, 친한 친구가 행복하게 살고 있겠지 했는데, 느닷없이 그 친구의 운명이 흔들려 새로운 인생길, 어쩌면 불확실한 인생길을 걷게 될지 모른다는 소식을 들으니……."

"부인, 근본적으로 생각해 보세요." 백작이 대답했다. "우리가 그런 식으로 놀라게 되는 건 바로 우리 자신한테 책임이 있는 겁니다. 우리는 지상의 일, 특히 결혼으로 맺어진 관계는 참으로 영속적인 것이라고 믿고 싶어 하지요. 결혼에 관한 한, 극장에서 되풀이해서 보는 희극들이 우리에게 그런 식으로 착각을 부여했어요. 하지만 그런 생각은 실제 세계와는 일치하지 않죠. 희극에서 결혼은 최종 목표이며, 우리가 거기서 보는 것은 갖가지 장애물 때문에 막이 몇 번 지나도록 연기되다가 드디어 그 목표가 실현되기까지의 과정입니다. 그 목표에 다다르는 순간 막이 내리고, 우리는 짧은 만족감을 느끼게 되지요. 하지만 현실은 희극과는 달라요. 현실에서는 무대 뒤의 연극이 계속되고 있어서, 막이 다시 올라갔을 때는 보고 싶지도 듣고 싶지도 않은 결말이 등장하는 겁니다."

"그 정도까지 나쁘지는 않은 것 같은데요." 샬로테가 웃으며 말했다. "이 연극에서 한번 퇴장한 분들도 다시 무대에 올라 연기하고 싶어 하는 걸 보면 말이에요."

"거기에 대해서는 나도 같은 생각입니다." 백작이 말했다. "새로운 역할이라면 기꺼이 다시 연기하고 싶은 법이죠. 그런데 세상일을 겪어본 사람이라면 알겠지만, 결혼에는 뭔가 부자연스러운 점이 있어요. 정신없이 변화하는 이 세상에서 유독 결혼만이 영원히 변하지 않는 지속성을 요구한다는 거지요. 내 친구는 기분이 좋을 때면 새로운 법률을 제안하는 버릇이 있는데, 그가 이런 주장을 한 적이 있습니다. 모든 결혼은 5년을 기한으로 해야 한다는 거예요. 그가 말하길 5라는 숫자는 아름답고 거룩한 홀수이며, 그 정도 시간이면 부부가 서로를 알고 아이도 몇 명 낳고 불화를 겪는다고 합니다. 그리고 이건 가장 아름다운 일입니다만 그들이 다시 화해하는 데 충분한 기간이라는 겁니다. 그 친구는 이렇게 외치곤 했지요. '처음 잠깐은 대단히 행복하게 지나갈 거야! 적어도 2, 3년은 괜찮게 지나가겠지. 그러다가 어느 한쪽이 관계를 더 지속시키고 싶어질 테고, 약속한 5년이 다가올수록 애정은 점점 커져 갈 거야. 다른 한쪽은 설령 그 결혼에 무게를 두지 않고, 심지어 불만이 있었더라도 상대방의 그런 태도에 기분이 좋아지고 매혹되겠지. 즐거운 모임에서 시간 가는 줄을 모르듯이, 그들은 세월이 지나가는 것을 잊고 살다가 예정된 기간이 지난 뒤에야 암묵적으로 계약 기간이 연장되었음을 깨닫고 아주 유쾌한 놀라움을 느낄 거란 말이야.'"

이 말은 아주 세련되고 재치 있게 들렸다. 샬로테가 느끼기에는 이 농담은 심오하고 윤리적으로 해석할 여지도 있었다. 그러나 오틸리에를 생각하면 샬로테는 이런 의견 표명이 결코 달갑지 않았다. 그녀는 지나치게 자유분방한 대화처럼 위험한 것이 없음을 잘 알고 있었다. 이런 대화는 비난이나 마땅한 일을 아주 흔한 일인 것처럼, 심지어 칭찬받을 만한 일이라도 된다는 듯이 다루기 때문이다. 그리고 결혼 제도에 손을 대려는 시도는 분명 여기에 해당하는 이야기였다. 그녀는 특유의 재치를 발휘하여 화제를 돌리려고 했으나 뜻대로 되지 않았다. 또한 오틸리에가 모든 준비를 너무 훌륭하게 해 놓아서 자리를 뜰 필요가 없다는 사실이 오히려 유감스러울 지경이었다. 침착하고 사려 깊은 오틸리에는 눈빛만으로도 집사와 의사소통이 가능해서, 일이 서툰 하인이 몇 명 섞여 있었음에도 이 집에 온 지 얼마 안 되어 모든 일을 완벽하게 진행시켰다.

그리하여 백작은 샬로테가 화제를 돌리고 싶어 한다는 것을 전혀 느끼지도 못한 채 그 주제로 이야기를 계속했다. 평소 대화할 때는 어떤 방식으로든 듣는 사람에게 부담을 주지 않으려고 하는 그였지만, 이 주제는 그에게 매우 중요한 의미를 지니고 있었다. 남작부인과의 결혼을 열렬히 바라고 있지만 부인과의 이혼이 여의치 않아, 결혼 문제만 나오면 날카롭고 예민해졌다.

백작은 말을 계속했다. "그 친구는 법률안을 하나 더 제안했어요. 결혼 당사자 양쪽이나 적어도 한쪽이 세 번째 결혼일 경우에 한해 결혼을 파기할 수 없게 하자는 겁니다. 그런 사람은 결혼이 꼭 필요하다 생각하고 있음을 스스로 고백하는 꼴이고, 그런 사람들이 이전에 어떤 결혼 생활을 했는지 밝혀진 셈이니까 말이죠. 나쁜 성격 이상으로 이혼의 원인이 되기 쉬운 독특한 버릇을 가지고 있지는 않은지 하는 것 말입니다. 사람들은 서로 상대방에 대해 미리 알아봐야 합니다. 기혼자건 미혼자건 앞일을 알 수 없는 경우에도 주의해 둘 필요가 있는 거지요."

"그렇게 되면 사회복지 증진에는 대단히 도움이 되겠네요." 에두아르트가 말했다. "사실 지금으로서는 기혼자의 장점이나 결점에 관심을 기울이는 사람이 없는 것이 현실이니까요."

남작부인이 웃으면서 끼어들었다. "말씀하신 법률이 통과된다면, 여기 계신 두 분은 이미 두 번째 단계는 행복하게 넘으셨으니 세 번째 단계를 준비하실 수 있겠군요."

"당신들은 운이 좋은 편이지." 백작이 말했다. "종교국에서도 꺼리는 일을 죽음이 대신 처리해 준 셈이니까."

"죽은 사람은 건드리지 말기로 하죠." 샬로테가 조금 진지한 눈빛으로 대꾸했다.

"왜죠?" 백작이 응수했다. "그들은 일부러 기억을 떠올려도 좋을 분들인데요. 고인들은 매우 겸손한 분들이셨죠. 뒤에 남기고 가는 사랑하는 사람들을 위해 정작 자신들은 불과 몇 년의 짧은 즐거움을 누리는 데 만족했으니까요."

남작부인이 조용히 한숨을 내쉬면서 말했다. "그래도 그 때문에 한창 좋은 시절을 희생해야 하는 일은 없었으면 좋겠어요!"

"맞습니다." 백작이 대답했다. "그런 희생은 사람을 절망으로 밀어 넣으니까요. 하지만 세상에는 바라던 결과를 모두 얻게 되는 일은 거의 없죠. 아이들은 커 가면서 기대를 저버리고, 젊은이들은 우리의 기대에 부응하는 일이 드뭅니다. 어쩌다 기대에 부응한다 해도 이번에는 세상이 그들에게 약속을 지켜 주지 않죠."

화제가 바뀌어서 기뻤던 샬로테가 쾌활한 어조로 답했다. "정말 그렇네요! 그렇다면 우리는 행복을 조금씩 누리는 데 익숙해져야겠군요."

"물론입니다." 백작이 대답했다. "당신 부부는 매우 아름다운 시절을 보내셨습니다. 당신과 에두아르트가 궁정에서 가장 아름다운 한 쌍이던 시절이 생각나는군요. 요즘은 그때처럼 빛나는 시절이라 할 만한 것은 없고 당신들처럼 모습이 눈부신 사람들도 없어요. 당신들이 춤을 출 때면 모든 사람의 시선이 당신들에게 쏠렸었지요. 얼마나 많은 사람들이 당신들에게 마음을 빼앗겼는지 몰라요. 당신들은 오로지 서로에게만 반해 있었지만 말이죠."

"이제 많은 것이 변했으니까, 그런 아름다운 추억도 겸허하게 듣고 있는 거예요." 샬로테가 말했다.

"하지만 나는 속으로 에두아르트를 욕한 적이 많아요." 백작이 말했다. "그가 왜 좀 더 고집을 세우지 못하는 걸까 하고 말입니다. 그랬더라면 그의 대단한 부모님도 결국에 가서는 꺾이셨을 텐데. 젊어서 10년이란 세월은 결코 소소한 세월이 아니지 않습니까."

"나는 에두아르트 씨의 편을 들어주지 않을 수가 없겠네요." 남작부인이 끼어들었다. "샬로테도 완전히 잘못이 없는 것은 아니었어요. 그녀가 이런 저런 계산을 한 적이 전혀 없다고 할 수는 없으니까요. 물론 샬로테는 에두아르트 씨를 진심으로 사랑했고, 속으로는 신랑감으로 정해 놓았어요. 그렇지만 때로는 에두아르트 씨를 얼마나 괴롭혔는지 몰라요. 내가 직접 눈으로 봐서 알아요. 에두아르트 씨가 남의 말을 쉽게 믿고서 샬로테에게서 멀어지기 위해 여행을 떠나겠다는 둥, 샬로테 없이 사는 데 익숙해지겠다는 둥, 돌이킬 수 없는 결심을 한 것도 다 그 때문이라고요."

에두아르트는 고개를 끄덕여 보였는데, 남작부인의 옹호에 고마워하는 것 같았다.

"그리고 또 하나." 그녀가 말을 계속했다. "이번에는 샬로테를 변호하기 위해서 한마디 덧붙여야겠어요. 그 시절 샬로테에게 구혼했던 그 남자는 이미 오래전부터 그녀에 대한 남다른 애정을 드러내고 있었죠. 내가 그분과 친해지고 보니 그 사람은 당신들이 옆에서 보는 것 이상으로 훨씬 좋은 분이었답니다."

"남작부인!" 백작이 조금 열을 내며 대답했다. "솔직히 말씀하시지요. 당신도 그 사람에게 완전히 무관심하지는 않았다는 사실, 그리고 샬로테가 누구보다도 당신을 가장 많이 두려워해야 했었다는 사실을 말입니다. 여성들은 어떤 남성을 좋아하게 되면 그 애정을 아주 오랫동안 간직하고, 어떤 이별이 찾아와도 그를 절대로 잊지 못하죠. 난 그것이야말로 여성의 사랑스러운 특징이라고 생각해요."

"그런 훌륭한 특성은 남자들이 더 많이 가지고 있을걸요." 남작부인이 대답했다. "친애하는 백작님, 적어도 내가 관찰해 온 바로는 당신에게 가장 많은 영향력을 끼친 사람은 바로 당신이 예전에 좋아했던 여성이더군요. 그 여성의 부탁이라면 현재 여자 친구의 요청보다 더 열심히 들어주고 갖은 노력을 기울이시던데요."

"그런 비난이라면 감수해야 할 것 같군요." 백작이 대답했다. "하지만 샬로테의 첫 남편에 관해 말하자면, 나로선 그 사람을 용서할 수가 없어요. 이 아름다운 한 쌍을 갈라놓은 사람이니까. 이 한 쌍은 그야말로 천생연분이어서, 일단 합쳐지면 5년이라는 기한을 두려워할 필요도 없거니와 두 번째, 세 번째 결혼 같은 것도 신경 쓸 필요도 없는데 말이죠."

샬로테가 말했다. "우리는 그때 놓쳤던 것을 이제라도 되찾기 위해 노력할 생각이랍니다."

"그렇게 하셔야죠." 백작이 말했다. "당신들의 첫 번째 결혼은" 그는 조금 거친 어조로 말을 계속했다. "사실 내가 싫어하는 종류의 결혼이었어요. 유감스럽게도 애초에 결혼이라는 것은 뭔가 미련한 짓입니다. 내가 좀 더 격한 표현을 쓰더라도 용서하시길. 결혼이란 더없이 친밀한 관계도 망쳐 놓거든요. 그 원인은 결혼이 지닌 막연한 안정성에 있습니다. 양쪽이 다 그렇다고는 할 수 없어도 적어도 둘 중 한 사람은 반드시 이 안정성에 만족하게 되죠. 일단 결혼하면 모든 것이 당연하게 느껴지고, 양쪽 모두 그저 각자의 길을 걷기 위해 하나가 되었다는 가치관을 드러냅니다."

이번에야말로 이 대화를 중단시키고 싶었던 샬로테는 대담하게 화제를 전환하려고 시도했다. 그리고 그 시도는 성공했다. 주제가 좀 더 일반적인 것으로 바뀌자 에두아르트 부부와 대위도 그 대화에 참여할 수 있게 되었다. 심지어 오틸리에에게도 자신의 의견을 말할 기회가 주어졌다. 아름다운 바구니에 탐스럽게 담긴 과일과 화려한 꽃병에 풍성하고 예쁘게 꽂힌 다채로운 꽃들—이런 것들이 빚어내는 밝은 분위기도 한몫하여 사람들은 아주 화기애애하게 후식을 먹었다.

새로 조성되는 공원도 화제에 오르게 되자, 일행은 식사를 마치고 곧바로 이 부지를 방문하기로 했다. 오틸리에는 집안일로 바쁘다는 핑계로 집에 남았는데, 사실은 남아서 정서를 했던 것이다. 백작에게는 대위가 말벗이 되어 주었고, 나중에는 샬로테도 거들었다. 그들이 언덕 위에 다다르자, 대위는 지도를 가지러 다시 성관으로 서둘러 내려갔다. 그러자 백작이 샬로테에게 말했다. "저 남자는 내 마음에 쏙 드는군요. 그는 광범위하고 체계적인 지식을 갖추었어요. 일처리도 매우 진지하고 일관성이 있는 것 같군요. 그가 여기서 지금 하는 만큼만 상류사회에서 해낸다면 대단히 중요한 가치를 지니게 될 겁니다."

샬로테는 대위에 대한 칭찬을 진심으로 기뻐하며 들었다. 그래도 흥분을 가라앉히고는 백작의 말에 차분하고 분명한 어조로 동의했다. 그러나 백작이 다음과 같이 말을 계속하자 샬로테는 실로 간이 떨어지는 심정이었다. "참으로 적절한 시기에 대위를 알게 된 것 같군요. 저 사람에게 딱 어울리는 자리가 하나 있거든요. 대위에게 그 자리에 추천하면, 나는 그에게 행복을 주면서 한편으로는 지위 높은 친구에게 큰 은혜를 베푸는 셈이 될 겁니다."

이 말은 샬로테에게는 마른하늘에 날벼락과도 같았다. 하지만 백작은 아무런 눈치를 채지 못했다. 여성들은 늘 자제하는 습관이 있어서, 아무리 당황스러운 순간에도 겉으로는 평정심을 유지하기 때문이다. 그러나 백작이 다음과 같이 말을 이어가자 그녀는 더 이상 그의 말을 듣고 있지 않았다. "나는 일단 확신이 서면 당장 실행에 옮기는 편입니다. 편지 내용도 이미 머릿속에 다 작성되어 있는데, 어서 빨리 그것을 쓰고 싶어서 손이 근질근질하는군요. 말을 탈줄 아는 배달부 한 명을 구해 주시겠습니까? 오늘 저녁에라도 당장 부칠 수 있게 말이죠."

샬로테는 마음이 천 갈래 만 갈래 찢어지는 것 같았다. 하지만 백작의 제안뿐만 아니라 자신의 반응에도 너무 놀라 한마디도 할 수 없었다. 다행히 백작은 대위를 위해 추천서를 써 주겠다는 계획을 계속 이야기하고 있었다. 샬로테가 보기에도 그것은 대위에게 두 번 다시 찾아오지 않을 유리한 기회였다. 그리고 그 사실은 너무나도 분명했다. 이윽고 대위가 올라와서 백작 앞에 지도를 펼쳐 놓았다. 그러나 샬로테는 앞으로 못 보게 될 이 친구가 갑자기 딴사람처럼 보였다. 그녀는 간신히 인사만 한 뒤 몸을 돌려 이끼 정자 쪽으로 황급히 내려갔다. 그 길을 반도 채 못 가서 눈물이 왈칵 쏟아졌다. 샬로테는 그 좁고 소박한 은신처에 엎드린 채, 조금 전까지는 추호도 예감하지 못했던 고통과 격정, 절망에 몸과 마음을 완전히 내맡겨 버렸다.

한편 에두아르트는 남작부인과 함께 연못을 빙 돌아 산책하고 있었다. 무슨 일이든 알고 싶어 하는 눈치 빠른 그녀는 에두아르트와 대화하면서 이모저모 캐묻다가 곧 그가 오틸리에를 한번 칭찬하면 그칠 줄을 모른다는 사실을 알아차렸다. 그리고 남작부인은 에두아르트를 부추겨 대화를 유도한 끝에 마침내 하나의 열정이 지금 막 생기려는 것이 아니라 이미 꽤 오래되었다는 사실을 확신했다.

결혼한 여성들은 서로 호감이 없더라도 암묵적으로 동맹을 맺으며, 특히 상대가 처녀라면 은밀한 묵계를 맺는다. 세상일을 잘 아는 그녀가 보기에 그런 연정이 어떤 결과를 가져올지는 불 보듯 뻔했다. 게다가 오늘 아침에 샬로테와 오틸리에의 일을 논의하면서, 도시에 있는 자기 친구 집에 이 아이를 맡기는 게 어떻겠느냐고 제안한 터였다. 남작부인은 오틸리에처럼 조용조용한 성격을 가진 아이를 시골에 두는 데에 찬성할 수 없었다. 그렇지 않아도 외동딸 교육에 아주 신경을 많이 쓰는 그 친구는 마침 딸을 위해 착한 놀이 동무를 찾고 있었는데, 그 놀이상대는 그녀의 둘째딸처럼 대우받을 것이며 모든 이로움을 그 딸과 함께 누리게 되리라는 것이다. 샬로테도 그녀의 말에 긍정적으로 생각해 보겠다고 대답했다.

그러나 남작부인은 에두아르트의 마음을 엿보게 되자 이것을 제안이 아니라 확고한 계획으로 바꾸기로 작정했다. 그리고 머릿속에서 이 변화가 신속히 진행될수록 겉으로는 에두아르트가 원하는 대로 비위를 맞춰 주었다. 이 여성은 그 누구보다도 자제력이 뛰어났다. 이처럼 특별한 상황에서 자신을 억제하다 보면 평범한 상황에서도 위선적으로 행동하게 된다. 그리고 이런 식으로 자기 자신에게 강한 통제력을 행사하다 보면 다른 사람에게도 그 통제력을 행사하고 싶어지기 마련이며, 속으로 많은 것을 포기하는 데서 오는 내면의 고통을 다른 사람들에 대한 승리감으로나마 보상받으려고 한다.

대개 이런 심리에는 상대방이 미련함을 의식하지 못하고 덫에 빠져드는 어수룩함을 보며 은근히 고소해하는 심보가 숨어 있다. 우리 내부에는 눈앞의 성공도 기뻐하지만, 상대방이 미래에 뜻밖의 경과로 낭패하게 될 것을 고대하는 마음이 도사리고 있다. 남작부인도 이런 심보가 잠재하고 있어 에두아르트에게 샬로테와 함께 자신의 영지로 포도를 따러 오라고 초대했다. 그리고 그가 오틸리에를 데려가도 되냐고 묻자, 좋을대로 하라는 식으로 모호한 대답을 해 주었다.

에두아르트는 벌써부터 황홀해하며 그 아름다운 지역과 거대한 강줄기, 구릉과 바위산, 포도를 재배하는 언덕, 낡은 성, 뱃놀이, 포도를 수확하고 즙을 짤 때의 즐거운 환호성 따위에 대한 이야기를 늘어놓았다. 사악함을 모르는 순수한 그는 그러한 광경이 오틸리에의 풋풋한 정서에 어떤 영향을 끼칠지 흥분된 목소리로 떠들며 벌써부터 기뻐했다. 그때 오틸리에가 오는 것이 보였다. 남작부인은 에두아르트에게 지금 계획한 가을여행에 대해서는 아무 말도 하지 말라고 당부했다. 너무 일찍부터 기대하는 일은 실현되지 않는다는 것이 그 이유였다. 에두아르트는 그러겠다고 약속했지만, 그 대신 오틸리에를 빨리 마중하러 가자고 부인을 재촉했다. 그러다가 그는 결국 부인을 몇 걸음 뒤에 남겨 두고 사랑스러운 처녀에게 혼자 달려가고 말았다. 마음에서 우러나오는 기쁨이 온몸으로 표출되는 순간이었다. 그는 오틸리에의 손에 입을 맞추고는, 오는 길에 꺾었던 들꽃 한 다발을 그 손에 쥐어 주었다. 이를 본 남작부인은 마음속으로 거의 분노에 가까운 감정을 느꼈다. 이러한 애정 표현에 비도덕적인 감정이 섞였다고는 할 수 없을지언정, 거기에 담겨진 다정하고 유쾌한 감정을 저런 별 볼일 없는 소녀에게 허용한다는 것은 도저히 인정할 수 없었다.

사람들이 저녁을 먹으려고 다시 한자리에 모였을 때는 아침과는 완전히 다른 분위기가 감돌고 있었다. 식탁에 앉기 전에 이미 편지를 써서 배달부에게 들려 보낸 백작은 이날 저녁 대위를 자기 옆에 앉혀 놓고 대화를 나누었다. 그리고 사려 깊고 겸손한 태도로 대위의 인성이며 일에 관해 이것저것 알아내려고 연거푸 질문을 던졌다. 따라서 백작의 오른쪽에 앉아 있는 남작부인은 백작과 이야기할 기회가 별로 없었고, 에두아르트하고도 마찬가지였다. 에두아르트는 처음에는 목이 말라서, 나중에는 점점 흥에 취해 포도주를 거침없이 마시더니, 자기 옆에 있는 오틸리에와 아주 열심히 이야기를 나누었기 때문이다. 대위의 다른 쪽 옆에는 샬로테가 앉았는데, 그녀는 내면의 동요를 숨기기가 어려웠다. 아니 거의 불가능했다.

남작부인은 사람들을 관찰할 시간이 충분히 있었다. 그녀는 샬로테의 불편한 기색을 감지했는데, 온 신경이 에두아르트와 오틸리에의 관계에만 집중되어 있던 지라, 샬로테의 불쾌함은 오틸리에에 대한 남편의 태도라고 쉽게 단정하고 말았다. 그녀는 어떻게 하면 자신의 목적을 가장 잘 달성할 수 있을지 곰곰이 생각했다.

식사가 끝난 뒤에도 어색한 분위기가 감돌았다. 대위의 됨됨이를 철저히 알아볼 생각이었던 백작은 조용하며 허영 부리는 법 없고 무슨 일에든지 과묵한 이 남자에 대해 알고 싶은 것을 다 캐내려고 했다. 그러기 위해서 백작은 이런저런 말을 끊임없이 건네고 있었다. 이들이 홀의 한쪽에서 왔다 갔다 하는 동안 에두아르트는 포도주와 희망에 취해 창가에서 오틸리에와 즐겁게 수다를 떨고 있었다. 그리고 샬로테와 남작부인은 말없이 홀의 다른 쪽에서 이리저리 나란히 거닐고 있었다. 그들이 입을 꾹 다문 채 서성거리기만 하자 다른 사람들도 흥이 깨져 결국 모든 대화는 중단되었다. 여자들은 그들이 머무는 건물 끝으로 가고 남자들도 다른 쪽 끝으로 물러갔다. 이날은 그렇게 끝나는 것 같았다.

제11장

에두아르트는 백작을 그의 방까지 바래다주고 그와 이야기를 하다가, 시간 가는 줄도 모르고 그곳에 더 머무르게 되었다. 백작은 샬로테의 아름다움을 생생하게 기억해 내며, 회상에 잠겼다. 그는 그 방면에 일가견이 있는 사람답게 열성적으로 그녀의 아름다움에 대해 이야기했다.

"아름다운 발이야말로 자연이 내린 위대한 선물이지. 이러한 우아함은 시드는 법이 없어. 오늘도 그녀가 걷는 모습을 관찰했지. 지금도 그녀의 신발에 입을 맞추고 싶었어. 고대 기마민족인 사르마트 족은 자기가 경애하는 사람의 신발을 술잔삼아 그 사람의 건강을 기원하며 건배했다고 하지. 이것이야말로 그에 대한 경외감을 가장 잘 표현하는 방식이라고 생각해. 조금 야만스럽기는 하지만 진심어린 이 관습을 나도 실행해 보고 싶어질 정도였어."

허물없이 친한 이 두 남자의 찬양할 거리는 그녀의 발꿈치만이 아니었다. 그들의 이야기는 샬로테의 사람됨에서 시작하여 옛날의 다양한 사건과 모험으로 거슬러 올라갔고, 그 시절 서로 사랑하던 두 사람을 사람들이 어떻게 못 만나게 방해했는지, 이 두 사람이 오로지 서로에게 사랑한다는 말을 하기 위해 얼마나 고심하고 애썼는지에 대해서 이야기하기에 이르렀다.

"자네 기억하나?" 백작이 말을 계속했다. "주군이 저 웅장한 성으로 백부님을 찾아오셨을 때, 내가 자네의 아슬아슬한 모험을 어떻게 도왔는지 말이야. 그날 낮 시간은 성대한 행사 분위기로 엄숙하게 보냈어. 그래서 최소한 밤 시간의 일부라도 자유롭고 사랑스러운 대화를 하면서 보내고 싶다고 말했었지."

"그래서 백작님은 궁정 귀부인들의 거처로 통하는 길을 눈여겨봐 두셨지요." 에두아르트가 말했다. "덕택에 우리는 내 애인이 있는 곳으로 갈 수 있었고요."

백작이 대답했다. "그 사람은 내 만족보다는 자기 체면을 더 중요하게 생각해서 아주 못생긴 여자를 데리고 왔지. 그래서 자네들이 서로 시선을 맞추고 이야기하며 즐기는 동안 나는 아주 죽을 맛이었다고."

에두아르트가 대답했다. "어제도 백작님이 이곳에 오신다는 기별을 받고서 집사람과 그날 밤을 회상했습니다. 특히 그 궁성에서 빠져나올 때를 말이죠. 그때 길을 놓쳐 헤매다가 마침 위병대기소로 들어서게 되었죠. 거기서부터는 우리가 잘 아는 길이라서 다른 초소처럼 쉽게 지나갈 수 있을 거라고 믿었어요. 그런데 문을 열어 보고 얼마나 놀랐던지요! 통로에는 매트가 깔려 있고, 그 위에는 거한들이 여러 줄로 나란히 드러누워 자고 있었지요. 유일하게 깨어 있던 보초가 수상하다는 표정으로 우리를 유심히 쳐다보았죠. 하지만 우리는 객기를 부리며, 여기저기 굴러다니는 장화를 태연하게 넘어갔어요. 코를 골며 자던 거인 아낙의 자손들은 한 명도 깨어나지 않았죠."

"난 일부러 장화에 걸려 우당탕하고 넘어져 보고 싶어서 견딜 수가 없었어." 백작이 말했다. "그랬더라면 '거인족의 부활'이라는 진기한 광경을 구경할 수 있었을 거 아니야."

그때 성관의 시계가 12시를 가리켰다.

"자정이군." 백작이 웃으며 말했다. "적당한 시각이야. 남작, 부탁 하나 들어주시게. 내가 그 무렵 자네를 안내했던 것처럼 오늘 밤은 자네가 나를 안내해 줘. 남작부인에게 찾아간다고 약속했거든. 오늘은 온종일 단둘이 이야기할 시간이 없었거든. 그만큼 오랫동안 보지 못했으니, 우리만의 허물없는 시간을 간절히 기다리는 것도 자연스러운 일 아닌가. 가는 길을 가르쳐주면 오는 길은 내가 찾을 수 있어. 이젠 장화에 걸려 넘어질 염려도 없으니 말이야."

"집주인으로서 손님의 소원은 기꺼이 들어드려야죠." 에두아르트가 대답했다. "다만 세 여성의 거처가 건물 저 건너편 끝에 나란히 있다는 점이 마음에 걸리는군요. 지금 세 사람이 함께 모여 이야기를 나누고 있을지도 모를 일이고요. 그게 아니라도 우리가 무슨 실수를 해서 소란을 일으키게 되면 큰일이지 않습니까."

"그런 걱정은 필요 없어!" 백작이 말했다. "남작부인은 나를 기다리고 있거든. 지금쯤이면 자기 방에 혼자 있을 게 분명해."

"그렇다면 일은 쉽지요." 에두아르트가 대답했다. 그리고 그는 등잔을 가져와 백작 앞으로 가서 발치를 비춰 주면서 비밀 계단을 내려갔다. 그 계단은 긴 복도로 통했다. 복도 끝에 다다르자 에두아르트가 작은 문을 열었다. 그들은 나선형 계단을 올라갔다. 꼭대기 층계참에서 에두아르트는 백작에게 등불을 넘겨주고는 오른쪽 태피스트리에 가려진 문을 가르쳐 주었다. 이 문은 손잡이를 돌리자마자 안으로 스르르 열리면서 백작을 받아들이고는 에두아르트를 컴컴한 공간에 남긴 채 닫혔다.

왼쪽에 있는 또 다른 문은 샬로테의 침실로 통했다. 에두아르트는 안에서 들려오는 말소리에 귀를 기울였다. 샬로테가 하녀에게 말하는 소리였다.

"오틸리에는 벌써 잠자리에 들었니?"

하녀가 대답했다. "아니요. 아직 아래층에서 글씨를 베끼고 있어요."

"그럼 넌 작은 등불을 켜고 내려가 봐. 시간이 늦었어. 촛불은 내가 자기 전에 직접 끄도록 하마."

에두아르트는 오틸리에가 아직도 필사하고 있다는 이야기를 듣자 가슴이 두근거렸다. '그녀는 나를 위해 깨어 있는 거야!' 그는 의기양양하게 생각했다. 그는 어둠 속에서 오로지 자신의 상상에 갇힌 채 오틸리에가 책상에 앉아서 필사하는 모습을 마음속에 그려 보았다. 그러자 자신이 그녀에게 다가가면 그녀가 뒤돌아보는 장면이 눈에 아른거렸다. 그는 다시 한 번 그녀 가까이에 가고 싶다는 억제할 수 없는 욕망을 느꼈다. 그러나 이곳에서는 오틸리에가 있는 중간층으로 가는 통로가 없었다. 지금 그가 서 있는 곳은 아내 방으로 향하는 문 앞이었다. 마음속에서 기묘한 착각이 일어났다. 그는 그 문의 손잡이를 돌렸다. 그러나 문은 잠겨 있었다. 그는 문을 가만히 두드렸다. 그러나 샬로테는 그 소리를 듣지 못했다.

샬로테는 침실보다 넓은 옆방에서 서성이고 있었다. 백작이 예기치 않은 제안을 한 뒤로 마음을 어지럽혔던 그 생각을 지금 다시 되풀이하고 있었다. 대위가 바로 자기 앞에 서 있는 것 같았다. 그의 존재는 아직도 이 성관을 구석구석 가득 채우고 있었으며, 그가 있기에 산책길도 처음으로 활기에 넘쳤다. 그런 그가 이제는 떠나야 한다. 이제는 모든 것이 공허해지는 것이다! 그녀는 이럴 때 생각나는 모든 말을 자신에게 해 보았다. 누구나 그러듯이, 이런 고통도 마침내 시간이 치유해 주리라는 알량한 위로를 미리 해 보기도 했다. 그리고 그녀는 이 고통이 가라앉기까지 필요한 시간을 저주했고, 고통이 치유된 뒤에 찾아올 죽음과도 같은 공허한 시간을 저주했다.

이럴 때는 결국 눈물로 도피하는 수밖에 없었다. 전에는 우는 일이 드물었던 만큼 효과는 더욱 컸다. 샬로테는 소파에 쓰러져 몸과 마음을 고통에 완전히 내맡겼다. 한편 에두아르트는 문 앞을 떠나지 못하고 있었다. 그는 다시 한 번 문을 두드렸다. 그리고 세 번째는 좀 더 세게 두드렸다. 샬로테는 밤의 적막을 뚫고 들려오는 그 소리를 듣고는 소스라치게 놀라 일어났다. 맨 먼저 떠오른 생각은 문을 두드린 사람이 대위일 수도 있다는, 아니 대위여야 한다는 것이었다. 그러나 곧이어 그것은 불가능하다는 생각이 들었다. 그녀는 잘못 들었다고 생각했다. 하지만 들은 것은 사실이었다. 그녀는 그 소리가 진짜이기를 바라면서도 한편으로는 잘못 들었기를 바랐다. 그녀는 침실로 돌아가서, 빗장이 걸려 있는 비밀 문 쪽으로 조용히 다가갔다. 그러면서도 이토록 겁을 내는 자신을 내심 책망했다. '백작부인이 뭔가가 필요해서 온 건지도 모르잖아!' 혼잣말하며 정신을 가다듬고는 침착하게 물었다.

"거기 누구시죠?"

"나야." 어떤 나지막한 소리가 대답했다.

"누구라고요?" 그 목소리를 분간하지 못한 샬로테는 다시 물었다. 마음에 떠오르는 모습은 대위였다. 그런 그녀에게 좀 더 큰 목소리가 들려왔다.

"에두아르트!"

그녀는 문을 열었다. 눈앞에 서 있는 사람은 남편이었다. 그가 그녀에게 장난스럽게 인사했다. 그녀도 어떻게든 마음을 추슬러 같은 어조로 받아쳤다. 그는 이 수수께끼 같은 방문을 수수께끼 같은 설명으로 얼버무렸다.

마지막에 그가 덧붙였다. "하지만 내가 진짜 왜 왔는지 고백해야겠군. 오늘 밤 안으로 당신의 신발에 입을 맞추겠다는 맹세를 했기 때문이야."

"그런 맹세는 잊은 지 오랜데." 샬로테가 말했다.

"그거 안 좋은 징조군." 에두아르트가 대답했다. "어찌 보면 그만큼 잘된 일인 것 같기도 하고."

샬로테는 남편에게 얇은 나이트가운 차림을 보이지 않으려고 안락의자에 깊숙이 앉았다. 그리고 그는 샬로테 앞에 무릎을 꿇었다. 샬로테는 그가 자신의 신발에 입을 맞춘 다음 신발을 벗겨 맨발을 두 손으로 감싸고 부드럽게 그의 가슴에 갖다 대는 것을 도저히 막을 수가 없었다.

천성이 온화해서 결혼 뒤에도 특별한 규범이나 노력 없이 연애 시절의 생활 방식을 지속하는 여자들이 있는데, 샬로테도 그런 여자에 속했다. 그녀가 남편을 먼저 유혹한 적은 한 번도 없었고, 심지어 남편의 요구에 흔쾌히 응하는 편도 아니었다. 그러나 그렇다고 해서 갑자기 차갑게 대하거나 그의 제안을 엄격하게 거절하는 법도 없었다. 그녀는 부부 사이에 허용되는 행동에조차 깊은 수치심을 느끼는, 섬세한 사랑으로 충만하면서도 머뭇거리는 신부였다. 이날 저녁에도 에두아르트 앞에 있는 그녀는 이런 이중적인 의미에서 그러했다. 그녀는 남편이 가 주기를 얼마나 간절히 바랐던가. 친구의 환영이 자신을 비난하는 것만 같았다. 그러나 에두아르트를 멀리하려는 그녀의 행동은 오히려 그를 더 잡아끌 뿐이었다. 샬로테의 태도에서는 마음의 동요가 분명하게 일어나고 있었다. 그녀의 뺨에는 눈물자국이 남아 있었다. 연약한 사람의 눈물자국은 우아함을 잃게 하지만, 반대로 평소에는 강하고 확실한 사람의 눈물자국은 매혹적인 법이다. 에두아르트는 한없이 다정하고 친절했으며, 집요했다. 그는 샬로테에게 옆에 있게 해 달라고 빌었다. 요구하는 것이 아니라, 때로는 진지하고 장난스럽게 그녀를 설득하려 했다. 그는 자기에게 남편으로서 그럴 권리가 있다고 생각지는 않았지만, 그래도 결국은 오기를 부리며 촛불을 꺼 버렸다.

희미한 등불 빛만 남자, 마음속에 숨어 있던 애정과 상상력은 자신들의 권리를 주장하며 현실을 압도했다. 하지만 에두아르트가 품에 안은 것은 바로 오틸리에였으며, 샬로테의 감은 눈에는 대위의 모습이 가까워졌다 멀어졌다 하며 휘휘 떠돌았다. 그렇게 하여 참으로 놀랍게도, 보이지 않는 모습과 눈앞의 모습은 뒤죽박죽으로 얽히고설켰다. 그 뒤 매혹과 도취로 마음을 이끌면서 하룻밤의 환영을 엮어 냈다.

그러나 현재라는 사실에서 그 거대한 권리를 빼앗을 수는 없는 법이다. 그들은 밤새 수다를 떨며 몇 시간을 시시덕거리며 보냈다. 슬프게도 두 사람의 마음이 그곳에 없었기에 그 수다는 더욱 자유로울 수 있었다. 그러나 다음날 아침, 아내의 품에서 눈을 뜬 에두아르트는 창가에 다가온 아침이 불길한 예감으로 떨리고, 밝은 햇빛은 하나의 범죄를 환히 비추는 것 같았다. 그는 아내 옆을 살금살금 빠져나갔다. 그리고 정말 이상하게도 샬로테가 깨어나 보니 그녀는 혼자였다.

제12장

아침을 먹기 위해 사람들이 다시 모였을 때, 그곳에 주의 깊은 관찰자가 있었더라면 이들의 거동에서 그들 각자에게 일어난 다양한 감정 변화를 읽었을 것이다. 백작과 남작부인은, 오랫동안 떨어져 있는 고통을 겪은 뒤 다시 서로의 사랑을 확인한 연인들처럼 밝은 표정으로 마주했다. 반면 샬로테와 에두아르트는 대위와 오틸리에를 앞에 두고 어떤 수치심과 회한을 느끼는 듯했다. 사랑에 빠진 사람은 사랑만이 권리를 가지고 그 밖의 모든 권리는 의미를 잃는다고 생각하는 법이다. 애초에 사랑이란 그런 것이기 때문이다. 오틸리에는 어린아이처럼 명랑했다. 그녀의 평소 성향을 생각하면 가히 쾌활하다고 할 정도였다. 그러나 이와 반대로 대위의 표정은 심각했다. 그는 백작과 대화하면서, 한동안 마음속에 꽁꽁 감춰 두었던 감정들이 하나하나 자극받는 것을 느꼈다. 그는 자기가 이곳에서 자기 본연의 일을 수행하지 않고 그저 어영부영 게으름만 부리며 허무한 나날을 보내고 있다는 것을 뼈저리게 느끼기 시작한 것이었다. 두 손님이 자리를 뜨자마자 새 손님이 왔다. 상념에서 벗어나 정신을 쏟을 어떤 계기를 찾고 있던 샬로테로서는 손님의 방문이 너무 반가웠다. 반면 오틸리에 곁에 있고 싶은 욕망을 평소보다 배로 느끼고 있던 에두아르트로서는 손님이 불청객으로 느껴졌다. 내일 아침까지 마쳐야 할 필사 작업을 아직 끝내지 못한 오틸리에도 마찬가지였다. 그래서 손님들이 한참 있다 엉덩이를 들자마자 오틸리에는 서둘러 자기 방으로 돌아갔다.

어느새 저녁때가 되었다. 손님들이 마차에 탈 때까지 배웅하러 나왔던 에두아르트, 샬로테, 대위는 이왕 나온 김에 연못까지 산책하기로 했다. 연못에는 에두아르트가 거금을 들여 먼 곳에서 주문해 놓은 나룻배가 한 척 도착해 있었다. 일행은 이 배가 얼마나 안락한지, 조종하기는 편한지 시험해 볼 생각이었다.

가운데 있는 연못 가장자리에는 오래된 떡갈나무 몇 그루가 커다란 그림자를 드리우고 있었는데, 배는 그 근처에 매여 있었다. 남은 공사 계획서에는 이 떡갈나무들도 포함되어 있었다. 이곳에 선착장을 설치하고, 나무 그늘에는 쉼터를 마련할 계획이었다. 그렇게 되면 몇 개의 연못으로 이루어진 호수를 배로 건너는 사람들은 이 쉼터를 목표로 방향을 잡을 것이었다.

"건너편 선착장은 어디쯤에 설치하는 것이 가장 좋을까?" 에두아르트가 물었다. "내 플라타너스들 옆이면 좋을 것 같은데."

"너무 오른쪽으로 치우치지 않을까." 대위가 말했다. "좀 더 아래쪽이 성관하고 가까워. 하지만 좀 더 생각해 봐야겠지."

대위는 이미 뱃고물에 서서 노를 잡고 있었다. 샬로테가 배에 올라탔고 에두아르트도 뒤따라 올라타서 다른 쪽 노를 잡았다. 그러나 배를 기슭에서 밀어내려는 순간 오틸리에가 생각났다. 이렇게 배를 몰고 가다가는 돌아가는 시각이 늦어질 것 같았다. 아니, 언제 돌아오게 될지 알 수도 없었다. 그는 재빨리 결심하고는 뭍으로 뛰어내렸다. 그리고 대위에게 자기가 쥐고 있던 노를 건넨 다음 미안하다는 말을 하는 둥 마는 둥하고는 서둘러 성관으로 돌아갔다.

집에 가서 물어보니, 오틸리에는 방에 틀어박혀서 필사 중이라고 했다. 에두아르트는 오틸리에가 다름 아닌 자신을 위해 그 일을 하고 있다고 생각하니 기뻐서 어쩔 줄을 몰랐다. 하지만 한편으로는 그녀를 당장 보지 못한다는 생각에 아쉽고 신경질이 났다. 초조함은 매순간 커져 갔다. 홀 안을 왔다 갔다 하며 온갖 생각을 다 해 보았지만, 그 어떤 것도 그의 관심을 붙잡을 수 없었다. 그녀가 보고 싶었다. 그저 보고 싶었다. 샬로테와 대위가 돌아오기 전에 혼자서만 보고 싶었다. 저녁이 되고 촛불이 켜졌다.

마침내 오틸리에는 눈부시게 사랑스러운 모습으로 홀로 들어왔다. 그녀는 친구를 위해 뭔가 해냈다는 생각에 몸과 마음이 한껏 흥분해 있었다. 그리고 에두아르트 앞에 있는 책상 위에 원본과 필사본을 내놓았다. "대조해 볼까요?" 그녀가 웃으면서 말했다. 에두아르트는 뭐라고 대답해야 할지 몰랐다. 그녀를 물끄러미 바라본 뒤 필사본을 들여다보았다. 처음 몇 장은 대단히 정성을 들여 섬세하고 여성적인 필체로 쓰여 있었고, 그다음부터는 필체가 바뀌어 앞 장보다 가볍고 자유로워 보였다.[1] 그리고 마지막 장들을 훑어보았을 때 에두아르트는 펄쩍 뛸 만큼 놀랐다! "세상에!" 그가 소리쳤다. "이게 어떻게 된 거지? 이건 내 필체잖아!" 그가 오틸리에를 뚫어져라 보다가 다시 필사본으로 눈을 돌렸다. 특히 마지막 부분은 영락없이 자신이 직접 쓴 것 같았다. 오틸리에는 아무 말 없이 그저 만족스러운 표정으로 그의 눈을 바라봤다. 에두아르트는 두 팔을 뻗으며 외쳤다. "너 나를 사랑하는구나! *2 오틸리에, 너는 나를 사랑하는 거야!" 두 사람은 서로 꼭 껴안았다. 누가 먼저 껴안았는지는 알려 해도 알 수 없었다.

이 순간부터 에두아르트의 세상은 아주 달라졌다. 그는 이제까지의 그가 아니었으며, 세상도 지금까지의 그가 살던 세상이 아니었다. 두 사람은 마주 보고 섰다. 그가 그녀의 손을 잡았다. 둘은 서로의 눈을 들여다보았다. 그리고 다시 포옹하려는 찰나였다.

샬로테가 대위와 함께 들어왔다. 그들이 너무 늦게 와서 미안하다고 말했지만 에두아르트는 마음속으로 웃으며 '너무 일찍 온 거지!' 혼잣말을 했다.

그들은 저녁을 먹기 위해 식탁에 모여 앉았다. 오늘의 방문객들에 대한 품평이 시작되었다. 기쁨에 취한 에두아르트는 누구에 대해서건 너그럽게 장점만을 말했으며, 더 나아가서는 그 사람을 있는 그대로 인정하기까지 했다. 그의 의견에 전적으로 동의하지 않았던 샬로테는 갑자기 변한 분위기를 눈치채고는, 평소에는 손님들을 누구보다도 심하게 비판하던 사람이 오늘은 어쩐 일로 그렇게 호의적이고 너그럽냐고 놀려댔다.

에두아르트는 열정과 가슴에서 우러나오는 확신으로 외쳤다. "어떤 사람을 철저히 사랑하게 되면 다른 사람들까지 사랑스러워 보이지!" 오틸리에는 눈을 내리깔았고, 샬로테는 멍하니 앞만 바라보았다.

대위가 에두아르트의 말을 받았다. "존경이나 숭배와 같은 감정도 그와 비슷하지. 어떤 대상에 그런 감정을 품을 기회가 있고서야 비로소 이 세상의 귀중한 것들을 알아보게 되니까."

---

*1 이 작품에서 자주 등장하는 필체라는 모티프의 의미가 분명해지고 있다. 에두아르트에 대한 오틸리에의 마음이 보다 가볍고 자유로워지고 있다는 것을 이 필체의 변화가 나타내고 있다.

*2 이 구절은 친화력이라는 제목의 의미를 표현하는 상징의 극치라고 할 수 있다. 사랑을 하면 사랑하는 대상에게 끌리는 정도가 아니라 그 대상의 본질까지도 흡수하는 연인들이 느끼는 친화력의 본질을 의미한다.

샬로테는 일행들에게 곧 실례한다고 말하고 침실로 돌아갔다. 이날 저녁 자신과 대위 사이에 있었던 일을 천천히 회상해 보고 싶었기 때문이다.

에두아르트는 물가로 뛰어내린 다음 나룻배를 뭍에서 밀어내어 아내와 친구를 흔들거리는 파도에 내맡겼다. 배에 남은 샬로테는 저녁 어스름 속에 자기 앞에 앉아 있는 대위의 모습을 바라보았다. 이제까지 이 사람 생각에 그토록 괴로워했던 자신이었다. 그는 지금 두 개의 노를 능숙하게 저어 마음 가는 대로 배를 몰고 있었다. 지금껏 느낀 적 없는 깊은 슬픔이 엄습해 왔다. 큰 호를 그리며 선회하는 배의 움직임, 노가 철썩이는 소리, 거울 같은 수면 위를 스산하게 스쳐 가는 바람의 속삭임, 갈대 수풀이 바스락거리는 소리, 둥지로 서둘러 날아가는 새들의 날갯짓 소리, 저녁 하늘에 반짝이기 시작하는 별들, 물에 비친 그 그림자. 주위를 점령한 고요 속에서 모든 것이 다른 세상의 것처럼 보였다. '이 사람이 날 내다 버리려고 먼 곳으로 데려가는 게 아닐까? 날 고독 속에 남겨 두고 오려는 게 아닐까?' 이런 환상이 문득 마음속을 스쳐 갔다. 마음에서는 야릇한 동요가 일었지만, 그렇다고 울 수도 없는 노릇이었다.

그러는 동안 대위는 자신의 계획대로라면 공원이 어떤 모습을 갖추게 될지 설명하고 있었고 이 배라면 한 사람이 두 개의 노를 저어도 마음먹은 대로 조종할 수 있다면서 배의 훌륭한 성능을 칭찬하기도 했다. 또한 그는 샬로테가 배우면 알게 되겠지만, 가끔은 혼자 물 위를 이리저리 떠돌며 맘대로 배를 조종하는 것은 기분 좋은 일이라고도 했다.

이런 말을 들으니 샬로테는 앞으로 다가올 이별이 떠올라 가슴이 미어질 것 같았다. '이 남자가 뭘 알고 이렇게 말하는 걸까?' 그녀는 생각했다. '이미 알고 있거나 눈치챘나? 아니면 우연한 말로 자기도 모르게 내 운명을 예언한 걸까?' 극심한 우울함과 초조함이 엄습했다. 그녀는 당장 배를 뭍에 대고 성관으로 돌아가자고 간청했다.

대위는 이 연못에서 배를 타는 것이 처음이었다. 수심은 이미 조사해서 알고 있었지만, 구체적으로 어디가 얕고 어디가 깊은지는 알지 못했다. 주위가 어두워지기 시작했다. 그는 배에서 내리기도 좋고 성관으로 가는 오솔길이 멀지 않다고 짐작되는 곳으로 배를 저어 갔다. 그러나 이 항로에서 조금 벗어나자 샬로테는 알 수 없는 불안감에 사로잡혀 빨리 배에서 내렸으면 좋겠다고 다시 말했다. 대위는 다시 물가를 향해 힘차게 노를 저었다. 그러나 물가에서 얼마 멀지 않은 지점에서 유감스럽게도 배에 뭐가 걸리는 느낌을 받았다. 여울 바닥에 닿은 것이었다. 거기서 벗어나려고 기를 썼지만 소용없었다. 이제 어쩐다? 어쩔 수 없지만 그다지 깊지 않은 물속에 내려서서 샬로테를 물가까지 안고 가는 수밖에 없었다. 그는 행복한 마음으로 이 사랑스러운 짐을 무사히 물가로 옮겼다. 그녀를 옮기다가 비틀거리는 일이 없을 만큼 그는 충분히 힘이 셌다. 그런데도 샬로테는 불안한 듯이 그의 목에 바짝 매달렸다. 그는 그녀를 꽉 끌어당겨 안았다. 잔디로 뒤덮인 비탈에 이르러서야 그는 그녀를 내려놓았다. 감정의 동요와 혼란 때문에 가슴이 떨려 왔다. 샬로테는 아직도 그의 목에 매달려 있었다. 그는 다시 샬로테를 껴안고는 그녀의 입술에 격렬한 키스를 퍼부었다. 그러나 그다음 순간에는 그녀 앞에 엎드린 채 그녀의 손에 입술을 대고 이렇게 외쳤다. "샬로테, 용서해 주시겠습니까?"

친구가 먼저 감행했고 그녀도 거의 그에 응했다고 말할 수 있는 입맞춤은 샬로테를 다시 정신 차리게 했다. 그녀는 그의 손을 꼭 잡았다. 그러나 그를 일으키지는 않았다. 대신 그에게 몸을 굽히고 한 손을 그의 어깨에 얹으며 말했다. "이 순간이 우리 둘의 삶을 크게 바꾸더라도 어쩔 수 없겠지요. 하지만 이 순간이 그만한 가치가 있는가는 우리 자신에게 달렸어요. 사랑하는 대위님, 당신은 떠나셔야 해요. 이미 떠나기로 되어 있고요. 백작님은 당신을 좀 더 좋은 운명의 길로 이끌려고 준비하고 계시거든요. 그것은 나를 기쁘게도 하고 고통스럽게도 하는군요. 나는 그 일이 어느 정도 확실해지기 전까지는 이야기하지 않으려고 했어요. 하지만 이렇게 돼 버려서 그 비밀을 말하지 않을 수가 없네요. 마음 바꾸는 것은 우리 능력을 벗어난 일이지만, 우리가 적어도 현재의 상황을 바꾸겠다는 용기를 가져야만 나는 당신을, 그리고 나 자신을 용서할 수 있어요." 그녀는 그를 일으키고 그 팔에 기댔다. 그리고 두 사람은 아무 말 없이 성관으로 돌아온 것이다.

그러나 지금 그녀는 침실에서 자기 자신을 에두아르트의 아내로 느끼고 의식해야 했다. 원래 확실한 데다가 인생 풍파를 경험하면서 단련된 그녀의 성격은 이렇게 모순된 상황에서 큰 도움이 되었다. 자기 자신을 돌이켜 보고 본인에게 명령하는 습관이 있던 그녀는 지금도 진지하게 사태를 생각하며 자신이 원하는 대로 평정심을 되찾아갔다. 간밤의 기이한 방문을 생각하면 심지어 미소마저 머금어졌다. 그러나 곧 이상한 마음의 동요가, 기쁨과 불안이 교차하는 전율이 그녀를 사로잡았고, 이 전율은 경건한 소망과 희망으로 바뀌었다. [3] 그녀는 감동에 사로잡혀 무릎을 꿇고, 지난날 제단 앞에서 에두아르트와 함께했던 언약을 마음속으로 반복했다. 우정, 사랑, 체념이 밝은 모습으로 눈앞을 스치고 지나갔다. 그녀는 마음이 안정되어 가는 것을 느꼈고, 곧이어 달콤한 피곤과 함께 평온하게 잠들었다.

---

[3] 샬로테의 임신을 암시하는 구절.

제13장

에두아르트는 아내와는 정반대 기분이었다. 자고 싶은 생각도 전혀 없고, 옷을 벗을 생각조차 하지 않았다. 서류 필사본 첫 부분에 있는 오틸리에의 어린아이 같은 서툰 필체에 수천 번이나 입을 맞추었다. 끝 부분은 거의 자신의 필체를 보는 것 같아 오히려 입을 맞출 용기가 나지 않는다. '아, 이것이 다른 서류였다면!' 그는 혼자 속으로 말해 본다. 그렇지만 오틸리에가 완성한 필사본은 이미 그 자체로 그의 가장 큰 소원이 이루어졌다는 더없이 아름다운 보증이 된다. 더구나 그것이 바로 그의 손에 있지 않은가! 설령 제삼자의 서명으로 더럽혀지더라도 그는 그것을 계속 자기 가슴에 꼭 누르고 있을 수 있다!

그믐달이 숲 위로 솟아오르고, 훈훈한 밤이 에두아르트를 야외로 유혹한다. 그는 그 일대를 정처 없이 헤맨다. 그는 이 지상에 살아 있는 사람 가운데 가장 불안하지만, 가장 행복한 존재이다. 그는 정원을 끝에서 끝으로 헤집고 다닌다. 정원은 그에게 너무 좁다. 그래서 그는 들판으로 달려 나가지만 들판은 그에게 너무 넓다. 그는 다시 성관으로 돌아온다. 그는 어느새 오틸리에의 창문 아래에 와 있다. 그는 그곳 테라스 계단에 앉아 마음속으로 말한다. '담장과 빗장이 지금 우리를 갈라놓는군. 하지만 우리 마음은 떨어져 있지 않아. 그녀가 내 앞에 있다면 내 품에 안길 것이고, 나도 그녀 품에 안길 것이다. 이보다 확실한 것이 또 뭐가 있으랴!' 정적은 그의 주위를 감싸고, 바람 한 점 일지 않았다. 주변은 낮밤 구분 없이 활동하는 부지런한 땅속 곤충들의 흙 파는 소리가 들릴 만큼 고요했다. 그는 행복한 꿈에 몸을 맡긴 채 차츰 잠에 빠져들었다. 이윽고 그가 다시 눈을 떴을 때는 장려한 태양이 눈부시게 솟아올라 새벽안개를 내몰고 있었다.

그는 자신이 영지에서 가장 먼저 깨어났다는 사실을 깨달았다. 공사 인부들이 약속시간보다 너무 늦게 나오는 것처럼 느껴졌다. 마침내 그들이 나오자, 이번에는 그 수가 너무 적고 오늘 예정된 작업량도 자신이 바라는 것보다 훨씬 적게 느껴졌다. 그는 일꾼을 더 요구했고, 그날 중으로 그가 원하는 수의 인부가 채워졌다. 그래도 그는 자신의 계획이 한시라도 빨리 완성되는 것을 보려면 지금 있는 인부의 수로는 어림도 없다고 느껴졌다. 이제 작업은 어떤 기쁨도 주지 못했다. 그는 모든 것이 완성된 상태를 원했다. 그것은 누구를 위해서인가? 모든 것은 오로지 오틸리에를 위해서였다. 오틸리에가 편히 걸을 수 있도록 길이 닦여 있어야 하고, 오틸리에가 편히 쉴 수 있도록 벤치가 놓여 있어야 한다. 오틸리에의 생일에 맞춰 새 집이 완공되어야 하기 때문에 새 별장 공사도 최대한 서둘러 추진해야 한다. 이제 에두아르트의 생각이나 행동에 절도란 존재하지 않는다. 사랑하고 사랑받고 있다는 의식이 그를 무한한 세계로 몰아간 것이다. 이제는 모든 방과 모든 주위 환경이 얼마나 다르게 보이는가! 그는 자기 집에 있으면서도 자신이 어디에 있는지조차 알지 못한다. 오틸리에라는 존재가 그에게서 모든 것을 삼켜 버렸기 때문이다. 그는 완전히 그녀에게만 빠져서 그 밖의 것은 아무것도 생각하지 못한다. 어떤 양심도 그에게 말을 걸어오지 않고, 지금까지 그의 본성에 억제되어 있었던 모든 것이 터져 나와 그의 모든 존재가 오틸리에를 향해 뿜어져 나온다.

에두아르트가 이처럼 열정적으로 몰입하는 것을 유심히 관찰한 대위는 비극적인 결과를 미연에 방지하고 싶었다. 지금 일방적인 충동으로 앞뒤 재지 않고 밀어붙여지고 있는 공사는 본디 대위가 우정 넘치는 조용한 모임에 쓰이기를 바라며 구상했던 것이었다. 농장 매각도 그를 통해 이루어졌으며, 중도금도 이미 받아서 약정대로 샬로테가 관리하고 있었다. 그러나 그녀는 한 번 실패한 적이 있었으므로 평소보다 신중하고 진지하게 인내심 있고 체계적으로 일을 처리하려고 했다. 에두아르트의 성급한 방식에 맡겼다가는 예산이 금방 바닥날 것 같았기 때문이다.

여기저기 손댄 일이 많아서 처리해야 할 일도 그만큼 많았다. 이런 상태에서 어떻게 대위가 샬로테를 혼자 내버려 둘 수 있겠는가! 그들은 여러모로 논의한 끝에, 계획된 공사 일정을 조금 앞당기기로 했다. 그에 필요한 돈은 대출을 받고, 상환일은 농장 매각 대금 중 잔금이 들어오는 날로 지정하자고 합의했다. 이는 권리를 양도함으로써 거의 손해 없이 처리되었다. 일이 수월해졌다. 모든 일이 순조롭고 일꾼도 충분했으므로 한 번에 많은 일을 해냈고, 확실하고 빠르게 목표를 향해 나아갔다. 에두아르트 역시 공사가 빨리 진척되기를 바랐으므로 두 사람의 계획에 흔쾌히 찬성했다.

이런 와중에도 샬로테는 신중하게 생각한 끝에 결심한 계획을 단연코 지키겠다고 생각했다. 대위도 같은 마음으로 남자답게 샬로테의 결심을 지지했다. 바로 그 일로 인해 두 사람 사이의 신뢰는 더욱더 깊어져 가고 있었다. 그들은 사랑에 빠진 에두아르트의 열정에 대해서도 의논하고 거듭 상의했다. 샬로테는 오틸리에를 최대한 가까이에 두고 유심히 관찰했다. 자신의 속마음을 깊이 자각할수록 이 소녀의 마음도 한층 깊게 이해할 수 있었다. 이 소녀를 멀리 보내는 것 말고는 다른 해결책이 없었다.

샬로테는 루치아네가 기숙학교에서 그처럼 우수한 성적을 거두고 있다는 사실이 마치 행운처럼 느껴졌다. 그 소식을 들은 대고모는 이 기회에 그녀를 데리고 가서 곁에 두고 사교계로 진출시킬 생각이었다. 그러면 오틸리에는 기숙학교로 돌아갈 수 있을 것이고, 대위도 좋은 제의를 받고 떠날 수 있을 것이다. 그러면 모든 것이 몇 달 전과 똑같아진다. 아니, 전보다 오히려 나아질지도 모른다. 그때가 되면 샬로테는 에두아르트에 대한 자신의 감정도 원래대로 돌아오리라고 믿었다. 이 모든 상황이 머릿속에서 빈틈없이 들어맞았다. 그녀는 남편과 단둘이 살던 예전 상태로만 돌아간다면 한 번 깨진 관계도 다시 회복되리라는 망상에 빠져들었다.

한편 에두아르트는 자기 앞길을 가로막는 장애물을 뼈저리게 느꼈다. 그는 사람들이 자기와 오틸리에를 떼어 놓으려고 하며, 되도록 그녀와 단둘이 이야기하지 못하게 하고, 동석자 없이는 그녀에게 가까이 가는 것조차 방해한다는 사실을 금방 알아챘다. 이 사실이 불쾌하게 느껴지자 다른 몇몇 사실도 불쾌하게 느껴졌다. 그는 오틸리에와 잠시라도 이야기할 기회만 생기면, 자신의 사랑을 맹세하는 것만으로는 성이 차지 않아 그녀를 상대로 아내와 대위에 대해 불만을 쏟아 냈다. 그는 자신이 일을 무리하게 진행한 탓에 재정이 위태롭다는 사실은 깨닫지 못하고, 샬로테와 대위가 당초 합의와는 다른 방식으로 공사 대금을 지급한다며 두 사람을 격렬하게 비난했다. 그러나 사실은 그 자신이 지급 방법을 수정하는 데에 동의했을 뿐만 아니라, 그러한 수정을 부득이하게 만든 제공자는 다름 아닌 자기였다.

증오는 편파적이지만, 사랑은 더욱더 편파적이다. 오틸리에도 샬로테와 대위에게서 어느 정도 마음이 멀어졌다. 한번은 에두아르트가 대위의 태도는 친구치고는 완전히 솔직한 것은 아니라며 불만을 표시했는데, 이때 오틸리에는 별 생각 없이 이렇게 대답하고 말았다. "전 오래전부터 그분이 당신에게 솔직하지 않은 게 마음에 걸렸어요. 그분이 언젠가 샬로테 숙모님한테 이렇게 말하는 걸 들은 적이 있어요. '에두아르트가 그 엉터리 플루트 연주로 우리를 괴롭히지만 않으면 좋으련만! 아무리 계속해도 발전의 기미가 보이지 않으니 듣는 사람만 괴롭지 뭡니까.' 당신의 연주에 즐겁게 반주하는 내가 얼마나 괴로운 심정으로 그 말을 들었겠어요."

오틸리에는 이 말을 채 끝내기도 전에, 그런 말은 하지 말았어야 했다고 속삭이는 양심의 소리를 들었다. 그러나 이미 엎질러진 물이었다. 에두아르트의 얼굴색은 순식간에 변했다. 이제까지 그의 마음을 이토록 상하게 한 것은 없었다. 그가 가장 좋아하는 취미가 비난을 받은 것이다. 그는 자신의 천진난만한 노력을 조금도 뻐기지 않았다. 그러나 자신이 그토록 즐겁고 행복해지는 것이라면 친구도 따뜻한 눈으로 봐 줘야 하고 또 그것이 맞다고 생각했다. 그는 제삼자가 서툰 자신의 연주에 시달리는 일이 얼마나 큰 고통인지에 대해서는 생각하지 않았다. 그는 마음에 깊은 상처를 입고, 그를 결단코 용서치 않겠노라며 분통을 터뜨렸다. 이제 그는 자신이 모든 의무에서 해방되었다고 생각했다.

오틸리에와 함께 살고 싶고, 그녀를 보고, 그녀에게 속삭이고, 그녀에게 속마음을 털어놓고 싶은 욕구는 날이 갈수록 더더욱 커져 갔다. 그는 오틸리에에게 남몰래 편지를 주고받는 내용의 쪽지를 전달하기로 결심했다. 그는 이 내용을 종이쪽지에 간략하게 적어 책상에 올려놓았다. 그때 마침 집사가 그의 머리카락을 인두로 감아 올려 주려 들어왔고, 그의 어깨 너머로 들어온 바람에 이 종이쪽지는 바닥으로 떨어졌다. 집사는 인두가 얼마나 뜨거운지 시험할 때면 허리를 굽혀 바닥에 떨어진 종이쪼가리를 찾는 습관이 있었는데, 이번에 그가 바닥에서 주워 올린 것은 바로 그 편지였다. 그는 그것을 얼른 집어서는 인두에 지졌다. 일이 잘못되었음을 알아챈 에두아르트는 집사의 손에서 종이쪽지를 뺏어 들었다. 그런 다음 곧이어 편지를 고쳐 쓰려고 다시 책상 앞에 앉았다. 두 번째에는 펜이 전처럼 술술 나가지가 않았고, 어쩐지 불길한 생각이 들었다. 그러나 그는 그런 감정을 수습했고, 오히려 오틸리에에게 접근할 수 있는 기회를 엿보았다가 재빨리 편지를 그녀의 손에 쥐어 주었다.

오틸리에는 즉시 답장을 건넸다. 그는 곧바로 읽을 틈이 없었기에 일단 그 쪽지를 조끼에 찔러 넣었다. 그러나 유행대로 길이가 짧은 그 조끼는 쪽지를 잘 보관하지 못했다. 쪽지는 에두아르트가 알아채지 못하는 사이에 조끼 밖으로 비어져 나와 바닥에 떨어졌다. 샬로테가 그것을 보고는 집어 들어 잠시 훑어보다가 그에게 건네주었다. "여기 뭔가가 당신 필체로 된 것이 있네요." 샬로테가 말했다. "잃어버리면 안 되는 것 같은데."

그는 당황했다. '모르는 척하는 건가?' 그는 생각했다. '내용까지 읽었을까? 아니면 필체가 비슷해서 속았나?' 그는 후자이기를 빌었고, 그럴 거라고 생각했다. 그는 경고를, 그것도 이중으로 받은 것이다. 그러나 어쩌면 더 높은 존재가 우리에게 말을 걸 때의 수단일지도 모르는 이상한 우연의 징후를 열정에 빠진 그는 알아채지 못한 것이다. 오히려 그는 열정에 더욱더 휘둘려서, 사람들이 자신에게 가하는 제약을 점점 더 불쾌하게 여겼다. 그들의 우정 모임은 사라졌고, 그의 마음은 닫혔다. 부득이하게 대위나 아내와 동석해야 할 때, 예전과 같은 애정을 마음속에서 다시 한 번 찾아내어 되살려내기란 불가능했다. 이런 사태에 대해 남몰래 느꼈던 자책감도 그에겐 불쾌했다. 그는 익살을 떨어서 이 상태를 벗어나 보려고 했지만, 그 익살에는 애정이 실리지가 않아서 평소와 같은 세련미를 발휘하지도 못했다.

이 모든 시련으로부터 샬로테를 구해 준 것은 깊은 내면의 감정이었다. 그녀는 그토록 아름답고 고귀한 애정을 단념시키겠다는 진지한 결심을 잊지 않았다.

샬로테는 저 두 사람에게도 도움이 되기를 얼마나 많이 바랐던가! 그녀는 서로 갈라놓는 것만이 이런 고통을 치유하는 데 도움이 되는 것이 아님을 절실히 알고 있었다. 그녀는 착한 오틸리에에게 이 문제를 분명히 이야기해야겠다고 생각했지만, 그럴 수 없었다. 자기 자신도 그런 일로 흔들렸다는 사실을 떠올리면 차마 얘기할 수가 없었기 때문이다. 그녀는 이 문제를 일반적인 이야기처럼 꺼내 보려고도 했지만 그렇게 말하자면 이 문제는 입 밖에 내기를 꺼리고 있는 자기 자신에게도 적용되는 이야기였다. 오틸리에에게 경고하려고 했으나 오히려 경고가 필요한 사람은 오히려 자기 자신일지도 모른다고 느꼈다.

그리하여 그녀는 서로 사랑하는 두 사람을 그저 묵묵히 떼어 놓아 보았지만 그러나 그런다고 해서 사정은 전혀 나아지지 않았다. 그녀가 가끔 은연중에 시사하는 이야기도 오틸리에에게는 효과가 없었다. 에두아르트가 그녀에게 샬로테는 대위를 사랑해서 자신과의 이혼을 바라고 있으며, 그래서 자기는 점잖게 이혼해 줄 생각이라고 말했기 때문이다.

오틸리에는 그 이상 바랄 바 없다는 자기는 결백하다는 믿음을 굳게 가진 채, 행복으로 가는 길목에서 오로지 에두아르트만을 위해서 살았다. 그 착한 마음씨는 그에 대한 애정으로 더욱 깊어지고, 그를 생각하면 어떤 행동을 하든 더욱 기쁨이 넘쳤다. 그리고 그녀는 누구에게나 마음이 열려 있어서 지상 낙원에 살고 있는 것 같았다.

걱정에 마음 졸이는 사람이나 밝고 꾸밈없이 하루하루를 보내는 사람이나 모두 자신의 마음에 충실히 따르며 삶을 이어 나간다. 모든 것이 평소대로 평온하게 흘러가는 듯이 보인다. 모든 것을 잃을 위기에 처하고도 아무 일도 없다는 듯이 살아가는 사람들처럼 일상을 이어 나가는 것이다.

제14장

그사이에 백작이 보낸 편지가 대위에게 도착했다. 봉투에는 두 통의 편지가 들어 있었다. 한 통은 공개용이었는데, 머잖아 좋은 자리가 발견될 것 같다는 밝은 미래가 담긴 내용이었다. 다른 한 통은 궁정 실무에 관련된 중요한 자리를 당장 주겠다는 내용으로, 소령의 지위에 해당하는 자리였다. 그 지위는 봉급도 상당하고 다른 특전도 따르지만 사정상 비밀에 부쳐야 한다는 단서가 있었다. 대위도 친구들에게는 밝은 전망에 대해서만 이야기하고, 현재 제시된 일에 대해서는 언급하지 않았다.

그러는 동안에도 그는 당면한 일들을 착실히 처리해 나갔으며, 앞으로 자기가 없더라도 모든 일이 잘 진행되도록 만반의 준비를 해 놓았다. 사정이 이렇게 되고 보니, 몇 가지 공사를 기한 내에 마치고 몇몇 작업은 오틸리에의 생일을 목표로 빨리 진행시키길 잘했다는 생각이 들었다. 이제 두 친구는 말로 표현한 적은 없을지언정 서로 즐겁게 협력하고 있었다. 에두아르트는 권리를 양도하고 대출을 받아 금고가 늘어난 것이 매우 만족스러웠다. 공사는 대단히 빠른 속도로 진척되어 갔다.

대위는 이제 세 개의 연못을 하나의 호수를 만들겠다는 계획을 전면 중단하고 싶었다. 가장 아래쪽 둑을 보강하고 중간 둑들은 허물어야 하는 이 공사는 여러 의미에서 신중을 기해야 하는 대공사였다. 그러나 이미 둑의 보강과 제거 작업은 서로 긴밀히 얽혀 시작된 뒤였다. 이런 상황에서 대위의 옛 제자인 젊은 건축가가 와 준 것은 여간 고마운 일이 아니었다. 그는 솜씨 좋은 장인들을 고용하기도 하고 가능한 부분은 도급(都給)도 주어 가며 공사를 빠르고도 안전하게 진척되도록 지휘했다. 대위는 제자의 이런 모습을 지켜보며 자기가 없더라도 사람들이 아쉬워하지는 않겠구나 하고 내심 기뻐했다. 그는 자기가 떠난 뒤에 빈자리를 충분히 메워 줄 대안을 마련하지 않고는, 아직 완수되지 않은 일에서 손을 떼지 않았다. 그것은 그의 신조였다.

그는 자기가 없으면 얼마나 불편한지 주위 사람에게 알게 하려고 자기가 떠난 뒤에 혼란이 일어나도록 준비해 놓는 사람들, 자신이 어떤 일에 참여할 수 없다면 차라리 망하기를 바라는 교양 없고 이기적인 사람들을 경멸했다.

그리하여 사람들은 부지런히 계속 일했다. 결국은 오틸리에의 생일을 화려하게 축하하기 위한 것이었지만, 그 누구도 그 사실을 입 밖에 내거나 인정하지 않았다. 질투심을 완전히 배제하더라도 샬로테가 생각하기에 오틸리에의 생일이 무슨 공식 축제처럼 되는 것은 지나친 일이었다. 오틸리에의 나이, 환경, 가족 관계 등을 따져 볼 때 그녀는 어떤 날의 여왕으로서 등장할 권리가 없었다. 에두아르트 역시 이에 관해 언급하기를 꺼렸다. 모든 일이 저절로 그렇게 된 것 같은 모양새를 취하고 사람들을 놀라게 해 주어 자연스러운 축하 분위기를 만들고 싶었기 때문이다.

사정이 이러하다 보니 모두는 오틸리에의 생일과 별채의 상량식은 우연히 같은 날이지만 서로 아무런 관계도 없다는 억지 논리에 암묵적으로 동의했다. 그리고 그 상량식을 계기로 마을 사람들과 지인들에게 잔치가 있음을 알릴 수 있었다.

그러나 오틸리에에 대한 에두아르트의 애착은 끝이 없었다. 오틸리에를 차지하고 싶은 욕구가 크면 클수록 그만큼 무한히 헌신하고 선물하며 약속했다. 그가 오틸리에에게 줄 생일 선물들에 비하면 샬로테가 제안한 선물은 너무 빈약했다. 그는 집사에게 상담을 요청했다. 에두아르트의 옷을 관리하는 집사는 다양한 상인이며 옷장수와 늘 접촉해 있었다. 어떤 선물을 어떻게 전하는 게 가장 좋은지 잘 아는 그는 마을에서 가장 세련된 여행 가방*1을 주문했다. 그 가방은 붉은 모로코가죽에 강철 징이 박혀 있었다. 그리고 그 안에는 그에 걸맞게 값비싼 선물로 가득 채워 넣었다.

이 집사는 또 하나의 제안을 했다. 쏘아 올릴 기회가 없어 오랫동안 방치되었던 작은 불꽃놀이용 폭죽이 있는데, 이 폭죽의 성능을 강화해서 불꽃의 규모를 확대하는 일을 하자는 것이었다. 에두아르트는 그 제안을 받아들였고, 집사는 실행을 약속했다. 이 일은 비밀리에 진행하기로 했다.

---

*1 여행은 이 소설의 주요 모티프 가운데 하나이다. 주인공들이 만나고 헤어지는 과정뿐만 아니라 죽음으로 넘어가는 과정까지도 포괄하는 개념이다. 여행 가방은 이러한 의미를 상징적으로 보여 주는 이른바 '사물 상징(Dingsymbol)'의 하나이다.

그동안 대위는 점점 다가오는 잔칫날에 대비하여 곳곳에 경비를 배치했다. 그는 많은 사람이 한꺼번에 몰리거나 선동되는 곳에 그런 조치는 반드시 필요하다고 생각했다. 그는 축제의 우아함을 망칠 수 있는 구걸행각이나 다른 불쾌한 경우에 대해서도 철저하게 대비책을 마련했다.

그와는 반대로 에두아르트와 그의 심복은 불꽃놀이 준비에 여념이 없었다. 그들은 거대한 참나무들이 옹기종기 모여 가지를 뻗은 중앙 연못 가장자리에서 폭죽을 쏘아 올리고, 관중을 연못 건너편에 있는 플라타너스들 아래에 있게 할 예정이었다. 하늘에 피는 불꽃과 그것이 물에 비치는 모습, 그리고 물 위에서 아름답게 타오르며 퍼져 가는 불꽃을 적절한 거리에서 편안하고 안전하게 구경하도록 하기 위해서였다.

그 준비를 위해 에두아르트는 다른 핑계를 내세워 플라타너스 아래쪽에 있는 덤불과 잔디, 이끼 등을 치워 버리게 했다. 그렇게 바닥을 정돈하자 비로소 나무들의 웅장한 위용과 높다란 키가 또렷하게 눈에 들어왔다. 에두아르트는 이루 말할 수 없이 기뻤다. '대략 요즘 같은 시기에 이 나무들을 심었었지. 그로부터 얼마나 지났지?' 문득 이런 생각이 들어, 집에 오자마자 낡은 일기장을 펼쳤다. 그의 아버지가 영지에 머무를 때 꼼꼼하게 기록해 놓은 일기장이었다. 나무를 심은 날짜까지 적혀 있을 리는 없었지만, 그와 같은 날에 일어나고 에두아르트의 기억에 선명히 남아 있는 중요한 집안일은 반드시 기록되어 있을 것이었다. 두세 권을 뒤지다 보니 간단한 기록이 나왔다. 그런데 에두아르트는 어떤 기막힌 우연을 발견하고 펄쩍 뛸 만큼 놀랍고 기뻐했다! 그 플라타너스를 심었던 그해 그날이 바로 오틸리에가 태어난 날이었던 것이다.

제15장

에두아르트가 애타게 기다리던 아침이 드디어 밝아 왔다. 손님들이 하나 둘 도착하더니 많아졌다. 초대장을 먼 곳까지 두루두루 보낸 데다, 지난번 정초식 때는 빠졌지만 그 행사가 재미있었다는 이야기를 듣고 이 두 번째 잔치만은 놓치지 않겠다는 사람들이 많았기 때문이다.

잔치가 시작되기 전, 목수들이 화환을 들고서 악대와 함께 성관 안뜰에 등장했다. 잎과 꽃을 몇 겹으로 포개 만든 풍성한 화환이 그들의 팔에 매달린 채 찰랑찰랑 흔들렸다. 목수들은 인사말을 하고, 관례에 따라 귀부인들에게서 장식하기 위한 명주 천과 리본을 받았다. 주인들과 손님들이 식사를 시작하는 동안 목수들은 환호성을 지르며 행진했다. 그리고 마을에서 잠시 머무르면서 부녀자들에게 졸라 리본 종류를 얻어 낸 뒤, 뼈대마저 다 올라간 별장이 서 있는 언덕 꼭대기에 도착했다. 그때는 그들을 따라온 군중뿐 아니라 기다리는 사람도 꽤 늘어나 있었다.

샬로테는 식사가 끝나자마자 바로 행진에 합세하려는 사람들을 붙잡아 두었다. 행렬이 화려하고 거창해지는 것을 원치 않았기 때문이다. 그래서 그들은 어떤 신분이나 서열에 따른 순서에 상관없이 삼삼오오 무리지어 한가로이 언덕 위로 올라갔다. 샬로테는 오틸리에가 빨리 가지 못하게 붙들어 두었지만 원하는 대로 되지는 않았다. 왜냐하면 가장 마지막으로 오틸리에가 언덕 위에 도착하자 트럼펫과 북은 오로지 그녀를 기다리고 있다가 울리는 것 같았고, 잔치의 막도 그녀의 도착과 동시에 오른 것처럼 보였다.

건물은 아직 휑한 모습을 가리기 위해 대위의 지시에 따라 푸른 나뭇가지와 꽃들로 장식되어 있었다. 다만 에두아르트는 대위 모르게 건축가를 시켜 처마 끝에 꽃으로 그날의 날짜를 표시해 놓았는데, 이 정도는 그나마 양반이었다. 박공(博栱) 부분에도 오틸리에의 이름을 현란하게 걸 뻔했는데, 작업이 막 시작되려던 차에 때마침 대위가 도착해서 가까스로 저지했다. 대위는 이 작업을 슬기롭게 거절하고, 이미 준비된 꽃 글자들을 모두 치워 버렸다.

화환은 그 지역 어디서나 볼 수 있도록 마룻대에 걸렸다. 공중에는 리본과 천들이 다채롭게 나부꼈다. 짧은 연설이 있었지만 대부분 바람 소리에 묻혀 버렸고, 그렇게 공식 행사는 끝났다. 이번에는 땅을 다지고 풍성한 나무로 둘러싼 건물 앞 광장에서 한바탕 춤판이 벌어졌다. 멋있게 차려입은 목수 한 명은 에두아르트에게 날렵한 농가 처녀를 붙여 주고는, 그 옆에 서 있던 오틸리에에게 자기의 짝이 되어 달라고 청했다. 다른 사람들도 이 두 쌍의 뒤를 따라 춤을 추기 시작했다. 에두아르트는 어느새 재빨리 상대를 바꿔 오틸리에를 붙잡더니 함께 원을 돌며 춤을 추었다. 젊은 사람들은 쾌활하게 마을 사람들의 춤판에 끼어들고, 나이 든 사람들은 그것을 구경했다.

춤판이 끝나고 저마다 흩어져 산책에 나서기 전, 해가 지기 시작하면 모두들 플라타너스 아래에서 다시 모이기로 약속했다. 에두아르트는 그곳에 맨 먼저 나타나 필요한 사항을 전부 점검하고 집사와도 여러 가지로 협의했다. 집사는 여흥의 성공을 위해 연못 맞은편 기슭으로 가서 불꽃놀이 기술자를 돕기로 했다.

그제야 불꽃놀이가 있다는 사실을 알게 된 대위는 못마땅했다. 그는 몰려드는 구경꾼을 어떻게 통제할 것인지 에두아르트와 의논하려고 했으나 에두아르트는 이날 행사 가운데 이 부분만큼은 자기에게 전적으로 맡겨 달라고 다급하게 간청했다.

이미 둑 위에는 군중이 몰려와 있었는데 표면의 흙은 다 파헤쳐지고 잔디도 떨어져 나갔고 지면은 움푹움푹 패어 불안정했다. 해가 지고 땅거미가 깔리기 시작했다. 사람들은 날이 더 어두워지기를 기다리며 플라타너스 아래에서 가벼운 음료로 목을 축이고 있었다. 모두들 이 아름다운 장소에서 곧 각양각색의 풍경이 광활하게 펼쳐질 호수를 즐길 수 있으리라고 상상하며 한껏 들떠 있었다.

고요한 저녁이었다. 바람 한 점 없는 날씨로 보아 이 밤의 축제가 성공하겠구나 싶던 찰나, 별안간 끔찍한 외마디 비명이 들려왔다. 거대한 흙더미가 둑에서 미끄러져 내려 몇몇 사람이 물에 빠지는 것이 보였다. 점점 불어난 군중이 땅을 밟아대는 통에 지반이 무너진 것이었다. 모든 사람이 저마다 명당자리를 차지하려고 밀쳐대는 바람에 이제는 앞으로 나아갈 수도 뒤로 물러설 수도 없는 지경이었다.

모두 자리에서 벌떡 일어나 그쪽으로 달려갔지만, 구조라기보다는 구경하러 간 꼴이었다. 아무도 현장까지 가까이 갈 수 없는 상황에서 구경 말고 무슨 일을 할 수 있었으랴. 그때 대위가 용감한 몇몇 사람과 힘을 합쳐 군중을 둑에서 평지 쪽으로 가도록 했다. 물에 빠진 사람들을 구하려고 애쓰는 청년들이 자유롭게 움직일 수 있도록 해 주기 위해서였다. 물에 빠진 사람들은 모두 자기 스스로 또는 남의 도움을 빌려서 뭍으로 올라왔는데, 한 소년만은 나오지 못했다. 이 소년은 무작정 발버둥을 치는 바람에 둑 쪽으로 오는 것이 아닌 오히려 둑에서 멀어지게 된 것이다. 소년은 점차 힘이 빠지는 모양인지 손과 발이 가끔 물 밖으로 나올 뿐이었다. 설상가상으로 나룻배는 반대편 물가에 있는 데다 그마저 폭죽을 가득 싣고 있어서 짐을 내리는 작업은 더디게 진행되었다. 그리고 그만큼 구조 작업도 지연되었다. 대위는 단단히 마음을 먹고 웃옷을 벗어 던졌다. 모든 사람의 시선이 그에게 쏠렸다. 그의 건장하고 다부진 몸매는 모든 사람에게 신뢰감을 불어넣었지만, 그가 물속에 뛰어들자 군중 속에서는 놀라움의 비명이 터져 나왔다. 모두의 시선이 그를 뒤쫓았다. 수영이 능숙한 그는 곧 소년에게 다다랐고, 이미 죽은 듯이 보이는 소년을 둑 위로 데려왔다.

그사이 나룻배가 옆으로 노를 저으며 다가왔다. 대위는 그 위로 올라가, 그곳에 있는 사람들의 신원을 일일이 파악했다. 모든 사람이 구조되었는지 확인하기 위해서였다. 의사가 달려와 죽은 듯이 보이는 소년을 넘겨받았다. 샬로테는 대위에게 다가가 이제 이곳은 괜찮으니 성관으로 돌아가 옷을 갈아입으라고 간청했다. 그는 망설였지만, 사고 현장 가까이에 있다가 몸소 구조에 가담한 침착하고 이성적인 사람들이 천지신명께 모든 사람이 구조되었노라고 단언하는 것을 보고 나서야 그제야 샬로테의 간청을 받아들였다.

샬로테는 대위가 성관으로 돌아가는 것을 배웅했다. 그리고 보니 포도주며 차, 그 밖의 필요한 것들이 물에 잠긴 채 보관되어 있다는 사실이 떠올랐다. 하필 이런 때일수록 일이 꼬인다는 생각이 들었다. 그녀는 아직 플라타너스 아래에 여기저기 흩어져 있는 손님들 사이를 헤치고 서둘러 성관으로 돌아가려고 했다. 에두아르트는 보는 사람마다 붙잡고, 아직 가지 말라고 설득하느라 정신이 없었다. 곧 신호를 보내면 불꽃놀이가 시작된다는 것이었다. 그 모습을 본 샬로테는 그에게 다가가, 지금 이 자리에 어울리지 않고 아무도 즐기고 싶지도 않는 그 놀이를 연기하라고 간청했다. 그리고 그녀는 구조된 사람들과 구조한 사람들에게 예의를 다하라고 충고했다.

"의사가 필요한 조치는 다 알아서 해 줄 거야." 에두아르트가 대답했다. "의사는 필요한 건 다 갖추고 있다고. 우리가 나서 봐야 방해만 될 뿐이야."

샬로테는 오틸리에에게 자기 생각을 꺾지 않고 눈짓으로 그 뜻을 전달했다. 오틸리에는 곧 그녀의 뜻을 알아차리고 자리에서 뜨려고 했다. 그러자 에두아르트가 오틸리에의 손을 붙잡으며 외쳤다. "오늘 같은 날을 응급병원에서 보내고 싶지는 않아! 자비심 많은 간호사 역할을 하기에는 오틸리에가 너무 안됐잖아. 기절한 사람은 우리가 있든 없든 다시 깨어날 거고, 젖은 사람들은 몸만 말리게 될 텐데 뭐."

샬로테는 입을 꾹 다문 채 그 자리를 떠났다. 두어 사람이 그녀의 뒤를 따랐고, 그 뒤를 이어 또 다른 사람들이 따랐다. 마침내 혼자 남아 있으려는 사람들은 아무도 없었기에 모두 가 버렸다. 그러다 보니 에두아르트와 오틸리에 둘만이 플라타너스 아래에 우두커니 서 있었다. 에두아르트는 절대로 가지 않겠다며 고집을 부렸다. 오틸리에가 불안한 얼굴로 자기와 함께 성관으로 돌아가자고 아무리 애원해도 막무가내였다. "싫어, 오틸리에!" 그가 외쳤다. "정말로 비범한 일은 평탄하고 누구나 다니는 길에서는 생기지 않는 법이야. 오늘 저녁의 불상사가 우리 둘을 더 빨리 결합시켜 줄 거야. 너는 이미 내 여자야! 나는 전에도 이 말을 자주 하고 맹세도 했잖아. 말이나 맹세는 그만하기로 하자. 이제는 그것을 현실로 이룰 때야."

호수 건너편에서 나룻배가 되돌아왔다. 타고 있는 사람은 집사였다. 그는 당황한 어조로 이제 폭죽은 어떻게 해야 하느냐고 물었다. "쏘아 올려!" 에두아르트가 외쳤다. "오틸리에, 이건 오로지 너만을 위해 준비한 거야. 그러니 이제는 너한테만 보여 주겠어! 내가 옆에 앉지. 같이 즐길 수 있게 허락해 주겠지?" 그는 다정하면서도 조심스럽게 그녀의 곁에 앉았지만, 몸은 털끝 하나 건드리지 않았다.

폭죽들이 쉭쉭거리며 하늘로 솟아오르고, 펑펑하는 굉음이 사방으로 울려 퍼졌다. 불똥이 번쩍하고 굽이치며 올라가다가 펑 하고 터졌다. 불꽃은 눈부시게 원을 그리며 처음에는 하나씩, 그다음에는 쌍으로, 나중에는 한 덩어리가 되었다. 불꽃들은 쫓고 쫓기고 한데 뒤엉키면서 힘차게 밤하늘을 수놓았다. 에두아르트의 가슴도 불꽃으로 타올랐다. 그는 어지러이 춤추며 생기발랄하게 빛나는 눈으로 불꽃을 좇았다. 그러나 오틸리에의 여리고 설레는 마음에는 번개처럼 나타났다가 사라지는 광경이 위로보다는 불안감을 불러일으켰다. 그녀는 에두아르트에게 수줍게 몸을 기댔다. 그녀가 이렇게 몸을 기댐으로써 그에 대한 신뢰를 표시하자, 에두아르트는 그녀가 이미 자기 것이 된 것 같아 가슴이 벅차올랐다.

밤이 제대로 제 모습을 되찾을 무렵, 달이 떠올라 성관으로 돌아가는 두 사람의 길을 비춰 주었다. 그때 모자를 손에 든 그림자 하나가 그들의 앞길을 막아서더니, 오늘 같은 잔칫날 초대도 받지 못했으니 적선이나 해 달라며 말을 걸어왔다. 달빛은 남자의 얼굴을 비추었고 에두아르트는 그가 며칠 전에 귀찮게 매달리던 거지임을 알아보았다. 그러나 행복에 취한 에두아르트는 멈춰 서지 않을 수 없었다. 오늘은 특히 구걸이 엄하게 금지되어 있다는 사실도 염두에 두지 않았다. 그는 호주머니를 잠깐 뒤져 보더니 이내 금화를 꺼내 거지에게 주었다. 끝없는 행복 속에 있다는 착각에 빠진 그는 누구에게나 그 행복을 나눠 주고 싶었다.

그동안 성관에서는 모든 일이 순조롭게 진행되었다. 의사의 고군분투와 비상약품의 완비, 샬로테의 조력 등이 어우러져 상승효과를 내자 소년은 다시 살아났다. 손님들은 삼삼오오 돌아갔다. 이제 얼마쯤 남아 있는 불꽃놀이를 멀리서나마 보려는 사람도 있었고, 한바탕 난리법석을 치른 터라 빨리 평온한 가정으로 돌아가고 싶어 하는 사람도 있었다.

대위도 젖은 옷을 얼른 갈아입은 뒤, 필요한 일을 열심히 도왔다. 모두 평정심을 되찾았다. 정신을 차리고 보니 대위와 샬로테만 남아 있었다. 그는 따뜻한 신뢰가 넘치는 태도로 자신의 출발일이 얼마 남지 않았음을 알렸다. 그녀는 이날 저녁 너무나 많은 일을 겪은 터라 이 고백도 대수롭지 않게 여겨졌다. 샬로테는 대위가 자신을 던져 남들을 구하고 자기도 구조되는 현장을 직접 목격했었다. 이 놀라운 사건이야말로 의미심장한, 그것은 결코 불행하지 않은 어떤 미래를 예고해 주는 것 같았다.

오틸리에와 함께 들어온 에두아르트도 대위의 출발이 임박했다는 소식을 들었다. 그는 샬로테가 오래전부터 자세한 내막을 알고 있지는 않았을까 하고 의심했지만, 자기 문제와 계획에 정신이 팔려 그것을 기분 나빠 할 겨를조차 없었다.

오히려 그는 대위가 얼마나 조건 좋고 명예로운 지위에 앉을 것인지에 관한 이야기를 기쁜 마음으로 주의 깊게 경청했다. 이제 그의 은밀한 소망은 그 무엇에도 구애받지 않고 현실을 넘어 앞으로 더욱 뻗어 나갔다. 벌써부터 그는 대위가 샬로테와 결합하고 자신은 오틸리에와 결합하는 모습을 눈앞에 떠올렸다. 이번 축제에 그가 받을 선물로서 이보다 더 좋은 것은 없었다.

한편 오틸리에는 자기 방으로 돌아갔다가, 책상 위에 놓인 값비싸고 예쁜 여행 가방을 보고 펄쩍 뛰며 놀랐다. 그녀는 지체하지 않고 가방을 열어 보았다. 모든 것이 어찌나 아름답게 포장되고 잘 정돈되어 있던지, 물건을 하나하나 꺼내 보기는커녕 조심스레 들어 올려 살펴볼 엄두조차 나지 않았다. 그 안에는 모슬린, 아마, 명주 같은 옷감이 있었고, 숄과 레이스는 세련미와 우아함, 호화로움을 겨루고 있었다. 장신구까지도 잘 챙겨져 있었다. 그녀를 머리끝에서 발끝까지 몇 번씩이라도 치장해 주고 싶어 하는, 보낸 이의 의도를 알 수 있었다. 그러나 모든 것은 너무나 고급스럽고 이전에는 구경도 못해 본 것들이라 그녀는 그것이 자기에게 온 선물이라고 감히 생각할 수조차 없었다.

제16장

다음 날 아침 대위는 사라져 버리고, 친구들에게 고맙다는 그의 편지만 남겨져 있었다. 그와 샬로테는 이미 전날 밤에 부족하게나마 간단히 작별인사를 나눴었다. 그녀는 그것이 영원한 이별이었음을 감지하고 남몰래 그 고통을 견뎌 냈다. 어젯밤 대위는 백작의 두 번째 편지를 그녀에게 보여 주었는데, 그 편지에는 대위가 앞으로 매우 조건이 좋은 결혼을 할 수도 있다고 언급되어 있었기 때문이다. 비록 그는 이 구절에 전혀 의미를 두지 않았지만, 그녀는 그 말을 이미 정해진 일로 받아들이고 그를 깨끗이 단념했다.

이렇게 되고 보니 그녀는 자기 자신에게 강요했던 어려운 결심을 남에게도 당연히 요구할 수 있으리라고 믿게 되었다. 자기도 그렇게 할 수 있었으니 남들도 당연히 그렇게 해야 하지 않겠는가. 그녀는 이런 생각을 품고서 남편과 대화하기 시작했다. 그 자리에서 문제를 확실히 매듭지어야겠다고 생각한 만큼 그녀의 태도는 솔직하고 신뢰에 차 있었다.

"우리의 친구가 떠났어요." 그녀가 말했다. "이제 우리는 다시 예전처럼 마주앉게 되었군요. 이제부터 완전히 옛날로 돌아갈 수 있을지 없을지는 오직 우리 두 사람에게 달려 있다고 봐야 하지 않을까요?"

자신의 정열을 치켜세워 주는 말 외에는 그 어떤 말도 귀에 들어오지 않았던 에두아르트는 샬로테가 이전의 과부 시절을 말하는 게 아니면 이혼하겠다는 의사를 암시하는 것이라고 생각했다. 그래서 그는 미소를 띠며 대답했다. "물론이지. 문제는 서로를 잘 이해하는 것뿐이야."

그렇기 때문에 샬로테가 다음과 같이 말했을 때 그는 뒤통수를 얻어맞은 기분이었다. "올바른 길만 선택해 준다면 오틸리에를 새로운 환경으로 보내는 것도 지금으로선 좋은 일이에요. 실은 그 애에게 바람직한 환경을 만들어 줄 수 있는 기회가 두 가지나 있죠. 내 딸이 숙모님 댁으로 옮겨 갈 거니까 오틸리에는 기숙학교로 돌아갈 수도 있고, 아니면 어떤 부잣집에 들어갈 수도 있거든요. 그러면 그 집의 외동딸과 함께 상류사회 교육의 장점을 누릴 수 있을 거예요."

에두아르트는 상당히 침착하게 대답했다. "그렇지만 오틸리에는 진짜 가족 같은 우리 집 분위기에서 너무 편하게 지내서 다른 생활에는 절대로 적응하지 못할 거요."

"우리는 모두 너무 편하게 지내 왔어요." 샬로테가 말했다. "당신도 마찬가지고요. 하지만 이제 우리의 상태를 잘 생각해 보고 마음을 다잡아야 할 시기예요. 이 작은 모임의 구성원 모두를 위해서 무엇이 최선인가를 생각하고, 또 그렇게 하기 위해 어떤 희생도 감수할 각오를 해야 된다고요."

에두아르트가 대답했다. "난 적어도 오틸리에를 그 희생양으로 삼는 것은 옳지 않다고 봐. 그 아이를 낯선 사람들 틈에 던져 버리면 결국 그 애를 희생시키는 꼴이잖아. 대위는 이곳에서 행운을 만난 것이기에 우리가 대위를 안심하고 기쁘게 떠나보낼 수 있었던 거야. 하지만 오틸리에의 앞날에 어떤 일이 생길지 누가 알겠어? 도대체 무엇 때문에 그렇게 서두르는 건데?"

"우리 앞날에 무슨 일이 닥칠지는 아주 분명해요." 샬로테가 조금 흥분한 어조로 말했다. 이 자리에서 할 말은 반드시 다 하겠다고 생각했던 그녀는 말을 이어 갔다. "당신은 오틸리에를 사랑해요. 오틸리에 없이는 못 살게 되었다고요. 그 애 쪽에서도 애정과 열정이 생겨나죠. 매 순간 눈앞에서 분명히 일어나는 사실을 말로 표현하는 게 어디가 나쁘죠? 앞으로 상황이 어떻게 되어 갈지 자기 자신에게 물어볼 마음의 준비 정도는 해야 하지 않나요?"

"지금 당장 거기에 대해서 대답할 순 없지만 이 정도는 말할 수 있어." 에두아르트가 신중하게 경계하며 대답했다. "어떤 일이 일어날지 알 수 없을 때일수록 미래가 그것을 가르쳐 줄 때까지 기다려야 해."

"이런 상황에서는 미래를 내다보기 위해 대단한 지혜가 필요한 것 같지는 않은데요." 샬로테가 대꾸했다. "게다가 어쨌거나 우리 두 사람은 원하지 않는 방향이나 가서는 안 되는 방향으로 맹목적으로 달려가도 될 만큼 젊지 않아요. 그것만큼은 확실하죠. 이제 우리를 걱정해 줄 사람은 없다고요. 우린 스스로 친구도 되고 가정교사가 되는 수밖에 없어요. 아무도 우리가 극단적인 행동을 할 거라고 생각하지 않아요. 아무도 우리가 비난받을 짓이나 우스꽝스러운 짓을 할 거라고는 생각하지 않는단 말이에요."

아내의 솔직하고 냉철한 말에 대답이 궁해진 에두아르트는 이렇게 응수했다. "나에게 오틸리에의 행복이 중요하다고 해서 날 비난할 수 있겠소? 그 애한텐 알 수 없는 미래의 행복보다 지금의 행복이 중요하잖아. 자신을 속이지 말고 솔직하게 생각해 봐. 오틸리에가 이곳을 떠나 낯선 사람들 속에 던져진다면 어떻게 될지 말이야. 적어도 나는 그 아이에게 그런 변화를 강요할 만큼 잔인하지 못해."

샬로테는 가면 뒤에 숨겨진 남편의 단호한 결심을 똑바로 보았다. 그리고 비로소 남편이 자기에게서 얼마나 멀어져 버렸는지를 실감했다. 그녀는 마음의 동요를 감추지 못하고 소리쳤다. "오틸리에가 우리를 갈라놓고도 행복할 수 있을까요? 내게서 남편을 빼앗고 아이들에게서 아버지를 빼앗고도?"

"아이들이라면 걱정하지 않아도 될 것 같은데." 에두아르트가 비웃음을 머금으며 차갑게 말했다. 그러나 얼마 지나지 않아 누그러진 투로 이렇게 덧붙였다. "지금 당장 그런 극단적인 상황까지 생각하는 건 아니잖아."

"열정은 극단적이 되기 쉽죠." 샬로테가 말했다. "이런 상황에서 탈출할 지혜로운 방법을 제안할 테니 거부하지 않았으면 좋겠군요. 더 늦기 전에 말이에요. 판단력이 흐려지기 쉬운 사건에서는 그 사건을 가장 명확하게 볼 줄 아는 사람이 나서서 다른 사람에게 도움의 손길을 내밀어야 하죠. 이번에는 내가 그런 사람이에요. 사랑하는 에두아르트! 진심으로 사랑하는 당신! 내 말대로 해요. 당신은 내가 정당하게 얻은 행복이자 더없이 아름다운 권리인 당신을 그렇게 쉽게 포기해야 한다고 주장하는 건가요?"

"누가 그렇대?" 에두아르트가 조금 당황하며 말했다.

"당신이 그랬잖아요." 샬로테가 대답했다. "오틸리에를 가까이 두겠다고 주장하면서, 거기서 발생하는 뻔한 결과는 인정하지 않겠다는 건가요? 이 이상 당신의 내면을 침범할 생각은 없어요. 하지만 당신이 자제력은 잃었을지언정 자기 자신을 기만하지는 못할 거예요."

에두아르트는 아내의 말이 구구절절 옳다고 느꼈다. 오랫동안 남몰래 간직했던 생각이 갑자기 분명한 말로 되어 나타나면 새삼 두렵게 들린다. 에두아르트는 이 순간을 모면하고 싶어서 이렇게 대꾸했다. "나는 당신이 무슨 생각을 하고 있는지조차 잘 모르겠어."

샬로테가 대답했다. "두 가지 제안을 함께 검토해 보자는 거예요. 장점은 두 가지 모두 많아요. 오틸리에의 지금 처지로 보자면 기숙학교가 가장 적당할 것 같아요. 하지만 장래를 생각하면 형편이 더 좋고 가능성도 넓게 열린 환경으로 가는 편이 낫겠죠." 그러고서 그녀는 남편에게 그 양쪽의 사정을 상세하게 설명하고 다음과 같은 말로 끝맺었다. "내 생각을 말하자면, 여러모로 봐서 기숙학교보다는 그 귀부인 댁이 더 좋을 것 같아요. 특히 오틸리에가 학교에서 받았던 그 젊은 조교의 호의, 아니 연정이라고까지 불러도 좋을 그 감정을 강화시키고 싶지는 않으니까요."

에두아르트는 얼마간이라도 결정을 미루기 위해 그녀의 의견에 전적으로 동의하는 것처럼 수긍했다. 그러나 확실한 결정을 내리기로 작정한 샬로테는 에두아르트가 직접적으로 반대하지 않자, 이 기회에 오틸리에를 며칠 내로 떠나보내겠다고 못 박았다. 그녀는 이미 남몰래 오틸리에의 출발을 준비해 오고 있었던 것이다.

에두아르트는 아내에게 한 방 얻어맞은 느낌이었다. 배반당한 것 같았고 아내의 애정 넘치는 말도 자신을 행복으로부터 영원히 떼어 내기 위한 작위적이고 계획적인 거짓말처럼 느껴졌다. 그는 일단 이 사태의 처리를 아내에게 전적으로 맡기는 듯했다. 그러나 그는 마음속으로 은밀한 결심을 세우고 있었다. 오틸리에의 추방이라는 눈앞에 닥친 불행을 피해 조금이라도 숨을 돌리기 위해서 집을 떠나기로 한 것이다. 샬로테의 눈을 완전히 속일 수는 없었지만, 그는 아내에게 오틸리에의 출발을 지켜보고 싶지 않다고 말했다. 심지어 다시는 오틸리에를 보고 싶지 않으니 잠시 집을 떠나 있겠다고 말하며 그 자리를 모면했다. 에두아르트의 마음을 돌렸다고 생각한 샬로테는 에두아르트의 여행 준비를 아낌없이 도왔다. 그는 말을 준비시키고, 집사에게는 어떤 짐을 챙기고 자기 뒤를 어떻게 따라와야 하는지를 설명했다. 그리고 이미 등자(鐙子)에 발을 얹고 말에 올라탄 심정으로 책상에 앉아 편지를 갈겨쓰기 시작했다.

에두아르트가 샬로테에게

"사랑하는 당신, 우리에게 닥친 불행이 치유될 수 있든 아니든 간에, 이것 한 가지만은 분명히 느끼고 있어. 내가 지금 절망하지 않길 바란다면, 나를 위해서나 우리 모두를 위해서나 일단 그 결정을 미뤄야 한다는 것이지. 나는 나를 희생하는 대신 이렇게 요구할 권리를 얻으려고 해. 나는 집을 떠나겠어. 모든 일이 잘 해결되고 진정되지 않는다면 돌아오지 않을 거야. 그동안 이 집은 당신 소유야. 단, 오틸리에와 함께라는 전제하에서 말이지. 그 애가 낯선 사람들 틈이 아니라 당신 곁에 있다 생각하고 안심하고 싶어. 그 애를 부탁해. 평소처럼, 지금까지 그래왔던 것처럼 대해 줘. 아니 지금까지보다 더 애정을 담아 다정하고 부드럽게 대해 주길 바라. 나도 오틸리에와 남몰래 접촉하지 않겠다고 약속할 테니까. 그리고 한동안은 당신들이 어떻게 지내는지 알리지 않았으면 좋겠어. 나도 나를 위해 최선이 무엇인지 생각해 볼 테니. 당신도 그렇게 해 주었으면 좋겠어. 다만 한 가지 부탁이 있어. 정말 진심으로 간절히 부탁하건대, 오틸리에를 새로운 환경으로 보내지 말고 제발 당신이 데리고 있어 줘! 그 애가 당신의 성관과 공원을 벗어나 다른 사람 손에 맡겨지는 날엔 그 앤 내 거야. 내가 그 애를 빼앗을 거야. 하지만 당신이 나의 애정, 나의 소원, 나의 고통을 존중하고 나의 광기, 나의 희망에 비위를 맞춰 준다면, 나도 언젠가는 저절로 치유될 이 상처와 흐름을 일부러 거스르진 않을 거야."

이 마지막 구절은 펜에서 저절로 흘러나온 것이지 그의 마음에서 우러나온 말은 아니었다. 그런데도 그는 종이 위에 적힌 그 구절을 보며 애절하게 울기 시작했다. 이제 그는 오틸리에를 사랑한다는 그 행복, 아니 그 불행을 어떤 방식으로든 단념해야 하는 것이다! 이제야 그는 자기가 무슨 짓을 저질렀는지 깨달았다. 그는 결과가 어떻게 될지도 모르면서 집을 떠나는 것이다. 적어도 지금으로선 오틸리에를 만날 수 없다. 그녀를 행여 다시 볼 수는 있을까? 그것이 확실하다는 보장이 어디에 있겠는가? 그러나 편지는 작성되었고, 말은 문간에서 대기하고 있었다. 그는 지금이라도 오틸리에가 불쑥 나타나지는 않을까, 그래서 자신의 결심이 와르르 무너지는 것은 아닐까 두려웠다. 하지만 그는 정신을 가다듬으며 언제라도 돌아올 수 있고, 집에서 멀리 떨어져 있는 것이 자신의 소원에 그만큼 더 가까이 가는 길이라고 믿었다. 그와 반대로 자신이 이곳에 머무른다면 오틸리에가 쫓겨날지도 모른다. 그는 편지를 봉인하고, 서둘러 계단을 내려가 말에 올라탔다.

주막 옆을 지날 때, 어젯밤에 자신이 후하게 적선했던 그 거지가 나무 그늘에 앉아 있는 것이 보였다. 거지는 기분 좋게 점심을 먹고 있다가 에두아르트를 보더니 자리에서 일어나 공손하게, 아니 거의 숭배하듯이 머리를 조아렸다. 어젯밤 오틸리에와 팔짱을 끼고 밤길을 걷던 자기 앞에 나타났던 바로 그 거지였다. 거지의 모습을 보니, 그의 인생에서 가장 행복했던 한때가 고통스럽게 마음에 떠올랐다. 이내 그 고통은 점점 더 커져 갔다. 오틸리에를 뒤에 남겨 두고 온 것을 생각하자 그는 더 이상 견딜 수가 없었다. 그는 다시 한 번 거지를 바라보았다. "오, 네가 부럽구나!" 그가 외쳤다. "넌 아직도 어제의 적선을 즐기고 있는데, 나는 더 이상 어젯밤의 행복에 취할 수가 없으니!"

제17장

말발굽 소리를 듣고 창가로 다가간 오틸리에는 말을 타고 달려가는 에두아르트의 뒷모습을 보았다. 에두아르트가 자기를 만나지도 않고 아침 인사도 없이 떠났다는 사실이 이상하게 생각되었다. 그녀는 불안해졌다. 그리고 샬로테가 긴 산책길로 데리고 나가 이런저런 이야기를 하면서도 남편에 대해서는 단 한마디의 언급도 없자, 그녀는 더욱더 답답할 따름이었다. 따라서 집으로 돌아와 식탁에 음식 그릇이 두 벌만 준비된 것을 봤을 때는 충격을 두 배로 받았다.

우리는 아무리 사소한 것이라도 일단 익숙해지면 그것을 잃고 싶어 하지 않는다. 하물며 소중한 것이 없어졌을 때의 고통은 어떠하겠는가. 에두아르트와 대위가 자리에 없었다. 그리고 오랜만에 샬로테가 손수 식탁을 차렸다. 그런 모습을 보자 오틸리에는 마치 파면당한 기분이었다. 두 여성이 마주앉았다. 샬로테는 대위가 일자리를 얻었다는 것, 그리고 얼마 동안은 그를 만나지 못할 거라는 이야기를 허심탄회하게 털어놓았다. 오틸리에는 에두아르트가 친구를 배웅하기 위해 잠시 떠났다 생각하고 괴로움 속에서도 얼마간의 위안을 느꼈다.

그러나 그들이 식탁에서 일어났을 때, 에두아르트의 여행마차가 창문 아래에 서 있는 것이 보였다. 샬로테가 조금 언짢아하며 누가 마차를 이리로 불렀는지 묻자, 몇 가지 짐을 더 실어야 한다며 집사가 지시했다고 대답했다. 오틸리에는 최대한 정신력을 발휘해서 놀라움과 고통을 애써 숨기고 있었다.

집사가 들어와서 몇 가지 짐을 좀 더 내어 달라고 요구했다. 주인이 즐겨 쓰는 찻잔과 은수저 두어 개를 비롯한 여러 가지였다. 그것으로 보아 오틸리에는 에두아르트가 꽤 오래 집을 비우리라는 것을 직감했다. 샬로테는 집사의 요구를 매몰차게 거절했다. 오히려 에두아르트의 짐은 집사가 다 관리하고 있으면서 무슨 소리를 하고 있느냐고 반문했다. 이 영리한 남자는 무슨 핑계로든 오틸리에를 방 밖으로 불러내서 말을 건네는 것만이 목적이었으므로, 샬로테에게 거듭 죄송하다고 말하면서도 같은 요구를 되풀이했다. 오틸리에도 집사 편을 들었다. 그러나 샬로테는 이를 거부했고, 결국 집사는 물러나지 않을 수 없었다. 그렇게 마차는 멀어져 갔다.

그것은 오틸리에에게는 끔찍한 순간이었다. 그녀는 이 상황을 이해하지도, 파악하지도 못했다. 그러나 에두아르트와 오랫동안 떨어져 있어야 한다는 것만은 확실하게 느낄 수 있었다. 샬로테도 그 마음을 헤아려 그녀를 혼자 있게 놔두었다. 나도 감히 그녀의 고통, 그녀의 눈물을 독자 여러분께 묘사하여 전달할 수가 없다. 그녀는 한없이 고통스러웠다. 제발 오늘만이라도 견디게 해 달라고 신께 빌었다. 그날 하루 내내 타들어 가는 심정으로 견딘 뒤에 다시 자신의 모습을 보았을 때, 그녀는 마치 다른 사람을 보고 있는 느낌이었다.

그녀는 마음을 다잡은 것도 아니고 완전히 포기한 것도 아니었다. 그러나 커다란 상실감을 겪은 뒤에도 여전히 그곳에 머물러야 했으므로 이제는 다른 것도 두려워해야 했다. 이성을 차리고 맨 처음 한 걱정은 남자들이 떠났으니 이번에는 자신의 차례일지도 모른다는 것이었다. 그녀는 자기가 샬로테 곁에 머물 수 있도록 에두아르트가 협박했다는 사실은 상상조차 못했다. 그래도 샬로테의 태도는 어느 정도 그녀를 진정시켜 주었다. 샬로테는 이 처녀에게 뭔가 일거리를 주려 했고, 아주 부득이한 때를 빼고는 그녀를 되도록 가까이에 두었다. 마음이 뜨겁게 타오를 때는 그 어떤 말도 효과가 없음을 잘 알고 있었지만, 분별력과 의식이 어떤 힘을 갖고 있는지도 알고 있는 그녀였다. 샬로테는 자기와 오틸리에 사이의 다양한 주제를 화제로 삼았다.

그래서 샬로테가 의도적으로 다음과 같은 현명한 말을 했을 때는 오틸리에에게 커다란 위로가 되었다. 샬로테는 말했다. "열정이 가져온 혼란에서 우리의 조용한 도움으로 빠져나온 사람들은 우리에게 얼마나 감사하게 생각하겠니! 남자들이 끝내지 않고 남겨 둔 일을 우리가 즐겁고 활기차게 처리하자꾸나. 그러면 우리는 그 사람들이 돌아오기 위한 최선의 발판을 마련해 주는 셈이야. 그들의 성마른 성격이 파괴하려던 것을 절제력으로 유지하고 성장시켜 갈 테니까."

"숙모님이 절제력이라고 하시니까 남자들이 술 앞에서 얼마나 절제력이 없었는지 생각나요." 오틸리에가 대답했다. "때 묻지 않은 지성, 슬기로움, 배려, 우아함, 사랑스러움 따위가 몇 시간도 채 못 가 자취를 감추고, 훌륭한 신사가 해 줄 수 있는 수많은 좋은 일 대신에 불행과 혼란이 시작되죠……. 그런 광경을 보면 정말로 우울하고 겁날 때가 많았어요. 그 때문에 무리한 결정을 내릴 뻔한 적도 얼마나 많았다고요!"

샬로테도 그 말에 동의했다. 하지만 그 대화를 이어 가지는 않았다. 여기서도 오틸리에는 오직 에두아르트만을 염두에 두고 있다는 사실이 너무나도 명료했기 때문이다. 에두아르트는 습관적이지는 않았지만 필요 이상으로 포도주를 즐김으로써 자신의 만족감과 말재주, 활동력을 더욱더 북돋우곤 했었다.

샬로테의 말을 듣고서 오틸리에는 두 남자, 특히 에두아르트가 머잖아 돌아오나 보다 생각했다. 그런 만큼 샬로테가 곧 있을 대위의 결혼을 마치 누구나 아는 정해진 일인양 말하자 그녀는 몹시 의아했다. 정말 그렇다면 에두아르트의 예전 말만 믿고 그녀가 속으로 상상하던 것과는 전혀 다르게 일이 전개되기 때문이다. 이런 모든 일 때문에 오틸리에는 샬로테의 말 한 마디한 마디, 눈짓 하나하나, 손짓과 발걸음 하나까지도 날카롭게 주시했다. 오틸리에는 자기도 모르는 사이에 영리하고 예리하고 약아져 가고 있었던 것이다.

그러는 동안 샬로테는 날카로운 시선으로 주위의 모든 일을 샅샅이 검토하고, 늘 오틸리에의 도움을 받아 자기 식대로 부지런하게 일을 처리해 나갔다. 샬로테는 가계 재정을 과감하게 축소했다. 모든 상황을 객관적으로 분석한 결과 그녀는 연애 사건도 하나의 순리였다는 결론에 이르게 되었다. 생활이 기존 방식대로 계속되었더라면 재정 지출은 무한정 늘어났을 것이고, 마구잡이 생활과 충동 탓에 지금껏 잘 관리해 온 막대한 재산이 파탄까지는 아니더라도 크게 흔들렸을 것이 분명했기 때문이다.

그녀는 진행 중인 공사는 그대로 두고, 장래 계획의 기초가 되는 공사는 더욱 재촉했다. 그러나 그 이상은 진행하지 않았다. 남편이 돌아왔을 때 즐겁게 할 수 있는 일을 남겨 두고 싶었던 것이다.

이러한 작업과 계획을 진행하면서 샬로테가 진심으로 감탄한 것은 건축가의 작업 방식이었다. 호수는 어느새 완성되어 그녀 눈앞에 드넓게 펼쳐져 있었으며, 새로 생긴 호숫가는 벌써부터 아름다운 나무와 풀로 다채롭게 장식되어 있었다. 새 별장의 뼈대 공사도 마무리되었으며, 임시로 건물을 유지하는 데 필요한 시설도 마련되었다. 그녀는 언제라도 즐거운 마음으로 다시 시작할 수 있을 단계에서 작업을 중단시켰다. 이제 오틸리에는 마음이 밝고 편안했다. 그러나 겉보기에만 밝고 편안해 보였다. 그녀는 에두아르트가 곧 올 것인지 아닌지를 말해 주는 징후 말고는 아무것도 관심이 없었다.

그래서 오틸리에는 농가의 소년들을 모아서 넓어진 공원을 늘 깨끗이 유지하도록 가르치는 것이 기뻤다. 에두아르트도 오래전부터 그런 생각을 하고 있었기 때문이다. 사람들은 소년들에게 밝은 색의 제복을 맞춰 주었다. 소년들은 저녁에 몸을 깨끗이 씻고 난 뒤 이 옷을 입어야 했고 제복은 성관에서 보관했다. 가장 영리하고 꼼꼼한 소년에게 감독 역할이 주어졌으며, 건축가는 일을 총괄했다. 어느새 소년들은 상당한 기술을 습득했다. 소년들을 훈련시키기란 쉬운 일이었다. 그들은 기교까지 부리면서 일을 수행했다. 한 무리가 흙갈퀴, 긴 자루가 달린 곡괭이, 갈퀴, 작은 삽, 괭이, 대빗자루 등을 걸쳐 메고 줄지어 걸어가면, 잡초와 돌멩이를 골라내어 담을 바구니를 짊어진 아이들이 그 뒤를 따랐다. 또 다른 소년들은 높고 커다란 강철 롤러를 끌고 갔다. 그것은 보기에 퍽 흐뭇한 행렬이었다. 건축가는 이 행렬을 소재로 정자 벽을 장식하고 싶어서, 그들이 일하는 모습을 부지런히 스케치했다. 그러나 오틸리에는 이것을 보면서도 곧 돌아올 집주인을 환영하는 축하 행렬을 떠올렸다.

이 소년들의 모습을 보면서 그녀는 자기도 뭔가 그 비슷한 것으로 에두아르트를 환영하고 싶어졌다. 이전부터 영지에서는 마을 소녀들에게 재봉, 뜨개질, 물레질과 같은 일을 장려했다. 하지만 마을의 청결과 미화를 위한 계획이 진행되고부터는 이러한 여성적인 미덕의 가짓수도 늘어났다. 오틸리에는 늘 그런 일에 협력했지만, 계획적인 것이 아니라 우연한 계기 혹은 그러고 싶을 때 하는 경우가 더 많았다. 그녀는 이제부터는 그런 일도 더 철저하고 체계적으로 해 보고 싶었다. 그러나 소년들과는 달리 소녀들을 데리고는 집단을 만들 수 없었다. 오틸리에 자신은 뚜렷하게 의식하지 못했지만, 그녀는 자신의 감각에 따라 일을 진행했고, 그 결과 소녀들에게 부모 형제에 대한 애정을 심어 주는 일에만 힘쓰고 있었다.

오틸리에는 많은 소녀를 상대로 시작한 그런 시도에 성공했다. 다만 몸집이 작고 괄괄한 한 소녀만은 아무리 시간이 지나도 변화가 없었다. 이 아이의 식구들 입에서는 그 애가 재주도 없고 집에서 아무 일도 하지 않으려 한다는 불평이 끊이지 않았다. 하지만 오틸리에는 그 소녀를 싫어할 수가 없었다. 그 애가 유달리 오틸리에를 잘 따랐기 때문이다. 소녀는 그녀를 졸졸 따라다니면서, 걸을 때도 뛸 때도 허락만 해 주면 그녀에게서 떨어질 줄을 몰랐다. 옆에 있을 때면 그 소녀는 활달하고 기운이 넘치며 피곤한 줄 몰랐다. 아름다운 여주인을 사모하고 그 사람에게 모든 것을 의지하고 싶다는 멈출 수 없는 본능적 욕구를 품고 있는 듯 보였다. 처음 오틸리에는 그 아이가 따라다니는 것을 참는 편이었는데, 나중에는 그녀 스스로 아이에게 애정을 갖게 되었고, 마침내 두 사람은 떨어질 수 없는 사이가 되었다. 나니는 여주인이 가는 곳이면 언제 어디든지 따라다녔다.

오틸리에는 가끔 온실로 산책을 나가, 아름답게 잘 자란 작물을 보며 기뻐했다. 딸기와 버찌의 계절은 끝나 가고 있었지만, 나니는 아직도 달려 있는 열매들을 찾아내서는 아주 맛있다는 듯이 따 먹었다. 정원사는 그곳을 떠나 가을의 풍성한 열매를 약속하는 다른 과일나무 앞을 지나갈 때면 주인을 떠올렸다. 그리고 주인님이 그 열매들을 즐기기 위해서라도 빨리 돌아오셨으면 좋겠다고 한탄하곤 했다. 오틸리에는 이 착한 노인의 이야기에 귀를 기울이는 것이 좋았다. 노인은 온실 일이라면 구석구석까지 잘 알고 있었으며, 에두아르트에 관한 추억담을 끝없이 꺼냈기 때문이다.

그해 봄에 접붙인 가지들이 아름답게 자란 것을 보며 오틸리에가 탄성을 지르자 정원사가 생각에 잠기며 이런 말을 했다. "저로서는 그저 주인님께서 이것을 보고 기뻐하시기를 바랄 뿐입니다. 이번 가을 안에만 오신다면, 선친 때부터 내려온 귀한 품종의 나무들이 오래된 성관 정원에 아직도 얼마나 많이 있는지 직접 보실 수 있을 텐데요. 요즘 정원사들은 원예 기술을 자랑하던 옛날 카르토우센스파 수도사[1]들만큼 믿음직스럽지가 않지요. 목록을 보면 정말 그럴듯한 이름들이 가득합니다. 그런데 그것들을 접붙이고 키워

---

*1 그르노블 근교 라 샤트뢰즈에 1064년 건립된 카르토우센스 수도원은 고독, 침묵 등 매우 엄격한 규율을 지켰으며 파리에 유명한 온실들을 가지고 있었다.

서 겨우 열매가 맺힌 것을 보면 비로소 그런 나무들은 이 정원에 있을 만한 가치가 없다는 것을 알게 됩니다."

이 충직한 하인은 오틸리에를 볼 때마다 주인이 돌아왔는지, 아니라면 언제 돌아오는지를 거의 매번 물었다. 오틸리에가 대답을 하지 못하면, 이 착한 노인은 그녀가 자기를 믿지 못해서 말해 주지 않는다고 생각했는지 섭섭한 표정을 감추지 못한 채, 조용히 낯빛을 흐렸다. 그 순간 오틸리에는 자신이 에두아르트에 대해 아무것도 모른다는 사실이 새삼 뼈저리게 느껴져서 몹시 고통스러웠다. 그래도 그녀는 이 화단이며 묘상과 떨어질 수 없었다. 두 사람이 함께 씨를 뿌리고 심은 것들이 이제 만개해 있었다. 나니가 언제나 잊지 않고 물을 주는 것 말고는 이제 별로 손볼 것도 없었다. 오틸리에는 이제 막 피기 시작한 늦가을의 꽃들*2을 가슴이 찢어지는 심정으로 바라보았다. 그녀는 언젠가 에두아르트의 생일에 잔치를 벌여 주겠다고 몇 번이나 다짐했었다. 그리고 바로 이 꽃들이야말로 그 생일에 눈부시게 가득 피어나서 오틸리에의 사랑과 감사를 대신 표현해 줘야 할 것들이었다! 그러나 그날을 축하할 수 있으리라는 희망이 한결같이 강렬한 것은 아니었다. 걱정과 우려는 이 착한 소녀의 영혼 주위를 끊임없이 맴돌며 속삭이고 있었다.

샬로테와 오틸리에는 이제 솔직하게 의견이 일치하는 일도 없었다. 두 사람의 마음은 너무나도 달랐다. 모든 일은 옛날 그대로 되고 사람들이 질서 잡힌 생활로 돌아가게 된다면, 샬로테가 느끼는 현재의 행복은 더욱 확실해질 테고 미래에 대한 즐거운 전망도 열릴 것이다. 반대로 오틸리에는 모든 것을 잃을 것이다. 정말로 모든 것을 잃는다고 할 수 있다. 그녀는 에두아르트가 있었기에 비로소 삶과 기쁨을 알게 되었으며, 지금 느끼는 무한한 공허함은 이전에는 전혀 예감조차 하지 못했던 것들이었다. 무언가를 사모하고 찾을 때는 허전함을 느끼고, 사랑하는 사람을 잃었을 때는 소중한 존재의 부재를 느낀다. 동경은 불만과 짜증으로 바뀌고, 기대하고 기다리는 데 익숙해진 여자의 마음은 이제 그 영역에서 벗어나 활동적으로 스스로 계획하게 된다. 그러면서 그녀는 이제 자신의 행복을 위해서도 뭔가를 하고 싶어 하게 된다.

---

*2 과꽃을 가리키는데, 과꽃은 죽음을 상징하는 꽃이기도 하다.

오틸리에는 에두아르트를 단념하지 않았다. 어떻게 그럴 수 있겠는가! 현명하게도 샬로테는 자신의 확신을 저버렸다. 문제는 이미 해결됐다고 여겼으며, 남편과 오틸리에 사이에도 순수하고 차분한 우정 관계가 가능하다고 믿었다. 그러나 오틸리에는 얼마나 많은 밤을 홀로 방에 틀어박혀 여행 가방을 열고 그 앞에서 무릎을 꿇고 앉아 그 안에 든 생일 선물을 들여다보았던가! 그 가운데 어느 것 하나 아직 써 보지도 않았고, 재단을 하거나 완성품으로 만들지도 않았다. *³ 또 이 착한 소녀는 한때 자신의 모든 행복을 발견했던 이 집에서, 해만 뜨면 곧장 밖으로 뛰쳐나가 평소에는 관심도 없던 장소로 달려 나간 적이 얼마나 많았던가! 그러나 바깥의 흙을 밟아도 그녀의 마음은 좀처럼 진정되지 않았다. 그녀는 나룻배에 훌쩍 올라타 호수 한가운데까지 노를 저어 갔다. *⁴ 그러고는 여행기를 한 권 꺼내어 일렁이는 파도에 몸을 맡긴 채 심취해서 읽고, 먼 나라들을 상상하면서 사랑하는 이의 모습을 거기에 그렸다. 여전히 그의 마음에는 그녀가, 그녀의 마음에는 그가 가까운 곳에 머물고 있었던 것이다.

---

*3 오틸리에가 선물로 받은 가방과 그 내용물은 사랑하는 사람과의 생활에 대한 희망을 상징한다.

*4 이 소설의 결말을 암시하는 복선이 깔려 있는 대목이다. 미지의 곳을 향해 먼 길을 떠난다는 것은 일차적으로는 길을 떠나 있는 에두아르트의, 이차적으로는 영영 먼 길을 떠나게 되는 오틸리에의 인생행로와 겹친다. 나룻배는 강이나 호수를 건너게 해 주는 수단이지만, 이승에서 저승으로 건너가는 상징으로 이해되기도 한다.

제18장

　우리가 익히 알고 있는 것처럼 이상한 활동으로 바쁜 남자인 미틀러는 이 친구들 사이에서 일어난 불미스런 일에 관한 소식을 듣고, 아직 당사자들 가운데 그 누구에게서도 도움을 요청받은 적은 없지만, 이 기회에 자신의 우정과 노련함을 입증해 보이고 싶어 했다. 우리는 그 사실을 능히 짐작할 수 있었다. 그렇지만 그가 보기에도 얼마간은 한 발짝 물러서서 지켜보는 편이 나을 것이라 생각했다. 윤리적으로 흔들리는 교양인을 돕는 일은 교양 없는 사람들을 도와주는 일보다 어렵기 때문이다. 그는 사태를 얼마 동안 내버려 두었다. 그러나 결국 더 이상 참을 수 없어서 에두아르트를 서둘러 찾아갔다. 그는 이미 에두아르트가 어디에 머무는지 대충 짐작하고 있었던 것이다.

　한참을 가다가 미틀러는 아늑한 골짜기에 다다랐다. 골짜기 밑바닥에 펼쳐진 부드러운 잔디밭과 나무숲 사이를, 멈출 줄 모르는 풍요로운 시냇물이 때로는 거칠게 굽이치고 때로는 졸졸거리며 흘러 내려가고 있었다. 완만한 구릉 위로 비옥한 밭과 아름다운 과수원이 이어지고, 마을들은 여기저기 적당한 간격을 두고 자리 잡아 전체적으로 평화로운 풍경을 이루고 있었다. 어느 한 군데를 떼어 봐도, 그림으로 그릴 만큼은 아닐지언정 살기에는 더없이 좋은 곳 같았다.

　이윽고 채소밭으로 둘러싸여 있는 잘 손질된 작은 농장과 산뜻하고 아담한 농가가 눈에 들어왔다. 그는 여기가 에두아르트의 임시 거처일 거라고 추측했는데 그 추측은 맞았다.

　이 고독한 친구의 근황은 이 설명이면 충분할 것이다. 에두아르트는 자신의 열정에 전적으로 자신을 내맡긴 채, 갖가지 계획을 세우고 마음속에 온갖 희망을 키우며 조용히 살고 있다는 것이다. 그는 오틸리에를 만나서 이리로 데려오고 싶고 유혹하고 싶은 욕망을 부정할 수 없었다. 그리고 무엇은 해도 되고 무엇은 하면 안 되는지 생각할 겨를조차 없는 지금의 상태를 인정하지 않을 수 없었다. 그럴 때면 그의 상상력은 온갖 방향으로 나래를 폈다. '그녀를 여기서 합법적으로 소유할 수 없다면, 이 땅의 소유권을 그녀에게 선물해야지. 여기서 그녀는 누구의 방해도 받지 않고 조용히 독립된 삶을 영위하는 거야. 그렇게 하면 행복해하겠지.' 자학적인 공상의 힘이 그를 더욱 부추길 때면 그는 다른 남자의 아내가 되어 행복하게 사는 오틸리에의 모습을 상상하기도 했다.

그의 하루하루는 이런 식으로 희망과 고통, 눈물과 기쁨, 계획, 준비, 절망 사이에서 끝없이 오락가락하면서 지나갔다. 미틀러를 보았을 때도 그는 놀라지 않았다. 그는 이 남자가 찾아오리라고 이미 오래전부터 예감하고 있었고, 그런 점에서 그가 온 것이 어느 정도 반갑기까지 했다. 한편으로는 샬로테가 보내서 미틀러가 왔다는 생각도 했다. 그래서 온갖 핑계를 갖다 붙여서 날짜를 미뤄야겠다고 미리 마음의 준비까지 했다. 그리고 만일 그가 결정적인 제안을 한다면 어떻게 빠져나갈까 고민하고 있었다. 또 오틸리에에 관해서 뭔가 들을 수 있으리라고 생각하면서 미틀러가 천국에서 온 전령처럼 반갑게 느껴졌다.

따라서 그는 미틀러가 샬로테의 부탁 때문이 아니라 자발적으로 찾아왔다는 말을 듣자 기분이 언짢아졌다. 그는 마음의 문을 닫았고, 대화는 좀처럼 본론에 들어가지 못했다. 그러나 미틀러는 사랑으로 고통 받는 사람은 자신의 심리 상태를 발설하기 마련이며, 자기에게 생긴 일을 친구에게 다 털어놓고 싶은 욕구가 크다는 사실을 너무나도 잘 알고 있었다. 그리고 한동안은 대화를 주거니 받거니 하다가 슬쩍 평소의 중재자 역할에서 벗어나 친구 역할을 해야겠다고 생각했다.

그리하여 미틀러가 에두아르트의 폐쇄된 생활에 대해 친구처럼 잔소리하자 그는 이렇게 대꾸했다. "이보다 더 즐겁게 시간을 보낼 수 있는 방법은 모르겠는데요. 내 머리는 언제나 오틸리에 생각으로 가득합니다. 난 언제나 그녀 곁에 있지요. 오틸리에가 어디에 있는지, 어디를 걷는지, 어디에 서 있는지, 어디서 쉬는지, 그런 것들을 언제든 상상할 수 있다는 커다란 기쁨이 나한텐 있단 말입니다. 내 눈앞에 떠오르는 것은, 잠에서 깨어 부지런히 오늘의 일을 하며 내일의 일을 생각하는 그녀의 모습입니다. 예전과 조금도 변함없는 그녀 모습이요. 평소처럼 나의 마음에 드는 일만 하는 모습이지요.

근데 이게 다가 아닙니다. 그녀와 이렇게 멀리 떨어져 있는데 상상하는 것 말고 내게 무슨 행복이 더 있겠어요? 난 공상 속에서 오틸리에가 나와 가까워지려고 무엇을 하는지 그려 봅니다. 나는 그녀가 내게 보내는 달콤하고 솔직한 편지를 써 봅니다. 답장도 쓰고요. 그리고 그 편지들을 함께 보관해요. 나는 그녀에게 한 발자국도 다가가지 않겠다고 아내와 약속했습니다. 그 약속은 지킬 겁니다. 그렇지만 그녀가 날 찾는 데는 대체 뭐가 방해하는 걸까요? 혹시 잔인하게도 샬로테가 그녀더러 나한테 편지도 쓰지 말고 그 어떤 소식도 보내지 말라고 억지로 강요한 것은 아닐까요? 당연하죠. 진짜 그랬다고 해도 전혀 이상하지 않잖아요. 하지만 난 그런 일은 있어서는 안 된다, 그런 일은 참을 수 없다, 이렇게 생각해 버립니다. 만약 오틸리에가 나를 사랑한다면—난 그러리라 믿고, 또 알고 있지만—만일 정말 나를 사랑한다면 왜 결단을 내리지 않는 걸까요? 왜 성관에서 도망쳐 나와 내 품에 안기지 않는 거죠? 가끔 그렇게 생각해요. 그녀는 그렇게 해도 된다고, 그럴 수 있을 거라고 말예요. 현관에서 무슨 소리만 나도 나는 문을 쳐다봅니다. 그녀가 오는 거야! 이렇게 생각하면서 말이죠. 또 그러기를 바라고 있습니다. 아! 가능한 일이 불가능해지는 것처럼 불가능한 일도 틀림없이 가능해지지는 않을까, 이런 생각도 해 봅니다. 밤중에 잠에서 깨어나면 등불은 침실을 희미하게 비추고 있습니다. 그럴 때면 그녀의 모습, 영혼, 아니 그녀의 기척만이라도 좋으니 그런 것들이 둥둥 떠다니다가 내게 가까이 와서 나를 꼭 붙잡아 주면 좋을 텐데 하고 기도를 합니다. 단 한순간이라도 말입니다. 그러면 난 확신 같은 것을 가질 수 있을 텐데요. 그녀가 나를 생각하는구나, 그녀는 내 것이구나 하는 확신 말이죠.

그래도 딱 한 가지 즐거움은 있어요. 내가 그녀 옆에 살던 때에는 나는 그녀 꿈을 꾼 적이 단 한 번도 없었거든요. 하지만 멀리 떨어진 지금, 우린 꿈속에서 함께 있어요. 정말 이상하죠. 여기 와서 예쁜 이웃 아가씨들을 알게 되고 나서야 그녀가 꿈에 나타났다니까요. 마치 그녀가 이런 말을 내게 하려는 것 같아요. '아무리 이리저리 둘러봐도 저만큼 예쁘고 사랑스러운 존재는 보지 못하실 걸요!' 그런 식으로 그녀 모습은 내가 꾸는 꿈마다 섞여 들어옵니다. 그녀와 관계된 모든 경험이 모두 뒤섞이고 겹쳐서 나타나죠. 한번은 내가 어떤 서류에 서명을 하고 있을 때였어요. 그녀의 손과 내 손, 그녀의 이름과 내 이름이 서로 뒤얽히면서 사라졌죠. 하지만 이처럼 황홀한 환상에도 고통이 없는 건 아니에요. 그녀는 내가 그녀에 대해서 그리는 순수한 이상에 상처를 주는 행동을 할 때가 있어요. 그러면 나는 이루 말할 수 없이 불안해지죠. 그러고는 내가 그녀를 얼마나 사랑하는지 새삼 깨닫는 겁니다. 때때로 그녀는 어울리지 않게 나를 긁히거나 괴롭히기도 합니다. 하지만 그러면 당장에 그녀의 모습이 변해요. 그녀의 아름답고 동그란 천사 같은 얼굴이 길쭉해지면서, 완전히 다른 사람이 돼 버리죠. 그래서 나는 괴롭고, 화가 나고 짜증이 밀려옵니다.

미틀러 씨, 웃지 마세요. 아니, 웃으시든지요! 아, 난 이 사랑의 마음을 부끄러워할 생각이 없어요. 원하신다면 어리석고 미치광이 같은 사랑이라고 하셔도 좋지만, 그래도 부끄러워할 마음은 없어요. 네, 그렇고말고요. 난 사랑이란 것을 몰랐습니다. 이제야 비로소 사랑이 무엇인지 깨닫고 있지요. 지금까지의 인생은 서막에 불과했어요. 지금까지 내 삶에 있었던 거라곤 임시변통, 시간 죽이기와 같은 시간 낭비뿐이었습니다. 그녀를 알기 전, 그녀를 사랑하기 전, 그녀를 그 무엇과도 바꿀 수 없을 만큼 진심으로 사랑하기 전엔 말이지요. 사람들은 감히 내 얼굴에 대놓고는 욕하지 못했지만, 뒤에서는 비난을 했습니다. 내가 무슨 일이든지 제대로 못하고 느려터진 데다가 실수만 한다면서 말이에요. 그랬을지도 모르죠. 하지만 지금까지는 마이스터가 될 수 있을 만한 영역을 찾지 못해서 그랬어요. 사랑이라는 재능에 관한 한 나를 능가하는 사람이 있다면 한번 데려와 보세요.[1]

물론 이 재능은 골치 아프기 짝이 없고 고통과 눈물로 넘쳐나는 것이에요. 그렇지만 난 이 재능이야말로 내게 아주 자연스럽고 몸에 익은 재능 같아요. 이 재능을 포기하기는 정말 어려울 것 같습니다."

이렇듯 진실하게 속마음을 털어놓다 보니 에두아르트는 어느새 마음이 한결 가벼워졌다. 그러나 자신의 기구한 처지가 한꺼번에 눈앞에 뚜렷하게 떠오르자 고통스러운 모순에 압도된 그는 눈물을 왈칵 쏟았다. 말을 많이 해서

---

[1] 자신이 사랑의 마이스터라는 이 구절은 이 소설과 《빌헬름 마이스터 수업시대》라는 소설을 연결하는 역할을 한다. 《친화력》은 본디 《빌헬름 마이스터 수업시대》를 위한 삽화처럼 구상되었던 작품이다. 그러나 빌헬름 마이스터가 열정적인 사랑을 체념적으로 절제하는 반면, 에두아르트는 무제한적인 사랑을 추구한다는 점에서 두 소설은 대조적이다.

마음이 가벼워졌던 만큼 눈물은 멈출 줄 모르고 펑펑 쏟아졌다.

성급하고 냉철한 이성의 소유자인 미틀러는 에두아르트의 열정이 이처럼 절절하게 분출되면 자신이 이곳에 온 목적을 이룰 수 없다는 생각이 들었다. 그래서 에두아르트에게 자신의 생각을 거리낌 없이 솔직하게 표현했다. 그의 말인즉, 에두아르트는 용기를 내야 하며, 남자의 품위에 손상을 입히지 않으려면 어떻게 행동해야 하는지 잘 생각해 봐야 한다. 불행한 가운데서도 정신을 똑바로 차리고 고통 속에서도 평정심과 품위를 잃지 않고 모든 것을 견디면 지상의 명예를 얻을 것이요, 그래야만이 고귀한 사람으로 평가받고 존경받으며 다른 사람의 본보기가 된다는 점을 명심하라는 것이었다.

에두아르트는 너무나 고통스럽고 흥분해 있어서 이런 말들이 공허하고 무의미하게 들렸다. "행복하고 팔자 좋은 사람이야 그렇게 말하겠죠." 에두아르트가 발끈해서 말했다. "하지만 고민에 빠진 사람은 자신이 얼마나 참을 수 없는 존재인지를 깨닫게 되면 쥐구멍이라도 찾고 싶어질 겁니다. 그런 사람들은 말하죠. 무한정 참아야 한다고! 팔자가 늘어져서 머리가 굳어 버린 사람들은 무한한 고통을 인정하려 들지 않죠. 세상에는 어떤 위로도 수치스럽게 느껴지고 절망이 의무 같은 때가 있어요. 그것도 자주! 영웅 묘사에 뛰어났던 저 고귀한 그리스 시인인 호메로스도 주인공들이 마음의 고통으로 괴로워할 때는 그들을 마음껏 울리고, 그들을 경멸하지 않았습니다. 심지어 속담을 빌려서도 말했죠. '눈물이 많은 남자가 훌륭한 남자다.' 마음이 메마르고 눈물이 마른 사람은 모두 나를 떠났으면 좋겠어요! 나는 불행한 사람을 구경거리로만 보는 행복한 사람들을 저주합니다. 그들은 말하죠. 불행한 사람은 정신과 육체가 모두 무참하게 타격을 입었을 때도 고상하게 행동해야 한다고. 로마의 노예 검투사처럼 당당하게 죽어 가면, 그 죽음 앞에 갈채와 환호성이 아낌없이 쏟아질 거라고. 미틀러 씨, 와 주셔서 고맙습니다. 정원이나 이 주변을 산책하다 가주신다면 더 고맙겠군요. 다음에 다시 뵙죠. 그때는 나도 좀 더 침착해져서 당신을 닮도록 노력하겠습니다."

미틀러는 대화를 중단하기보다는 화제를 본론으로 돌리고 싶었다. 대화가 중단되면 이런 이야기를 다시 꺼내기란 그리 쉬운 일이 아니었기 때문이다. 에두아르트도 자신의 목적으로 알아서 접근하고 있는 이 대화를 이대로 계속하는 편이 대단히 유리했다.

에두아르트가 말했다. "물론 이 생각 저 생각을 하거나 이 말 저 말을 한다고 해도 아무 도움이 되지 않아요. 하지만 나는 이런 대화를 하는 중에 비로소 알게 됐습니다. 내가 어떤 결심을 해야 하는지, 아니 이미 어떤 결단을 내렸는지 비로소 확실하게 깨달았단 말입니다. 나에게는 현재의 삶과 미래의 삶이 눈앞에 생생하게 보입니다. 비참한 삶과 행복한 삶 가운데 한 가지를 선택하기만 하면 되는 겁니다. 미틀러 씨, 부디 이혼이 성사되도록 도와주세요. 그건 필연적인 겁니다. 이미 사실상 그런 상태고요. 제발 샬로테의 동의를 얻어 주세요! 내가 왜 그 동의를 얻을 수 있다고 생각하는지는 말씀드리지 않겠습니다. 미틀러 씨, 어서 가셔서 우리 모두의 마음을 달래 주시고, 우리 모두를 행복하게 해 주세요!"

미틀러는 말문이 막혔다. 에두아르트는 말을 계속했다.

"나와 오틸리에의 운명은 떼려야 뗄 수 없으며, 우리는 파멸하지 않을 겁니다. 이 유리잔을 보세요. 우리 둘의 이름 첫 글자가 새겨져 있죠? 축제 때 어떤 사람이 환호성을 지르며 이것을 하늘 높이 던졌지요. 바위 위로 떨어져 이제 아무도 이 잔으로 마실 수 없게 산산조각 나라는 의미로 말이에요. 그런데 그것을 누군가가 받았어요. 나는 비싼 값을 치르고 이 잔을 다시 사들였습니다. 그리고 날마다 이 잔으로 술을 마시며, 운명적인 관계는 절대로 깨지지 않는다는 진리를 그때마다 확인하고 있답니다."

"이거 참 기가 막히는군!" 미틀러가 외쳤다. "내 친구들을 어디까지 참아 줘야 하는지 원! 하다하다 이제는 미신을 믿는다는 말까지 나오는군. 인간에게 닥치는 불행 가운데에서도 가장 해로워서 내가 증오하는 미신 말이야. 우리는 예언이라든가 꿈을 가지고 놀면서 일상에 의미를 부여하려고 하지. 하지만 일상 자체가 심각해지면 우리 주변의 모든 것은 동요하고 휘몰아치기 시작할 거야. 그때 그런 요괴 같은 존재들 때문에 삶의 폭풍우는 더욱더 끔찍하게 되는 거야."

에두아르트가 외쳤다. "불확실한 인생에서, 이 희망과 불안의 골짜기에서 굶주림에 우는 영혼을 위해 길잡이가 되어 줄 별 하나쯤은 그냥 내버려 두세요. 그 별을 좇아서 걸을 수는 없을지라도 쳐다는 볼 수 있게 말입니다."

미틀러가 대꾸했다. "거기에서 적어도 합리적인 태도를 기대할 수 있다면 나도 불평하지 않을걸세. 하지만 내가 관찰한 바로는 그렇지 않아. 마음에 경고를 주는 징조에서 큰 의미를 발견하는 사람은 아무도 없네. 사람들의 관심은 마음에 아첨하고 미래를 약속하는 징조들에만 쏠리지. 그리고 그런 징조에 대한 믿음만이 활발하게 일어나고."

미틀러는 이렇게 말하면서 자신이 어두침침한 무의식의 문제로 빨려 들어가고 있음을 깨달았다. 그는 이런 경계에 오래 있을수록 몹시 불쾌해졌다. 그래서 그는 집으로 가서 샬로테를 설득해 달라는 에두아르트의 간절한 소망에 조금 호의적으로 귀 기울이게 되었다. 지금 이 순간 에두아르트에게 반대할 이유가 어디 있으랴? 자신의 신념에 따라 생각해 보아도, 시간을 벌어 여자들이 어떤 상태로 지내고 있는지 확인해 보는 것만이 지금 자신이 할 수 있는 유일한 일이었다.

그는 서둘러 샬로테에게 갔다. 그녀는 평소처럼 침착하고 명랑했다. 그녀는 그 사이에 일어났던 일들을 미틀러에게 기꺼이 말해 주었다. 그는 에두아르트의 이야기에서는 사건의 결과밖에 추론할 수 없었다. 이제 그는 자신의 처지에서 조심스럽게 문제에 접근해 들어갔다. 그러나 지나가는 말이라도 이혼이라는 단어를 입 밖으로 꺼내 볼 엄두는 나지 않았다. 그러니 샬로테가 갖가지 불쾌한 이야기를 늘어놓은 끝에 다음과 같은 말을 꺼내자 그가 얼마나 놀랐겠는가! 그는 세상이 요지경처럼 느껴지고, 자신의 신념이 옳았다는 생각에 마음이 한결 가벼워졌다. "저로서는 모든 일이 다시 잘될 것 같고, 에두아르트하고도 다시 가까워지길 바라는 수밖에 없어요. 제 몸에 잉태의 소식이 온 마당에 그러지 않으면 어쩌겠어요?"

"내가 잘못 들은 건 아니겠지?" 미틀러가 도중에 끼어들며 말했다. "아니에요. 들으신 대로예요." 샬로테가 대답했다. "오, 백 번 천 번 이 소식에 축복이 있을지라!" 그가 두 손을 합장하며 외쳤다. "이 소식이 남자 마음에 어떤 영향력을 미칠지 나는 잘 알지. 얼마나 많은 결혼이 그 때문에 앞당겨지고 확고해지고 재건되는지를 봤거든! 그런 기쁜 희망은 천 마디 말보다 효과가 크다네. 그건 우리가 가질 수 있는 희망에서 가장 좋은 것이니까. 그런데 말이지" 그가 말을 계속했다 "그런데 나로서는 화가 좀 나는데. 이 사건으로는 내 자존심을 충족시키지 못하게 됐으니 말이야. 암, 난 알지. 이제 당신들한테서 내 중재에 대한 감사의 말을 들을 수 없게 됐잖아. 그러고 보니 내가 꼭 어떤 의사가 된 것처럼 생각되는군. 그 의사는 내 친구인데, 하느님의 영광을 위해 가난한 사람들의 병은 다 공짜로 고쳐 주면서도, 희한하게 큰돈을 낼 준비가 되어 있는 부자들만큼은 제대로 고치지 못하는 거야. 그래도 나의 노력이나 설득으로는 아무 성과 없이 끝날 수 있었던 문제가 이젠 저절로 풀리게 되어 다행이야."

샬로테는 그에게 이 소식을 에두아르트에게 알려 주고, 자신의 편지를 가져가서 앞으로 무슨 일을 해야 하고 어떤 준비를 해야 하는지 봐 달라고 부탁했다. 그러나 그는 이 부탁을 들어줄 생각이 없었다. "일은 다 해결됐잖아!" 그가 외쳤다. "편지나 쓰게. 심부름이야 꼭 내가 아니어도 다른 사람을 보내면 되지. 나는 좀 더 나를 필요로 하는 곳에 가야 해. 내가 다시 이리로 오게 된다면, 그건 행복을 빌어 주기 위해서야. 아기 세례식 때나 오겠단 말이네."

샬로테는 지금까지도 자주 그랬지만 이번에도 미틀러의 방식에 불만을 느꼈다. 그의 신속함 덕분에 일이 잘 풀린 적도 많았지만, 너무 서두르는 탓에 그르친 적도 많았다. 미틀러처럼 순간순간에 따라 생각이 바뀌는 사람도 없을 것이다.

샬로테가 보낸 사람이 에두아르트에게 도착했고, 에두아르트는 조금 두려워하며 그를 맞이했다. 그 편지에는 이혼을 승낙한다는 내용 또는 거절한다는 내용이 들어 있을 수 있었다. 그는 한동안 편지를 뜯어 볼 용기가 나지 않았다. 그리고 이윽고 편지를 읽어 내려가다가 끝부분에서 다음과 같은 구절을 읽었을 때 그는 망연자실하여 돌처럼 굳어 버렸다.

"그날 밤 몇 시간을 생각해 봐요. 그때 당신은 마치 자기가 연인이라도 된 것 마냥 사랑의 모험에 가슴을 두근거리며 당신의 아내를 몰래 방문해서 억지로 끌어당기더니 연인으로서, 신부로서 품에 안았죠. 우리는 이 기묘한 우연 속에 숨은 하늘의 배려를 소중히 지켜야 하지 않을까요? 우리 삶의 행복이 둘로 나뉘어 사라지려던 바로 그때, 우리 둘 사이에 새로운 정이 생기도록 돌봐 주신 거니까."

이 순간 이후로 에두아르트의 마음속에서 어떤 일이 일어났는지를 묘사하기는 어려울 것 같다. 이처럼 사람이 궁지에 몰리는 상황에 있다 보면, 시간을 죽이며 하루하루를 보내기 위해 낡은 습관과 낡은 취미가 다시 생각나기 마련이다. 이런 의미에서 사냥과 전쟁은 귀족에게는 언제나 탈출구가 되었다. 에두아르트는 내부의 위기와 균형을 유지하기 위해 외적인 위험을 갈망하게 되었다. 더는 현재의 삶을 견딜 수 없을 것만 같아 차라리 파멸을 동경한 것이다. 그는 더 이상 자신이 존재하지 않을 것이고, 그로 인해 사랑하는 사람들과 친구들이 행복해질 거라고 생각하면서 스스로를 위로했다. 그가 이런 결심을 비밀로 했기 때문에 아무도 그의 의지를 방해할 수 없었다. 그는 모든 형식을 빠짐없이 갖추고 나서 신중하게 유언장을 작성했다. 오틸리에에게 장원을 유산으로 준다고 생각하자 기분이 달콤해졌다. 샬로테, 태어날 아기, 대위, 하인들에게도 각각 유산을 배분했다. 다시 시작된 전쟁은 그의 계획에 유리하게 작용했다. 그는 젊어서 미적지근한 군대 생활에 고민했었고, 그래서 군복무를 그만두었다. 그러나 지금 그가 따르는 장군은 필승을 부르짖는 용사로서, 그의 휘하에 있으면 죽을 확률은 거의 확실했다. 이런 장군과 함께 출정한다고 생각하니 그의 마음은 한결 개운해졌다.

오틸리에도 샬로테의 비밀을 알게 된 뒤로 에두아르트처럼, 아니 그 이상으로 큰 충격을 받아 그 뒤로 혼자만의 생각에 잠기게 되었다. 그녀는 이제 어떻게 해야 할지 알 수 없었다. 그 어떤 희망도 바람도 가질 수가 없었다. 그러나 그녀의 일기장을 보면 그녀의 내면을 조금이나마 들여다볼 수 있다. 나중에 우리는 이 일기의 몇 대목을 추려 독자 여러분께 알려 드리고자 한다.

제2부

제1장

서사시[1]에서 시인의 훌륭한 기교로 칭송되는 것을 일상에서도 만나는 경우가 자주 있다. 요컨대 주인공들이 사라지거나 숨어 버리거나 활동을 그만두면 곧 제2, 제3의 인물, 심지어 지금까지 거의 언급조차 되지 않았던 인물들이 그 공백을 채우고 온 힘을 다해 자신의 능력을 드러낸다. 지금까지 주인공들이 그랬던 것처럼 그들은 우리의 주목과 관심, 더 나아가 칭송을 받을 만하다는 생각이 들게끔 한다.

여기서도 대위와 에두아르트가 사라지자 곧 건축가가 나날이 중요한 존재로 부각되었다. 실로 많은 일의 계획과 실행이 이 건축가 한 사람에게 달려 있었는데, 그는 주도면밀하고 부지런하게 그 일들을 처리해 나갔으며 여자들의 일까지 여러모로 도와주고 그녀들이 외로워할 때면 짬짬이 말동무도 되어 주는 등 기운을 북돋워 주는 데도 힘썼다. 그는 외모에서부터 신뢰와 호감을 불러일으키는 사람이었다. 그야말로 젊은이라는 단어에 완벽하게 어울리는 청년으로, 다부진 체격에 날씬한 몸매, 조금 큰 키에 겸손하지만 소심하지는 않고, 붙임성이 있지만 건방지지는 않았다. 그는 어떤 걱정거리나 어려운 일이라도 기쁜 마음으로 받아들였고, 셈에 아주 밝아서 얼마 지나지 않아 가계재정상의 모든 문제에도 관여하게 되었다. 그의 긍정적인 영향력은 어디에나 닿았다. 손님 접대도 그에게 맡겨졌는데 그는 불청객을 기분 좋게 돌려보낼 줄 알았고, 여의치 않을 때는 적어도 여성들이 손님 맞을 준비를 할 여유를 주어 그녀들이 불쾌함을 겪지 않도록 대처할 줄도 알았다.

그러던 어느 날 여러 부류의 손님 가운데에 어떤 젊은 법률가가 그를 찾아

---

*1 독일어로는 Epopöe. 이것은 본디 신이나 영혼을 주인공으로 하는 운문 서사문학을 일컫는 단어지만, 17세기에서 19세기 초까지는 일반적으로 새로운 내용의 장편 산문문학도 이 이름으로 불렸다. '장편소설'에 해당하는 독일어 'Roman'은 괴테가 살아 있던 시대만 하더라도 예술성이 조금 떨어지는 통속물이라는 느낌이 담겨 있었다.

와서 대단히 골치 아프게 했다. 이 법률가는 이웃의 어느 귀족이 보낸 사람이었는데, 그가 제기한 문제는 별로 중요하지는 않았지만 샬로테의 마음을 매우 어지럽혔다. 여기서 이 사건을 짚고 넘어가야겠다. 이 일만 아니었으면 얼마간 그대로 방치되었을 많은 일들이 이 사건 때문에 갑자기 떠밀려 진행되었기 때문이다.

우리는 샬로테가 묘지를 어떻게 변화시켰는지를 기억하고 있다. 모든 묘비는 원래 위치에서 묘지의 담장과 교회를 토대로 따라 옮겨졌으며, 나머지 공간은 평평하게 다져졌다. 또 넓은 길 하나는 교회 마당과 교회 옆을 지나는 맞은편의 작은 대문으로 이어졌는데, 그 오솔길을 제외한 모든 공간은 다양한 종류의 토끼풀 씨가 뿌려졌고, 그것들은 지금 푸르게 자라나 꽃을 피우고 있었다. 새 무덤은 한쪽 끝부터 일정한 순서에 따라 만들어질 예정인데, 그 장소는 반드시 다시 한 번 평평하게 다져지고 씨도 뿌릴 계획이었다. 이제는 일요일이나 축제일에 교회를 방문하면 깔끔하고 품위 있는 묘지를 구경할 수 있게 되었다는 것을 아무도 부인할 수 없었다. 사실 나이 지긋하고 옛 관습에 집착하는 목사조차도 처음에는 그런 방법에 불만을 표시했다. 하지만 이제는 뒷문 앞에서 바우키스와 함께 휴식을 취하는 경건한 필레몬[2]처럼, 오래된 보리수 아래 앉아서 울퉁불퉁 깨진 묘석들 대신 아름답고 다채로운 꽃밭이 눈앞에 펼쳐진 것을 보면서 즐기게 되었다. 게다가 샬로테가 이 꽃밭에서 나오는 수익을 교회에 기부하겠다는 의사를 밝혔으므로 교회 살림에도 보탬이 될 터였다.

그럼에도 교구민 중 상당수는 이 작업을 못마땅하게 여겼다. 조상들이 영면하고 있는 장소의 표식을 없애면 조상들을 추도할 길도 같이 사라진다고

---

[2] 필레몬과 바우키스는 그리스 신화에 나오는 노부부이며 부부애와 지조, 그리고 손님에 대한 후의의 화신처럼 알려져 있다. 이 마을 사람들이 외지인을 얼마나 친절하게 대하는지 시험해 보기 위해서 궁색한 차림으로 변장하고 나타난 제우스에게 마을 사람들은 모두 불친절하게 대하지만, 가난한 필레몬과 바우키스 부부만은 제우스를 정성껏 접대한다. 제우스는 불친절한 이 마을에 재앙을 내리는 반면 이들 부부는 구해 주기로 하고 부부에게 소원을 물었는데, 부부는 함께 살다가 한날한시에 죽는 것이라고 대답한다. 제우스는 사원을 만들어서 노부부를 이 사원의 사제로 삼는다. 이리하여 이 사원에서 해로해 가던 노부부는 어느 날 사원 문간에 앉아 쉬다가 과거를 회상하게 된다. 그리하여 옛 이야기에 빠져들던 부부는 서로의 모습이 점점 참나무로 변해 가는 것을 본다. 이들은 참나무로 변해 영원히 함께 살게 되는 것이다. 본문에서 언급되는 장면은 노부부가 참나무로 변하기 전에 대화하는 장면과 관련된 것이다.

믿었기 때문이다. 묘비를 잘 보존한다고 하지만 그것으로는 누가 묻혔는지만 알 수 있을 뿐 어디에 묻혔는지까지는 알 수 없었다. 많은 사람들에게 진짜 중요한 문제는 '어디에' 묻혔는가 였다.

이웃의 한 가족도 바로 그런 생각을 하는 사람들이었다. 이 가족은 벌써 오래전에 자신들을 위해 이곳에 가족묘지 터를 계약하고 이를 위해 교회에 해마다 조금씩 기부를 해 오고 있었다. 그런데 지금까지의 기부 조건이 일방적으로 파기되었을 뿐 아니라 그에 반대하는 어떠한 의견도 존중되지 않자 더는 헌금하지 않겠다는 통보를 하기 위해 이 법률가를 보낸 것이었다. 샬로테는 묘지 변경 계획의 발안자로서 그 젊은 법률가를 직접 만났다. 그가 자신과 자신의 의뢰인이 주장하는 바를 주제넘지 않으면서도 조리 있게 설명하자 그 자리에 있던 사람들은 여러모로 숙고하게 되었다.

그는 자신들의 주장이 부득이한 것임을 간략하게 설명한 뒤에 말했다. "여러분도 아실 테지만, 지위 고하를 막론하고 누구나 자기 가족이 잠들 땅을 확실히 표시해 두고자 하는 마음은 변하지 않는 법입니다. 아무리 가난한 농부라도 자식을 땅에 묻으면 그 묘지 위에 연약한 나무 십자가라도 세우고 화환으로 장식해서 최소한의 위안을 얻습니다. 물론 그런 표식도 시간이 지나면 슬픔이 사그라지듯이 사라져 가겠지만, 적어도 가슴에 비통함이 남아 있는 한 그것을 통해 아이에 대한 기억을 간직할 수 있지요. 부유한 사람들은 이런 나무 십자가 대신 강철 십자가를 세우고 여러모로 가공해서 튼튼하게 보존합니다. 그러면 몇십 년은 충분히 보존할 수 있지요. 하지만 이런 것들도 결국에 가서는 스러지고 초라해집니다. 따라서 돈 많은 사람들에게 가장 좋은 방법은 비석을 세우는 일이지요. 비석이라면 여러 세대에 걸친 풍파에도 끄떡없고, 후손들이 복구하여 새것으로 만들 수도 있으니까요. 하지만 우리 마음을 이끄는 것은 이런 비석이 아니라 그 아래에 잠든 흙에 맡겨진 것입니다. 기억이 아니라 죽은 사람 자체, 즉 그에 대한 추억이 아니라 고인이 바로 거기에 있다는 사실이 중요한 것입니다. 비석이 아니라 봉분이어야지 사랑하는 고인의 자취를 훨씬 더 진실한 마음으로 껴안을 수 있을 겁니다. 비석 그 자체는 별로 의미가 없기 때문입니다. 그래도 고인의 배우자나 친척, 친구들은 고인이 살아 있는 동안 영지의 경계석을 둘러싸고 서듯이 고인이 세상을 떠난 뒤에는 비석을 둘러싸고 모여서 잠들어야 하지요. 또한 유족들은 낯선 사람이나 악의를 가진 사람들이 사랑하는 고인 곁에 오는 것을 막아 낼 권리를 가져야 합니다.

그렇기 때문에 나는 제 의뢰인의 기부 약속을 거부하는 것은 전적으로 옳다고 주장하는 바입니다. 그나마 이것도 소극적인 대처라고 할 수 있겠죠. 이 가족들은 보상받을 길이 없는 방식으로 상처를 받았으니까요. 사랑하는 고인을 만나러 가는 쓰라리고도 달콤한 기분과 언젠가는 고인들 바로 옆에서 영면하게 되리라는 위안의 희망도 빼앗긴 셈이잖습니까."

"그렇다고 해도 그 일은 그 정도로 심각하지 않습니다." 샬로테가 대답했다. "그 때문에 소송을 걸어 소란을 피워야 할 정도는 아니라는 거죠. 내가 한 일을 별로 후회하지 않습니다만, 교회 수입이 줄어든 만큼은 내가 기꺼이 보상하겠어요. 다만 당신의 논거는 저를 설득하지 못했다고 솔직히 말씀드려야겠군요. 우리는 우리의 개별적 인격, 우리가 살아 있는 동안 갖는 다양한 애착과 다양한 인간관계, 이런 것들을 고집스럽게 지켜 나가야 한다고 했죠? 하지만 전 적어도 죽은 뒤에는 만인이 궁극적으로 평등해진다고 순수한 마음으로 말할 수 있다면, 그편이 우리 마음을 훨씬 안정시켜 준다고 생각해요. 이 점에 대해서 어떻게 생각하시죠?" 그녀가 건축가에게 질문을 던졌다.

건축가가 대답했다. "전 그런 문제로는 말다툼을 벌이고 싶지도 결론을 이끌어 내고 싶지도 않습니다. 다만 저의 지식과 사고방식에 근거해서 간단히 말씀드리죠. 지금은 사랑하는 사람의 유골을 단지에 담아서 가슴에 부둥켜안고 살 만큼 행복한 시대가 아닙니다. 우리는 고인의 유해를 아름답게 장식된 커다란 관에 고스란히 모실 만큼 부유하지도, 마음의 여유도 없습니다. 사실 교회 안에서조차 우리 자신이나 가족이 영면할 자리를 찾지 못해 황야로 나가야 할 형편이지요. 이런 사태를 생각해 볼 때, 부인이 도입하신 방법을 전적으로 받아들일 수 있습니다. 한 교구의 구성원들이 순서대로 나란히 묻힌다면 모든 사람이 가족들과 함께 잠드는 셈입니다. 그리고 언젠가는 흙으로 돌아가야 하는 것이 우리의 운명이라면, 매장 때 우연히 생겨나서 서서히 스러져 갈 봉분은 지체 없이 평평하게 다지고, 다 같이 그 흙을 덮어서 그 아래 누운 모든 이의 부담을 가볍게 하는 것이야말로 가장 자연스럽고 유쾌한 일이라고 생각합니다."

"그렇다면 기억을 되새기게 해 줄 그 어떤 기념, 표식도 없이 모든 것이 사라져야 한다는 말씀인가요?" 건축가의 말에 오틸리에가 반박했다.

"아니죠!" 건축가가 말을 계속했다. "기념하는 것을 삼가자는 것이 아니라 장소의 점유를 삼가자는 것입니다. 건축가나 조각가들은 사람들의 요구에 따라 자신들의 재주와 손을 통해 인간 존재의 영속성이 보장되기를 진심으로 소망합니다. 그래서 저도 잘 고안되고 아름답게 완성된 비석이 세워지기를 바라는 겁니다. 여기저기 흩어져 세워지는 것이 아니라 지속성을 보장할 수 있는 한 장소에 단체로 말이죠. 경건한 귀부인들도 교회에서 홀로 따로 영면할 수 있는 특권을 포기하시는 마당이니, 교회 안이나 묘지 주위의 아름다운 회랑에 추억을 상기시켜 줄 만한 표식쯤은 새겨 줘야 합니다. 하다못해 기념 문구라도 말이죠. 그런 것들은 새기고 장식하는 데는 수천 가지 방식이 있을 겁니다."

샬로테가 말했다. "예술가들의 착상이 그토록 풍부하다면 한번 말씀해 보세요. 왜 그들의 생각은 하나같이 똑같은 오벨리스크나 자그마한 원형 기둥, 납골 단지 같은 형태에서 벗어나지 못하는 거죠? 내가 보아 온 것들은 당신이 칭찬하는 그 수천 가지의 착상이 아니라 한 점의 변화도 없는 수천 번의 반복뿐이던데요."

"이 지역에만 그런가 보지요." 건축가가 대답했다. "하지만 어디서나 그런 것은 아닙니다. 그리고 일반적으로 말해, 새로운 모양을 고안해서 그것을 응용한다는 것은 그리 수월한 문제가 아니지 않습니까? 특히 이런 경우는 어려움이 많지요. 엄숙한 대상에 명랑한 분위기를 줘야 하고, 슬픈 대상을 다루면서 슬픔에 빠져서는 안 되니까요. 다양한 종류의 기념비를 위한 구상과 관련해서 말씀드리자면, 나는 그와 관련된 소묘를 많이 수집해 왔습니다. 기회가 있으면 보여 드리고 싶습니다만, 인간의 가장 아름다운 기념비는 결국 그 사람의 초상이지요. 이것이야말로 그가 어떤 인물이었는지를 무엇보다도 잘 말해 줍니다. 남은 주석이 많건 적건 간에 가장 좋은 본문이지요. 다만 초상은 고인의 전성기 때 만들어져야 하는데 대개는 그 시기를 놓치고 맙니다. 그 누구도 살아 있는 모습 그대로 고스란히 남길 생각을 안 해요. 한다 해도 어설프게 하고요. 고인이 되고 나서야 허둥지둥 데스마스크를 떠서 블록에 얹어 놓고 흉상이라고 부르지요. 그런 것에 생명력을 불어넣다니, 아무리 예술가라 해도 그런 일은 거의 불가능합니다."

샬로테가 말했다. "아마도 당신은 의식하지 못했을 테고 또 그럴 의도도 없으셨겠지만, 대화를 저에게 유리한 방향으로 이끌어 주셨어요. 한 인간의 초상은 다분히 독립적인 것입니다. 그것은 어디에 있든지 그 자체로 존재하죠. 우리도 그것이 자기가 매장된 곳을 가리켜야 한다고는 생각하지 않아요. 그렇지만 저의 이상한 감정을 하나 고백해 볼까요? 나는 그런 초상에 대해서도 어떤 반감을 갖고 있답니다. 초상이란 늘 말없이 우리를 비난하는 것처럼 보이니까요. 초상은 멀어져 버린 존재, 이미 작별한 존재를 떠오르게 하고, 현재 있는 것을 존중하기가 얼마나 어려운가를 생각하게 하죠. 우리가 지금까지 살면서 얼마나 많은 사람을 만나고 알아 왔는지 생각하고, 우리가 그 사람들에게 또 그 사람들이 우리에게 얼마나 하잘것없는 존재였는지를 솔직하게 인정한다면, 우리는 어떤 기분이 들까요? 우리는 지성이 풍부한 사람을 만난다고 해서 그와 꼭 대화를 나눌 수 있는 것도 아니고, 학식이 풍부한 사람을 만난다고 해서 그에게서 반드시 뭘 배우는 것도 아닙니다. 견문이 넓은 사람을 만나도 그에게 뭘 물어보지 않고, 따뜻한 사람을 만나도 그에게 친절하게 대하지 않고 그냥 헤어져 버리고 말지요.

그리고 유감스럽게도 이런 일은 단지 스쳐 지나가는 사람과의 만남에만 해당되는 것은 아닙니다. 친구나 가족도 사랑하는 사람들과 그런 식으로 남남처럼 지냅니다. 시민공동체는 가장 가치 있는 시민들을 남남처럼 대하고, 백성은 더없이 위대한 그들의 군주를 남남처럼 대하며, 국가는 가장 높은 국민을 남남처럼 대하죠.

저는 왜 인간이 죽은 사람에게는 그렇게 스스럼없이 찬사를 보내면서, 살아 있는 사람에게는 칭찬을 아끼는가 하는 질문을 들은 적이 있어요. 대답은 이랬습니다. 죽은 사람들은 두려워할 필요가 하나도 없지만, 살아 있는 사람은 어딘가에서 우리를 방해할 수 있기 때문이라나요. 타인을 기억하고자 하는 마음이란 이렇게 불순한 거예요. 그건 대개 이기적인 농담에 지나지 않죠. 그와 반대로, 살아 있는 사람들과의 관계를 늘 새롭고 활기차고 적극적으로 만들려는 것이야말로 성스럽고 진지한 일이 아닐까요?"

제2장

이 뜻밖의 사건과 그에 이어진 대화에 자극받은 사람들은 다음 날 다 같이 묘지로 향했다. 건축가는 묘지를 밝은 분위기로 장식하기 위해 여러 가지 적절한 제안을 했다. 더 나아가 그의 배려는 처음부터 그의 관심이었던 교회 건물에까지 이르게 되었다.

이 교회[*1]는 독일식 건축 양식에 따른 아름다운 균형미와 정교한 장식을 자랑하며 수백 년 전부터 서 있었다. 근처에 수도원을 지은 건축 장인이 날카로운 통찰력을 가지고 수도원보다 작은 이 건물에도 헌신적으로 매달리고 실력을 발휘했다는 사실은 보는 이의 눈을 통해서 저절로 알 수 있었다. 내부는 개신교식 예배에 적합하게 개조되어 조금 장중함을 잃었지만,[*2] 지금도 외관은 보는 이에게 엄숙하고 유쾌한 인상을 주었다.

건축가는 샬로테에게 꽤 많은 돈을 흔쾌히 받아 낼 수 있었다. 그는 이 돈으로 교회의 외부뿐만 아니라 내부도 고풍스럽게 개조하여 건물 앞에 있는 묘지와 조화를 이루도록 할 생각이었다. 그 자신도 숙련된 솜씨를 지녔지만, 아직 별장 공사에 매달리고 있는 몇몇 기술자도 이 경건한 교회 개조 사업이 끝날 때까지 붙잡아 두기로 했다.

사람들은 교회 건물뿐 아니라 그 주변, 그리고 부속 건물까지 다 살펴보기로 했다. 건축가는 지금까지 별로 시선을 끌지 못했던 작은 예배당 하나가 교회 전체와 비교해도 손색없을 정도로 대단히 창의적이고 경쾌한 통일성을 갖추고 있으며 정감 있고 정교하게 장식되어 있는 것을 보자 매우 놀라기도 하고 기쁘기도 했다. 예전에는 교회에 다양한 성상과 제기를 비치해 두고 축일별로 그것들을 하나하나 용도에 맞게 구별해서 사용하면서 각기 다른 형

[*1] 괴테는 청년 시절 슈트라스부르크 성당을 보면서 받은 인상을 토대로 이 교회를 묘사하고 있다.

[*2] 독일에는 본디 수도원 부속 성당으로 건립되었지만, 종교개혁 등으로 지역 전체가 개신교로 바뀌면서 성당 구조도 개신교 형식에 맞게 바뀌는 일이 적지 않았다.

식으로 제사를 올렸는데, 이 예배당에는 그 시절 예배의 흔적을 보여 주는 조각되거나 채색된 유물들이 많이 남아 있었다.

건축가는 이 예배당을 당장 그의 계획에 포함시켰다. 그는 이 좁은 공간을 과거와 그 시대 분위기를 보여 주는 기념으로 복원하고 싶은 생각을 멈출 수가 없었다. 그는 텅 빈 벽면과 천장이 자신의 취향대로 장식된 모습을 상상하면서, 그 일에 화가로서의 재능을 발휘할 수 있게 된 것을 진심으로 기뻐했다. 하지만 성관 사람들에게는 일단 이 생각을 비밀로 했다.

먼저 그는 약속대로 옛날 묘비, 제기, 그 밖에 그와 관련된 유사한 물건들의 복제품과 약도 따위를 여자들에게 보여 주었다. 대화 중에 북방 민족의 단순한 봉분이 화제에 오르자, 그는 그런 무덤에서 발굴한 수집된 여러 무기와 도구들을 가져와서 보여 주기도 했다. 그 오래되고 위엄 있는 유물들은 한꺼번에 운반할 수 있도록 서랍과 함에 담기고, 다시 바닥에 천을 깐 칸막이에 순서대로 진열되어 마치 무슨 장식품같이 보였다. 사람들은 장신구 상인의 화물칸을 들여다보는 것처럼 즐겁게 그것들을 감상했다. 건축가는 그날 이후 저녁마다 자신의 소중한 수집품의 일부를 가져와서 모두에게 보여 주는 것이 습관이 되었다. 사람들에게 한 번 보여 주자 거리낌이 없어지기도 했고, 성관 사람들의 고독한 일상에는 기분전환거리가 필요하다고도 생각했기 때문이다. 주로 유물은 독일에서 발굴된 것이 많았는데, 중세의 외면 동전이나 양면 동전,*3 인장 같은 것들이었다. 이런 유물들은 보는 이의 상상력을 옛 시대로 향하게 했다. 여기에 건축가는 아주 초기의 인쇄물이나 목판화, 최고(最古)의 동판화 등으로 이야기를 장식하고, 교회도 날이 갈수록 색조나 그 밖의 장식 등 모든 면에서 점점 더 과거의 분위기를 갖춰 갔다. 그러자 사람들은 자신이 새로운 시대에 살고 있는 것인지, 예전과 완전히 다른 풍습과 습관, 생활 방식과 생각 속에서 사는 것인지 혹은 하나의 꿈은 아닌지 스스로에게 물어봐야 할 정도였다.

이런 식으로 준비된 상태에서 건축가가 마지막으로 커다란 그림 뭉치를 보여 주자 효과는 극에 달했다. 대부분은 윤곽만 묘사된 인물화였지만 이번

---

*3 외면 동전은 중세에 나왔던 동전 유형으로, 대개는 얇은 은화인데 그 위에 금도금을 했으며 한 면에만 동전의 내용이 주조되었다. 양면 동전은 같은 중세의 동전이지만, 외면 동전과 달리 양면으로 주조되어 있으며 두껍고 강한 재료로 만들어졌다.

에는 원화를 그대로 본뜬 것이어서 고대적인 성격을 고스란히 보존하고 있었다. 바로 이러한 점이 구경하는 사람들에게는 무척이나 매혹적으로 느껴졌던 것이다! 또한 어떤 인물의 형상에서도 매우 순수한 본질이 우러나오고 있었다. 모든 인물이 고귀하지는 않더라도 선한 느낌을 주었다. 명랑하면서도 침착한 분위기, 우리 위에 계신 고귀한 존재에 대한 진심 어린 존경심, 사랑과 기대감 속의 조용한 헌신―이런 것들이 인물화에 그려진 모든 얼굴과 몸짓에 나타나 있었다. 대머리 노인, 풍성한 고수머리 소년, 씩씩한 젊은이, 진지한 표정의 장년, 빛에 둘러싸인 성자, 허공을 떠도는 천사―이 모든 존재는 순수한 만족감과 경건한 기대감 속에서 행복으로 빛나고 있었다. 가장 평범한 것에서도 천국의 숨결이 느껴졌고, 그들에게는 예배 행위가 가장 어울리는 듯이 보였다.

이런 세계를 보자 대부분 이제는 사라진 황금시대나 잃어버린 낙원을 되돌아보는 기분이었을 것이다. 그러나 오틸리에만은 자신도 바로 그런 사람들 사이에 있다고 느꼈을지도 모른다.

그러므로 건축가가 이 옛 그림들을 참고로 예배당 양쪽 아치 사이에 그림을 그려 넣어, 즐거운 나날을 보냈던 이 땅의 추억을 징표로 남기고 싶다 말했을 때 어느 누가 그 의견에 반대할 수 있었겠는가? 그는 우울한 낯빛으로 자신의 의견을 말했다. 돌아가는 상황을 보건대, 자신이 이 완벽한 사람들과 함께 머무르는 것도 언제까지 계속될 수는 없으며, 어쩌면 당장에라도 떠나야 한다는 것을 잘 알았기 때문이다.

한편, 이 무렵에는 부탁하는 사건은 많지 않지만 진지한 대화를 할 계기는 가득했다. 따라서 우리는 이 기회에 오틸리에가 그런 대화 뒤에 기록한 일기 몇 장을 공개하고자 한다. 그 사랑스러운 일기를 읽었을 때 퍼뜩 떠오르는 어떤 비유를 소개하는 것이야말로 그 이야기를 일기로 옮기는 가장 좋은 방법인 듯하다.

영국 해군에는 특수한 장비가 있다고 한다. 왕국 해군의 삭구(索具)는 가장 굵은 것에서 가장 가느다란 것에 이르기까지 한 올의 붉은 실이 전체를 관통하는 식으로 짜여 있어서 이 실을 풀어내려면 전체를 다 풀어야 한다. 그래서 아무리 일부분이더라도 그것이 왕실에 속한 것임을 알아볼 수 있다.

마찬가지로 오틸리에의 일기를 한 줄기로 관통하는 것은 사모와 애착이라는 하나의 줄이며 이 실이 모든 것을 하나로 엮으면서 전체에 뚜렷한 성격을 부여한다. 그러므로 감상, 관찰, 인용된 격언, 그 밖에 일기에서 보이는 모든 요소는 글쓴이인 오틸리에의 고유한 속성을 드러내며, 그녀에게 중요한 의미를 갖게 된다. 우리가 발췌해서 보여 드리는 한 구절 한 구절은 이에 대한 결정적 증거가 될 것이다.

오틸리에의 일기*4에서

"언젠가는 사랑하는 사람들 곁에 묻혀 휴식할 수 있다"는 것은, 죽은 뒤를 생각해 볼 때 품게 되는 관념들 가운데에서도 가장 감미로운 것이다. 또한 "모두가 있는 곳으로 부름을 받다"라는 표현은 실로 감동적이다.

먼 곳으로 가 버린 사람, 헤어져 버린 사람들과 우리를 가깝게 해 주는 여러 기념품이나 유품은 남기 마련이다. 그러나 초상보다 의미 있는 것은 없다. 실제 얼굴과 비슷하지 않더라도 사랑하는 사람의 초상과 이야기하는 것은 뭔가 매력적인 구석이 있다. 친구와 싸울 때처럼, 둘이 함께 있으면 서로 떨어질 수 없다는 것을 느끼면서 기분이 좋아지는 것이다.

그러나 우리는 눈앞에 있는 사람과도 그 사람의 초상과 이야기하듯이 대화할 때가 있다. 그때 그 사람은 무슨 말을 할 필요도 없고, 우리를 바라보거나 신경 쓸 필요도 없다. 우리는 그를 바라보며 그와의 관계를 느낀다. 그가 아무런 행동도 안 하고 아무것도 느끼지 않아도, 그저 그가 초상화처럼 그곳에 존재한다는 이유만으로 그와 우리의 관계는 발전하기도 한다.

사람들은 자기가 아는 사람의 초상화에는 만족하는 법이 없다. 그래서 나는 늘 초상화가를 딱하게 생각해 왔다. 타인에게 불가능한 일을 요구하는 법이 드문 사람조차도 유독 초상화가에게만은 그런 것을 요구한다. 화가는 초상화의 주인공과 개개인의 관계뿐만 아니라 개개인의 사랑과 증오까지도 그림에 그려 줘야 한다. 어떤 인물을 자기가 어떻게 파악했는지 뿐만 아니라 개개인이 그 대상 인물을 어떻게 파악할 것인지까지 그려야 하는 것이다. 초

---

*4 오틸리에의 일기는 이 소설에서 서사적인 보조 수단이다. 괴테는 사람들이 성에 빈번하게 모이는 시점에 이 일기를 등장시킴으로써, 오틸리에가 이 성에 모이는 사람들의 생각과 행동을 어떻게 받아들이고 있는가를 보여 줄 뿐 아니라, 말수가 적은 오틸리에의 내면적 성장 과정도 이해할 수 있게 해 준다.

상화가들이 점차 억지스럽고 냉소적이고 고집스러워지는 것도 전혀 놀랍지 않다. 어떤 그림이 나오든 간에, 고작 그런 이유 때문에 사랑하는 소중한 사람들의 초상화가 그려지지 않는 일이 없기를!

정말로 그렇다. 시신과 함께 높다란 봉분이나 바위에 묻혀 있던 무기와 집기들을 수집해 온 건축가의 소장품은 죽은 뒤에도 자신의 인격을 유지하고자 하는 인간의 마음이 얼마나 허황된 것인가를 보여 준다. 게다가 우리는 얼마나 모순에 가득 찬 존재들인가! 건축가는 자기 손으로 조상의 봉분을 파냈다고 고백하면서도, 자신은 후세에 남길 기념비를 만들고 있는 것이다.

하지만 그 일을 그렇게 진지하게 생각해야 할 이유가 있을까? 우리는 모든 일을 영원한 존속을 예정하고 행하는 건가? 우리는 밤에 다시 벗을 것을 알면서도 아침에 옷을 입지 않나? 여행을 떠나는 것도 다시 돌아오기 위해서가 아닌가? 그렇다면 왜 단 백 년 동안이라도 사랑하는 사람들 곁에서 영면하기를 바라선 안 되는 걸까?

풍파에 스러진 무덤, 교회에 오는 사람들 발에 밟혀 닳아 버린 상석의 묘비명, 묘비 위로 붕괴된 교회당—이런 것들을 보고 있노라면, 죽은 뒤의 삶은 역시 제2의 삶이라는 생각이 든다. 우리는 초상화나 묘비명으로 변한 제2의 삶으로 들어가 이승의 삶보다 더 오랜 시간을 그 안에서 머문다. 그러나 이러한 초상화, 이러한 제2의 삶도 언젠가는 소멸된다. 시간은 사람들에게 그러는 것처럼 기념비 위를 걸어갈 권리를 포기하지 않는 것이다.

제3장

잘 모르는 분야에 도전하는 것은 아주 즐거운 일이다. 그러므로 딜레탕트*¹가 한 번도 배운 적 없는 예술에 몰두한다고 해서 딜레탕트를 욕해서는 안 되며, 예술가가 자신의 전문 분야를 넘어서 이웃 영역까지 탐닉한다고 해서 그 예술가를 비난해서는 안 된다.

이와 같은 견해를 가지고 예배당 천장화 그리는 작업에 열을 올리는 건축가의 모습을 관찰해 보기로 하자. 물감이 준비되고, 치수는 재어졌으며, 밑그림이 그려졌다. 그는 독창성을 발휘할 생각은 눈곱만치도 없었다. 그는 어떤 그림의 모사를 바탕으로 작업을 진행했다. 앉아 있거나 공중에 떠도는 사람들을 잘 배치하여 공간을 세련되게 장식하는 것만이 그의 관심사였다.

작업대가 세워지고 작업이 진척되었다. 몇 군데가 시선을 잡아끌 만큼 완성되었을 때 샬로테가 오틸리에를 데리고 방문하자 건축가는 크게 반겼다. 푸른 하늘을 배경으로 훨훨 날고 있는 천사들의 생생한 표정과 선명한 의상이 보는 이의 눈을 즐겁게 했다. 동시에 그 모습에서 은근히 풍기는 경건함은 보는 사람의 마음을 가라앉히면서 뭐라 말할 수 없는 감동을 주었다.

여자들은 그가 있는 작업대 위로 올라갔다. 그리고 오틸리에는 거기서 모든 작업이 철저히 계산된 것처럼 정확하고 수월한 방식으로 진행되는 것을 보았다. 그 순간, 마치 예전에 수업에서 배웠던 능력이 내부에서 한순간에 눈뜨는 것을 느꼈다. 그녀는 물감과 붓을 들고 지시에 따라 주름이 풍부한 의상을 아주 깔끔하게 그려 넣었다.

오틸리에가 다른 일에 마음을 빼앗기자 샬로테는 두 사람을 그대로 두고 밖으로 나왔다. 그녀는 생각에 몰두하면서, 누구에게도 말할 수 없는 성찰과 걱정을 혼자 정리하기 위해서였다.

---

*1 예술이나 학문 따위를 직업으로 하는 것이 아니고 취미 삼아 하는 사람을 이르는 말.

우리는 일상의 사소한 걱정거리를 극심하게 두려워하는 평범한 사람들을 보면 연민을 느끼면서도 미소를 머금게 된다. 하지만 어떤 위대한 운명의 씨앗이 뿌려진 영혼을 볼 때면 경외심을 느낀다. 그런 영혼은 뿌려진 씨가 저절로 자라나기를 하염없이 기다리는 수밖에 없으며, 거기서 자라난 선이나 악, 행복 또는 불행의 도래는 앞당겨서도 안 되고 앞당길 수도 없다.

　고독 속에 있는 에두아르트에게 보냈던 샬로테의 심부름꾼이 가지고 온 그의 답장은 부드러운 어조이긴 했으나 솔직하고 애정이 담겼다기보다는 냉정하고 진지했다. 그 직후에 에두아르트는 자취를 감추었고, 샬로테는 그 뒤 오랫동안 그의 소식을 들을 수가 없었다. 그러다가 어느 날 그녀는 우연히 그의 이름이 신문에 실린 것을 보았다. 그는 어떤 전투에서 공훈을 세운 사람 중의 한 명으로 거명되어 있었다. 이제야 그녀는 남편이 어떤 길을 택했는지를 알 수 있었고, 그가 커다란 위험의 순간들에서 어떻게 벗어났는지도 알 수 있었다. 그러나 그녀는 그가 더 큰 위험을 찾아다니리라고 즉시 확신했다. 그 기사만 봐도, 남편이 극단적인 행동을 못하게 막기는 어렵다는 것을 느낄 수 있었다. 그녀는 이 걱정을 언제나 머릿속에 담고 다녔다. 이 무거운 짐을 확 내려놓고 싶어서 이리저리 머리를 굴려 봤지만, 어떻게 생각해도 위안이 되지 않았다.

　한편 그런 사실을 추호도 모르는 오틸리에는 천장화 작업에 대단한 흥미를 느꼈다. 그녀는 샬로테로부터 이제 규칙적으로 그 작업을 해 나가도 된다는 허락을 얻어 냈다. 이제 일은 신속하게 진행되었고, 그림에 그려진 코발트 빛 하늘에도 그에 어울리는 기품 있는 거주자들이 채워졌다. 끈기 있는 연습 덕분에 오틸리에와 건축가는 후반부에는 더 자유롭게 붓을 놀릴 수 있게 되었다. 그림은 점점 더 나아졌다. 얼굴을 그리는 일은 건축가가 도맡았는데, 이 얼굴들도 차츰 고유한 특징을 띠게 되었다. 모든 얼굴이 오틸리에를 닮아 가기 시작했다.[*2] 그때까지만 해도 건축가는 자연적인 얼굴이건 인위적인 얼굴이건 그에 대한 나름의 관상학적 기준을 가져 볼 기회가 없었다. 하지만 아름다운 처녀가 곁에 있다는 사실은 대단히 강력한 인상을 발휘했다. 그리하여 건축가의 눈에 비친 것은 남김없이 손으로 전달되어 표현되었

---

*2 친화력이라는 자연과학적 개념을 사랑의 상징이라는 괴테의 어법으로 풀어내는 구절.

고, 결국에는 눈과 손이 하나가 되어 움직였다. 마지막에 그린 얼굴이 성공적으로 완성되자 마치 오틸리에가 직접 하늘 위에서 아래를 내려다보는 것처럼 보였다.

천장화 작업이 끝났다. 벽은 그냥 놔두고 밝은 갈색으로 덧칠만 할 계획이었다. 그리고 호리호리한 기둥과 정교한 조각 장식은 벽보다 어두운 갈색으로 덧칠해서 돋보이게 할 예정이었다. 그러나 그런 일을 하다 보면 계속해서 새로운 착상이 탄생하기 마련인지라, 이 작업 말고도 하늘과 땅이 서로 연결되도록 꽃과 과일 모양을 주렁주렁 그려 넣기로 했다. 이 작업은 오틸리에의 주특기였다. 정원과 온실은 더없이 아름다운 꽃들로 채워지고 장식용 화환도 풍부하게 장식되었다. 이 일은 예상보다 일찍 마무리되었다.

그래도 예배당 안은 아직 전체적으로 휑하고 어수선해 보였다. 작업대는 아무렇게나 밀쳐져 있고, 내던져진 널빤지들은 겹겹이 쌓여 있었다. 또한 원래 울퉁불퉁했던 바닥은 엎지른 물감으로 알록달록하게 얼룩져 있었다. 건축가는 여성들에게 일주일만 자기에게 시간을 주고 그때까지는 예배당에 들어오지 말아 달라고 부탁했다. 그리고 드디어 어느 아름다운 날 저녁, 건축가는 두 여성에게 예배당에 한번 가볼 것을 청했다. 단 자기가 직접 모시고 가지 못하는 점은 양해해 달라고 하면서 그곳에서 떠났다.

그가 떠나자 샬로테가 말했다 "그 사람이 우리에게 어떤 놀라운 광경을 보여 주려는지는 모르지만, 지금 그리로 가 볼 생각은 전혀 없구나. 너 혼자 가서 잘 보고 내게 알려 주면 좋겠다. 틀림없이 그 사람은 대단한 걸 완성했을 거야. 나는 일단 네가 하는 말을 듣고, 그다음에 직접 가서 보고 싶어."

오틸리에는 샬로테가 어떤 일이건 신중하게 하고 흥분은 피하며, 특히 놀라는 상황은 싫어한다는 것을 익히 잘 알고 있었으므로 혼자 예배당으로 향했다. 무의식중에 이리저리 둘러보며 건축가를 찾았으나 건축가는 일부러 숨은 건지 어디에도 보이지 않았다. 교회 문은 열려 있었다. 그녀는 그 안으로 들어섰다. 교회는 일찌감치 작업이 끝나 깨끗하게 치워져 있었고, 축성(祝聖) 의식도 끝난 뒤였다. 그녀가 예배당의 옆문으로 다가갔다. 청동으로 가장자리를 장식한 묵직한 문이 그녀 앞에서 가볍게 열렸다. 순간 그녀는 이 익숙한 공간에서 예기치 않은 광경을 보고 숨이 멎을 정도로 놀랐다.

높은 위치에 뚫린 한 군데의 창으로 장엄한 색채가 가득한 광선들이 쏟아졌다. 우아하게 조합된 다양한 색유리들이 창문에 끼워져 있었기에, 전체적으로 이국적인 분위기를 자아내면서 독특한 감동을 주었다. 바닥에는 독특한 모양의 벽돌을 아름다운 모양으로 깔고 석고로 고정해 놓았는데, 둥근 천장과 벽의 아름다움은 그 바닥 장식으로 더욱 돋보였다. 창의 색유리와 이 벽돌은 건축가가 전부터 남몰래 준비해서 짧은 시간에 서로 맞추어 둔 것이었다. 또한 휴식 공간도 세심하게 마련되어 있었다. 예배당에서 발견한 오래된 유물 중에는 아름답게 조각된 성직자용 의자가 몇 개 있었는데, 이것들은 지금 벽 쪽에 완벽한 조화를 이루며 군데군데 놓여 있었다.

오틸리에는 부분적으로는 친숙한 예배당 내부가 전체적으로는 완전히 새롭게 비치는 것을 보자 기뻤다. 그녀는 한 자리에 우뚝 서 보기도 하고 이리저리 거닐기도 하면서 훑어보고 관찰했다. 그러다가 한 의자에 앉아서 위를 쳐다봤다가 사방을 둘러보았다. 자기가 존재하지 않는 것처럼 느껴졌다. 자신의 존재가 느껴짐과 동시에 느껴지지 않는 것 같기도 하고, 이 모든 정경과 자기 자신이 자기 앞에서 사라져 버릴 것만 같았다. 이제까지 아름답고 환하게 창을 비추던 해가 떨어지고 나서야 오틸리에는 정신을 차리고 황급히 성관으로 돌아갔다.

그녀는 이처럼 뜻밖의 기쁜 경험을 한 오늘이라는 날이 얼마나 특별한 시기에 해당하는지 자신에게 애써 숨기지 않았다. 그날 밤은 에두아르트의 생일 전야였던 것이다. 그녀는 이날 저녁을 지금과는 완전히 다른 방식으로 축하하고 싶었다. 모든 것은 그 잔치를 위해 아름답게 치장되어야 할 터였다. 그런데 지금 저 풍성한 가을꽃들은 꺾이지도 않은 채 있었다. 해바라기는 얼굴을 하늘로 향하고 있었고, 과꽃은 여전히 과묵하고 겸손한 모습으로 앞만 내다보고 있었다. 그중에는 화환으로 엮여서 예배당 장식에 쓰인 것도 있었다. 그러나 그 예배당도, 단순히 예술가의 일시적인 즐거움으로 끝날 것이 아니라 뭔가 쓸모 있는 것이 되어야만 한다면, 기껏해야 공동묘지에나 어울릴 것처럼 보였다.

그러면서 그녀는 에두아르트가 자신의 생일을 얼마나 시끌벅적하게 축하해 주었던가를 떠올리지 않을 수가 없었다. 새로 지은 별채도 생각났다. 그 지붕 아래 있으면 신나는 일이 많이 생길 것 같았다. 하늘 높이 솟구치던 폭죽도 다시 눈앞에 떠올랐다. 마음이 고독에 잠기면 잠길수록 폭죽은 더욱더 크게 쉭쉭 소리를 내며 상상 속에서 높이 솟아올랐다. 그러나 그럴수록 그녀가 느끼는 외로움도 커져 갔다. 이제는 그의 팔에 기댈 수 없었으며, 언젠가는 그 팔에 기댈 수 있으리라는 희망도 사라져 버렸다.

오틸리에의 일기에서

그 젊은 예술가가 했던 말을 나는 여기에 기록해 두지 않을 수 없다. "장인이나 조형예술가를 볼 때면 다음과 같은 사실을 알 수 있다. 즉 아무리 자신의 것이라 해도 오로지 자기 혼자만 갖고 있기란 불가능하다. 새가 자신이 태어나 자란 둥지를 버리듯 작품은 예술가를 버린다."

이 점에서 건축예술가는 누구보다도 기이한 운명을 타고났다. 정작 건축예술가는 자신이 들어가지 못하는 공간을 창조하기 위해 온 정신과 애착을 쏟아붓는 일이 얼마나 많은가! 왕궁 홀의 웅장함은 건축가 덕분이지만, 그는 아름답고 화려한 날을 함께 누리지 못한다. 사원에서도 건축가는 자신과 사원 내부 사이에 경계선을 긋는다. 장엄한 의식을 위해 손수 만들어 놓은 계단도 정작 자신은 밟지 못한다. 자기 손으로 법랑과 보석으로 장식한 성체현시대(聖體顯示臺)를 먼발치에서 바라봐야만 하는 금 세공사와 마찬가지다. 건축가는 건축 이후 자신은 즐길 일 없는 편리함과 쾌적함을 저택 열쇠와 함께 부자에게 넘긴다. 기껏 지참금을 마련해 주면 시집가서 아버지를 잊어버리는 딸처럼 예술 작품은 자신의 아버지인 예술가에게 더는 반응하지 않는다. 그렇다면 결국 예술은 점차 예술가에게서 멀어질 수밖에 없지 않은가? 그러니 예술이 공공의 것, 즉 만인에게 속하고 예술가에게도 속하는 것만 다루도록 정해진 시절에는 예술이 스스로 얼마나 발전했겠는가!

고대 민족의 관념 가운데 엄숙하고 두려움을 자아내는 것이 있다. 그들은 자신의 조상들이 거대한 동굴에서 권좌 주위에 빙 둘러앉아 말없이 담화를 나눈다고 생각했다. 그들은 새로 들어온 사람이 충분한 자격을 지니고 있다고 생각되면 자리에서 일어나 고개를 숙여 환영의 뜻을 표시한다고 생각했다. 나는 어제 예배당에 들어가 맞은편에 내가 앉은 의자랑 똑같은 의자가 몇 개 더 놓여 있는 것을 봤을 때, 그런 고대인의 상상이 아주 친근하고 우아하게 느껴졌다. '왜 너는 여기에 계속 앉아 있을 수 없는 거지?' 나는 나자신에게 말했다. '조용히 내 안을 오랫동안 들여다보면 마침내 새 사람들이 들어올 거다. 그때 넌 일어나서 친절하게 허리 굽혀 그들에게 인사하면서, 앉을 자리를 가르쳐 주면 될 것이다.' 색 유리창 때문에 낮에도 주위에는 엄숙한 황혼이 깔린다. 그러니 밤에는 완전히 캄캄해지지 않도록 누군가가 영원히 꺼지지 않는 등불을 기부해야 할 것이다.

인간은 어떤 위치에 있건, 자기가 늘 무엇을 보고 있다고 생각한다. 인간이 꿈을 꾸는 이유도 오로지 보는 행위를 멈추지 않기 위해서인 것 같다. 언젠가는 우리 안에 있는 빛이 밖으로 나와서 다른 빛은 필요 없어지는 때가 올지도 모른다.

올 한 해도 저물어 가고 있다. 바람은 그루터기 위로 불지만, 겨울 들판에 바람이 흔들어 놓을 만한 것은 아무것도 남아 있지 않다. 그저 바싹 여윈 나무들에 매달린 붉은 열매만이 우리에게 생명을 떠올리게 하고, 타작하는 사람들의 장대질 소리는 베어진 이삭 속에 영양분과 생명이 깃들어 있음을 떠올리게 해 준다.

제4장

이러한 일들이 있고, 만물의 변화와 소멸을 가슴 깊이 느낀 뒤에 오틸리에
는 에두아르트가 변화무쌍한 전쟁의 운명에 자신을 내맡겼다는 소식을 듣고
적지 않게 당황하고 놀랐다. 사람들은 이 사실을 그녀에게 더 숨길 수가 없
었다. 딱하게도 그녀는 이런 상황에서 떠올릴 수 있는 모든 가능성을 새록새
록 떠올렸다. 그래도 그나마 다행인 것은, 인간이 이해할 수 있는 불행은 일
정 정도를 넘지 않는다는 사실이다. 인간이 이 한도를 넘는 불행을 만나게
되면 파멸하거나 그 어떤 일에도 무관심해진다. 어떤 단계에 이르면 공포와
희망은 합쳐지며 서로 상쇄시키다가 음울한 무감각 속으로 사라지기 때문이
다. 그렇지 않고서야 어떻게 우리가 멀리 떨어져 있는 사랑하는 사람들이 시
시각각 위험 속에 있다는 사실을 알면서도 평소처럼 일상을 영위해 갈 수 있
겠는가?

이때도 어떤 착한 영혼이 오틸리에를 위해 일부러 꾸미기나 한 듯 오틸리
에 주위에 별안간 새로운 변화가 일어났다. 시끌벅적한 사람들이 그녀의 조
용한 삶으로 들어와서 외부에서 다양한 일거리를 만들어 주었고, 그녀를 외
로운 내적 침잠 상태에서 이끌어 냈다. 그와 동시에 그녀로 하여금 자신에게
도 어떤 힘이 있다는 것을 깨닫게 해 주었다.

샬로테의 딸 루치아네는 넓은 세상으로 나와 고모 집의 많은 사람에게 둘
러싸여 생활하게 되었다. 남에게 호감 얻기를 좋아하는 그녀는 실제로 그렇
게 노력하는 도중에 좋은 사냥감을 발견했다. 어느 젊고 부유한 남작이 그녀
를 차지하고 싶다는 열망에 애태우게 된 것이다. 막대한 재산 덕분에 자기가
원하는 것은 가장 좋은 것을 누렸던 이 남자는, 이제까지 자신의 소유물을
가진 방식처럼 온 세상이 부러워할 완벽한 아내만 있으면 모든 것을 갖추게
된다고 생각했다.

이 결혼 문제로 샬로테는 지금까지 매우 바빴다. 그녀는 에두아르트에게

좀 더 자세한 소식을 들으려고 할 때를 제외하고는, 모든 생각할 시간과 편지 쓰는 노력을 전적으로 이 일에 쏟았다. 그래서 오틸리에도 요즘 들어 혼자 있는 시간이 전보다 많아졌다. 그녀는 루치아네가 이 집에 온다는 것을 알았기 때문에 집에서 꼭 필요한 최소한의 준비를 직접 해 두었다. 그러나 그렇게 빨리 올 줄은 누구도 예상치 못했다. 편지로 소식도 알리고 의논도 하면서 세세한 일정을 정하려고 하는 도중에 갑자기 성관과 오틸리에에게 폭풍이 밀어닥친 것이다.

먼저 하녀*1들과 하인들, 여행 가방, 짐 상자 따위를 실은 짐마차가 도착했다. 벌써부터 집안 식구들이 두세 배 정도 늘어난 것 같았다. 그러나 본격적인 손님은 나중에 나타났다. 대고모와 루치아네, 그녀의 몇몇 여자 친구가 함께 왔다. 루치아네의 약혼자도 사람들을 대동하고 나타났는데 현관 안 홀은 마차 지붕에 싣는 커다란 가죽 가방과 안장이 달린 여행 가방, 그 밖의 가죽 상자들로 발 디딜 틈이 없었다. 수많은 상자며 함을 정리하는 일도 만만한 작업들이 아니었건만 짐은 끝도 없이 들어왔다. 그 와중에 비까지 세차게 내려 여기저기서 유쾌하지 않은 혼란이 일어나기도 했다. 오틸리에는 이 난리법석 속에서도 침착하게 대응했다. 일을 명쾌하게 처리하는 그녀의 재주가 더없이 빛을 발했다. 요컨대 그녀는 짧은 시간에 모든 것을 정리했다. 모두가 잠자리를 배정받아 각자의 방식대로 휴식을 취했고, 직접 나서지 않고도 상황이 정리됐으므로 후한 대접을 받고 있다고 생각했다.

모두 고단한 여행을 하고 난 뒤라 이제는 좀 쉬고 싶어 했다. 약혼자는 장모에게 접근해서 자신의 사랑과 좋은 의지를 맹세하고 싶었지만, 루치아네는 쉴 수 없었다. 최근에서야 말을 타도 된다고 허락을 받아 냈기 때문이다. 약혼자는 훌륭한 말 몇 필을 데리고 왔는데, 루치아네는 당장 말을 타 보고 싶어 온몸이 근질거렸다. 그녀는 험악한 날씨도, 센 바람도, 폭풍우도 상관하지 않았다. 사람이 사는 이유는 오로지 비에 흠뻑 젖은 다음 다시 몸을 말리기 위해서라는 듯한 기세였다. 그녀는 밖을 산책하고 싶다는 생각이 들자 자신이 어떤 옷을 입고 있는지, 어떤 신발을 신고 있는지조차 신경 쓰이지 않았다. 그녀는 그동안 수없이 들었던 그 공원 부지를 직접 구경하고 싶었

---

*1 독일어로는 'Kammerjungfer'. 여자 귀족 중에서도 상류에 들어가는 귀족들을 모시는 여성을 일컫는 말.

다. 말을 타고 갈 수 없는 곳은 걸어서라도 돌아다녔다. 어느새 그녀는 공원 부지 모두를 둘러보고 평가를 내렸다. 성격 급한 그녀를 말리기란 쉬운 일이 아니었다. 같이 있는 사람들도 여러모로 피곤했지만, 가장 시달린 사람은 하녀들이었다. 쉴 틈도 없이 옷을 빨고, 다리고, 올을 풀어서 다시 꿰매야 했기 때문이다.

루치아네는 성관과 주변을 다 둘러보자마자 이 근방 전체를 방문하는 것이 자신의 의무라고 생각하기 시작했다. 말이든 마차든 무서운 속도로 달렸기 때문에, 실제로 그 범위는 훨씬 넓었다. 성관에는 답례차 방문 오는 손님들로 넘쳐났고, 마침내 손님들이 헛걸음하는 일이 없도록 특정한 날이 정해졌다.

살로테는 고모와 함께 약혼자의 비서를 상대로 결혼 문제를 조율하려고 애썼다. *² 오틸리에는 집 안에 이렇게 많은 사람이 드나드는 와중에도 아랫사람들과 함께 무엇 하나 부족한 것이 없도록 사냥꾼, 정원사, 어부, 상인까지 동원해 물품을 조달했다. 그렇지만 루치아네는 긴 꼬리를 남기는 유성처럼 여전히 활동적이었다. 그녀는 손님을 평범하게 대접하면 아무런 의미가 없다고 생각했다. 아무리 나이 든 사람이라도 그녀가 있으면 느긋하게 카드 놀이를 즐길 수가 없었다. 조금이라도 거동할 수 있는 사람이면 그녀에게 끌려 나와서—하긴 그렇게 매력적으로 달려드는데 움직이지 않을 사람이 누가 있으랴? 춤까지는 아니더라도 내기나 벌 받기 놀이, 수수께끼 놀이 등에 참여해야만 했다. 모든 놀이는—담보로 걸었던 키스를 받는 것도 포함해서—루치아네를 중심으로 계획된 것이었지만, 놀이에 참여한 사람들은 특히 남자라면 신분 고하를 막론하고 절대로 빈손으로 나가지 않았다. 오히려 그녀는 꽤 지위 높은 중년 신사 두어 명의 생일과 명명일을 알아내어 특별히 축하해 주었고, 그런 까닭에 그들의 마음을 완전히 사로잡았다. 그녀는 이런 일에 특별한 재능이 있어서, 그녀 앞에 있으면 모든 사람이 그녀가 자기에게 호감을 느끼고 있다고 생각했다. 그 뿐만 아니라 심지어 자기야말로 그녀가 가장 좋아하는 사람이라고 착각하곤 했다. 이런 착각은 인간이 빠지기 쉬운 약점인지라, 모임에서 가장 나이 많은 사람들도 그런 모습을 가끔 보였다.

---

*2 여기서는 결혼 전에 돈 문제를 확실히 해 두려는 것을 의미한다.

루치아네는 뭔가 중요해 보이는 남성, 예컨대 지위, 명성, 평판, 그 밖의 특별한 것을 지닌 남자들의 마음을 사로잡아 그들의 총명함과 신중함을 짓밟고 사리분별력 따위는 잊게 해서 자신의 자유분방하고 톡톡 튀는 성격에 호의를 느끼게끔 하려는 계획인 것 같았다. 하지만 젊은이들도 나름대로의 몫이 없는 것은 아니었다. 저마다 그녀에게 매혹되고 구속될 수 있는 지정 날짜와 시간을 갖고 있었기 때문이다. 그런 식으로 루치아네는 얼마 지나지 않아 건축가도 눈여겨보게 되었다. 그는 검고 긴 고수머리에 가려진 거침없는 시선으로 주위를 둘러보며 똑바른 자세로 침착하게 거리를 두고 서서 모든 질문에 간결하고 조리 있게 대답했다. 그러나 그 이상 깊은 대화를 나누고 싶어 하는 눈치는 조금도 보이지 않았다. 루치아네는 반은 분한 마음으로, 또 반은 교활한 마음에서 건축가를 어느 하루의 주인공으로 내세워서 자신의 추종자로 만들어 버리겠다고 결심했다.

루치아네가 그렇게 많은 짐을 가져온 것은 다 이유가 있었다. 사실 그녀가 도착한 뒤에 많은 짐이 도착했는데 끝없이 옷을 갈아입으려고 준비해 온 것들이었다. 그녀는 하루에도 서너 번씩 옷을 갈아입었는데, 아침부터 저녁까지는 정식 사교계 복장으로 갈아입는 것을 좋아했지만 이따금 농촌이나 어촌 여성, 요정이나 꽃의 정령으로 변장하기도 했다. 그녀는 노파 분장도 마다하지 않고, 늙어 보이는 두건 속에서 신선하고 앳돼 보이는 얼굴을 살며시 드러냈다. 실제로 그녀는 변장으로 현실과 상상을 뒤섞어 놓았기 때문에, 주위 사람들은 자신이 잘레 강에 사는 물의 정령*3과 친척이라도 되는 듯한 착각에 빠졌다.

그러나 루치아네가 이러한 분장을 하는 중요한 목적은 무언극이나 춤에 있었다. 그녀는 그런 것에서 다양한 성격을 표현하는 데 능숙했다. 그녀의 연기에 맞춰 간단한 피아노 반주를 하는 사람은 늘 그녀를 뒤따라 다녔다. 그렇게 간단한 약속만 하면 두 사람의 호흡은 척척 맞았다.

어느 날 격렬한 춤을 즐긴 뒤에 잠시 쉬고 있을 때였다. 루치아네의 얼굴에서 은근히 재촉해 주기 바라는 표정을 읽은 사람들은 짐짓 모르는 척 즉흥 연기를 보여 달라고 부탁했다. 그녀는 당황하고 놀란 척을 하며 평소답지 않

---

*3 페르디난트 카우어(Ferdinand Kauer, 1751~1831)가 쓴 가극 《도나우 여자》에 나오는 요부.

게 한사코 거절했다. 그녀는 좀처럼 결심이 서지 않는다는 표정으로 사람들에게 자기가 뭘 연기했으면 좋겠느냐 묻기도 하고, 공연장에서 그러는 것처럼 관객들에게 주제를 정해 달라고 말하기도 했다. 그러다가 그 피아노 반주자가 일어나 피아노 앞에 앉더니 장송곡을 연주하면서, 결국 미리 짠 것 같이 그녀에게 평소 완벽하게 연습한 아르테미시아*4를 연기해 보라고 요구했다. 그녀는 이 청을 받아들였다. 그리고 잠깐 사라지더니 곧 장송곡의 부드럽고 슬픈 음조와 함께, 과부가 된 왕비의 모습으로 유골 항아리를 앞에 들고 터벅터벅 등장했다. 그녀 뒤에 있던 한 사람은 커다란 흑판과 금으로 된 제도용 자, 끝이 뾰족하게 잘 깎인 분필을 들고 따라 나왔다.

그녀는 그녀를 숭배하고 도와주는 사람들 가운데 한 명에게 귓속말을 했고, 그 사람은 당장 건축가에게로 갔다. 그러고는 그 방면의 전문가인 건축가에게 마우솔로스 왕의 유명한 묘비를 그려 줄 것을 요청했다. 다시 말해 그에게 구경꾼이 아니라 같이 공연하는 사람으로서 연극에 일조해 줄 것을 부탁한 다음 거의 끌고 오다시피 그를 그 자리로 데리고 왔다. 건축가의 표정은 아주 난감해 보였다. 그도 그럴 것이 그의 옷은 몸에 꽉 끼고 현대적인 검은색 평복 차림이었기 때문에 얇은 사라사, 크레이프 천, 가장자리 장식, 구슬, 머리 장식 술, 왕관이 있는 루치아네의 공연 의상과 묘한 대조를 이루었다. 그는 곧 마음을 가다듬었는데 그 때문에 그의 모습은 더욱더 기이하게 보였다. 그는 시종 두어 명이 들고 있는 흑판 앞에서 매우 진지한 표정으로 서서 신중하고 정확하게 묘비를 그려 넣었다. 그것은 카리아의 왕보다는 랑고바르드족 왕에게 더 어울릴 것 같았지만, *5 아름답게 균형 잡히고 부분 장식들도 장엄하며 비범하게 표현되었다. 사람들은 그림이 진행되는 과정을 만족스레 바라보았고 완성되었을 때는 경탄을 금치 못했다.

그동안 건축가는 왕비 쪽은 거들떠보지도 않고 자신의 작업에만 몰두했다. 마침내 그가 왕비 앞에 머리를 숙임으로써 명령을 완수했음을 표시하자,

---

*4 기원전 350년 무렵 소아시아 카리아 왕국을 다스린 마우솔로스 왕의 아내. 그녀가 마우솔로스를 위해 세운 묘가 '마우솔레움'인데, 이 묘는 고대 7대 불가사의에 속한다고 알려져 있다.

*5 카리아는 소아시아 남서부에 존재했던 제후국으로 페르시아의 속국이었으며 로마의 통치를 받았다. 랑고바르드는 엘베 강 하류에 살았던 동게르만족의 일파로 773년 카를 대제에 의해 통일되고 오토 대제에 의해 병합되었다. 카리아의 왕보다 랑고바르드의 왕에 더 어울린다는 말은 건축가가 그린 그림이 오리엔트 문화보다 그리스도교 게르만 문화에 더 가깝다는 의미다.

그녀는 그에게 유골함을 내밀며 이것을 묘비 위에 그려 넣었으면 좋겠다고 말했다. 그 유골함은 그림의 전체 분위기와 어울리지 않았기에 그는 내키지 않았지만 그녀의 요구대로 그려 넣었다. 이로써 루치아네는 겨우 조바심에서 해방되었다. 애초에 그녀는 그가 훌륭한 그림을 그려 주기를 바란 것이 아니었다. 그가 기념비 같은 것을 대충 그려 놓고, 나머지 시간을 그녀에게 집중했다면, 그녀의 목적과 소망에 훨씬 들어맞았을 것이다. 그런데 그가 그 반대로 하자 그녀는 매우 당황했다. 그녀는 서서히 완성되어 가는 그림 앞에서 괴로워하기도 했고, 뭔가 지시나 암시도 해 보며, 칭찬을 건네 보는 등 분위기를 바꾸려고 무진장 애를 썼다. 심지어 한두 번은 어떻게든 관심을 끌어 보려고 그를 잡아끌기도 해 보았다. 그러나 건축가는 끝내 뻣뻣한 태도를 바꾸지 않았고, 그녀는 유골 단지를 끌어안고 하늘이나 올려다봐야 할 때가 한두 번이 아니었다. 그리고 마침내 똑같은 동작으로 효과를 끌어올려야 하는 처지가 되자, 마우솔로스 왕의 충실한 왕비라기보다는 에베소의 부정한 과부*6와 비슷해 보이는 것 같았다. 그러다 보니 공연은 점점 길어졌다. 평소에는 참을성 많은 피아노 반주자도 이 이상 어떻게 연주해서 장면을 모면해야 할지 알 수 없었다. 그는 유골 항아리가 피라미드 꼭대기에 놓인 것을 보자 신에게 감사할 지경이었고, 왕비가 건축가에게 고맙다는 의사를 표시했을 때 자기도 모르게 재미있는 곡을 치기 시작했다. 덕분에 무언극의 분위기는 뒤죽박죽되고 말았지만, 관객들은 아주 흥거워했다. 이들은 곧 두 편으로 나뉘어 루치아네에게 뛰어난 표현력을 칭찬했고, 건축가에게는 예술적이고 아름다운 그림에 대해 따뜻한 찬탄의 말을 아끼지 않았다.

특히 루치아네의 약혼자는 건축가와 열띤 대화를 나눴다. "정말 유감이군요." 그가 말했다. "이 그림이 금방 지워져야 한다고 생각하니 말입니다. 괜찮으시다면 이 그림을 내 방으로 가져가서 당신과 이 그림에 대해서 이야기를 나누고 싶습니다만."

건축가가 말했다. "이런 데 흥미가 있으시다면, 이런 종류의 건조물(建造物)이나 묘비를 세심하게 모사한 그림 몇 장을 보여 드리겠습니다. 이 그림은 그런 것 가운데 문득 생각난 것을 그린 것이니까요."

---

*6 라 퐁텐의 작품에 나오는 과부로, 남편이 죽은 뒤에 그 묘지에서 굶어 죽으려 했으나 금방 지조를 버리고 어떤 병사에게 몸을 바친다.

멀지 않은 곳에 서 있던 오틸리에가 두 사람 곁으로 다가와 건축가에게 말했다. "이 남작님에게 기회 닿는 대로 당신의 수집품들을 보여 주세요. 이분은 예술과 고대 문화의 애호가이시거든요. 두 분이 좀 더 친해지시면 좋겠네요."

루치아네가 달려와서 물었다. "무슨 얘기 중이에요?"

"예술품 수집에 대해서요." 남작이 대답했다. "이분이 갖고 계시는데, 기회가 닿으면 그것들을 보여 주시겠답니다."

"그것들을 당장 가져오시면 좋겠는데!" 루치아네가 외쳤다. "네? 당장 보여 주세요." 그녀는 부드럽게 건축가의 손을 잡고서 애교를 부리며 덧붙였다.

"지금은 때가 아닌 것 같은데요." 건축가가 대답했다.

"무슨 그런 소릴!" 루치아네가 명령조로 외쳤다. "여왕의 명령에 따르지 않겠다는 건가요?" 그러더니 이번에는 놀리는 어조로 조르기 시작했다.

"고집부리지 마세요!" 오틸리에가 목소리를 낮추어 그에게 말했다.

건축가는 머리를 숙이고 물러갔는데 그것은 긍정하는 것도 부정하는 것도 아니었다.

그가 떠나자마자 루치아네는 사냥개 한 마리와 홀 안을 이리저리 뛰어다니기 시작했다. 그러다가 우연히 어머니와 마주치자 한탄했다. "아! 정말 따분해요! 원숭이를 데려오지 못했단 말이에요. 하녀들이 데려오지 못하게 했거든요. 그것들은 순 자기들 맘대로예요. 덕분에 난 즐거움을 빼앗겨 버렸잖아요. 하지만 누군가를 보내서 원숭이를 반드시 데려오게 하겠어요. 하다 못해 원숭이 그림이라도 있다면 그걸로 만족할 텐데. 원숭이를 그림으로 꼭 그려 놓게 하겠어요. 그리고 절대로 곁에서 놓지 않을 거예요."

"어쩌면 너를 위로할 방법이 있을 것도 같구나." 샬로테가 말했다. "신기한 원숭이 그림이 잔뜩 든 두꺼운 책을 도서관에서 가져오도록 하마." 루치아네는 기뻐서 환호성을 질렀다. 그리고 얼마 지나지 않아 커다란 책이 날라져 왔다. 인간과 비슷할 뿐 아니라 화가의 손에 한층 더 인간화된 이 못생긴 생물의 그림을 보자 루치아네는 무척 반가워했다. 그리고 그녀는 이 동물 하나하나가 자신이 알고 있는 사람 가운데 누군가와 닮았다는 사실을 발견하고는 뛸 듯이 기뻐했다. "저 녀석은 삼촌을 닮지 않았어요?" 그녀가 버릇없이 외쳤다. "저 녀석은 장신구 장수 M씨를 닮았고, 저 녀석은 S목사님을 닮앉네요. 그리고 이 녀석은 누구더라? 그분, 그분을 빼다박았잖아요. 솔직하게 말하면 원숭이야말로 진짜 멋쟁이인데, 어째서 인간들은 원숭이를 사교계에서 빼놓는 건지 알 수 없어요."

그녀는 이 말을 사교계에서 했지만, 그것을 기분 나쁘게 생각하는 사람은 아무도 없었다. 그녀의 매력 앞에서 많은 것을 허용하는 데 익숙한 사람들은 지금도 그녀의 버릇없는 행동을 용서하고 있었다.

한편 오틸리에는 루치아네의 약혼자와 이야기를 나누고 있었다. 그녀는 건축가가 좀 더 진지하고 세련된 수집품들을 가져와서 이 모임을 원숭이 소동에서 해방시켜 주기를 바랐다. 그녀는 이런 마음을 품은 채 남작과 이야기하면서 그의 기대를 잔뜩 부풀려 놓았다. 그러나 건축가는 좀처럼 나타나지 않았다. 그리고 마침내 그가 돌아왔지만, 그는 좀 전에 무슨 이야기가 오갔는지 모른다는 듯 빈손으로 사람들 틈에 휩쓸렸다. 오틸리에는 어떻게 표현해야 좋을까? 그녀는 기가 막히고 화도 나고 당황스러웠다. 건축가에게 부드럽게 제안한 사람도 그녀였고, 루치아네를 한없이 사랑하면서도 그녀의 태도에 난처해하는 루치아네의 약혼자가 편하게 시간을 보내도록 배려하고 싶은 마음도 있었기 때문이다.

저녁 식사 때가 되어서야 원숭이 이야기는 사그라졌다. 끼리끼리 모여 놀고 춤추다가 결국 재미가 없어져 멍하니 앉아 있다가 이미 한풀 꺾인 흥을 살려 보려고 애쓰는 과정이 여느 때처럼 이날 밤에도 자정이 넘도록 이어졌다. 루치아네의 몸에는 아침에는 잠자리에서 나오지 못하고 저녁에는 잠자리에 들지 못하는 버릇이 배어 있었다.

이 무렵 오틸리에의 일기에는 사건 묘사가 드문 대신 삶과 관련되거나 삶에서 나온 격언과 잠언이 자주 나타난다. 그러나 그 대부분이 그녀 자신의 성찰에서 나올 리가 없는 만큼, 아마도 누군가에게 빌린 소책자 같은 데서 마음에 드는 부분을 골라 베껴 놓았을 것이다. 빨간 실로 표시해 놓은 부분을 보면 그 부분은 그녀의 마음과 한층 깊게 일맥상통하는 내용임을 알 수 있다.

오틸리에의 일기에서

우리가 미래 내다보기를 그토록 좋아하는 까닭은 불안정하게 흔들리는 불확실한 일을 자기가 바라는 방향으로 끌어당기고 싶어 하는 은밀한 마음 때문일 것이다.

많은 사람들 가운데 있으면, 그렇게 많은 사람들을 한 자리에 모이게 한 우연이 친구들을 우리에게 데려다주지 않을까 기대하게 된다.

아무리 세상과 거리를 두고 살려 해도, 어느새 우리는 채무자나 채권자가 되기 마련이다.

우리는 우리가 은혜를 베푼 사람을 만나면 곧 그 사실을 머리에 떠올리지만, 우리에게 은혜를 베풀어 준 사람을 만나면 그런 사실을 생각하지 않는다. 이러한 경우가 얼마나 많은가!

자기 생각을 남에게 알리고자 하는 것은 인간의 본능이고, 남이 알려 준 생각을 있는 그대로 받아들이는 것은 인간의 교양이다.

우리가 남의 말을 얼마나 왜곡해서 이해하는지 깨닫게 된다면, 아무도 사교 모임에서 많은 말을 하려고 하지 않을 것이다.

사람이 남의 이야기를 전달하면서 그 내용을 바꾸려 하는 것은 아마도 그가 그 사람의 말을 제대로 이해하지 못했기 때문이다.

다른 사람 앞에서 듣는 사람의 기분을 아랑곳하지 않고, 혼자 오래 이야기하는 사람은 반감을 불러일으킨다.

어떤 말이든 하고 나면 반대 의견을 불러일으킨다.

반박과 아첨은 대화의 질을 떨어뜨린다.

가장 유쾌한 모임은 구성원들 상호간에 밝은 마음이 존중되는 그런 모임이다.

인간이 무엇을 우습게 여기는가 하는 것보다 그 인간의 성격을 더 잘 드러내 주는 것은 없다.

우습다는 감정은 감성 앞에서 윤리적으로 대비되는 두 가지가—다만 해롭지 않은 방식으로—하나로 결합할 때 생긴다.

감성적인 사람은 웃을 거리가 없을 때도 자주 웃는데 그에게 활기를 주는 것이 어떤 것이든 그 사람 내부의 쾌감이 밖으로 드러나는 것이다.

재주가 있는 사람은 만사를 우스꽝스럽게 생각하며, 현명한 사람은 그 어떤 것도 우스꽝스럽게 생각하지 않는다.

어떤 노인이 젊은 여성의 꽁무니를 쫓아다니는 것을 보고 한 남자가 핀잔을 주자, 그 노인은 대답했다. "그건 회춘하기 위한 유일한 수단일세. 그리고 회춘은 누구나 원하는 것이지."

인간은 자신의 결점 때문에 지적당하거나 벌 받을 때에는 인내한다. 이처럼 인간은 자신의 결점 때문이라면 퍽 많은 것을 참아 내지만 그 결점을 고쳐야 할 때에는 인내심을 잃는다.

어느 정도의 결점은 개인의 삶에 필요한 요소이다. 오랜 친구가 어떤 습관을 버린다면 우리는 아마 아쉬워할 것이다.

누군가가 평소답지 않게 행동하면 사람들은 말한다. "죽을 날이 머지않았나 보군."

너그럽게 넘겨도 되고, 키워 나가도 되는 결점이란 어떤 것인가? 그런 결점들은 다른 사람에게 상처를 주기보다 기분 좋게 만들어 주는 것들이다.

열정은 어떤 때는 결점이지만, 어떤 때는 미덕이다. 어쨌거나 고양된 결점이자 고양된 미덕인 것이다.

우리의 열정은 진정한 불사조다. 늙은 불사조가 불타 죽으면 그 재에서 새로운 불사조가 나온다.

격한 열정은 불치병이다. 이 병은 고치려고 하면 할수록 오히려 더 심해진다.

열정은 고백으로 강해지기도 하고 완화되기도 한다. 우리가 사랑하는 사람들에게 그 사랑을 숨기거나 고백할 때에는 중용의 덕이 반드시 필요하다.

제5장

그렇게 루치아네는 사교의 소용돌이에서 삶에 도취한 사람들을 부추기거
나 휘어잡으며 도를 더해 갔다. 많은 사람들은 그녀가 벌이는 소동에 흥분하
고 매료되었으며 그녀도 호의나 친절을 보여 주며 그 사람들을 끌어 들이는
데 능했다. 그러므로 그녀를 추종하는 사람의 수는 나날이 늘어 갔다. 그녀
는 돈을 펑펑 써댔다. 고모와 약혼자의 애정 덕분에 아름답고 진기한 것들이
우르르 쏟아지자 그녀는 자기에게 무엇이 필요한지, 주위에 산더미처럼 쌓
인 물건들의 값어치가 얼마나 되는지도 모르는 것 같았다. 예컨대 그녀는 다
른 사람보다 초라하게 입은 여성을 보면 조금도 망설이지 않고 자신의 비싼
숄을 끌러서 걸쳐 주었다. 그것도 아주 장난스럽고도 세련된 방식으로 했기
때문에 아무도 그러한 선물을 거부할 수 없었다. 그녀의 추종자 가운데 한
사람은 언제나 지갑을 들고 다니며 그녀의 대리 역할을 충실히 했다. 즉 지
나가는 마을마다 가장 나이 든 사람과 병든 사람을 수소문해서 일시적으로
나마 그 상태가 나아지도록 해 주었다. 덕분에 루치아네는 이 고장에서 훌륭
한 인격자라는 별명을 얻었는데, 그녀는 이 별칭이 가끔은 부담스러웠다. 그
명성을 들은 빈곤층들이 벌떼같이 몰려들었기 때문이다.

그런데 무엇보다 루치아네의 명성이 그만큼 높아진 것은 한 불행한 젊은
이에게 그녀가 고집스러우리만큼 친절하게 대했기 때문이었다. 이 젊은이는
잘생기고 인물이 훤칠한 남자였는데, 전투에서 오른팔을 잃은 뒤(그것은 명
예로운 일임에도) 사람들과의 교류를 피해 살고 있었다. 팔을 잃은 탓에 마
음도 우울했고, 새로 알게 된 누군가에게 사고 경위를 설명하기도 귀찮았기
때문이다. 그는 차라리 은둔해서 책 읽기나 다른 연구에 몰두하며 세상과는
인연을 끊고 살 생각이었다.

루치아네는 우연히 이 젊은이의 소문을 듣게 되었다. 그는 그녀의 초대를
받고 처음에는 작은 모임에, 다음에는 조금 큰 모임에, 그다음에는 많은 손

님이 모이는 화려한 저녁 모임에 참석하게 되었다. 그녀는 그를 대할 때마다 다른 누구에게보다도 우아한 태도를 취했다. 특히 그녀는 성가실 정도로 부지런히 시중을 들며 그의 오른팔 노릇을 자청했다. 그는 자신의 부상이 오히려 고마울 지경이었다. 그녀는 식사 때면 꼭 그를 자기 옆에 앉게 했다. 접시 위의 음식을 자르는 것도 그녀가 대신 해 주었기에 그는 포크만 사용하면 되었다. 연장자나 지위 높은 사람들이 그녀의 옆자리를 차지하면 그녀는 식탁 저 끝에도 신경을 썼고, 하인들은 그 지시에 따라 그에게 달려가 그녀가 할 수 없는 시중을 대신 들어 주곤 했다. 드디어 루치아네는 그에게 용기를 북돋워 왼손으로 글씨를 쓰게 했다. 그는 글씨 연습한 것을 늘 그녀에게 편지로 보내야 했다. 그리하여 그와 그녀의 관계는 함께 있으나 떨어져 있으나 항상 그와 이어져 있었다. 젊은이는 이게 꿈인지 생시인지 모를 정도였다. 정말이지 그는 그녀를 만난 이래로 새로운 인생을 살기 시작하게 된 것이다.

어쩌면 루치아네의 이러한 태도는 그녀의 약혼자로서는 불쾌했겠다고 생각할 수도 있다. 그러나 사실은 반대였다. 그는 이러한 노력 때문에 그녀를 더 높이 평가했다. 또한 그녀는 조금이라도 난처한 상황은 단호히 거절하는 극단적인 성격의 소유자임을 알고 있었기에 더욱더 흔들리지 않았다. 루치아네는 누구라도 자기 마음대로 휘두르고 싶어 했으며, 누구든 한번쯤은 그녀의 도발을 받거나 질질 끌려다니는 등의 위험에 처해 있었다. 그러나 그 누구도 그녀에게 똑같은 방식으로 대응해선 안 되었다. 또한 그녀를 마음대로 건드려서도, 그녀가 행사하는 자유를 자기도 행사해서는 안 되었다. 그런 식으로 루치아네는 남에게는 매우 엄격하게 굴어도, 자신은 관습이 규정하는 한계를 아무 때라도 넘는 것을 당연하게 생각했다.

일반적으로 말해 그녀는 칭찬과 비난, 호의와 반감을 절반씩 받는 것을 생활신조로 여기는 듯했다. 사람들의 마음을 자신의 지배 아래 두려고 갖은 노력을 하면서도, 아무에게나 무자비한 독설을 퍼부어 그 노력을 물거품으로 만들기 일쑤였기 때문이다. 그리하여 어느 이웃을 방문하거나 어느 성관이나 저택에서 친절한 대접을 받아도, 돌아올 때면 자기가 모든 사람의 삶을 우스꽝스러운 측면에서만 관찰한다는 것을 거리낌없이 드러냈다. 이를테면 그 집에는 누가 먼저 결혼하느냐를 놓고 쓸데없이 겸양의 미덕을 발휘하다가 혼기를 놓쳐 버린 삼형제가 있다는 둥, 이 집에는 작고 젊은 여자가 크고 늙은 남자와 살고 있고 반대로 저 집에는 작고 활달한 남자와 둔하고 덩치 큰 여자가 살고 있다는 둥, 어떤 집에는 발을 내디딜 때마다 아이가 발에 채일 지경인데 어떤 집은 아이들이 없어서 손님이 아무리 많이 와도 집 안이 텅 빈 것 같다는 둥, 어떤 노부부는 법정상속자가 없으니 어서 죽어 없어지는 게 좋겠으며, 저기 사는 젊은 부부는 가정을 꾸릴 위인들이 아니니 여행이라도 떠나는 게 낫겠다는 식이었다. 그녀는 사람들에게 뿐만 아니라 건물, 가재도구, 그릇 같은 사물에 대해서도 그랬다. 특히 벽장식에 대해서는 신이 나서 떠들었다. 가장 오래된 고블랭*1직 벽걸이에서 최신 벽지에 이르기까지, 가장 위엄 있는 조상들의 초상화에서 경박한 동판화에 이르기까지 어느 것 하나 그녀의 조롱을 피할 수 없었으며 어느 것 하나 그녀의 무시무시한 비평에 물어뜯기지 않는 것이 없었다. 그러므로 그녀의 사방 5마일 이내에 아직 살아 있는 것이 있다면 놀라울 정도였다.

그러나 진짜 악의가 있어서 이처럼 무조건 부정하고 드는 것은 아니었다. 대개 그런 행동의 원인은 방약무도한 오만함에 지나지 않았으나, 그녀의 진짜 신랄함은 오틸리에를 대하는 태도에서 나타났다. 이 사랑스러운 처녀의 조용하고 부지런한 성격은 모두의 인정과 칭찬을 받았지만, 루치아네는 그 것을 경멸의 시선으로 내려다봤다. 우연히 오틸리에가 정원과 온실을 얼마나 열심히 돌보는가 하는 것이 화제에 올랐을 때도 루치아네는 지금이 엄동설한인 것을 무시한 채 왜 꽃이나 과일이 보이지 않는지 모르겠다며 그 칭찬을 비웃었다. 그뿐만 아니라 이후부터는 푸르고 가지 돋은 것이면 무엇이든, 심지어 조금이라도 싹을 틔운 것까지 다 따 와서 방과 식탁을 장식하는 데 아낌없이 써 버렸다. 오틸리에와 정원사는 자신들의 아름다운 희망이 내년 어쩌면 아주 오랜 기간에 걸쳐 파괴되어 가는 것을 볼지도 모르겠다는 생각에 적잖이 마음의 상처를 입었다.

또 루치아네는 오틸리에가 평온하게 집안일만 하게 놔두지 않았다. 오틸리에는 소풍과 썰매타기, 이웃에서 열리는 무도회에 따라다녀야 했다. 루치아네는 눈이나 추위, 세찬 밤바람 따위로 죽었다는 사람은 없으니 그 정도로 겁낼 것이 없다고 주장했다. 여린 오틸리에는 그런 일로 적잖이 시달렸지만,

---

그렇다고 해서 루치아네에게 득이 되는 것은 아무것도 없었다. 오틸리에는 아주 간소한 복장으로 외출해도 누구에게나 아름다워 보였기 때문이다. 적어도 남자들에게는 언제나 그렇게 보였다. 그녀가 넓은 홀의 구석에 있어도 남자들은 그 부드러운 매력에 이끌려 그녀 주위로 몰려들었다. 루치아네의 약혼자조차 오틸리에와 자주 이야기를 나누었다. 특히 자신이 몰두하는 어떤 일에 오틸리에의 조언과 협력을 얻고 싶었으므로 그런 경우는 꽤 많았다.

약혼자는 그사이 건축가와도 친해졌다. 약혼자는 건축가의 예술 소장품을 구경한 계기로 역사적인 것에 대해서 많은 이야기를 나누었고, 그 밖의 다른 것을 통해, 특히 예배당을 견학하면서 그의 재능을 높이 평가하게 되었다. 남작은 젊고 부유했고 수집에 조예가 깊었다. 또한 그는 건축도 해 보고 싶어 했지만 관심에 비해 지식은 빈약했다. 그래서 그는 건축가를 몇 가지 목적을 동시에 이루게 해 줄 가장 이상적인 협력자라고 생각했다. 그는 미래의 아내에게 이런 계획을 알려 주었고, 그녀는 남작의 생각을 칭찬하며 그 제안에 전적으로 찬성했다. 하지만 어쩌면 그것은 건축가의 재능을 빌려 계획을 이루겠다는 목적보다, 오틸리에에게 사랑 비슷한 감정을 품고 있는 그를 오틸리에에게서 떼어 놓기 위해서였다. 건축가는 루치아네의 즉흥적인 놀이를 성실하게 도왔고 이런저런 행사가 있을 때도 조언을 아끼지 않았다. 그녀는 늘 자기가 그보다 더 유능하다고 생각했지만, 사실 그녀가 생각해 내는 것은 대개 너무나도 평범했다. 그랬기에 노련하고 숙련된 시종만 있으면 뛰어난 예술가의 손은 빌리지 않고도 실행할 수 있었다. 누군가의 생일이나 기념일을 화려하게 축하할 때도 그녀의 상상력의 범주는 제물을 바치는 제단이라든가 석고 두상이건 살아 있는 두상이건 간에 그 위에 화관을 씌워 주는 것 이상을 넘어서지 못했다.

오틸리에는 건축가가 이 집안과 어떤 관계냐고 묻는 루치아네의 약혼자에게 자세한 사정을 설명할 수 있었다. 그녀는 샬로테가 이미 오래전부터 그를 위해 일자리를 찾고 있다는 사실을 알고 있었다. 모든 건축공사는 겨울이 가기 전에 중단될 예정이었고 또 그럴 수밖에 없었으므로, 만일 루치아네 일행이 이 집에 오지 않았더라면 건축가는 예배당이 완성됨과 동시에 떠나야만 했다. 따라서 이 뛰어난 예술가가 새로운 후원자 덕분에 다시 활용되고 후원받게 된다면 매우 바람직한 일이었다.

건축가와 오틸리에의 사적인 관계는 전적으로 순수하고 깨끗했다. 다정하고 적극적인 그가 곁에 있어 주면 그녀는 친오빠가 옆에 있는 듯 즐겁고 편안했다. 그에 대한 그녀의 감정은 격렬하게 요동치는 파도가 아닌 혈육 간의 애정처럼 평온하고 무덤덤한 것이었다. 그도 그럴 것이 이미 그녀 마음에는 빈 공간이 없었다. 그녀의 마음은 에두아르트에 대한 사랑으로 가득 차 있었고, 그녀의 마음을 에두아르트와 공유할 수 있는 존재가 있다면 그것은 삼라만상 안으로 뚫고 들어올 수 있는 신성(神聖)뿐이었다.

겨울이 깊어지고 날씨가 사나워져 길 다니기가 힘들어질수록, 이런 즐거운 모임으로 점점 짧아지는 하루를 보내는 것은 전보다 더 사람들의 마음을 끌어당겼다. 손님들의 발길이 뜸해진 것도 잠시, 곧 성관은 다시 많은 사람으로 붐비게 되었고, 꽤 멀리 떨어진 주둔지에서도 장교들이 몰려왔다. 교양 있는 장교들은 크게 환대받았고, 거친 장교들은 짐짝 취급을 받았다. 군복을 입지 않은 방문객들도 적잖이 있었다. 그러던 어느 날, 아주 갑작스럽게 그 백작과 남작부인의 마차가 도착했다.

그들의 등장으로 비로소 본격적인 궁정 사교계가 출현한 것 같았다. 신분이며 집안이 그보다 낮은 남자들은 백작 주위를 에워쌌으며, 여자들은 남작부인을 깍듯이 모셨다. 사람들은 이 두 사람이 함께 나타나 아무 거리낌 없이 지내는 것을 보고도 놀라지 않았다. 백작의 부인이 죽었기에 이제 일정한 시간만 지나면 두 사람이 새로 결합할 거라는 사실을 알고 있었기 때문이다. 오틸리에는 그들이 처음 왔을 때 결혼과 이혼, 만남과 헤어짐, 희망, 기대, 상심과 체념 등에 관해 이야기했던 것을 한 마디 한 마디 떠올렸다. 당시만 해도 아무 가능성도 없었던 두 사람이 이제는 그토록 바랐던 행복에 가까이 다가서 있다니……. 그녀는 저도 모르게 가슴에서 깊은 한숨이 흘러나왔다.

루치아네는 백작이 음악 애호가라는 말을 듣자마자 음악회를 기획했다. 그녀는 자신이 직접 기타를 치면서 자신의 아름다운 목소리를 자랑할 생각이었고, 그렇게 해서 음악회는 시작되었다. 음악회의 기타 연주는 훌륭했고 목소리도 듣기 좋았다. 그러나 가사에 관해 말하자면, 보통 독일 여성이 기타를 치며 노래할 때처럼 거의 한 마디도 알아들을 수 없었다. 그래도 사람들은 그녀의 노래가 아주 정취(情趣)가 풍부했다고 입을 모아 칭찬했고, 그녀는 우레와 같은 박수를 받으며 매우 흡족해했다. 그런데 이때 기묘하고도 불행한 사건이 벌어졌다. 그 자리에는 시인이 한 명 있었는데, 루치아네는 그 시인이 자신에게 시 몇 편을 써 주기를 바랐고 특별히 그의 주목을 끌고 싶었다. 그래서 그날 밤은 주로 그의 시를 노래했다. 시인은 모든 사람이 그러하듯이 그녀를 아주 정중하게 대했지만, 그녀가 기대했던 것은 정중함 그 이상이었다. 그녀는 그런 마음을 두어 번 은근슬쩍 내비쳤으나, 그에게서는 그 이상의 반응이 없었다. 결국 그녀는 참지 못하고 추종자 한 사람을 그에게 보내, 자신의 훌륭한 시가 그토록 아름답게 노래되는 것을 듣고 매료되지는 않았냐고 떠보았다. "그게 제 시들이었단 말인가요?" 시인이 놀라워하며 대답했다. "죄송합니다만 전 모음밖에 들리지 않던걸요. 그것도 일부만요. 하지만 그건 별개로 치고, 그 친절한 의도에는 진심으로 감사드립니다." 추종자는 아무 대답도 하지 않았고, 루치아네에게 그 말을 전하지도 않았다. 시인은 그녀에게 그럴싸한 찬사를 해서 이 상황에서 벗어나려고 했다. 그녀는 시인에게 특별히 자기를 위해 시를 지어 줬으면 좋겠다는 의사를 충분히 암시했다. 만일 예의 따위를 무시해도 좋다면, 시인은 차라리 그녀에게 알파벳이라도 건네주면서 그것을 가지고 기존 곡에 맞춰 마음에 드는 찬가라도 만들라고 말하고 싶었을 것이다. 어쨌거나 이 사건은 루치아네에게 모욕적인 결말로 끝났다. 그로부터 며칠 지나지 않아 루치아네는 이 시인이 그날 밤 오틸리에가 좋아하는 곡의 선율에 맞춰 아름다운 시를 지어 주었으며, 그 시는 단순히 경의 그 이상의 내용이었다는 사실을 들었다.

루치아네 같은 부류의 사람들은 이로운 것이나 불리한 것을 가리지 않고 뒤섞어 버리는 것이 특기다. 이번 기회에 그녀는 낭송으로 자신의 운과 성공의 정도를 시험해 볼 생각이었다. 그녀의 기억력은 나쁘지 않았지만, 솔직하게 말해 그녀의 낭송은 생기도 없고, 쓸데없이 시끄럽기만 하지 열정적인 구석은 전혀 없었다. 그녀는 발라드와 산문, 낭독대본집에 단골로 등장하는 이야기를 낭송했는데, 낭송하면서 몸짓을 곁들이는 불행한 버릇을 실행했다. 이 때문에 본디 서사적이거나 서정적이었던 이야기는 불쾌하게도—극적인 것과 결합하는 대신—극적인 것과 뒤죽박죽 엉키고 말았다.

다행인지 불행인지, 통찰력이 풍부한 백작은 이 모임의 성격과 그들의 성향, 열중하는 대상, 취미 등을 금방 꿰뚫어 보고서 루치아네에게 그녀의 개성에 좀 더 들어맞는 새로운 무대를 꾸며 보라고 권했다. 그가 말했다. "여기에는 회화적인 동작이나 자세를 몸으로 표현할 줄 아는 잘생긴 사람들이 많은 것 같군요. 여러분은 유명한 그림의 정경을 직접 연기로 표현해 본 적이 없으신가요? 그런 활인화(活人畫)*²를 준비하기엔 퍽 까다롭지만, 믿을 수 없을 만큼 엄청난 매력을 발산하지요."

루치아네는 이것이야말로 자신의 개성을 완벽하게 드러낼 무대임을 간파했다. 훤칠한 키, 군살 없는 몸매, 반듯하고 인상적인 생김새, 밝은 담갈색의 많은 머리, 가느다란 목…… 그녀의 모든 것이 그림을 위해 만들어진 것 같았다. 자신이 움직이지 않고 가만히 있는 편이 눈에 거슬릴 정도로 어색하게 몸을 움직이는 것보다 아름답게 보인다는 사실을 알아챘더라면, 그녀는 더욱더 열심히 활인화에 몰두했을 것이다.

사람들은 유명한 그림을 보고 만든 동판화들을 찾았고, 결국 비잔틴 제국의 명장을 그린 반다이크*³의 〈벨리사리우스〉*⁴가 선택되었다. 나이 지긋하고 풍채가 좋은 남자는 몰락하고 눈먼 장군이 앉아 있는 모습을 흉내 냈고, 건축가는 그 장군 앞에 동정하고 슬퍼하며 서 있는 병사를 연기하기로 했다. 건축가는 그 병사와 매우 잘 어울렸다. 루치아네는 조금 겸손한 자세로 뒤에 서 있는 젊은 여성을 택했는데, 이 여성은 적선하기 위해 지갑에서 돈을 잔뜩 쏟아 손바닥 위에 올려놓고 있었고 그 옆에서는 한 노파가 지나치다고 경고하는 표정으로 서 있었다. 장군에게 이미 적선하고 있는 다른 여성의 역도 빠지지 않았다.

사람들은 그 그림을 비롯하여 이런저런 그림에 깊이 몰두했다. 백작이 건축가에게 어떤 것을 설치해야 할지 몇 가지 요점을 알려 주자, 건축가는 당장 무대를 세우고 조명 준비에도 나섰다. 이 준비에 모든 사람이 깊이 빠져든 뒤, 사람들은 이러한 계획에는 상당한 비용이 들며 한겨울의 시골에서는 구할 수 없는 것들이 많다는 사실을 깨달았다. 그러자 루치아네는 모든 준비가 차질 없이 진행되도록, 자기가 가진 옷을 거의 다 재단해서 화가들이 등

---

*2 독일어로는 lebendiges Bild. 살아 있는 사람들이 명화나 조각에 나오는 장면을 그대로 흉내 내어 말없이 부동자세로 있는 것으로 18세기 프랑스에서 생겨나 독일에도 전파되었다. 18세기 말에는 무도회와 같은 사교계의 주요한 행사로 자리 잡았다.

*3 Antonis van Dyck(1599~1641). 바로크 시대 화가.

*4 벨리사리우스(505?~565). 동로마 제국 장군.

장인물들에게 입힐 수 있도록 다양한 의상을 만들었다.

저녁이 되었다. 사람들이 많이 모인 가운데 우렁찬 갈채를 받으며 활인화가 시작되었다. 의미심장한 음악이 분위기를 돋우었고 〈벨리사리우스〉의 막이 올랐다. 모든 배우는 각자 적절한 역할을 맡았고 색채 배합도 훌륭했으며 조명도 예술성이 넘쳐서 관객들은 실로 딴 세상에 와 있는 것처럼 느꼈다. 다만 그림 속 가상의 위치에 현실이 존재한다는 사실이 어떤 불안감을 불러일으켰다.

막이 내린 뒤에도 관객들의 요구로 몇 번씩 다시 막이 올라갔다. 간주곡도 모임을 즐겁게 했다. 연기하는 사람들은 더 고차원의 그림을 보여 주어 관객들을 놀라게 할 준비를 했다. 그것은 푸생*5이 구약성서에서 소재를 가져온 그 유명한 〈아하스베루스와 에스더〉*6의 정경이었다. 루치아네는 먼젓번보다 자신의 역할이 더 부각되도록 미리 신중하게 구상해 두었다. 그녀는 의식을 잃고 쓰러지는 왕비를 연기하면서 자신의 매력을 모두 펼쳐 보였다. 게다가 영리하게도 자기 주위에 서 있다가 부축해 주는 시녀들 역으로는 귀엽고 아름답기는 하지만 자신의 미모보다 훨씬 뒤처지는 소녀들을 골라 놓았다. 오틸리에는 다른 장면에서 그랬던 것처럼 이 장면에서도 제외되었다. 금빛으로 빛나는 왕좌 위에는 가장 건장하고 잘생긴 남자가 선발되어 제우스와 어깨를 나란히 할 만한 위대한 왕을 연기했다. 그 장면은 정말로 비교할 데 없이 완벽했다.

세 번째 정경으로는 테르보르흐*7의 이른바 《아버지의 훈계》가 선택되었다. 우리나라의 빌레*8가 이 그림을 본떠 만든 뛰어난 동판화를 모르는 사람이 있을까? 이 그림은 고귀한 기사로 보이는 아버지가 다리를 꼬고 앉아서, 자기 앞에 서 있는 딸의 양심에 대고 설득하는 것처럼 보인다. 주름이 풍성한 흰 비단옷으로 아름다운 몸을 감싼 딸은 뒷모습밖에 보이지 않지만, 어느 부분을 봐도 그녀가 긴장하고 있음을 알 수 있다. 그래도 아버지의 훈계가

＊5 Nicolas Poussin(1594~1665). 프랑스 화가. 특히 풍경화와 역사화에서 두각을 나타냈다.
＊6 아하스베루스와 에스더의 이야기는 구약 에스더서에 나온다. 여기서 에스더는 아하스베루스에게 자신이 유대인임을 고백하기 전에 두 번이나 실신한다.
＊7 Gerard Terborch(1608~1681). 네덜란드 화가.
＊8 Johann Georg Wille(1715~1808). 헤센 출신 동판 제작자로 베를린과 파리에서 활동했다.

결코 격하거나 수치심을 주는 정도는 아님은 아버지의 표정과 몸짓에서 느껴진다. 어머니로 말하자면, 지금 막 마시려고 하는 포도주 잔 속을 바라봄으로써 당혹스러움을 숨기려고 하는 듯했다. [*9]

이제 루치아네는 그녀 인생에서도 두 번 다시 없을 만큼 아름다운 모습으로 등장해야 했다. 그녀의 땋은 머리, 잘생긴 두상, 목과 목덜미는 뭐라 형용할 수 없을 만큼 아름다웠고, 어느 누구와도 견줄 데 없이 가느다랗고 날씬하고 날렵한 허리는―현대 여성들이 고대풍 의상을 입었을 때는 별로 눈에 띄지 않지만―17세기풍 의상을 휘감자 매혹적이고 선명한 곡선을 드러냈다. 또 건축가는 흰 비단의 풍부한 주름들이 자연스럽게 잡히도록 매만졌다. 이러한 요소들이 모두 어우러져, 이 살아 있는 모방 작품은 의심할 여지없이 원래의 그림을 훨씬 능가했다. 이는 보는 이의 마음을 사로잡았다. 사람들은 끝없이 앙코르를 외쳤다. 그토록 아름다운 미인의 뒷모습은 충분히 봤으니 이제는 정면에서 보고 싶다는 관객들의 소망도 점점 커져 갔다. 참다못한 어느 익살꾼이 흔히 책 마지막 장에 쓰여 있는 문구를 인용해서 "뒷면 참조!"라고 큰 소리로 외치자, 모든 사람이 입을 모아 그의 말에 동의했다. 그러나 연기자들은 자신들의 장점이 어디서 나오는지 잘 파악하고 있었고, 이 예술 작품의 의미도 잘 이해하고 있었기에 관객들의 외침에 응하지 않았다. 수치스러운 표정을 짓고 있을 것 같은 딸은 뒤돌아선 자세를 유지해서 관객에게 자신의 표정을 보여 주지 않았다. 아버지도 훈계하는 자세로 계속 앉아 있었고, 어머니도 마시는 것처럼 보이지만 조금도 줄지 않은 포도주가 담긴 투명한 잔에서 코와 눈을 들려 하지 않았다. 그 뒤 네덜란드파 회화의 주막이나 새해 시장 정경을 선택한 몇 가지 장면이 연기되었으나, 거기에 대한 자세한 설명은 필요 없을 것이다.

백작과 남작부인은 빠른 시일 내에 결혼식을 올리고 행복한 신혼을 몇 주 보낸 뒤에 다시 이곳을 방문하겠다는 약속을 남긴 채 여행을 떠났다. 샬로테는 지난 두 달 동안 피곤하게 보낸 뒤여서 이제 나머지 손님들도 그만 돌아가 주었으면 했다. 그녀는 딸의 약혼과 청춘이 불러온 도취 상태가 누그러지기만 하면 이제 딸의 행복은 확실하다고 생각했다. 딸의 약혼자는 자신이 이

[*9] 이 그림의 의미에 대해서는 다른 해석도 있다. 즉 딸을 사랑으로 꾸짖는 아버지의 모습을 그린 것이 아니라 윤락가에서 흥정하는 성매매자의 모습을 그린 것이라는 것.

세상에서 가장 행복한 사나이라 믿고 있었고, 막대한 재산과 소박한 마음을 가진 이 남자는 온 세상의 인기를 독차지한 여성을 소유하게 되었다는 생각에 의기양양해하고 있었다. 그는 독특하게도 모든 일을 먼저 그녀와의 관계에서 생각하고 나서야 자신과 관련지어 생각했다. 그래서 새로 온 사람이 그녀에게 전적으로 주의를 기울이지 않거나, 그녀보다 그와 더 가까워지고 싶어 하면—그의 착한 심성에 반한 노인들이 특히 그랬다—그는 기분이 상했다. 건축가와의 일은 곧 좋게 해결되었다. 건축가는 새해가 다가오면 그를 따라 도시에 가서 사육제를 함께 보내기로 했다. 루치아네는 도시에 가면 그토록 훌륭했던 활인화도 재현하고 그 밖에 갖가지 즐거움도 누릴 수 있으리라는 행복감에 그날을 손꼽아 기다렸다. 더욱이 고모와 약혼자는 그녀를 만족시키기 위해서라면 아무리 막대한 비용도 아끼지 않을 것처럼 보였기에 그녀는 더욱더 기대에 들떴다.

그리하여 작별할 시간이 왔지만, 그저 평범하게 출발할 수는 없었다. 누군가가 이러다간 샬로테의 겨울 식량도 바닥날 거라고 큰 소리로 농담을 하자, 활인화에서 벨리사리우스를 연기했으며 루치아네의 매력에 새삼 빠져들어 마음을 빼앗겨 버린 한 돈 많은 신사가 그 말을 듣더니 별 생각 없이 이렇게 외쳤다. "그렇다면 폴란드식으로 처리합시다! *[10] 모두 우리 집에 오셔서 식량을 바닥내 주세요! 앞으로는 이렇게 순서대로 돌아가면 되지요." 속전속결이었다. 루치아네는 대찬성하며 그 제안을 받아들이고 다음 날 당장 짐을 꾸렸다. 사람들은 벌떼처럼 우르르 새 영지로 몰려갔다. 그 저택도 충분히 넓긴 했지만 그다지 편안하지 않았고 시설도 샬로테의 영지보다 갖추어지지 않았다. 그리하여 여러 우스꽝스러운 상황이 연출되었지만, 루치아네는 이런 상황이 더없이 즐거웠다. 생활은 점점 더 황량하고 거칠어졌다. 아무리 눈이 많이 쌓여도 몰이사냥을 나갔고, 불편하기만 한 행사도 계속해서 진행되었다. 남자든 여자든 절대로 모임에서 빠져서는 안 되었다. 그렇게 사람들은 사냥에 몰두하고 승마를 즐기며 썰매를 타고 환호성을 지르면서 이 영지에서 저 영지로 옮겨 다니며 마침내 궁정이 있는 도시 근처까지 왔다. 그러자 이번에는 궁정과 도시에 어떤 즐거움이 있는지 하는 소문과 이야기가 상

---

*10 공동으로 비용을 대자는 의미.

상력을 자극하여 공상의 방향을 돌려놓았다. 루치아네는 일행과 함께—고모는 이미 떠나고 없었지만—새로운 삶 속으로 빠르게 휩쓸려 들어가고 있었다.

오틸리에의 일기에서

세상 사람들은 남이 연기하는 모습대로 그 사람을 판단하지만 자신 역시 어떤 역할을 연기해야만 한다. 사람들은 눈에 띄지 않는 사람을 봐 주기보다 차라리 불쾌한 사람을 참아 내는 편을 더 좋아한다.

사교계에 모이는 사람들에게는 그 어떤 것을 강요해도 괜찮지만, 어떤 결과를 부르는 일만큼은 안 된다.

우리는 우리에게 찾아온 사람을 제대로 알지 못하기에 그 사람의 성품을 알려면 우리가 먼저 그를 찾아가야 한다.

흔히 사람들은 우리가 방문객의 결점을 여러 가지로 들춰내고, 그들이 가자마자 무자비하게 비평하는 것을 자연스러운 일이라고 생각한다. 자기 집에서는 그들을 자신의 척도에 따라 비평할 권리가 있기 때문이다. 이성적이고 공정한 사람들조차 그럴 때는 날카로운 판단력의 잣대를 들이대곤 한다.

그와 반대로 남의 집에 가서, 그들이 환경, 습관, 필연적이고 불가피한 상황에서 어떻게 주위에 반응하고 적응하는지를 관찰한 다음에는 상황이 뒤바뀐다. 그런 뒤에도 그들의 삶을 업신여긴다면 그는 몰지각하고 악의적인 사람이다. 타인의 삶은 다양한 의미에서 우리가 존경해야 할 것이다.

보통 강요로만 이루거나, 또는 강요로도 이룰 수 없는 것을 우리는 예의 또는 좋은 법도로 이루어야 한다.

여성과의 교제는 미풍양속의 기본요소이다.

성격, 즉 개인의 고유성은 어떻게 해야 예의범절과 양립할 수 있을까?

개성은 예의범절을 통해야만 진정으로 고취된다고 생각한다. 누구나 눈에 띄기를 원하지만, 그것이 남을 불쾌하게 만들어서는 안 된다.

사교계에서, 또 인생을 통틀어 교양 있는 군인만큼 가치 있는 존재는 없다.

거친 병사들은 적어도 '거친 병사'라는 규정된 성격을 벗어나는 일이 없다. 그리고 대개 그러한 강인함 뒤에는 착한 품성이 숨어 있기 때문에 불가피한 경우에는 그들과 잘 지낼 수 있다.

서투른 민간인만큼 성가신 존재는 없다. 그런 사람은 본디 세련되고 아니고를 신경 쓰지 않기 때문에 우리가 그들에게 섬세함을 요구해야 한다.

예의에 민감한 사람과 함께 살 때 예의에 어긋나는 일이 벌어지면, 그 사람은 신경이 쓰여서 마음이 불안해진다. 나는 의자를 흔들어대는 사람을 보면 샬로테가 신경 쓰인다. 샬로테는 그런 행동을 죽도록 혐오하기 때문이다.

우리 여자들의 마음을 잘 아는 사람이라면, 안경을 코끝에 걸친 채 여자의 방에 들어서는 사람은 없을 것이다. 여자들은 그런 사람을 보면, 얼굴을 마주보고 즐겁게 대화하고 싶은 생각이 사라지기 때문이다.

경외심을 품어야 할 자리에서 스스럼없이 행동하면 우스꽝스럽게 보인다. 인사를 채 마치기도 전에 모자를 벗어 던지는 것이 얼마나 이상하게 보이는지 안다면 아무도 그렇게 행동하지 않을 것이다.

예의범절의 외적 형식은 모든 심오한 윤리적 근거를 가진다. 이 외적 형식과 그 근거를 함께 가르치는 것이야말로 올바른 교육이다.

품행은 자신의 모습을 비춰 주는 거울이다.

마음에서 우러나오는 예의가 있는데 이것은 사랑에 가깝다. 외적인 품행 중에서도 가장 보기 좋은 것이 여기에서 나온다.

자발적인 종속은 가장 아름다운 상태지만, 이것도 사랑이 없다면 불가능하다.

원하는 것을 얻었다고 착각할 때만큼 그 소원에서 멀어진 상태는 없다.

실제는 자유롭지 않으면서 자유롭다고 믿는 사람보다 더 속박된 자는 없다.

우리는 자유로운 존재라고 말하는 그 순간, 자기가 속박되어 있음을 느낀다. 그러나 속박되어 있다고 말하면 자유로움을 느낀다.

남의 뛰어난 장점을 보면 그것을 사랑하는 것 말고 거기에서 벗어날 수 있는 길은 없다.

어리석은 자들이 우수한 사람에게 호의를 베푸는 것은 끔찍한 일이다.

시종들에게는 영웅이 있을 수 없다고 말한다. 그러나 그것은 영웅은 영웅만이 알아볼 수 있기 때문이다. 종도 자기와 같은 처지의 사람들은 제대로 평가할 줄 안다.

평범한 사람에게 천재도 죽음을 피할 수 없다는 사실만큼 커다란 위로는 없다.

더없이 위대한 사람들은 늘 어떤 약점 때문에 그들이 살았던 시대와 맺어져 있다.

대개 우리는 세상 사람들을 실제보다 위험하다고 생각한다.

바보든 똑똑한 사람이든 똑같이 무해하다. 하지만 어정쩡한 바보와 어정쩡한 천재가 훨씬 더 위험하다.

세상에서 벗어나는 가장 확실한 방법은 예술에 의지하는 것이고, 세상과 연결되는 가장 확실한 방법도 예술을 통하는 것이다.

가장 행복한 순간에도, 가장 힘든 순간에도 우리는 예술가를 필요로 한다.

예술이 다루는 것은 어렵고 좋은 소재이다.

어려운 소재가 쉽게 다루어지는 것을 볼 때, 우리는 불가능한 것을 직시할 수 있다.

목표에 도달할수록 어려움은 커진다.

씨를 뿌리는 일보다 더 힘든 일은 수확이다.

제6장

　루치아네 일행의 방문으로 샬로테의 생활은 크게 흔들렸지만, 그 대신 딸을 완벽하게 이해할 수 있게 된 것은 다행한 일이었다. 또한 딸을 이해하는 데에 있어서 샬로테의 인생 경험은 많은 도움이 되었다. 샬로테는 이만큼 심하지는 않았지만, 딸처럼 독특한 성격을 만난 것이 처음은 아니었다. 그런 사람들은 살아가면서 여러 사건을 겪고 환경의 영향을 받아 성격이 형성되어 갈수록 자기애가 줄어들게 된다. 또한 고삐 풀린 망아지 같은 활동욕은 일정한 방향성을 띠게 되어 매우 호감 가고 사랑스럽게 성숙해 간다는 사실을 경험으로 익히 알고 있었다. 타인이라면 불쾌하게 생각할 상황도 어머니로서 그녀는 기꺼이 받아들였다. 타인은 자신의 즐거움만을 추구하거나 각자의 자리에서 성가신 일을 피하려고 등을 돌리면 그만이다. 하지만 부모로서 장래를 희망적으로 생각하는 것은 어울리는 태도였다.

　루치아네가 비난뿐만 아니라 칭찬받을 행동을 하고도 나쁜 평판만 남긴 채 떠나 버리자, 샬로테는 독특하고도 예기치 못한 사건에 부딪히게 되었다. 루치아네는 행복한 사람들과 행복을 나눌 뿐만 아니라, 슬픔에 잠긴 사람들과는 슬픔을 나누었다. 그러다가도 때때로 그녀는 반감을 사기 위해서 행복한 사람들을 불쾌하게 하고 슬픔에 잠긴 사람들을 격려하는 것을 신조로 삼았다. 그녀는 어떤 집에 가든지, 아프거나 몸이 약해서 그 모임에 참석하지 못하는 사람이 있으면 누군지를 알아냈다. 그러고는 늘 마차에 가지고 다니는 여행용 약상자를 들고 그들 방으로 찾아가서 의사마냥 상대를 가리지 않고 독한 약을 억지로 먹였다. 당연히 그런 치료는 우연의 법칙이 인도하는 대로 성공하기도 하고 실패하기도 했다.

　그녀는 이런 식의 선행이 더없이 훌륭하다고 굳게 믿었기 때문에 철저하고도 가차없이 행동했으며, 남의 말은 조금도 들으려 하지 않았다. 그러던 어느 날 그녀의 이런 치료법이, 그것도 정신적인 측면에서 시도한 치료법이 실패로 끝나고 말았다. 이 일은 불행한 결과를 남겼으며 누구나 이 사건에 대해 쑥덕거렸다. 샬로테는 이 일을 해결하기 위해 동분서주해야만 했다. 그녀가 이 사건을 안 것은 루치아네가 떠난 다음이었으므로, 그 자리에 같이 있던 오틸리에가 자세히 설명을 해야만 했다.

어느 명망 있는 가문의 딸 가운데 하나가 자기 때문에 남동생이 죽자, 마음을 진정하지도 정신을 차리지도 못했다. 그녀는 사람들의 눈을 피해 자기 방에 틀어박혀 뭔가를 하며 조용히 지냈고, 가족일지라도 한 사람씩이 아니면 만나려고 하지 않았다. 여럿이 함께 오면, 그들이 끼리끼리 자기와 자기의 상태에 대해 의논할 거라고 의심했기 때문이다. 그러나 그녀는 누구든 혼자만 오면 이성적인 태도로 몇 시간이고 이야기를 나누었다.

루치아네는 이 이야기를 듣자마자, 만일 그 집에 가게 된다면 기적을 일으켜서 그녀를 사람들에게로 돌아오게 하겠다고 남몰래 결심했다. 이때 루치아네는 마음을 다친 여성의 방에 평소보다 조심스러운 태도로 혼자 들어갔으며, 지켜본 사람들 말에 따르면 음악으로 그녀의 신뢰감을 얻는 데 성공한 듯 보였다. 그런데 그녀는 마지막에 가서 실패하고 말았다. 사람들의 주목을 끌고 싶어진 루치아네는 이 아름답고 창백한 소녀를 떠들썩하고 화려한 야회(夜會) 모임에 갑자기 데려가고 싶었던 것이다. 루치아네는 그녀를 이제 그런 자리에 데려가도 괜찮으리라 자만했던 것이다. 거기 모인 사람들이 호기심 반 우려 반으로 그녀 주위에 쭈뼛거리며 모였다가 멀찍이 떨어진다든지, 귓속말을 하거나 머리를 맞대고 쑥덕거리면서 그녀의 신경을 건들고 흥분시키지 않았다면 루치아네의 시도도 어쩌면 성공했을지도 모른다. 그러나 섬세한 마음을 가진 그 소녀는 사람들의 이런 반응을 견디지 못했다. 그녀는 꺅 하고 비명을 지르면서 이 상황에서 벗어나려고 했다. 그 비명은 갑자기 침입해 들어온 괴물을 봤을 때 지르는 비명과도 같았다. 사람들은 놀라서 사방팔방으로 흩어졌고, 몇몇은 완전히 실신한 그녀를 그녀 방까지 데리고 갔다. 오틸리에도 그중 한 명이었다.

한편 루치아네는 그 자리에 모인 사람들에게 평소처럼 날카로운 비난을 퍼부었다. 그러나 그녀는 자신에게 전적으로 책임이 있다고는 전혀 생각하지도 않았으며, 이런저런 실패를 겪었다고 해서 그런 행동을 그만두려고 하지도 않았다.

환자의 상태는 그 뒤로 점점 더 심각해졌다. 증상이 악화되어 마침내 그녀의 부모는 불쌍한 딸을 더는 집에 두지 못하고 공공시설에 맡길 수밖에 없었다. 이제 와서 샬로테가 할 수 있는 일이라고는 그 가족을 특별히 세심하게 배려하며, 자기 딸로 인해 생긴 심적 고통을 어느 정도 누그러뜨리려고 노력하는 것뿐이었다. 오틸리에도 이 일 때문에 큰 충격을 받았다. 샬로테 앞에서 부정하지는 않았지만, 그녀는 그 환자가 시종일관 치료만 받았더라면 확실히 치유될 수 있었으리라고 확신했다. 그랬던 만큼 그 불쌍한 소녀가 더 가엾게 느껴졌다.

사람들은 과거의 유쾌했던 일보다는 불쾌했던 일에 대해 더 많이 이야기하기 마련이다. 오틸리에도 그토록 살갑게 부탁했지만 건축가가 손님들에게 수집품을 보여 주지 않아서 그에 대한 신뢰가 흔들렸던 그날 저녁에 대한 작은 오해를 화제에 올렸다. 그의 매정한 태도가 줄곧 마음에 걸렸는데, 자기 자신도 그 이유를 알 수 없었다. 그러나 그녀가 그렇게 느낀 것도 무리는 아니었다. 오틸리에 같은 처녀가 부탁한 것을 건축가 같은 젊은이가 거부한다는 것은 말이 안 되었기 때문이다. 건축가는 오틸리에가 어떤 기회에 은근히 원망하는 것을 보자 지극히 타당한 이유를 들며 다음과 같이 변명했다.

"당신이 아무리 높은 교육을 받은 사람이라도 귀중한 예술품을 얼마나 거칠게 다루는지 그것만 아신다면, 내가 나의 소중한 작품들을 사람들 앞에 가져오지 않은 것을 용서하시리라 생각합니다. 메달을 잡을 때는 가장자리만 살짝 잡아야 한다는 사실을 대부분의 사람들은 모르니까요. 사람들은 가장 아름다운 돋을새김 부분, 티끌 한 점 없는 깨끗한 부분을 만지기도 하고, 비교할 수 없을 만큼 귀한 작품을 엄지와 검지 사이에 끼워서 이리저리 굴리기도 합니다. 예술품의 완성도를 그런 방식으로 검토해야 한다는 듯이 말이죠. 커다란 종이를 두 손으로 들어야 한다는 것은 생각지도 못하고, 값을 매길 수도 없을 만큼 귀한 동판화나 다시는 구할 수 없는 소묘를 한 손으로 잡아 들기도 합니다. 신문을 움켜쥐고 마구 구김으로써 자기가 세상의 사건들을 어떻게 판단하는지 알리려고 허세를 부리는 정치가처럼 말이지요. 그런 식으로 예술품을 스무 사람이 연달아 만지면 스물한 번째 사람은 감상할 것이 없다는 걸 누구도 생각하려 들지 않죠."

오틸리에가 물었다. "저도 가끔 그런 식으로 당신을 난처하게 하지는 않았나요? 당신의 보물들을 저도 모르게 훼손한 적은 없는지요?"

"그런 일은 절대로 없습니다." 건축가가 대답했다. "절대로요! 당신이 그런 짓을 했을 리 없죠. 당신은 예의범절을 갖고 태어난 사람이니까요."

오틸리에가 말했다. "어쨌거나 앞으로 예의범절에 대한 책에는 사교 모임에서의 식사 예절 뒤에 예술 수집품을 다룰 때의 예법과 미술관에서의 예법에 관해 자세히 설명해 주는 단원이 들어갔으면 좋겠네요."

건축가가 대답했다. "그렇게 되면 분명 미술관이나 수집가들이 자신의 보물들을 좀 더 기쁜 마음으로 공개할 수 있을 겁니다."

오틸리에는 이미 그를 용서했다. 그러나 그가 자신의 비난을 굉장히 신경 쓰는 듯한 태도로, 절대로 보여 주기가 아까워서 그런 게 아니었고 다음부터는 무슨 일이 있어도 사람들에게 꼭 보여 주겠노라고 거듭 맹세하는 것을 보자 그에게 미안한 마음마저 들었다. 그런 까닭에, 그가 대화 말미에 그녀에게 어떤 부탁을 했을 때, 그의 부탁을 들어줄 수 있을지 알 수 없었음에도 딱 잘라 거절할 수 없었다.

사정은 이러했다. 건축가는 오틸리에가 루치아네의 질투 때문에 활인화 공연에서 제외되었다는 사실을 알자 견딜 수 없었다. 또한 그는 샬로테의 건강이 좋지 않아서 떠들썩한 행사 중에서도 특히 빛나는 부분이었던 그 놀이에 가끔 참석하는 것도 유감스러웠다. 그는 오틸리에를 칭송하고 샬로테를 즐겁게 하기 위해 지금까지보다 훨씬 아름다운 활인화를 연출했다. 그렇게 그간의 감사함을 전달한 다음에 이 집을 떠나고 싶었다. 그 자신은 의식하지 못했지만, 어쩌면 이런 결심에는 은밀한 감정이 작용했을지도 모른다. 그에게는 이 집, 이 가족을 떠나는 것이 몹시 괴로웠다. 심지어 오틸리에의 눈을 쳐다보고 작별을 고하는 일은 완전히 불가능하게 되었다. 그는 이 짧은 기간 동안 오로지 오틸리에의 그 조용하고 부드럽고 호의적인 시선만 바라보며 살았다 해도 과언이 아니었기 때문이다.

성탄절이 다가왔다. 갑자기 건축가는 사람들의 몸으로 만든 그림이라는 착상이 본디 그리스도의 탄생을 그린 말구유 그림의 입체 전시에서 왔다는 사실을 깨달았다. 이 거룩한 기간에 성모와 아기 예수에게 바쳐졌던 경건한 이미지는 외견상으로는 미천한 처지에 있는 듯이 보이는 성모와 아기 예수였다. 이 그림은 처음에는 목자들에게, 다음에는 왕들에게 경배받는 모습으로 나무에 조각되어 한 폭의 입체적인 그림으로 만들어졌다.

그는 그러한 이미지를 과연 활인화로 재현할 수 있을지 세세한 부분까지 마음속에 그려 보았다. 아름답고 건강한 젖먹이는 구할 수 있었다. 남녀 목자들도 빠질 수 없었다. 그러나 이 계획은 오틸리에 도움 없이는 실행할 수 없었다. 젊은 건축가는 마음속으로 그녀를 성모처럼 높게 받들었으며[1], 그녀가 참여를 거부한다면 이 계획은 중지하는 수밖에 없다고 생각했다. 오틸리에는 그의 제안에 조금 당황하면서, 샬로테에게 가서 직접 부탁해 보라고 말했다. 샬로테는 흔쾌히 허락했다. 그렇게 해서 거룩한 마리아의 모습을 감히 흉내 낸다는 것에 대한 오틸리에의 거리낌은 샬로테의 다정한 허락으로 말끔히 사라졌다. 건축가는 성탄절 밤에 미비한 점이 없도록 밤낮을 가리지 않고 작업했다.

문자 그대로 그는 밤낮없이 일했다. 원체 욕심이 없는 그였지만, 오틸리에가 곁에 있다는 사실은 그 어떤 활력제보다도 그에게 원기를 북돋아 주는 것 같았다. 그녀를 위해 작업하는 것이라면 잠도 필요 없었고, 그녀를 위해 바쁜 것이라면 음식도 필요하지 않았다. 그리하여 성탄절 저녁에는 모든 준비가 완료되어 있었다. 음색 좋은 금관악기를 모으는 일도 어렵지 않아, 그것들이 우렁찬 소리로 행사 시작을 알리며 축제 분위기를 한껏 띄워 주었다. 막이 오르자 샬로테는 깜짝 놀랐다. 눈앞에 나타난 정경은 어디에서나 볼 수 있는 것이기 때문에 그 자체에서 신선한 인상을 얻기란 무리였다. 그러나 이 무대에서는 현실이 그림 역할을 한다는 사실이 특별한 효과를 가져왔다. 화면 전체는 저녁 무렵이라기보다는 어두운 밤처럼 보였지만, 배경 하나하나는 또렷하게 보였다. 또한 이 건축가는 모든 빛을 아기 예수에게서 나오게 한다는 탁월한 생각으로 조명 장치를 영리하게 사용해서 재현해 냈다. 조명 장치는 측광만 받아 흐릿하게 비치는 전경 인물들에 가려져 있었다. 감격한 표정의 소년 소녀들은 밑에서 올라오는 빛을 받아 얼굴을 환하게 빛내며 아

---

[1] 오틸리에를 직접적으로 성모와 동일시하는 것은 아니지만, 이런 방식으로 오틸리에에게 성모적인 이미지, 즉 무한히 헌신하고 인고하는 여성의 이미지를 부여하는 것은 이 소설이 '이중적 간통'이라는 지극히 통속적인 소재를 다루고 있다는 측면을 보완하는 역할을 한다. 성모의 이미지가 여러 군데에서 거듭 강조됨으로써 이 소설 전체의 분위기가 '속된 간통'과 '성스러운 헌신'의 양자적 측면을 동시에 지니고 있을 수 있는 것이다.

기 예수를 둘러싸고 서 있었다. 천사들도 있었지만, 천사들의 빛은 하느님의 아들인 아기 예수의 빛에 가려 상대적으로 어둡게 보였다. 그들의 투명한 몸도 신인 동시에 인간인 현신 앞에 있으니 무겁고 어둡게 보였다.

다행히 아기는 매우 우아한 자세로 잠들어 있었기 때문에 관객들의 시선이 그 어머니 위에 머무르는 것을 방해할 요소는 아무것도 없었다. 성모는 비할 데 없이 우아한 표정으로 베일을 쓴 채, 품에 안은 보물을 사람들에게 보여 주려 하고 있었다. 화면은 이 장면에서 고정된 채 굳은 것처럼 보였다. 아기 예수 주위에 서 있는 백성들은 눈부시고 놀라며 당황스러운 표정으로 몸을 움찔거리고 있었다. 어떤 사람은 눈을 빛에서 돌리려고 하고, 어떤 사람은 호기심과 기쁨에 이끌려 다시 그쪽을 쳐다보려 했다. 그들의 표정에는 찬미와 존경의 마음보다는 놀랍고 흥미로워하는 감정이 더 많이 서려 있었다. 물론 찬미와 존경의 마음을 품은 사람도 아예 없는 것은 아니었다. 노인 두서너 명은 그런 표정을 담당하고 있었기 때문이다.

오틸리에의 모습, 동작, 표정, 시선은 일찍이 그 어떤 화가가 그린 그림을 능가하고 있었다. 그림을 볼 줄 알고 감정이 풍부한 사람이 이 모습을 보았더라면, 하나라도 움직이면 전체 균형이 깨지게 되리라는 두려움을 느꼈을 것이다. 그리고 지금처럼 마음에 드는 장면을 앞으로 또 볼 수 있을 것인가 하는 걱정도 들었을지 모른다. 그러나 불행인지 다행인지 그 자리에는 이러한 효과를 느낄 수 있는 사람이 없었다. 호리호리한 목자로 분장하고서 측면에서 무릎 꿇은 사람들의 머리 너머로 오틸리에를 바라보고 있는 건축가만이, 비록 좋은 위치는 아니었지만, 그래도 어디에도 비할 데 없는 즐거움을 누릴 수 있었다. 새롭게 창조된 성모 마리아의 표정은 누군들 제대로 묘사할 수 있을까? 오틸리에의 얼굴에는 과분한 명예와 헤아릴 수 없을 만큼 커다란 행복에 직면할 때 나타나는 가장 순수하고 겸허하며 순종적인 감정이 드러나 있었다. 그녀는 자신이 연기하는 대상이 품은 감정뿐 아니라 자기 자신의 감정까지 표현하고 있었던 것이다.

그 아름다운 무대는 샬로테를 기쁘게 했다. 무엇보다 가장 큰 감동을 준 것은 아기였다. 그녀의 눈에서 눈물이 흘러넘쳤다. 그녀는 자기도 곧 그처럼 사랑스러운 아이를 품에 안게 될 것을 생각하며 그 모습을 여러모로 상상했다.

막이 내렸다. 연기자들에게도 약간의 휴식이 필요하고 화면에도 변화가 필요했기 때문이다. 예술가는 첫 장면인 밤의 미친함 이미지를 낮의 영광 이미지로 바꾸는 계획을 세웠다. 그리고 사방에서 어마어마한 수의 조명을 비추도록 준비해 놓고 막간에 이 조명을 모두 점화시켰다.

지금까지 오틸리에가 침착하게 연극을 할 수 있었던 이유는 이 경건한 가상 예술을 보는 사람이 샬로테와 몇몇 집안사람밖에 없었기 때문이다. 그래서 막간에 어떤 손님이 찾아와 샬로테와 친근하게 인사를 나누고 있다는 얘기를 듣자 그녀는 조금 당황했다. 사람들은 그가 누구인지 몰랐다. 그녀는 연극에 방해되지 않도록 그 사실에 대해 더는 물어보지 않았다. 등불이 타고, 한없이 밝은 빛이 그녀를 감쌌다. 막이 올라가자, 사람들 눈앞에는 숨막히는 광경들이 펼쳐졌다. 화면 전체는 빛으로 가득했으며, 그림자가 모두 사라진 자리에는 색채만이 남아 있었다. 적절하게 선택된 색조는 사랑스럽고 온화한 분위기를 자아내고 있었고, 기다란 속눈썹 밑으로 사람들을 훑어보던 오틸리에는 어떤 남자가 샬로테 옆에 앉아 있는 것을 발견했다. 얼굴은 잘 보이지 않았지만, 목소리는 기숙학교 조교 같았다. 문득 이상한 기분이 들었다. 저 성실한 교사의 목소리를 듣지 못하게 된 이래로 그녀에게는 얼마나 많은 일들이 벌어졌던가! 이런저런 기쁨과 슬픔이 전광석화처럼 빠른 속도로 뇌리를 스치면서, 불쑥 한 가지 물음이 떠올랐다. '넌 저 사람에게 모든 것을 고백하고 시인할 자격이 있느냐? 이렇게 성스러운 모습으로 분장하고 그 사람 앞에 나타날 자격이 조금이라도 있느냐? 지금까지 너의 자연스러운 모습만 보아 온 그가 너의 분장한 모습을 보면 얼마나 이상하게 생각하겠느냐?' 그녀의 마음속에서 감정과 성찰이 빠른 속도로 부딪혔다. 애써 움직이지 않는 조각상 같은 모습은 유지하고 있었지만 마음은 갑갑하고 눈에는 눈물이 가득 고였다. 마침 아기가 움직이기 시작하는 바람에 예술가가 어쩔 수 없이 막을 내리겠다는 신호를 보냈을 때 오틸리에는 얼마나 기뻤던지!

조금 전까지만 해도 저 소중한 친구에게 달려가 환영 인사를 건넬 수 없다는 생각이 다른 감정과 뒤엉켜 괴로웠는데, 막상 막이 내리고 보니 오틸리에는 더욱 당혹스러웠다. 이처럼 낯선 의상과 장식을 한 모습으로 그에게 가야 할 것인가? 아니면 먼저 옷을 갈아입어야 할 것인가? 그녀는 따져 보지도 않고, 후자를 택했다. 그러면서 정신을 가다듬으며 흥분을 진정시키려고 애썼다. 마침내 평상복 차림으로 그에게 인사하고 나서야 그녀는 마음의 평정을 되찾았다.

제7장

건축가는 자기가 떠나기 전 그간 많은 신세를 진 여성들이 행복하게 지내기를 바라던 터였기에, 그들 스스로가 높이 평가하는 조교라는 좋은 이야기 상대가 생겨서 기분이 좋았다. 그러나 그동안 그녀들이 자기에게 호의적으로 대해 준 것을 생각하면, 자기 역할이 이렇게 신속하고도 부족함 없이, 아니 실로 완벽하게 대체되는 것을 보자 조금 고통스럽기도 했다. 천성이 겸손한 그로서는 특히 그렇게 생각되었다. 그는 지금까지의 출발을 망설였지만, 이제는 상황이 그를 몰아냈다. 어차피 먼 곳에서 이 집의 모습을 상상할 때 감수하게 될 사태의 진전 상황을 직접 눈으로 보는 일만큼은 피하고 싶었다.

그와 작별하면서 여성들이 선물해 준 조끼 하나는 이 슬픔에 겨운 감정을 조금 덜어 주었다. 그는 두 여성이 벌써 오래전부터 이 조끼를 짜는 것을 보면서, 언젠가는 그 조끼를 받게 될 미지의 행운아를 남몰래 질투했었다. 한 여인을 사랑하고 숭배하는 남자에게 이런 것은 무엇보다 기쁜 선물이다. 아름다운 손가락들이 쉬지 않고 움직이는 모습을 상상하면, 자기에게 관심이 전혀 없다면 그렇게 끈기가 필요한 작업을 계속하지 못하리라는 생각에 어깨가 으쓱해지기 때문이다.

여성들은 이제 자신들이 호의적으로 생각하는 새 손님을 대접하게 되었다. 그들은 그 손님이 이 집에서 편하게 지내기를 바랐다. 여자란 자기만의 변치 않는 관심사를 마음속에 지니기 마련인데, 세상에 그 어떤 것도 여자를 이 관심으로부터 떼어 놓지 못한다. 그러나 외적이고 사교적인 관계에서는 상대 남자가 바뀔 때마다 빠르고 쉽게 영향을 받는다. 그러고는 본디 방식, 즉 거절과 수용, 고집과 순종을 적절히 써 가며 지배권을 행사한다. 이처럼 개방적인 사회에서는 어떤 남자도 감히 여성에게서 이러한 지배권을 빼앗으려 하지 않는다.

건축가는 자신의 흥미와 취향에 따라 지금까지 이 집에서 여성들의 즐거움과 실제적인 목적을 위해 자신의 재능을 발휘하고 증명해 왔으며, 일과 오락도 그런 의미에서 의도에 따라 계획되어 왔다. 그런데 이제 조교가 있게 되자 얼마 지나지 않아 예전과는 다른 생활양식이 형성되었다. 그의 뛰어난 재능은 말을 잘한다는 점과, 인생의 다양한 측면을 청소년 교육과 관련해서 설명한다는 점이었다. 그리하여 이 집에는 이제까지의 생활 방식과는 전혀 다른 대립적인 경향이 생겨났다. 조교는 사람들이 지금까지 계속해서 몰두해 온 일에 대해서 전적으로 동의하지 않았고, 그만큼 생활의 차이는 더욱 더 눈에 띄었다.

그가 도착하던 날, 그를 맞이했던 활인화 공연에 대해서 그는 아무 말도 하지 않았다. 그러나 이 집 사람들이 교회, 예배당, 그 밖에 부수되는 것들을 자신만만하게 보여 주자, 그는 자신의 의견과 신념을 더 이상 감추지 못한 채 드러내 버렸다. "제 생각을 말씀드리자면, 전 성스러운 것과 감각적인 것이 이렇게 접근하고 뒤섞이는 것은 좋지 않다고 생각합니다. 특정한 공간을 바쳐서 축성하고 장식해야만 비로소 경건한 감정이 생기고, 그 감정이 유지될 수 있다는 생각도 마음에 안 들고요. 우리가 신을 알고자 한다면 그 어떤 환경도, 가장 미천한 환경조차 그것을 방해하지 못합니다. 신을 알고자 하는 마음은 우리가 어디를 가든 우리와 함께 있으며, 어떤 곳이든지 사원으로 만들어 줍니다. 저는 평범한 사람들이 식사하고 모여서 놀고 춤추며 즐기는 그런 홀에서 가족 예배가 거행되는 것이 바람직하다고 생각합니다. 인간이 지닌 가장 고귀하고 가장 우월한 것은 어떤 형태가 없습니다. 우리는 그것을 고귀한 행동으로 표현해야지, 다른 방식으로 표현하면 안 됩니다."

샬로테는 이미 그의 신념에 대해 대강 알고 있었지만 이제는 단기간에 좀 더 깊이 알게 되었기에, 당장 그가 그 전문 분야에서 활동할 수 있도록 해 주었다. 그녀는 건축가가 떠나기 전에 훈련해 놓은 정원 청소 담당 소년들을 커다란 홀로 집합시켰다. 그들은 밝고 깨끗한 제복, 절도 있는 동작, 자연스럽고 생기발랄한 태도로 대단히 좋은 인상을 주었다. 조교는 자기만의 방법대로 이 소년들을 시험하고 여러 질문도 하고 이야기도 하면서 아이들의 심성과 능력을 금방 파악했다. 그리고 그렇게 하는 사이에 한 시간도 채 지나지 않아 아이들은 저도 모르게 이전보다 확연히 나아져 있었다.

"도대체 어떻게 하신 거죠?" 소년들이 행진하면서 퇴장하자 샬로테가 물었다. "저는 아주 열심히 들었지만, 흔한 얘기만 하시지 특별한 얘기를 안 하시던데요. 그렇지만 그렇게 흔한 얘기라고 해도 저라면 그렇게 짧은 시간에 그렇게 많은 문답을 해 가면서 일목요연하게 말하지는 못할 것 같네요."

조교가 대답했다. "직업상의 장점은 비밀로 하는 편이 현명하겠지만, 부인한테까지 숨길 수야 없죠. 사실 지극히 간단한 원칙이 있답니다. 이 원칙대로 하면 이런 일뿐 아니라 그 어떤 일도 쉽게 해낼 수 있죠. 대상, 물질, 개념, 그 밖에 사람들이 뭐라고 부르는 것이건, 지금 아이들이 어떤 이미지를 갖고 있는지 정해 보세요. 그리고 그 이미지를 정확히 파악하는 겁니다. 구석구석까지 정확하게요. 그러면 많은 아이를 상대해도, 자연스럽게 대화하는 사이에 그 가운데 어떤 부분이 그들 속에서 이미 개발되어 있고 어떤 부분을 앞으로 자극해 줘야 하며 어떤 부분을 깨우쳐 줘야 하는지 쉽게 알 수 있습니다. 부인의 질문에 대한 아이들의 대답은 조금 엉뚱한 것일 수도 있고 요점에서 한참 빗나간 것일 수도 있습니다. 하지만 부인이 다시 질문을 던져 아이들의 정신과 감각을 다시 중심으로 끌어들인다면, 또한 부인도 중심을 잘 지키신다면, 아이들도 결국에는 생각하고 이해하고 확신하게 될 겁니다. 가르치는 사람이 원하는 것을 그 사람이 원하는 방식대로 말이지요. 교사가 저지르는 가장 큰 잘못, 자기한테 배우는 아이들에게 휘둘려 중심에서 벗어나 버리는 것, 자기가 지금 다루는 문제에 아이들을 붙잡아 둬야 한다는 사실을 망각하는 것입니다. 언제 한번 시험해 보세요. 아주 재미있을 겁니다."

"매우 흥미로운데요." 샬로테가 말했다. "올바른 교육법은 훌륭한 예의범절과는 정반대인 셈이군요. 사교 자리에서는 무엇에 집착하면 안 되는데, 가르칠 때는 집중하고 어떤 경우에도 한눈을 팔면 안 되니까요."

"한눈을 팔지 않고도 상황을 개선해 나가는 것은 교육과 삶의 최고 목표입니다. 이렇게 칭찬할 만한 균형 감각이 그렇게 쉽게 유지되는 것은 아니지만요!" 조교가 이렇게 말하고 몇 마디 덧붙이려는데, 샬로테가 조교에게 소년들을 다시 한 번 보라고 외쳤다. 소년들은 씩씩하게 행진하며 정원을 지나가고 있었다. 그는 소년들이 제복을 입고 행진하도록 한 규정에 만족한다는 의견이었다. "어릴 때부터 제복을 입는 것은 좋은 일입니다. 남자라면 함께 행동하고 동료들 사이에서 집단으로서 복종하고 전체 안에 녹아들어 일하는 것에 익숙해져야 하니까요. 또 제복은 어떤 종류건 군대적인 지조와 간결, 절도 있는 태도를 갖추게 해 줍니다. 그리고 소년들은 본디 타고난 군인이지요. 아이들이 전쟁놀이나 병사놀이, 돌격놀이, 대장놀이 따위를 하는 것만 봐도 알 수 있죠."

오틸리에가 말했다. "그럼 제가 소녀들에게는 제복을 입히지 않는다고 해도 나무라시지는 않겠군요. 그 애들을 보실 때는 다양한 복장을 즐기셨으면 좋겠어요."

"그건 당연한 일입니다." 조교가 대답했다. "여성들은 다양하게 입어야지요. 자기에게 어떤 옷이 진짜 잘 어울리는지를 배우려면 각자 자기 취향에 맞게 입어야 합니다. 여자는 평생 혼자 살고 혼자 일하는 운명이니까 더욱 그래야 하지요."

"그 말씀은 대단한 역설처럼 들리는군요." 샬로테가 대꾸했다. "우리 여자들은 우리만을 위해 존재했던 적이 거의 없거든요."

"아, 하지만 사실입니다." 조교가 응답했다. "다른 여성들을 보면 확실히 그렇죠. 연인으로서의 여자, 정혼자로서의 여자, 아내, 주부, 어머니로서의 여자를 생각해 보세요. 그런 여성들은 언제나 고립되어 있습니다. 늘 혼자고 또 혼자이고 싶어 하지요. 사치를 좋아하는 여자 역시 그렇습니다. 여자란 천성적으로 다른 여자를 배척합니다. 모든 여성에게 요구되는 의무는 각각의 여성에게도 요구되기 때문이죠. 하지만 남자들은 그렇지 않습니다. 남자는 남자를 요구합니다. 제2의 남자가 없다면, 남자는 자신을 위해 그런 남자를 만들어 낼 겁니다. 그에 비해 여자는 영원히 혼자라 해도 자신과 닮은 존재를 만들어 내려고 하지 않죠."

샬로테가 말했다. "우리 여자들은 사실을 교묘하게 에둘러 말하기만 하면 되거든요. 그렇게 하면 결국에는 이상한 일도 다 진실처럼 보이니까요. 당신의 의견은 참고로 하겠어요. 여자로서 다른 여자들과 연대하고 힘을 합쳐 일해서, 남성들이 우리 여자보다 월등히 큰 장점을 독점하지 못하도록 해야겠어요. 그래요, 앞으로는 남자들이 서로 사이가 좋지 않은 것을 보면서 우리 여성들이 고소해하더라도 기분 나쁘게 생각하진 말아 주세요."

이지적인 그 남자는 오틸리에가 그녀의 어린 생도들을 어떻게 다뤄 왔는지를 꼼꼼히 캐묻더니 칭찬했다. "학생들에게 당장 써먹을 수 있는 실용적인 것을 가르치는 것은 아주 잘하는 일입니다. 청결 의식은 아이들에게 자긍심을 키워 주지요. 자기들이 하는 일에 자신감을 갖게 해 주면 필요한 것은 다 한 셈입니다."

그 밖에도 그는 외면적인 교육이나 남에게 보이기 위한 교육은 전혀 없고 모든 것이 내실을 다지는 교육이며 무엇 하나 뺄 것 없이 필요한 교육임을 알자 매우 흡족해했다. 그가 흥분해서 말했다. "들어 줄 자세를 갖춘 사람만 있다면, 교육의 전체 내용을 아주 간결한 말로 설명해 줄 수 있습니다!"

"그렇다면 저한테 그 이야기를 해 주실 생각은 없으세요?" 오틸리에가 다정하게 말했다.

"해 드리고말고요." 조교가 대답했다. "다만 다른 사람한테는 이야기하지 마세요. 즉 소년은 남을 섬기는 사람으로, 소녀는 어머니로 키우면 어디서든지 성공할 거라는 겁니다."

오틸리에가 말했다. "여자들은 어머니를 목표로 교육받는 것을 거부하지 않을 거예요. 여자는 꼭 어머니가 아니더라도 늘 남을 돌볼 준비가 되어 있어야 하니까요. 하지만 젊은 남자들은 남을 섬기는 사람이 되기에는 자기들이 너무 잘났다고 생각하죠. 남자들은 누구나 자기가 남에게 명령하는 쪽이 더 잘 어울린다고 생각하잖아요. 실제로 그런 모습이 뚜렷이 관찰되고요."

"그래서 그들에게 이런 이야기를 하지 말라는 겁니다." 조교가 말했다. "사람들은 인생을 만만하게 보고 뛰어들지만, 인생은 그렇게 호락호락하지 않거든요. 결국에는 해야 할 일을 자발적으로 인정할 만한 용기를 가진 사람들이 얼마나 있겠습니까? 하지만 이건 지금 우리와는 아무 관계도 없으니까 그만 이야기하지요.

당신은 학생들에게 올바른 교수법을 적용하고 있다는 점에서 정말 행복한 사람이라고 말씀드리고 싶군요. 어린 소녀들은 인형을 여기저기 들고 다니며 천 조각을 기워 인형 옷을 만들고, 그보다 나이 많은 소녀들은 어린 소녀들을 돌봅니다. 이런 식으로 가족 구성원은 자기들끼리 협력하여 무슨 일이든지 할 수 있지요. 그러면 거기서 세상으로 첫발을 내딛는 일은 그렇게 어렵지 않을 것입니다. 소녀들은 부모 곁에 두고 온 것을 남편 곁에서 발견하게 될 거고요.

하지만 교양 있는 계층에서는 교육에 주어진 과제가 훨씬 복잡합니다. 우리는 보다 고상하고 섬세하고 미묘한 관계들, 특히 사교상의 관계를 생각해 봐야 합니다. 따라서 학생들을 외부 세계에 적응하도록 가르쳐야 하지요. 이 것은 꼭 필요한 일로서 반드시 좋은 결과를 가져옵니다. 하지만 절대로 한도 를 넘어서면 안 됩니다. 아이들이 더 큰 세상에 적응할 수 있도록 가르치려 하다 보면, 그 아이의 본성이 무엇을 요구하는지는 잊어버리고 아이를 무한 정으로 몰아대기 십상인데, 바로 이 부분에서 교육자들은 각자 부딪쳐야 할 문제가 있습니다. 이 문제는 해결할 수도 있고 실패할 수도 있으며 그 해결 과 실패의 정도가 각각 다릅니다.

전 우리가 기숙학교에서 여학생들에게 가르치는 다양한 과목을 생각하면 불안해지곤 합니다. 그 지식들은 앞으로 쓰일 일이 별로 없다는 사실을 경험 상 알기 때문입니다. 한 여성이 주부나 어머니가 되고 나서 버려지거나 잊히 지 않는 지식이 하나라도 있습니까?

하지만 일단 이 일에 몸을 바친 이상 전 경건한 소망을 갖지 않을 수 없습 니다. 언젠가는 성실한 여성 조수를 얻어, 제 학생들이 각자 자립해서 부지 런하게 일상을 꾸려 나갈 때 정말 필요하게 될 소양을 빠짐없이 가르쳐 보고 싶습니다. 적어도 이런 의미에서 교육이 제대로 완성되었다고 자신 있게 말 할 수 있는 정도가 되고 싶다는 거죠. 물론 학교를 떠난 뒤에도 그것과는 다 른 의미의 교육이, 인생을 살면서 거의 해마다 꼭 우리 손에 의해서가 아니 더라도 환경에 의해 이어지긴 합니다만."

오틸리에는 이 마지막 말을 진실한 마음으로 받아들였다. 지난해 예기치 못했던 열정이 찾아와 그녀에게 얼마나 많은 것을 가르쳐 주었던가! 바로 코앞의 일, 아주 가까운 미래만 생각해도 얼마나 많은 시련이 눈앞에 아른거 렸던가!

이 젊은 조교는 여자 조수니 배우자니 하는 말을 결코 농담으로 한 것이 아니었다. 그는 매우 겸손하기는 했지만, 자신의 소망을 간접적으로라도 암 시하지 않을 수 없었다. 사실 그는 여러 상황과 사건들과 함께 이번 기회에 자신의 목표에 조금이나마 다가갈 생각이었다.

기숙학교의 여교장은 이미 나이가 많았다. 그녀는 이미 오래전부터 협력 자 가운데 자기를 도와줄 사람을 찾고 있었는데, 결국에는 그녀가 매우 신뢰 하는 조교에게 일을 부탁했다. 자기와 함께 학교를 운영해 가면서 조교의 학교처럼 같이 고생하고, 자기가 죽은 뒤에는 상속인이자 유일한 소유주로서 모든 일을 맡아 달라는 것이었다. 일이 이렇게 되고 보니 조교는 자기와 함께 학교를 운영해 갈 배우자를 찾는 일을 무엇보다 중요하게 여겼다. 그는 내심 오틸리에를 떠올리며 마음에 담아 두었다. 여러모로 회의가 들기도 했지만, 다시 희망적인 일들이 벌어져 조금 균형을 회복했다. 루치아네가 기숙학교를 떠났기 때문에 오틸리에가 돌아오기는 쉬웠다. 물론 에두아르트와의 관계가 어느 정도 알려지기는 했지만, 이 일에 대해서 사람들은 그 비슷한 소문을 들을 때와 마찬가지로 대수롭지 않게 여겼다. 오틸리에가 학교로 돌아오는 데는 이 사건마저도 유리한 조건이 되었다. 그렇지만 만약 이때 기숙학교에 예기치 않은 방문객이 나타나 어떤 특별한 계기를 부여하지 않았더라면, 아무런 결론도 나지 않고 조치도 취하지 않았을 것이다. 어떤 모임에서건 중요한 사람이 나타나면 그는 반드시 모임에 영향을 주기 마련이다.

세상의 모든 부모는 자식 교육에 골머리를 썩이기 마련이기에, 백작과 남작부인도 어떤 학교가 좋고 어떤 학교가 떨어지는지에 대한 질문을 숱하게 받아 왔다. 그래서 그들은 평판이 좋기로 소문난 그 기숙학교를 특별히 직접 찾아가서 확인하고 싶었다. 그런데 이제 환경이 바뀌다 보니 두 사람은 같이 이 학교를 조사할 수 있게 되었다. 그런데 남작부인에게는 또 다른 의도가 있었다. 부인은 지난번 샬로테 집에 머물면서 에두아르트와 오틸리에에 관한 일을 그녀와 자세하게 의논한 적이 있었다. 부인은 계속해서 오틸리에를 이 집에서 내보내야 한다고 주장했다. 부인은 에두아르트의 협박에 아직도 겁먹고 있는 샬로테에게 용기를 불어넣어 주었다. 두 사람은 다양한 해결책을 논의했고 그러다가 기숙학교 이야기가 나오자, 조교가 오틸리에를 좋아한다는 이야기도 나왔다. 그 이야기를 들은 남작부인은 그동안 생각만 했던 기숙학교 방문을 실행에 옮기기로 더욱 마음을 굳혔다.

남작부인은 학교에 도착해서 조교를 만났다. 부인은 학교를 견학하고, 오틸리에에 대해 이야기했다. 백작도 지난번 방문 때 오틸리에와 더 깊게 알게 되었으므로 그 대화에 기꺼이 참여했다. 그때 오틸리에는 백작과 가까워졌고, 심지어 그에게 끌리기도 했다. 그의 박학다식한 이야기에 지금까지 전혀 몰랐던 것들을 알게 되어 뭔가를 배우는 기분이었다. 에두아르트와 어울릴 때는 세상을 잊고 살았다면, 백작과 함께 있을 때는 세상이 살 만한 곳처럼 느껴졌다. 사람과 사람 사이에 작용하는 힘은 언제나 상호적이었기에, 백작도 오틸리에에게 친딸 같은 애정을 느꼈다. 이 점에서도 남작부인은 오틸리에가 다시금, 아니 처음보다 더 사악한 존재로 여겨졌다. 남작부인이 정열로 타오르던 이전이었다면 오틸리에에게 무슨 짓을 저질렀을지 그 누가 알겠는가! 그러나 지금은 그녀를 결혼시켜서 유부녀들에게 무해한 존재로 만드는 것만으로도 충분했다.

부인은 조교를 은근히, 그러나 효과적으로 부추겼다. 그녀는 조교에게 성관으로 여행을 가서 그의 계획과 소망—그는 부인에게 속내를 조금도 감추지 않았다—을 향해 지체하지 말고 한 발짝 다가가라고 권했다.

그리하여 교장의 전적인 동의하에 조교는 여행에 나섰고, 마음속으로 더없이 아름다운 희망을 키워 갔다. 그는 오틸리에도 자기를 싫어하지 않는다는 사실을 알고 있었다. 둘 사이에 신분 차이가 조금 났지만, 현대적인 사고로 바뀐 요즘 세상에는 그것도 해결될 수 있는 일이었다. 게다가 남작부인은 오틸리에가 재산을 상속받을 일은 없을 거라고 그에게 암시해 두었다. 아무리 재산이 많아도, 상속 순위상 자산의 정당한 소유자가 되어야 할 사람들에게서 상당한 몫을 빼앗는 것은 양심에 찔리는 일이기 때문에 부유한 집안과 친척이라는 사실만으로는 아무 소용이 없다고 말했다. 실제로 사람들이 죽은 뒤에 자신의 소유권을 자유롭게 처리할 수 있는 특권을 자기가 사랑하는 사람들을 위해서는 좀처럼 행사하지 않는다는 사실과, 관습을 존중하기 위해서이겠지만, 자신의 의사와는 반대로 자기가 죽은 뒤에 재산을 상속하게 될 사람들한테만 특별히 은혜를 베푼다는 사실은 얼마나 기이한가!

여행 중에 그는 마음속으로 자기를 오틸리에와 완전히 동등하게 생각하게 되었고 좋은 대접을 받자 희망은 더욱 커져 갔다. 그는 오틸리에가 예전 같지 않게 데면데면하게 구는 것 같았다. 그러나 그가 알던 시절과 비교하면 그녀는 훨씬 성장하고 더 야무져졌으며, 전체적으로 이전보다 말수도 많아졌다. 집안사람들은 그를 신뢰했는지 여러 가지를 숨김없이 이야기해 주었다. 특히 그의 전문 분야에 관한 이야기에서는 더 그랬다. 그렇지만 그는 자신의 목표에 다가가려고 할 때마다 왠지 모를 거리감이 느껴져서 앞으로 나아가지 못했다.

그런데 한번은 샬로테가 그에게 그럴 수 있는 기회를 주었다. 오틸리에가 동석한 자리에서 샬로테는 이렇게 말했다. "자, 당신은 제 주변에서 성장해 가는 사람들을 자세히 관찰하셨는데, 그렇다면 오틸리에에 대해선 어떻게 생각하세요? 여기 오틸리에가 있지만 솔직하게 말씀하셔도 돼요."

그 말을 들은 조교는 깊은 이해와 침착한 태도로 자신의 의견을 말하기 시작했다. 오틸리에의 태도는 자유로워지고 말투도 느긋해졌으며 세상을 더 넓게 보게 되었다는 점—이런 것은 말보다는 행동으로 나타나지만—에서 대단히 성장한 것 같다. 그렇지만 그는 그녀가 일정 기간 동안 기숙학교로 되돌아간다면 그녀에게 대단히 유익하리라 믿는다고 했다. 세상은 단편적인 지식만 알려 주고 만족을 주기보다는 혼란만 일으킨다. 그리고 때로는 정말 필요한 시기를 지나서야 얻어지지만, 학교에 있으면 그런 지식을 순서대로 철저하게 그리고 최종적으로 습득할 수 있다는 것이다. 그러나 그는 이 문제를 자세히 논할 생각이 없다고 했다. 그녀가 중도에 그만둘 수밖에 없었던 수업들이 서로 얼마나 밀접하게 연관되어 있는지는 오틸리에 자신이 잘 알고 있으리라는 이유에서였다.

오틸리에는 그의 말을 부인할 수 없었다. 그러나 자기 자신도 그 느낌을 분명하게 설명할 수 없었기 때문에 조교의 말을 듣고나서도 자기가 어떤 것을 느꼈는지 말할 수 없었다. 그녀는 사랑하는 남자를 생각할 때면, 이 세상에서 서로 연관되지 않은 존재는 아무것도 없다고 생각했다. 그 남자 없이 이 세상이 서로 연관된다는 것도 이해할 수 없었다.

샬로테는 조교의 제안에 현명하고 친절하게 답변했다. 그녀는 오틸리에뿐만 아니라 자신도 그녀가 기숙학교로 돌아가기를 오래전부터 바라 왔다고 말했다. 다만 지금까지 살아온 것처럼 친절한 말벗이자 조수로 그녀가 필요하지만, 오틸리에가 기숙학교로 돌아가 공부를 마저 끝내고, 중단된 지식의 습득을 강하게 원한다면 그녀의 앞길을 방해할 생각은 없노라고 했다.

조교는 이 제안을 기쁜 마음으로 받아들였다. 오틸리에는 이 집을 떠난다는 생각만으로 몸서리가 쳐졌지만 반대할 수는 없었다. 거꾸로 샬로테는 시간을 벌 생각이었다. 그녀는 에두아르트가 행복한 아버지가 되어 정신을 차리고 이 집에 돌아온다는 데에 희망을 걸었다. 그러면 만사가 잘 풀릴 것이며, 그때는 오틸리에를 위해서 어떤 식으로라도 적절한 배려를 해 줄 수 있으리라고 확신했다.

중요한 대화를 한 뒤에는 저마다 그에 대한 생각에 잠겨 어색한 정적이 찾아들기 마련이다. 사람들은 홀 안을 왔다 갔다 했고, 조교는 책들을 들었다 놓았다 하며 애꿎은 책장만 팔랑팔랑 넘겼다. 그러다가 마침내 그는 루치아네가 있을 때부터 계속 놓여 있던 그 커다란 책을 집어 들었지만, 그 안에 원숭이 그림만 잔뜩 있는 것을 보고는 다시 그 책을 덮었다. 그런데 아마도 이 사건이 어떤 대화의 계기가 되었던 모양이다. 우리는 오틸리에의 일기에서 그 대화의 흔적을 발견할 수 있다.

오틸리에의 일기에서

그 징그러운 원숭이들을 어떻게 그렇게 세세하게 묘사할 수 있을까! 인간은 그것들을 그냥 동물로서 보기만 해도 자신의 격을 떨어뜨리는 셈이다. 원숭이들 가운데서 지인의 모습을 찾으며 즐거워하는 사람은 정말로 악의에 찬 사람이다.

희화나 풍자화에 몰두하는 사람은 틀림없이 성격이 꼬여 있을 것이다. 내가 박물학 공부에 시달리지 않은 것은 착한 조교 선생님 덕분이었고, 나는 애벌레나 곤충과는 절대로 친해질 수 없다.

이번에 그는 자기도 그렇다는 사실을 나에게 고백했다. "자연 가운데에서도 우리 주위를 직접 생기 있게 에워싸고 있는 것들 외에는 신경을 쓸 필요가 없어요. 우리는 주변에서 꽃을 피우고 푸르러지고 열매 맺는 나무나, 우리가 걷는 길가의 딸기나무, 우리가 산책할 때 밟고 지나가는 풀들과 진정한 관계를 맺고 있습니다. 그들은 우리의 동포죠. 정원 나뭇가지에서 노닐고 풍성한 잎사귀 사이에서 노래하는 새들은 우리의 친구와 다름없습니다. 어릴 때부터 우리는 그들이 우리에게 걸어오는 말을 들으며 자랐고, 그들의 언어를 이해하는 법을 배웠습니다. 우리는 본디 환경에서 떨어져 나온 외래종 동물들이 우리에게 어떤 두려움을 주지는 않는지, 우리가 그저 익숙해지고 무뎌져서 두려움을 느끼지 못하는 것은 아닌지 자문해 봐야 합니다. 원숭이나 앵무새, 흑인 등이 우리 주위에 있는 것을 아무렇지도 않게 생각하려면 우리의 생활은 그만큼 다채롭고 소란스러워야 합니다."

이처럼 모험적인 것들에 대한 호기심이 엄습할 때가 있다. 그럴 때 나는 신기한 존재들과 일상 속에서 활기차게 얽혀 사는 모습을 관찰할 수 있는 여행자들을 부러워했다. 그러나 여행자도 늘 한결 같을 수는 없다. 야자수 밑을 돌아다니면 누구든 대가를 치르게 되며[1] 코끼리나 호랑이가 사는 나라에서는 인간의 신념도 변하지 않게 된다.

자연학자만이 존경받을 만한 가치가 있다. 자연학자는 우리에게 가장 낯설고 기이한 것도 그것이 존재하는 지방이나 둘러싼 사물과 연관지어서 언제나 생생한 본연의 모습으로 묘사해 준다. 한 번이라도 좋으니, 훔볼트[2]의 이야기를 직접 들을 수 있다면 얼마나 좋을까!

박물 표본실에 들어가면 이집트의 무덤 안에 있는 듯한 기분이 든다. 그곳에는 미라로 만들어진 각종 동식물이 우상처럼 늘어서 있다. 비밀로 가득한 어두컴컴한 그 안에서 표본 연구에 몰두하는 일은 수도사들에게나 어울린다. 그러나 일반 수업에는 그런 것들이 들어오면 안 된다. 그것들 때문에 우리와 좀 더 가깝고 좀 더 가치 있는 것들이 쉽게 쫓겨날 수 있기 때문에 더욱 그렇다.

좋은 행동이나 좋은 시—단 하나라도 그런 것에 대한 느낌을 우리 학생들에게 불러일으킬 줄 아는 교사는 열등 생물의 이름과 형태를 무수히 늘어놓으며 가르치는 교사보다 많은 것을 우리에게 가르쳐 준다. 수많은 생물에 대해 배운 결과로 인식하는 것은 그런 것들 없이도 알 수 있다. 즉 인간의 형상이야말로 가장 뛰어나고 탁월한 형태로 신성을 비유하고 있다는 사실뿐이다.

자기 마음이 끌리는 것, 자기에게 즐거움을 주고 유익하다고 생각되는 것을 연구할 자유는 개인에게 맡기면 된다. 그러나 인류에게 근본적인 연구 대상은 바로 인간이다.

---

[1] 문명인이 야자수가 많은 숲에 들어가면 예기치 않은 동물들의 공격을 받을 수 있는 것처럼, 낯선 환경에 들어서면 처음에는 적응하기 어렵다는 의미.

[2] 괴테 시대의 유명한 자연과학자이자 대여행가인 알렉산더 폰 훔볼트(Alexander von Humboldt, 1769~1859)를 가리킨다. 괴테도 이 과학자를 높이 평가했다.

제8장

이미 지나간 일에 전전긍긍하는 사람은 별로 없다. 우리는 현재에 강하게 붙잡혀 있든지 과거 속에 빠져, 완전히 잃어버린 것을 어떻게든지 다시 되찾고 만회하려고 한다. 조상 덕을 많이 보고 있는 집에서는 아버지보다 할아버지를 생각하는 경향이 많다.

우리의 조교가 이러한 생각을 하게 된 것은, 떠나가는 겨울이 이른 봄이라도 된 듯 따뜻하던 어느 아름다운 날이었다. 이날 그는 성관의 거대하고 오래된 정원을 거닐며, 에두아르트의 아버지 때부터 내려온 높다란 보리수가 즐비한 가로수와 반듯하게 정돈되어 있는 나무들을 보고 감탄했다. 나무들은 심은 사람들의 뜻대로 지금쯤 멋지게 뻗은 가지와 그 아름다움을 인정받고 칭찬받아야 했지만, 이곳을 기억하는 사람은 아무도 없었다. 또한 이곳을 방문하는 이도 거의 없었다. 사람들의 취향과 소비는 다른 쪽으로, 넓은 바깥세상으로 돌려져 있었던 것이다.

조교는 집으로 돌아와서 샬로테에게 자신의 소감을 말했다. 샬로테는 그의 말을 나쁘지 않게 받아들였다. "우리는 삶에 이끌려 가면서도 정작 자신은 스스로 행동하고 자발적으로 일과 즐거움을 선택하고 있다 착각하죠. 하지만 자세히 관찰해 보면 우리는 그저 시대의 계획과 풍조에 따라 움직이도록 강요받는 데 지나지 않아요."

"정말 그렇습니다." 조교가 말했다. "누가 주위의 흐름을 거스를 수 있겠습니까? 시대는 계속 전진하고, 그와 동시에 사람의 기분, 의견, 편견, 취향도 바뀝니다. 격변기를 겪고 자란 아이와 그의 아버지 사이에는 공통점이 하나도 없을 겁니다. 한편 아버지가 살았던 시대가 많은 재산을 확보하고 그 재산을 굳건하게 지키며, 경계를 설정하고 그 안에 틀어박혀 바깥세상과는 격리된 채 자신만의 즐거움을 확고히 하려고 했던 시대였다면, 그 아들은 자아를 확장하기 위해 애쓰고 자신의 생각을 남들에게 알리며, 세상에 기여하고, 폐쇄된 것을 개방하게 될 겁니다."

샬로테가 대답했다. "시대의 변천 그 자체는, 당신이 이야기한 아버지와 아들이 비슷해요. 아무리 작은 도시에도 성벽과 해자(垓子)가 있고 모든 귀족의 저택은 늪지에 지어지며 아무리 하찮은 성이라도 도개교를 통해서만 외부와 연결되었던 시절이 언제였는지 우리는 거의 상상하지 못하죠. 지금 큰 도시는 성벽을 허물고, 위풍당당한 성의 해자도 메워지고 있으며, 도시는 커다란 마을을 이루고 있습니다. 여행 중에 그런 광경을 보면 평화가 확고해지고 황금시대가 문 앞에 도래한 것이 아닌가 생각하게 돼요. 이젠 정원도 어떤 넓은 시골 풍경을 닮지 않으면 아무도 편안한 느낌을 받지 않지요. *1 인위적이라거나 강제적으로 만들어졌다는 인상을 절대로 주어선 안 됩니다. 완전히 자유롭고 아무런 제약도 없는 환경을 원하는 거죠. 당신은 우리가 지금의 이런 상태 또는 다른 상태에서 과거의 상태로 돌아갈 수 있다고 생각하시나요?"

"물론입니다." 조교가 대답했다. "어떤 상태든 나름대로 어려움이 있습니다. 경계를 그어 놓고 살건 개방적으로 살건 간에 말입니다. 후자는 물자의 풍족함을 전제로 하는 것이어서 낭비로 끝나게 됩니다. 부인이 문제를 명확히 드러내 주는 사례를 들었으니 저도 그 예로 계속 설명해 보겠습니다. 물자가 부족해지면 그 즉시 폐쇄성이 되돌아옵니다. 사람들은 갖고 있는 땅을 이용해야 할 필요를 느끼자마자 농장 주위에 담을 쌓기 시작합니다. 수확물을 안전하게 지켜야 하기 때문이죠. 여기서 새로운 관점이 생겨나는 겁니다. 실익은 다시 주도적인 개념이 되고, 마지막에는 충분히 부유한 사람들조차 자기가 가진 것을 모두 이용해서 실익을 챙겨야 한다고 생각하게 됩니다. 이 말은 믿으셔도 좋은데, 부인의 아드님도 나중에 크면 부인이 만들어 놓은 개방적인 정원을 내팽개치고 다시 성관을 에워싸는 육중한 성벽 안에, 할아버지가 심은 저 높다란 보리수 그늘에 틀어박힐 수도 있습니다."

샬로테는 태어날 아이가 아들인 것처럼 말하는 것을 들으니 은근히 기뻤다. 그래서 자기의 사랑스럽고 아름다운 정원이 언젠가는 황폐하게 될 것처럼 예고하는데도 전혀 개의치 않았다. 그녀는 아주 다정하게 대답했다. "우

---

*1 18세기 끝무렵부터 유행했던 '영국식 정원' 스타일을 의미하며, 이 작품의 주제인 낭만적 사랑과도 비유적으로 연관된다.

리 둘 다 아직은 그러한 모순을 여러 번 겪었을 정도로 나이를 먹지는 않았어요. 하지만 어린 시절을 돌이켜 나이 든 사람들이 무엇에 대해서 한탄했는지 떠올려 보거나 다양한 시골과 도시를 생각해 보면, 당신 생각에 이의를 제기할 수도 없을 것 같군요. 그렇다면 인간은 그러한 자연의 흐름 속에서 아무런 저항도 할 수 없는 걸까요? 아버지와 아들 세대를, 부모와 아이들을 화합시킬 수는 없는 걸까요? 당신은 친절하게도 제가 아들을 낳을 것처럼 말씀해 주셨어요. 그렇다면 제 아들도 자기 아버지와 대립하게 될까요? 그들은 부모가 쌓아 올린 것을 파괴해야 하나요? 그 유지를 이어 더 완성시키고 발전시킬 수는 없단 말인가요?"

"물론 이성적인 해결책이 있긴 있습니다." 조교가 대답했다. "실제로 이용되는 경우는 드물지만요. 아버지가 아들을 공동소유자로 만들어서 경작과 재배를 함께하고, 아이가 변덕을 부려도 해로운 것만 아니라면 얼마든지 허용해 주는 겁니다. 자기가 자기 자신한테 그러는 것처럼 말이죠. 헝겊조각을 덧대듯이 한 사람의 활동을 다른 사람의 활동과 겹치게 할 수는 있어도, 두 개를 나란히 이을 수는 없지요. 다 자란 큰 가지를 접붙이기란 불가능하지만, 어린 가지는 늙은 기둥에 알아서 달라붙는 법이거든요."

조교는 작별해야 할 시점에 우연히 샬로테에게 기분 좋은 말을 해서 그녀의 호의를 한층 확고히 했다는 사실에 기뻤다. 그는 너무 오랫동안 학교를 떠나 있었다. 그래도 좀처럼 돌아갈 결심을 하지 못하고 있었는데, 다가오는 샬로테의 출산일이 지나서야만 오틸리에와 관련한 어떤 결정적인 대답을 얻을 수 있으리라는 결론에 이르렀다. 그는 주변 사정에 순응하기로 하고, 앞서 설명한 예상과 희망을 가지고 여교장에게로 돌아갔다.

샬로테의 출산이 임박했다. 그녀는 방에 머무르는 시간이 많아졌다. 그녀 주위로 모이는 여성들은 그녀와 가까운 사람뿐이었다. 오틸리에는 집안일을 돌보느라 자기가 무엇을 하는지 생각도 못 할 정도였다. 그녀는 자기 일은 완전히 뒷전으로 미루고 샬로테를 위해, 아이를 위해, 에두아르트를 위해 앞으로도 헌신하고자 했다. 그러나 어떻게 해야 그럴 수 있을지는 몰랐다. 하루하루 자신의 의무를 다하는 것만이 그런 혼란에서 구제될 수 있는 유일한 길이었다.

마침내 사내아이가 무사히 태어났다. 여자들은 너나 할 것 없이 이 아이가 아버지를 빼닮았다고 말했다. 단, 오틸리에만은 산모에게 축하 인사를 하고 아기를 진심으로 환영하면서도 속으로는 에두아르트와 별로 닮지 않았다고 생각했다. 샬로테는 예전에 딸의 결혼을 준비하면서도 남편의 부재를 뼈저리게 느꼈다. 그런데 이제는 아들이 태어났어도 아버지가 없다는 사실이 마음에 사무쳤다. 장차 수없이 불리게 될 아들의 이름도 아버지가 지어 줄 수 없는 운명이었다.

축하하러 온 지인 가운데 가장 먼저 나타난 사람은 미틀러였다. 그는 이 소식을 가장 먼저 알기 위해 사람을 보냈었다. 그는 매우 흡족한 표정으로 도착했다. 오틸리에 앞에서는 승리감을 드러내지 않은 채 샬로테에게 큰 소리로 자신의 생각을 말하고, 든든하게도 이런저런 걱정거리를 다 해결해 주었다. 또한 당장 급한 일도 모두 처리해 주었다. 세례는 너무 미루면 안 되니, 이미 한 발은 무덤에 들어간 거나 다름없는 늙은 성직자가 축복을 내려 과거와 미래를 연결시켜야 한다는 게 그의 생각이었다. 아이 이름은 오토가 좋겠다고 했다. 아버지의 이름이자 그 친구의 이름이기도 한 그 이름 외에 다른 이름을 가져선 안 된다는 것이었다.

이 남자의 이런 단호한 강요는 수많은 염려와 반대, 망설임, 난관, 잘난 척, 억지, 동요, 사색, 고려, 재고려 등등과 같은 문제를 해결하기 위해 꼭 필요했다. 보통 이런 상황에서는 한 가지 걱정거리를 없애면 그다음 걱정거리가 생겨나고, 여기저기에 마음을 쓰려고 하다가 도리어 이 사람 저 사람의 기분을 상하게 하기 마련이었다.

출생신고서와 세례입회의뢰서는 미틀러가 맡아서 써 주었다. 이 문서들은 당장 작성해야 했다. 미틀러는 부부에게 실로 중요한 의미인 이 복덩어리의 탄생을, 일이 잘못되기를 바라거나 험담하기 좋아하는 사람들에게 알리는 일을 대단히 중요하게 생각했기 때문이다. 그렇지 않아도 지금까지 있었던 연애 사건은 세상의 눈을 피하지 못했다. 본디 사람들은 세상만사가 자신들에게 쑥덕거릴 재료를 주기 위해 벌어진다고 굳게 믿었다.

세례식은 엄숙하면서도 소수의 인원으로 간소하게 치르기로 했다. 사람들이 모여들었다. 오틸리에와 미틀러가 아이의 세례증인으로 나설 예정이었다. 늙은 목사는 교회 청지기의 부축을 받으며 느릿느릿 걸어왔다. 기도가 끝나고 오틸리에가 아이를 팔로 안았다. 그녀는 애정 어린 눈길로 아이의 얼굴을 들여다보다가 그 동그란 눈을 보고 흠칫 놀랐다. 자신의 눈을 들여다보는 것 같았기 때문이다. 그 정도로 닮았다면 누구든 놀라지 않을 수 없었을 것이다. 그다음으로 아이를 받아든 미틀러도 깜짝 놀랐다. 아이 얼굴이 대위와 놀랄 만큼 닮았기 때문이었다. 지금까지 그렇게 닮은 얼굴은 본 적이 없을 정도였다.

착하고 늙은 목사는 몸이 허약해서 세례식을 평소 하는 것처럼 여러 절차로 꾸밀 수는 없었다. 한편 눈앞에서 진행 중인 일로 머리가 복잡했던 미틀러는 목사 일을 하던 옛 시절을 떠올렸다. 그는 어떤 상황에서든지 어떤 설교와 어떤 의견을 말해 줄지 생각하는 버릇이 있었는데, 지금은 주위에 친한 사람 몇 명밖에 없어서 그런 욕구를 더욱더 뿌리치기가 어려웠다. 그리하여 그는 세례식이 끝나갈 무렵에 득의양양하게 목사 자리를 대신하고 나섰다. 그는 대부로서의 자신의 의무와 희망을 힘차게 연설하기 시작했다. 샬로테가 기쁜 표정으로 동의하고 있다고 믿은 그는 이야기를 더 오래 끌었다.

힘차게 연설을 하고 있는 그는 선량한 늙은 목사가 자리에 앉고 싶어 한다는 것을 깨닫지 못했다. 더 나아가 그는 자기가 커다란 불행을 부르고 있는 줄은 꿈에도 생각하지 못한 것이다. 그는 그 자리에 있는 한 사람 한 사람이 아기와 어떤 관계에 있는가를 힘주어 설명하고, 그럼으로써 오틸리에의 마음을 상당히 어지럽혔다. 그 뒤 그는 마지막으로 노인에게 이렇게 말했다.

"그리고 존경하는 목사님, 목사님께서는 이제 시므온의 말을 빌려서 이렇게 말씀하실 수 있을 겁니다. '주여, 이 종은 평안히 눈감게 되었습니다. 주님의 구원을 제 눈으로 보았습니다. *2'"

이렇게 말하고 연설을 찬란하게 마치려는 찰나였다. 바로 그때 그는 노인의 상태가 이상한 것을 눈치챘다. 그가 내민 아기를 받아들려던 노인이 아기 위로 몸을 구부리는가 싶더니 곧바로 뒤로 벌렁 넘어갔다. 사람들은 노인을 가까스로 부축해 안락의자로 옮겼다. 그리고 모든 응급처치를 해 보았지만, 그의 죽음을 선언하지 않을 수 없었다.

이만큼 뚜렷한 탄생과 죽음, 관과 요람이 대립하는 것을 보고 인식해야 하는 것, 그것도 상상이 아닌 두 눈으로 이 엄청난 대립을 동시에 파악해야 하

---

*2 〈누가복음〉제2장 제29절.

는 것—그곳에 둘러서 있던 사람들은 이 무거운 상황에 숨이 막혔다. 갑작스러운 일이었기에 더욱 그랬다. 단, 오틸리에만은 다정하고 따뜻한 표정 그대로 영원히 잠든 노인을 부러운 마음으로 바라봤다. 그녀의 영혼은 이미 생명이 끊어진 상태였다. 그런데 어째서 육체는 더 살아야 한단 말인가?

이렇게 해서 그녀는 낮이면 즐겁지 않은 사건을 떠올리며 무상함, 이별, 상실 같은 것을 생각하곤 했지만, 반대로 밤이 되면 신기한 환영이 나타나 그녀를 위로해 주고 사랑하는 남자가 살아 있음을 확신하게 해 주었다. 그녀는 환영 덕분에 힘이 나고 기운이 생겼다. 밤에 조용히 누워 잠과 현실 사이의 달콤하고 기분 좋은 꿈속을 비몽사몽 헤맬 때면, 아주 환하면서도 부드러운 불빛으로 공간을 바라보는 듯한 기분이 들었다. 그리고 그곳에서 에두아르트의 모습을 뚜렷하게 보았다. 그는 그녀가 평소 보았던 복장이 아니라 군복 차림으로 나타나 서 있거나 걷거나 엎드리거나 말에 타거나 했다. 그때마다 자세는 바뀌었지만 어떤 자세도 너무 자연스러워서 비현실적으로 보이지 않았다. 세세한 부분까지 선명하게 보이는 그의 모습은 그녀 눈앞에서 자유롭게 움직였다. 그녀는 그 환영을 움직이게 하기 위해 어떤 행동을 할 필요가 없었다. 의지로 움직일 필요도, 상상력을 동원할 필요도 없었다. 때로는 그가 어떤 것에 둘러싸여 있기도 했는데 그것은 환한 배경보다는 어둡고, 마치 움직이고 있는 것처럼 보였다. 그러나 때로는 사람으로도, 말로도, 나무로도, 산으로도 보이는 그 환영을 분명히 알아볼 수는 없었다. 그녀는 거의 매일 밤마다 이런 환영을 보면서 잠들었다. 그리고 고요한 밤이 밝아 다시 아침이 되면 상쾌하고 명랑한 기분으로 눈떴다. 오틸리에는 에두아르트가 아직 살아 있고, 자신은 그와 더욱 끈끈한 정으로 묶여 있다는 것을 분명히 느낄 수 있었다.

제9장

그해 봄은 예년보다 좀 늦긴 했지만 그만큼 더 신속하고 쾌활한 표정으로 찾아왔다. 오틸리에는 그동안 온실에 들였던 정성이 결실로 이루어진 것을 보았다. 모든 식물은 제때 싹을 틔우고, 푸르러지고, 꽃을 피웠다. 잘 설비된 온실과 묘판에서 준비되어 온 이것저것들이 바깥에서 신호를 보내기 시작한 자연을 향해 모습을 드러냈다. 지금까지 모든 일과 걱정은 미래의 희망을 이루기 위한 노력이었지만, 이제는 그 자체가 유쾌한 즐거움이 되었다.

그러나 오틸리에는 정원사에게 여러 가지로 위로의 말을 건네야 했다. 루치아네가 가지런히 심어진 화분용 풀과 꽃을 마구잡이로 뽑아내서 듬성듬성 구멍이 뚫리고, 나뭇가지를 꺾어 보기 좋게 다듬어진 모양이 훼손된 나무도 한두 그루가 아니었기 때문이다. 오틸리에는 정원사에게 모두 곧 회복될 거라고 용기를 북돋워 주었다. 그러나 그 말이 충분한 위로가 되기에는 그가 자기 일에 가져 온 애착이 너무나도 깊었고, 그의 생각 또한 너무나 순수했다. 정원사가 결코 다른 취미나 재미에 정신을 팔면 안 되듯, 식물이 완전한 성장을 향해 나아가는 평온한 과정도—그 성장이 오랜 세월을 필요로 하는 것이든지 한 해만에 완성되는 것이든지 간에—절대로 중단되어서는 안 된다. 식물은 고집쟁이와 닮았다. 그 성질에 따라 잘만 다루면 모든 것을 내어준다. 차분한 시선과 어떤 계절과 시각에도 그때마다 어울리는 일을 해내는 조용하고 한결같은 태도는 그 어떤 직업보다 정원사에게 가장 요구되는 일이었다.

이 착한 노인은 그런 자질을 충분히 갖춘 사람이었고, 그래서 오틸리에는 그와 함께 일하기를 좋아했다. 그러나 얼마 전부터는 그도 자신의 그런 재능을 기분 좋게 발휘할 수 없게 되었다. 한 가지 분야에 관한 한은 다른 사람을 월등히 능가하는 사람이 있는데, 그도 나무 손질, 채소 재배, 옛날식 화단 가꾸기라면 멋지게 해낼 수 있었다. 또 온실용 식물, 알뿌리 식물, 패랭

이꽃이나 앵초의 줄기 다듬기에 관해서는 자연과 그 솜씨를 겨뤄도 좋을 정도로 실력을 갖추고 있었다. 그러나 새로운 관상용 나무나 최근 유행하기 시작한 꽃은 어쩐지 알고 싶지 않았다. 게다가 새롭게 확장되어 가는 식물학 영역을 앞에 두고 사방에서 툭툭 튀어 나오는 낯선 이름들을 듣노라면 어떤 거부감이 들고 기분까지 언짢아졌다. 그가 보기에는 지난해 그의 주인들이 편지로 주문하기 시작한 것들은 부질없는 지출이요 쓸데없는 낭비였다. 값비싼 나무와 풀들이 계속 말라 죽는 것은 꼴보기도 싫었다. 그는 정직하게 장사하려 하지 않는—그는 이렇게 믿었다—원예 상인과 별로 좋은 사이가 아니었기에 그런 확신이 더욱 강해졌다.

여러모로 시도한 끝에 정원사는 정원일과 관련해서 한 가지 계획을 세웠고, 오틸리에는 정원사를 더욱 격려했다. 사실상 이 계획은 에두아르트의 귀가를 전제로 세워진 것이었기 때문이다. 이번 일도 그렇고 다른 일에서도 그렇듯이 에두아르트가 집에 없기 때문에 생기는 불이익은 날이 갈수록 뼈저리게 느껴졌다.

식물들이 뿌리를 내리고 가지를 뻗어 감에 따라 오틸리에도 자기가 점점 이 땅과 굳게 결속되고 있음을 느꼈다. 지금으로부터 꼭 1년 전, 그녀는 이방인이자 하찮은 존재로 이곳에 왔다. 그 뒤로 얼마나 많은 것을 얻었던가! 유감스럽지만 그 뒤로 또 얼마나 많은 것을 잃었던가! 그녀는 지금처럼 부유한 적도, 동시에 지금처럼 가난한 적도 없었다. 이 두 가지 감정은 시시각각 번갈아 일어났고, 심지어 어지럽게 엉겨붙을 때마다 그녀는 눈앞의 일에만 열심히, 아니 열정적으로 매달리는 것 말고는 다른 도리가 없었다.

그녀는 에두아르트가 좋아했던 일이라면 뭐든지 다른 어떤 일보다 세심하게 배려했다. 어쩌면 이것은 당연한 일이었다. 그가 곧 돌아오리라는 것, 그리고 자기가 없는 동안 그녀가 한 세심한 배려를 보고 그가 매우 고마워하리라는 것—그녀가 이런 희망을 품었다고 해서 무엇이 나쁘랴?

그녀는 그런 것과는 다른 방식으로도 에두아르트를 위해 봉사하게 되었다. 그녀는 주로 아기를 맡아 돌봤는데, 아이에게 유모를 붙이지 않고 우유와 물로만 키우기로 결정하자 더욱더 직접 아기를 돌볼 수 있게 되었다. 아기는 이 아름다운 계절이 다 가기 전에 바깥 공기를 충분히 즐겨야만 했다. 그래서 그녀는 되도록 직접 아이를 밖으로 데리고 나갔다. 곤히 잠든 아기를 안고 앞으로 소년이 될 이 아이에게 다정하게 웃어 줄 만개할 꽃들과, 이 아이와 함께 청춘의 힘을 받아 무럭무럭 자랄 어린나무들 사이를 거닐었다. 주위를 둘러볼 때마다 그녀는 이 아이가 얼마나 드넓고 풍족한 환경에서 태어났는가를 느끼지 않을 수 없었다. 그 애의 눈 안에 들어오는 거의 모든 것은 언젠가 그 아이의 소유가 될 것이었다. 이런 풍요로움 가운데 아기가 아버지와 어머니 아래에서 자라고 또한 아이의 부모가 다시 행복한 결합을 할 수 있도록 해주는 것보다 더 바람직한 일이 있을까!

이 모든 것을 더없이 순수한 마음으로 느낀 오틸리에는 그런 상태가 확고한 현실 같았고, 자기 자신은 의식조차 하지 않았다. 이 맑은 하늘 아래 밝은 햇살을 받으며 그녀는 문득 자신의 사랑을 완성시키려면 자신의 이익은 조금도 따지지 말아야겠다고 생각했다. 사실 자신의 사랑이 이미 그런 경지에 도달했다고 믿은 순간도 몇 번 있었다. 그녀는 오로지 사랑하는 사람의 행복만을 바랐으며, 그가 행복하다면 그를 깨끗하게 포기하고 심지어 두 번 다시는 만나지 않을 수도 있었다. 그러나 다른 남자에게 시집가는 일만큼은 절대로 하지 않겠노라고 남몰래 다짐했다.

다가올 가을도 봄처럼 화사하게 만들려는 작업이 다양하게 진행되었다. 이른바 여름 식물이라 불리며 가을에도 계속 꽃을 피우고 추위에도 당당하게 자라나는 것들, 그중에서도 특히 과꽃의 씨는 품종별로 듬뿍 뿌려졌다. 그리고 이제 그것들은 곳곳으로 옮겨 심어져, 땅 위에서 펼쳐지는 별들의 하늘을 만들어 갈 채비를 하고 있었다.

오틸리에의 일기에서

우리는 우리가 읽은 좋은 생각이나 들었던 탁월한 표현들을 일기장에 옮긴다. 이와 같이 친구들이 보낸 편지에서도 그만의 독특한 의견이나 독창적인 견해, 재치 있는 말 등을 뽑아내려 한다면 우리의 마음은 매우 풍요로워질 것이다. 우리는 편지를 보관하지만 그것을 다시는 읽지 않으며, 결국에는 그 편지들을 숨기기 위해 없애 버린다. 그렇게 해서 더없이 아름답고 직접적인 삶의 숨결은 우리의 눈과 다른 사람의 눈앞에서 다시는 되돌릴 수 없게 사라지고 만다. 나는 그렇게 소홀히 했던 것들을 다시 되돌리려고 생각한다.

동화와 같은 사계절은 이렇게 처음부터 다시 되풀이된다. 우리는 (아, 정말 다행스럽게도!) 그 가운데에서도 가장 아름다운 단원에 이르렀다. 제비꽃과 민들레는 이 단원의 제목이나 표지 그림 같은 꽃이다. 삶이라는 책을 펼쳐 다시금 이 제목과 그림을 발견할 때 우리의 기분은 편안해진다.

우리는 가난한 사람들, 특히 미성년자들이 길거리 여기저기에 주저앉아 구걸하는 것을 보면 비난한다. 하지만 그들도 할 일만 있다면 당장 부지런해질 거라는 사실을 왜 모르는가? 봄이 되어 자연이 다정한 보물을 펼쳐 보이면 그 즉시 아이들은 그 뒤를 쫓아다니며 일을 시작한다. 이제는 어떤 아이도 구걸하지 않고 꽃다발을 내민다. 그대가 아직 잠들어 있는 동안에 그 아이는 꽃을 꺾은 것이다. 아이는 꽃을 사 달라고 부탁하면서, 선물을 할 때처럼 친근한 눈빛으로 그대를 바라볼 것이다. 뭔가를 부탁하지만 자기에게 조금이나마 그럴 권리가 있다고 느끼는 사람은 조금도 가련해 보이지 않는다.

어째서 1년이란 세월은 때로는 짧았다가 때로는 그렇게 긴 것인지! 어째서 그토록 짧은 듯하면서 추억 속에서는 그토록 긴지! 내게는 지난 한 해가 그랬다. 그리고 사라지려 하는 것과 사라지지 않으려고 하는 것이 서로 뒤엉켜 있는 모습을 확실히 보여 주는 곳은 온실만한 데가 없다. 그러나 무엇보다도 자신의 흔적, 자기와 닮은 그 무엇을 남기지 않는 것만큼 덧없는 존재도 없다.

겨울 역시 유쾌하다. 나무들은 유령 같고, 그렇게 투명한 모습으로 서 있는 것을 보면, 내가 자유롭게 퍼져 가는 것을 느낀다. 겨울나무들은 무(無)이므로, 다른 것을 덮어 버리지도 못한다. 그러나 일단 푸른 싹이 돋아나고 봉오리가 벌어지기 시작하면 우리는 조급해진다. 그래서 잎사귀가 무성하게 자라나고, 풍경이 옷을 갖춰 입고, 나무들이 싱그러운 모습으로 우뚝 서기를 애타게 기다린다.

어떤 방식으로든 완전해지려면 자신이 속한 종류를 넘어서야 한다. 뭔가 다른 것, 뭔가 비교할 수 없는 것이 되어야만 한다. 밤 꾀꼬리는 여러 음색을 내지만 여전히 새에 불과하다. 하지만 그들은 이윽고 자신의 한계를 넘고, 다른 새들에게 노래란 이런 것이라는 걸 가르쳐 보이려는 것 같다.

사랑 없는 삶, 사랑하는 사람이 곁에 없는 삶은 그저 단편들을 늘어놓은 "Comédie à tiroir"*1에 지나지 않는다. 이 서랍 저 서랍을 열었다 닫았다 하며 서둘러 다음 손잡이를 잡는다. 설령 훌륭하고 의미 있는 작품이 나와도 서로 연결되는 내용은 없다. 처음부터 다시 시작해야 할 곳 투성이며, 아무 데서나 끝내 버리고 싶어진다.

---

*1 서랍연극. 전체적인 맥락이 제대로 갖추어지지 않은 채로 집필되어서 무대에서 공연하기에는 적합하지 않고 서랍에나 두는 것이 제격인 희곡을 의미하는 프랑스어.

216 요한 볼프강 폰 괴테

제10장

샬로테는 명랑하고 기분 좋은 나날을 보내고 있었다. 튼튼한 사내아이가 무럭무럭 자라는 모습을 보면 기뻤다. 그녀의 눈과 마음은 장래가 촉망되는 아이의 모습을 줄곧 따라다녔다. 그녀는 아이를 통해서 바깥세상과 자기 재산에 대한 새로운 관계를 발견하게 되었다. 예전의 부지런함이 되살아났다. 작년에 해 놓은 많은 일의 결실을 어디에서나 볼 수 있어 기뻤다. 이처럼 설명하기 어려운 기분에 들떠 샬로테는 오틸리에와 아이를 데리고 이끼 정자까지 올라갔다. 그녀는 거기 있는 작은 탁자가 재단이라도 되는 듯 조심스레 아이를 눕히다가 비어 있는 두 자리를 보자 지난날이 새록새록 떠올랐다. 그리고 자신과 오틸리에를 위한 새로운 희망이 솟아오르는 것을 느꼈다.

젊은 처녀들은 젊은이들 이 사람 저 사람을 둘러보면서, 그가 신랑감으로 괜찮을지 속으로 따져보곤 한다. 그러나 딸이나 양녀의 장래를 걱정해야 하는 처지에 있는 사람들은 보다 더 넓은 범위에서 살펴본다. 지금 샬로테도 그랬다. 그녀는 오틸리에와 대위의 결혼이 전혀 불가능해 보이지는 않았다. 이미 예전에도 그들은 이 정자에서 나란히 앉아 있었다. 그녀는 대위에게 좀 더 조건 좋은 결혼이 가능할 뻔했지만 지금은 그런 가능성이 사라졌다는 소문도 익히 들어 알고 있었다.

샬로테는 정자를 떠나 계속해서 위로 올라갔다. 아이는 오틸리에가 안고 갔다. 그녀는 이런저런 생각에 몰두하고 있었다. 흔들리지 않는 육지에서도 난파할 때가 있다. 그럴 때 재빨리 원기를 되찾고 정신을 가다듬는 것은 훌륭하고 칭찬할 일이다. 인생에서는 최종적으로 이득을 봤느냐 손해를 봤느냐가 문제니까! 어떤 계획을 세우고도 어떤 이유 때문에 실행하지 못하는 사람이 얼마나 많은가! 어떤 길에 들었다가 그 길에서 벗어나는 일은 또 얼마나 잦은가! 단단히 주시하고 있던 목표에서 벗어났더니 오히려 더 높은 목표에 다다르는 일은 또 얼마나 많은가!

여행 도중에 마차 바퀴가 고장나면 몹시 화가 나지만, 이 불쾌한 우연 덕분에 그는 평생 잊지 못할 사람들과 친해지고 관계를 맺을 수도 있다. 운명은 나름의 방식으로 우리의 소원을 들어주지만, 때로는 우리가 바라는 것 이상을 주기도 한다.

이런 생각들을 하면서 샬로테는 새 별장이 들어선 언덕 위에 다다랐다. 정상에 이르자 그런 생각들이 옳았음은 완벽하게 증명되었다. 그곳은 상상 이상으로 훨씬 아름다웠다. 거추장스럽고 자잘한 것은 주변으로 모두 치워지고, 자연과 시간의 힘으로 만들어진 풍경의 아름다움만이 순수하게 앞쪽으로 나와 시선을 끌었다. 몇 군데 빈틈을 메우려고 새로 심었던 어린 나무들도 어느새 푸르러져, 서로 떨어졌던 부분을 보기 좋게 이어 주고 있었다.

별장도 거의 완성되어 있었다. 특히 위층에 있는 방에서 내려다보이는 전망은 실로 다채로웠다. 주위를 둘러볼수록, 새로운 아름다움이 눈에 속속 들어왔다. 이곳에서는 시간대마다 달과 해가 각기 다른 아름다운 빛을 던질 것 같았다! 참으로 머물고 싶다는 생각이 절로 들었다. 뼈대 작업이 다 끝난 것을 보자 샬로테의 마음에는 작업을 재개해서 완성하고 싶은 욕구가 즉시 되살아났다.

목수와 도배장이, 그리고 물감통과 약간의 도금만으로 일을 처리할 수 있는 도장공이 한 명만 있으면 충분했다. 얼마 안 있어 건물이 완성되었다. 성관에서 떨어진 곳이라 모든 생필품을 갖추어 놓아야 했기 때문에 지하실과 부엌이 가장 먼저 정리되었다. 이제 여성들은 아기와 함께 언덕 위에서 살게 되었다. 새로운 중심점이 된 이곳을 시작으로 계획에는 없던 산책로들은 사방으로 뻗어 나갔다. 그녀들은 아름답고 맑은 하늘 아래서 근처 구릉을 한가로이 거닐며, 자유롭고 신선한 공기를 마음껏 들이마셨다.

오틸리에는 혼자 산책을 다니거나 아니면 아이와 함께 다녔다. 그녀가 가장 좋아한 산책로는 플라타너스들이 있는 아래쪽으로 내려가는 완만한 길이었다. 이 길은 호수를 건널 때 쓰는 나룻배가 한 척 묶여 있는 곳까지 이어졌는데, 그녀는 가끔 나룻배 타는 것을 즐기더라도 아이는 데려가지 않았다. 샬로테가 불안해했기 때문이다. 오틸리에는 하루도 거르지 않고 성관 온실의 정원사를 방문했고, 이제는 자유로운 바깥바람을 즐길 수 있을 정도로 자라난 수많은 나무모와 그것을 돌보는 그의 정성스러운 손길을 애정 어린 눈으로 지켜보았다.

이처럼 아름다운 계절에 한 영국인이 이 땅을 방문했다. 그의 방문은 샬로테에게 아주 반가운 일이었다. 그 영국인은 여행 중에 에두아르트를 알게 되어 두세 번 그와 함께 묵은 적이 있는데, 아름다운 공원에 대한 좋은 이야기를 많이 들어서 찾아온 것이었다. 그는 백작의 소개장도 가지고 왔으며, 그와 함께 온 말수가 적으면서도 매우 호감 가는 동행자를 소개했다. 그는 가끔은 샬로테와 오틸리에와, 가끔은 정원사나 사냥꾼들과 함께 그 일대를 돌아다녔다. 그러나 대부분은 그의 동행자와 단둘이 다니거나 혼자 다녔다. 그가 툭툭 내뱉는 말을 들으면, 그는 공원을 조성하는 일을 좋아할 뿐만 아니라 그에 대한 경험도 풍부하다는 사실을 알 수 있었다. 그는 어지간한 나이임에도 삶을 장식해 주거나 삶에 의미를 부여해 주는 일이라면 뭐든지 기쁘게 참여했다.

여자들은 이 사람 덕분에 비로소 주위 풍경을 완벽하게 즐길 수 있게 되었다. 그는 뛰어난 안목으로 어떤 효과라도 바로바로 선명하게 감지했다. 이 지역의 예전 모습을 알지 못하는 그는 자연 그대로의 장소와 인공으로 만들어 놓은 장소를 구별하지 못했다. 그래서 새롭게 만들어진 부분을 알게 되면 그는 엄청 기뻐했다.

그가 조언을 해 주었기에 공원은 더욱 성장하고 풍부해졌다고도 말할 수 있다. 그는 이미 새로 자라나고 있는 어린나무들이 장차 어떻게 될지 알아보았다. 그리고 아름다움을 끌어내거나 추가할 수 있는 여지가 남은 곳은 한군데도 놓치지 않았다. 어떤 샘은 깨끗하게 정리하기만 해도 주변 관목림을 아름답게 장식해 줄 거라 귀띔해 주었고, 어떤 동굴을 발견하더니 그 안을 깨끗이 치우고 좀 더 넓히면 원하던 쉼터가 되어 줄 거라고 가르쳐 주기도 했다. 더 나아가 어귀에 있는 나무 두어 그루만 베어 내면 바위가 첩첩이 쌓인 멋진 장관을 즐길 수 있을 거라고도 지적했다. 그는 아직 이렇게 할 일이 많이 남은 것은 정말 행복한 일이라고 말하며 성관 사람들을 축복했다. 그리고 일을 너무 서두르지 말고, 앞으로 남은 긴 세월을 위해 창조와 정비의 즐거움을 조금씩 만끽하며 지내라고 당부했다.

그는 이렇게 사람들과 어울리는 시간이 아닐 때에도 전혀 번거로운 손님이 아니었다. 그는 하루의 대부분을 휴대용 어둠상자*1를 이용해 그림처럼 아름다운 공원의 실루엣을 본뜨고, 이것을 바탕으로 그림을 그리면서 바쁘게 보냈다. 그 그림은 다른 사람뿐만 아니라 자기 자신을 위해서도 즐거운 여행 선물이었다. 그는 이미 여러 해 동안 유명한 지방을 두루 다니며 이 작업을 해 온 탓에 이제 그 그림은 아주 재미있고 흥미로운 컬렉션이 되어 있었다. 그는 자기가 가지고 다니는 커다란 서류철을 숙녀들에게 보여 주고 그러한 소묘에 해설을 덧붙여 그녀들을 즐겁게 해 주었다. 여자들은 이렇게 외진 곳에서 편하게 세상을 두루두루 살펴보고, 해안과 항구, 산, 바다, 강, 도시, 성 등 역사적으로 유명한 장소가 눈앞에 스쳐 지나가는 것을 보았다. 그로 인해 그녀들은 기쁨을 느끼게 되었다.

두 여성은 저마다 나름대로 관심이 가는 곳이 있었다. 샬로테의 관심은 좀 더 일반적인 것으로, 뭔가 특별한 역사적 사건이 일어난 곳에 쏠려 있었다. 반면에 오틸리에의 관심은 에두아르트가 자주 이야기했거나 머물기 좋아했던 지역, 또는 그가 자주 방문했던 지역들이었다. 누구나 가까운 곳이건 먼 곳이건 유달리 마음이 끌리는 특정한 장소, 건물 따위를 발견하는 법이다. 그리고 그런 것들은 그 사람의 성격, 첫인상, 어떤 사정이나 습관 등에 따라 강한 애착이나 설렘을 안겨 준다.

오틸리에는 이 영국 귀족에게 어디가 가장 마음에 드는지, 집을 지어야 한다면 어디를 선택하고 싶은지 물어보았다. 그는 아름다운 지방을 몇 군데 들고, 그곳이 좋아지게 된 계기와 그곳이 왜 자기에게 특별한지를 다정다감하게 본인 특유의 억양이 섞인 프랑스어로 설명해 주었다.

그러나 지금은 어디에 머물고 있으며 가장 돌아가고 싶은 곳은 어디인가 하는 질문을 던졌을 때, 그는 여자들의 예상과는 달리 거리낌 없이 다음과 같이 대답했다.

"저는 이제 어딜 가든 내 집처럼 지내는 습관이 붙었습니다. 그러다 결국 남의 집을 짓고 나무를 심고 가구를 놓아 주는 일이 가장 편한 일이라고 생각하죠. 굳이 내 집으로 돌아가고 싶지는 않아요. 정치적인 이유도 있긴 있습니다만, 가장 큰 이유는 아들입니다. 사실 저는 아들을 위해서 모든 일을

＊1 어둠상자는 카메라 옵스큐라(Camera obscura)라는 라틴어 명칭이 독일어로 번역된 것으로, 사진기 이전 단계에 해당하는 장치. 괴테 시대에는 그림을 그릴 때도 선명한 본을 확보하기 위해서 이 장치를 이용했다.

해 왔고 모든 준비를 했었습니다. 언젠가는 모든 것을 아들에게 물려주고 둘이서 함께 즐기고 싶었는데, 아들은 그 모든 것을 버리고 인도로 가 버렸지 뭡니까. 그곳에서 다른 사람들처럼 자신의 인생을 좀 더 가치 있게 이용하거나 완전히 허비하기 위해서 말이죠.

확실히 우리는 살아가면서 많은 준비들을 하지요. 적당한 선에서 만족하고 느긋하게 삶을 즐기면 좋을 텐데, 오히려 점점 욕심을 부풀려서 삶을 팍팍하게 만들어 버립니다. 내 소유의 건물과 공원, 정원을 즐기는 게 누구죠? 나도 아니고, 심지어 내 가족도 아닙니다. 낯선 손님들, 호기심에 찬 사람들, 시끄러운 여행자들입니다.

재산이 많다고 해서 아늑한 삶이 보장되는 것은 아닙니다. 시골에서는 특히 그렇지요. 도시에서는 익숙한 것들이 시골에는 없으니까요. 가장 읽고 싶은 책도 없어요. 가장 필요한 것일수록 잊어버리고 온단 말입니다. 우리는 열심히 집 안을 꾸미지만, 결국은 다시 이사를 하게 됩니다. 욕구나 변덕은 자제할 수 있어도 상황이나 사랑의 정열, 우연, 필연, 그 밖의 갖가지 것들은 그렇게 할 수밖에 없는 상황을 만들어 내지요."

영국인 귀족은 여성들이 자신의 말에 얼마나 충격을 받았는지 상상조차 못했다. 누구든지 일반적인 고찰을 이야기하다 보면—평소 처지를 잘 아는 사람들과 이야기할 때조차—이런 위험에 빠지기 쉽다. 샬로테는 이처럼 악의 없고 선의에 찬 사람들에게 마음의 상처를 받는 경험이 전혀 새로운 일은 아니었다. 세상만사를 정확히 볼 줄 아는 그녀는 설령 누군가가 무분별하고 부주의하게 그녀에게 즐겁지 않은 곳으로 시선을 돌리도록 강요하더라도 특별한 고통을 느끼지 않았다. 그러나 오틸리에는 이런 이치를 체득하기에는 아직 어렸고, 세상사를 직접 보기보다는 어렴풋이 예감하는 정도였다. 그녀는 보고 싶지도 않고 보면 안 되는 일에 대해서는 시선을 돌려도 좋은, 오히려 시선을 돌려야 하는 나이였기에 이 솔직한 이야기에 엄청난 충격을 받았다. 그 이야기는 그녀 앞에 드리워져 있던 우아한 베일을 무자비하게 찢어놓았다. 지금까지 집과 주변 환경, 온실과 공원을 위해 해 왔던 일들이 모두 부질없는 것처럼 느껴졌다. 그 모든 것을 소유한 사람은 정작 그것을 즐기지 못하고, 지금 여기 있는 손님처럼 자신이 가장 사랑하고 가깝게 여기는 사람들 때문에 세상을 떠돌며 위험한 여행을 하는 처지에 내몰려 있기 때문이었다. 그녀는 남의 말을 잠자코 듣는 데 익숙했지만, 이번만큼은 뭐라 형용할 수 없을 만큼 괴로웠다. 손님은 특유의 느릿하면서도 쾌활한 말투로 이야기를 계속했지만, 오틸리에의 기분은 나아지기는커녕 더욱더 고통스러워졌다.

그가 말했다. "이제는 제가 올바른 길을 걷고 있다고 생각합니다. 저는 언제나 저 자신의 즐거움을 위해 많은 것을 포기하는 여행자라고 규정합니다. 저는 변화에 익숙해졌습니다. 아니, 이제 변화는 제게 없어서는 안 될 것이 되었습니다. 오페라에서 수많은 무대 장식을 보다 보면 계속해서 새로운 무대 장식을 기다리게 되는 것과 같은 이치죠. 저는 최고급 여관과 최악의 여관에서 각각 어느 정도까지 기대할 수 있는지 이미 알고 있습니다. 좋은 여관이든 나쁜 여관이든 익숙한 음식이 나오는 일은 없으니까요. 필연적인 습관의 노예가 되느냐 변덕스럽기 그지없는 우연에게 의존하느냐는 결국 같은 것입니다. 적어도 지금의 저는 원하는 것을 찾지 못하거나 무엇이 없어졌다는 이유로 화를 내지는 않습니다. 평소 즐겨 찾는 거실을 수리 때문에 이용할 수 없게 되었거나, 내가 좋아하는 찻잔을 누가 깨트렸는데 다른 찻잔으로 마시면 한동안은 예전 맛이 나지 않는다고 해도 기분이 나쁘지 않습니다. 전 이런 모든 것에서 초월한 상태입니다. 지붕에 불이 붙으면 하인들에게 침착하게 짐을 싸라 하고, 안뜰에서 마을 밖으로 마차를 타고 나가면 그만입니다. 게다가 이렇게 많은 장점을 누리고 살아도 연말에 가서 정확히 계산해 보면 나와 살면서 드는 비용이 고향에서 살았을 때보다 적게 들더군요."

이런 이야기를 들으면서 오틸리에는 눈앞에 에두아르트의 모습만을 그리고 있었다. 그도 궁핍과 불만을 견디며 길이 없는 곳으로 행군하고 있을 것이다. 위험과 고난을 겪으며 들판에 누워 있는 모습, 고향도 친구도 없이 떠돌아다니는 생활, 상실의 아픔이 두려워 애초부터 모든 것을 내던지는 데 익숙한 나날…… 다행히 이곳에 있던 사람들이 한동안 떨어져 있게 되었으므로 오틸리에는 혼자 마음껏 울 수 있었다. 사랑하는 사람에 대한 이와 같은 생생한 상상은 그간의 어렴풋한 고통보다 그녀를 강렬하게 엄습해 왔다. 그렇지만 그녀는 마음에 떠오른 그 상상을 더욱더 또렷하게 보려고 애썼다. 인간은 한번 고통을 겪고 나면 그다음부터는 자기를 스스로 괴롭히지 않고는 못 배기는 법이다.

에두아르트의 처지가 너무 비참하고 딱하게 느껴진 그녀는 마침내 어떤 결심을 했다. 오틸리에는 자신이 아무리 비싼 값을 치르더라도, 그와 샬로테의 재결합을 위해서라면 무엇이든 하겠으며, 자신의 고뇌와 사랑은 어느 고요한 곳에 묻어 버리고 아무 일에나 몰두하면서 그 고통을 덜기로 마음먹었다.

한편, 영국 귀족의 동행인은 총명하고 침착한 성격인 데다 관찰력이 뛰어났으므로 대화의 어떤 부분이 실수였는지를 알아챘다. 그는 친구에게 이 집에 그가 대화한 내용과 비슷한 사정이 있다는 사실을 알려 주었다. 귀족은 이 집 사정을 전혀 몰랐다. 그러나 동행인은 여행을 하면서도 자연적인 관계와 인위적인 관계의 모순, 법칙적인 것과 법칙적이지 않은 것의 충돌, 지적 판단과 지혜로움의 차이, 열정과 편견 사이의 갈등 따위에서 발생하는 특별한 사건에만 흥미가 있었다. 그런 탓에 그는 이미 오래전부터 이곳의 사정을 파악하고 이 집에서 어떤 일이 벌어졌었는지, 그리고 지금은 어떻게 진행되고 있는지를 모두 조사했었다.

귀족은 쓸데없는 말을 해 버렸다고는 생각했지만, 그렇다고 해서 그다지 당황하지는 않았다. 어쩌다 이런 상황에 부딪히는 것마저 싫다면, 사람들이 모인 곳에서는 완전히 입을 다물어야 할 터이니 말이다. 특별히 중요한 의미를 지니는 발언뿐만 아니라 아주 사소한 말이라도 잘못했을 경우에는 그 자리에 있는 사람들을 당황하게 만드는 법이다.

"그럼 오늘 저녁에는 기분을 풀어 보도록 합시다." 귀족이 말했다. "일반적인 이야기는 피하기로 하지요. 그 대신 당신이 이야기를 들려주세요. 당신의 머릿속엔 여행 중에 수집된 의미 있고 유쾌한 이야기가 서류철처럼 가득 찬 것 같으니, 거기서 적절한 이야기를 골라서 말이지요."

그러나 위험하지 않은 이야기들로 여성들을 즐겁게 해 주려 했던 이 선의에 찬 계획은 실패하고 말았다. 동행인은 신기한 이야기, 의미심장한 이야기, 유쾌한 이야기, 감동적인 이야기, 무서운 이야기 등 다양한 이야기를 늘어놓아 여성들의 흥미를 돋우면서 기분을 최대한 고조시킨 다음 마지막으로 별나기는 해도 조금 더 부드러운 이야기로 마무리하려 했지만, 그는 그 이야기가 듣는 사람에게 얼마나 익숙한 이야기인지 알지 못했다.

놀라운 이웃 아이들—노벨레[*2]
신기한 이야기

이웃해 있는 훌륭한 가문에서 사내아이와 계집아이가 태어났다. 둘은 장차 서로 배필이 되기에 어울리는 나이였으므로 그런 아름다운 기대 속에서 함께 자랐다. 양가 부모도 이 둘이 맺어지기를 바랐다. 그러나 사람들은 곧 그런 기대가 잘못되었음을 깨닫게 되었다. 둘 다 성격은 나무랄 데 없었지만, 둘 사이에 기묘한 적대감이 두드러지기 시작한 것이다. 어쩌면 서로 너무 닮아서 그랬는지도 모른다. 둘 다 내성적인 성격에 의지가 명확했고, 실천력도 강했으며, 친구들에게 사랑과 존경을 받았다. 그러나 둘은 함께 있으면 원수였다. 그들은 혼자일 때는 건설적이다가도 얼굴만 마주치면 서로 파괴적이 되었고, 한 목표를 향해서 가는 것이 아니라 그것으로 인해 서로 다투었다. 두 사람은 심성도 곱고 사랑스러웠지만, 서로 얽히기만 하면 증오로 가득 찬 못된 성격의 소유자로 변했다.

어린 시절에 놀이를 할 때부터 나타난 이 희한한 관계는 나이를 먹어도 사라지지 않았다. 소년들은 전쟁놀이를 하고 편을 갈라 서로 싸우는 것을 자주 즐겼는데, 어느 날 이 고집스럽고 용감한 소녀도 전쟁놀이를 함께했다. 그리고 사내아이처럼 아군의 선두에 서서 무자비하고 과격하게 적과 싸웠다. 그녀의 유일한 적대자였던 소년이 용감하게 버티고 서서 그녀의 무기를 빼앗지 않았더라면 이 부대는 그 기세에 눌려 수치스럽게 패배하고 달아났을 것이다. 소녀는 붙잡혀서도 거세게 저항했다. 소년은 자신의 눈을 보호하고 적에게 상처를 입히지 않기 위해 자신의 비단 목도리를 끌러 소녀의 두 손을 등 뒤로 묶어 놓았다.

소녀는 이날의 일을 결코 용서하지 않았다. 그래서 소녀는 그에게 상처를 입히려고 남몰래 준비한 뒤 여러 번 그를 공격했다. 오래전부터 이 이상한 증오의 열정을 주목했던 양가 부모는 의견을 나누었다. 그리고 이 원수들을 서로 떼어 놓고, 둘을 결혼시키겠다던 달콤한 희망도 단념하기로 결정했다.

새로운 환경으로 옮긴 소년은 곧 두각을 나타냈다. 어떤 과목에서도 훌륭한 성적을 거두었고, 후원자들의 의견과 자신의 취향을 고려해서 군인의 길을 걷게 되었다. 그는 어디를 가건 사랑과 존경을 받았고, 그의 뛰어난 천성은 남의 행복과 편안함을 위해서만 발휘되는 것 같았다. 그리고 그 자신은

---

*2 단편소설과 비슷한 독일 문학의 장르 명칭. 전대미문의 사건을 중심으로 이야기가 전개된다는 것이 노벨레의 특색이다.

분명하게 의식하지는 못했지만, 운명이 그에게 정해 주었던 유일한 적대자로부터 벗어나게 되어 그는 매우 행복한 마음이었다.

이와는 반대로 소녀는 지금까지와는 전혀 다른 감정에 빠지고 말았다. 나이도 들고 교양이 쌓였지만, 그보다는 어떤 내적인 감정 때문에 소녀는 지금까지 소년들과 같이했던 격렬한 놀이에서 멀어져만 갔다. 삶에서 뭔가가 빠진 것 같았다. 이제 주위에는 증오를 불러일으킬 만한 것이 아무것도 없었지만 사랑하는 사람도 아직 발견하지 못했다.

사교계에는 그녀의 원수보다 나이가 많고 지위도 있고 재산과 명망도 갖추어서 평판도 좋은, 여자들의 사랑을 많이 받던 한 젊은이가 있었다. 그런데 그 젊은이의 관심은 오로지 그녀에게 쏠려 있었다. 우정과 사랑, 숭배의 마음을 동시에 가지고 한 남자가 소녀에게 구애한 것은 이번이 처음이었다. 그녀는 그가 자기보다 더 화려하고 나이와 교양이 많은 고귀한 신분의 여자들을 제쳐 두고 자기를 선택했다는 사실에 기분이 좋았다. 지속적으로 소녀에게 관심을 보내면서도 강요하는 법이 없는 그는 그녀가 불쾌한 일을 겪을 때마다 진심으로 도와주었다. 그러면서도 소녀의 부모에게는 구혼 의사를 분명히 표명하면서 그녀가 아직 어리다는 점을 감안해 차분하게 희망을 부풀려 가기만 하는 겸허함을 보여 주었다. 이런 태도는 소녀에게도 그에 대한 호감을 불러일으켰다. 인간이란 환경에 익숙하기 마련이고, 세상이 그들의 관계를 이미 정해진 일로 여긴다는 사실도 여기에 일조했다. 소녀는 하도 자주 약혼녀 소리를 듣다 보니 마침내 스스로도 그의 약혼녀라고 생각하게 되었다. 그런 식으로 누구에게나 오랫동안 약혼자로서 간주되어 온 그와 진짜로 반지를 교환하게 되었을 때, 소녀는 이 결혼에 대해 다시 한 번 생각해 볼 필요가 있다고는 생각조차 못했다.

모든 일은 서서히 진행되어 갔고, 약혼 뒤에도 일을 서두르지는 않았다. 양쪽 모두 일이 흘러가는 대로 놔두었다. 그들은 함께 살아갈 날을 기뻐했고, 이 좋은 계절도 앞으로 보다 진지해질 삶의 봄날에 불과하다는 듯 그저 즐기고 싶었다.

그동안 고향을 떠나 지내던 소년은 아주 훌륭한 어른이 되었고 천직으로 선택한 일에서도 재능을 인정받아 승진도 했다. 그는 가족을 만나기 위해 휴가를 받아 고향으로 돌아왔다. 그리고 매우 자연스러우면서도 묘한 느낌으로 아름다운 이웃 소녀와 재회했다. 소녀는 이제 얌전한 약혼녀에 어울리는 가정적인 여성으로 지내면서, 자신을 둘러싼 모든 것과 화합을 이루고 있었다. 소녀는 자신이 행복하다 믿었고, 어떤 면에서는 실제로 그랬다. 그런데 아주 오랜만에 그 무언가가 다시 자기 앞에 마주 선 것이다. 그것은 이제 증오의 대상이 아니었다. 그녀는 증오하는 능력마저 상실했다. 상대방의 내적인 가치를 무의식중에 인정할 때 생기는 그 유치한 증오는 이제 다른 형태로 나타났다. 놀라우면서도 반가운 느낌, 상대방을 뚫어지게 관찰하는 사이에 은근히 솟아오르는 기쁨, 상대방을 인정해 주는 마음, 반쯤은 바라고 반쯤은 두려워하면서도 그럴 수밖에 없었던 접근, 이러한 감정으로 변신해 있었다. 두 사람 모두에게 이런 현상이 나타났다. 오랫동안 못 본 만큼이나 이야기도 그칠 줄 모르고 길게 이어졌다. 어릴 때의 철없던 행동도 어엿한 어른이 된 두 사람에게는 즐거운 추억거리였다. 그 음험했던 증오를 우호적인 대접으로 보상하고 싶고, 옛날에 서로 깎아내리기만 하던 행동도 상대방의 가치를 인정해 줌으로써 보상하고 싶었다.

그의 감정은 이성적이고 바람직한 범위 안에 머물러 있었다. 그의 지위, 환경, 노력, 야심은 그의 삶을 가득 채우고 있어서, 그는 이미 다른 사람과 정혼한 이 아름다운 여인의 우정을 고마운 선물처럼 기분 좋게 받아들였다. 하지만 그렇다고 해서 그녀가 자기와 특별한 관계라고 생각하거나 그녀가 다른 사람의 약혼녀라는 사실을 질투할 정도는 아니었다. 덧붙이자면 그는 그녀의 약혼자와도 사이가 대단히 좋았다.

그러나 그녀는 사정이 전혀 달랐다. 그녀는 꿈에서 깨어난 기분이었다. 이웃 소년과의 싸움은 그녀로서는 최초의 연정이었다. 그리고 그 격렬한 투쟁은 저항의 형태를 띤 강렬한 애정, 말하자면 타고난 사랑이었던 것이다. 추억을 더듬어 보면 자기는 언제나 그를 변함없이 사랑했다고밖에 생각되지 않았다. 손에 무기를 들고 적의에 불타 그를 찾아다녔던 것도 지금은 흐뭇한 추억이었다. 그녀는 그에게 무기를 빼앗겼을 때 느꼈던 크나큰 쾌감을 다시 한 번 떠올리고 싶었다. 돌이켜 보면 그녀는 그에게 묶였을 때 비할 데 없는 행복에 취해 있었던 것 같았다. 그 뒤에 그에게 상처를 입히고 기분 나쁘게 하려고 저질렀던 일도 오로지 그의 관심을 끌기 위한 순진한 행동이었다. 그녀는 그때 그와 헤어졌던 것을 후회했다. 자기가 잠에 빠져들었던 것을 애통해했고, 별 볼 일 없는 약혼자를 얻은 원인이 된 자신의 만성적인 몽상가적 습관을 저주했다. 그녀는 변해 있었다. 미래를 보는 시각도 과거를 보는 시각도 매우 달라져 있었다.

그녀가 꼭꼭 숨겨 놓은 그녀의 감정을 꺼내어 마음 터놓고 이야기한 사람이 있다면, 누구든 절대로 그녀를 비난하지 못할 것이다. 그도 그럴 것이, 약혼자는 어느 모로 보건 이웃 청년과 비교할 상대가 되지 못했다. 약혼자도 웬만큼 믿음직한 구석은 있었지만, 이웃 청년은 완벽한 신뢰감을 불러일으키는 인물이었다. 약혼자가 말상대로서 어울리는 사람이라면, 이웃 청년은 동반자로 삼고 싶은 사람이었다. 더 높은 차원의 관계나 위기 대처 능력 등을 따져 본다면, 전자에게는 회의감이 들고 후자에게는 전적으로 확신감을 갖게 했다. 여성들은 이런 상황을 판단하는 데 특별한 감각을 타고났기에 그런 감각을 기를 필요와 기회가 있다.

아름다운 약혼녀는 그런 생각을 남몰래 속으로만 키워 나갔다. 주위 사람들도 그녀에게 약혼자의 장점을 말해 주거나, 상황과 의무에 따라야 한다고 충고하거나, 이제 와서 바꿀 수 없는 필연적인 관계가 결정적으로 무엇을 요구하는지 확실하게 말해 줄 상황이 아니었다. 그녀의 아름다운 마음은 그럴수록 점점 한쪽으로 기울어져 갔다. 그녀는 세상과 가족, 약혼자, 그리고 스스로 약혼을 승낙했다는 사실에 옴짝달싹 못하고 현실에 묶여 있었다. 미래를 위해 노력하는 이웃 청년은 자신에게 그저 충실한 오빠처럼 대할 뿐, 다정다감한 오빠 정도의 태도조차 보여 주지 않은 채 자신의 신념, 계획, 전망 등을 허심탄회하게 털어놓았다. 심지어 그는 곧 떠날 거라는 말까지 서슴지 않았다. 그 말을 듣자 그녀는 어릴 적에 지녔던 못되고 난폭한 마음이 다시 간계와 오기와 함께 되살아나는 것 같았다. 어른이 되어 다시 일어난 지금의 그런 감정은 예전보다 한층 치명적이고 파괴적으로 작용하고 있었다. 그녀는 죽기로 결심했다. 예전에는 증오했고 이제는 열렬히 사랑하는 남자의 무관심을 벌하기 위해, 그리고 그를 소유할 수 없다면 적어도 그의 상상과 후회 속에서라도 그와 영원히 결합하고 싶었다. 그는 그녀의 죽은 모습에서 헤어 나오지 못해야 했다. 그리고 자기가 그녀의 진심을 알아보지 못하고 존중하지도 않으며 등한시했다는 자책감에서 해방되어서는 안 된다고 생각했다.

이 희한한 광기는 그녀가 어디를 가든 따라다녔다. 그녀는 이 광기를 온갖 형태로 바꿔 가며 숨기고 있었다. 사람들은 그녀가 어딘가 모르게 이상해졌다는 것을 알아챘지만, 진짜 내면의 원인을 알아볼 만큼 주의력이 깊거나 똑똑한 사람은 한 명도 없었다.

한편 친구와 친척, 지인들은 여러 잔치를 준비하느라 눈코 뜰 새 없이 바빴다. 뭔가 새롭고 예기치 못한 일들이 생기지 않고 지나가는 날은 거의 하루도 없었다. 또한 그 근방의 아름다운 장소에는 많은 잔치 손님을 맞이하기 위해 거의 모든 곳이 예쁘게 장식되어 있었다. 우리의 젊은 군인도 고향을 떠나기 전에 할 일을 해야겠다는 생각에 가까운 친척들과 함께 젊은 두 약혼자를 뱃놀이에 초대했다. 사람들은 아름답고 잘 꾸며진 커다란 배에 올라탔다. 그 배는 작은 홀과 방까지 두어 개 갖추어서 물 위에서도 육지에 있는 것처럼 안락함을 느낄 수 있는 요트였다.

배는 큰 강 위를 음악과 함께 흘러갔고, 볕이 강한 대낮에는 모두 갑판 밑 선실에 모여 수수께끼나 내기를 하며 시간을 보냈다. 할 일 없이 가만히 있지 못하는 젊은 초대자는 선장 대신 직접 키를 잡았고, 늙은 선장은 그 옆에서 잠이 들었다. 배가 두 섬 사이로 들어서며 강바닥이 좁아지면서 평평한 자갈밭이 여기저기 불쑥 튀어나온 위험한 지점에 접어들자, 젊은 키잡이는 모든 주의력을 기울여야 했다. 신중하고 관찰력 좋은 키잡이는 늙은 선장을 깨우고 싶었지만, 용기를 내어 협로 쪽으로 배를 몰았다. 그때, 그의 아름다운 적이 머리에 화관을 쓴 채 갑판 위로 나타났다. 그러더니 그녀는 화관을 벗어서 키잡이에게 건네며 외쳤다. "기념으로 받아 둬!"

"방해하지 마!" 그가 화관을 받으면서 되받아쳤다. "나는 지금 이 일에만 집중해야 한단 말이야."

"앞으로는 방해하는 일 없을 거야!" 그녀가 외쳤다. "이젠 만날 일도 없을 테니까!"

그녀는 이렇게 외치고 뱃머리로 달려가더니 말릴 사이도 없이 물속으로 뛰어들었다. 몇몇 사람들이 외쳤다. "사람 살려! 사람 살려요! 사람이 물에 빠졌어요!"

그는 너무 놀라고 당황했다. 소란한 통에 잠에서 깨어난 늙은 선장이 키를 잡으려고 했다. 젊은이도 키를 건네주려고 했다. 그러나 교대할 시간이 없었다. 배 바닥은 강바닥에 닿았고 그 순간, 그는 성가신 옷가지들을 벗어 던지더니 풍덩 뛰어내려 아름다운 적을 향해 헤엄치기 시작했다.

물은 물을 잘 알고 잘 다루는 사람에게는 친절하다. 물은 그를 운반해 주었고, 능숙하게 수영할 줄 아는 그는 물을 지배했다. 곧 그는 눈앞에서 떠내려가고 있는 미인에게 도달했다. 그리하여 그녀를 붙잡고 끌어당겨 가까스로 껴안을 수 있었다. 두 사람은 그대로 물살에 휩쓸려 빠르게 떠내려갔으나, 섬과 모래톱을 훨씬 지난 지점에 다다르자 강폭은 넓어지면서 물살이 약해지기 시작했다. 그제야 그는 위험에서 벗어나 기운을 차릴 수 있었다. 그때까지는 아무 생각 없이 기계적으로 손발을 움직였지만, 이제는 고개를 들고 주위를 둘러보았다. 다행히 딸기나무로 뒤덮인 완만한 평지가 강 쪽으로 비죽 나와 있었다. 그는 그곳을 향해 있는 힘껏 헤엄쳐 갔다. 그곳에 다다르자 그는 그 아름다운 노획물을 마른 땅 위에 눕혔다. 그러나 그녀에게서는 어떠한 생명의 기운도 느껴지지 않았다. 그가 절망에 빠져 있을 때, 수풀 속을 관통하는 오솔길이 눈에 들어왔다. 그 길은 사람들이 자주 다니는 길인지 잘 다져져 있었다. 그는 이 귀중한 짐을 다시 한 번 어깨에 걸머지고 일어섰다. 그리고 이내 외딴 집 한 채를 발견하고 그곳으로 향했다. 친절한 젊은 부부는 그를 맞이해 주었고 그들은 어떤 사고가 있었으며 지금이 얼마나 위험한 상황인지 한눈에 알아챘다. 그는 잠시 생각한 뒤 몇 가지 부탁을 했는데, 그들은 그 부탁을 금방 들어주었다. 난롯불이 환하게 타올랐고, 침상 위에는 담요 몇 장이 깔리고, 모피, 무두질한 가죽, 그 밖에 몸을 덥힐 수 있는 온갖 것이 재빨리 날라져 왔다. 무슨 수를 써서라도 목숨을 살려야겠다는 마음이 다른 모든 것을 지배했다. 그는 반쯤 경직된 아름다운 나체를 소생시키기 위해 모든 방법을 시도했고, 그 결과 성공했다. 그녀는 눈을 뜨자마자 친구를 알아보고는 그의 목을 아름다운 두 팔로 끌어안았다. 그녀는 한동안 그 자세로 움직이지 않았다. 눈에서는 닭똥 같은 눈물이 뚝뚝 떨어졌고, 그녀는 완전히 의식을 회복했다.

"나를 떠날 거니?" 그녀가 소리쳤다. "이렇게 내가 널 찾았는데!"

"떠나지 않아! 절대로 떠나지 않을 거야!" 그는 이렇게 외치면서도 자기가 무슨 말을 하고 있는지 알지 못했다. "무리하면 안 돼!" 그가 덧붙였다. "무리하지 말고 네 몸이나 돌봐! 너를 위해서, 그리고 나를 위해서."

그녀는 비로소 지금 자기가 어떤 상황에 있는지를 깨닫게 되었다. 자기가 사랑하는 사람이자 자기를 구해 준 사람 앞에서 부끄러워하고 싶지 않았지만, 그녀는 그가 옷을 갈아입을 수 있도록 기꺼이 자리를 떠도 좋다고 허락했다. 그가 입은 옷은 흠뻑 젖은 채 물방울을 뚝뚝 흘리고 있었기 때문이다.

젊은 부부는 의논 끝에 남편은 청년에게, 아내는 여자에게 각각 결혼식 예복을 제공하기로 했다. 예복은 이 젊은 남녀를 머리끝부터 발끝까지, 피부에서 바깥쪽까지 뒤덮을 수 있을 정도로 완전한 상태로 걸려 있었다. 위험을 헤쳐 온 두 모험가는 어느새 옷을 다 입었을 뿐만 아니라 치장까지 했다. 그들은 무척 사랑스럽게 보였다. 다시 마주했을 때 두 사람은 놀란 눈으로 서로를 응시했다. 서로의 차려입은 모습에 미소를 머금으며 그들은 뜨거운 열정에 휩싸여 서로를 격렬하게 끌어안았다. 청춘의 힘과 사랑의 활력은 그들을 금세 완전하게 회복시켜 놓았다. 음악만 있었다면 그들은 춤이라도 추었을 것이다.

물에서 뭍으로, 죽음에서 삶으로, 가정의 울 안에서 인적 없는 황야로, 절망에서 환희로, 무관심에서 사랑과 열정으로 바뀌어 가는 상황을 한순간에 이해하기란 도저히 불가능하다. 그걸 단번에 이해하려고 한다면 당신의 머리는 터져 버리든가 착란에 빠져 미치고 말 것이다. 그러한 놀라움을 견뎌 내려면 먼저 마음은 최대한 노력을 다해야 한다.

그들은 서로에게 완전히 빠져 있었다. 한참의 시간이 지난 뒤에야 그들은 뒤에 남은 사람들의 불안과 걱정에까지 생각이 미쳤다. 무슨 낯으로 사람들을 대해야 할지 생각하니 두 사람은 두렵고 걱정이 되었다. "우리 도망갈까? 아니면 숨어 버릴까?" 젊은이가 말했다. "우리 함께 있자." 그녀가 그의 목에 매달리며 말했다.

그들에게서 배가 난파했다는 이야기를 들은 젊은 집주인은 그 이상은 캐묻지 않고 서둘러 강가로 갔다. 배는 무사히 이쪽으로 오고 있었다. 고생 끝에 여울에서 벗어날 수 있었던 것이다. 모두들 실종된 두 사람을 찾을 수 있을 거란 희망을 품고 정처 없이 배를 몰고 오고 있었다. 그것을 본 젊은 주인은 고함도 지르고 손짓도 해 가며, 배에 탄 사람들의 주의를 끌려고 애를 썼다. 그러면서 배를 대기에 좋은 곳으로 달려가서 계속 소리를 지르며 신호를 보내자 배는 드디어 강가 쪽으로 방향을 틀었다. 배가 기슭에 닿았을 때의 광경이란! 먼저 두 약혼자의 부모들이 뭍으로 뛰어내렸다. 사랑에 빠진 약혼남은 거의 정신이 나가 있었다. 사랑하는 자식들이 구조되었다는 이야기를 듣는 순간, 그 당사자들은 독특한 예복 차림으로 숲에서 나타났다. 사람들은 두 사람이 완전히 가까이 다가오기 전까지는 알아보지도 못했다. "아니 이게 누구야?" 어머니들이 외쳤다. "이게 뭐야?" 아버지들이 외쳤다. 구조된 두 사람이 그들 앞에 엎드렸다. "저희예요!" 그들이 외쳤다. "저희는 한 쌍이 되었어요." "용서해 주세요!" 소녀가 외쳤다. "저희를 축복해 주세요!" 젊은이가 외쳤다. 모두 놀란 나머지 할 말을 잃었다. "저희를 축복해 주세요!" 두 사람이 외쳤다. "저희를 축복해 주세요!" 우레와 같은 세 번째 외침이 터져 나왔다. 어느 누가 축복을 내리지 않을 수 있었겠는가!

제11장

이야기를 하던 그 남자가 잠시 쉬었다. 아니 쉬었다기보다는 이야기를 빨리 끝내 버렸다. 샬로테가 극도로 흥분해 있다는 사실을 알아챘기 때문이다. 샬로테는 자리에서 일어나 고개만 숙여 인사하고는 방을 나섰다. 그것은 그녀도 알고 있던 이야기였기 때문이었다. 이 사건은 대위와 이웃 여자 사이에 실제로 일어났던 일로, 영국인이 이야기한 것과 똑같지는 않으나 그래도 줄거리는 비슷했다. 군데군데 좀 다듬어지거나 덧붙여진 정도였다. 이런 이야기는 한번 입에서 입으로 퍼져 나가고, 재치 있고 말주변 좋은 사람의 공상을 거치면 와전되기 마련이다. 그리고 대부분 마지막에 가서는 원래의 이야기는 아무것도 남지 않게 된다.

오틸리에는 샬로테를 따라 방을 나갔다. 두 손님이 따라가 보라고 부탁했기 때문이다. 귀족은 동행인에게 자신이 또 실수를 저지른 것 같다고 말했다. 그리고 뭔가 이 집안에 잘 알려진 일이나 이 집안과 관계 있는 일을 이야기해 버린 것 같다고 했다. "이제는 조심해야겠군요." 그는 말을 계속했다. "더 이상 폐를 끼치지 않도록 해야겠어요. 이 집에서 분에 넘치는 대접을 받고 즐겁게 지내면서도 정작 우리는 숙녀분들께 그다지 행복을 가져다주지 못하는군요. 적당히 인사하고 떠나기로 합시다."

"솔직히 말씀드릴 것이 있는데요." 동행인이 대답했다. "저는 이곳에 있고 싶은 또 다른 이유가 있습니다. 그것을 해명하고 더 자세히 알아보기 전까지는 이 집을 떠나고 싶지 않군요. 어제 우리가 휴대용 어둠상자를 들고 공원을 돌아다닐 때 당신은 그림처럼 아름다운 풍경을 찾는 데 몰두해서 옆에서 무슨 일이 벌어졌는지 모르셨을 겁니다. 당신은 아름다운 건너편을 조망하기 위해 길에서 벗어나 인적 드문 호숫가로 가셨지요. 그런데 우리와 함께 가던 오틸리에가 그 자리에 멈춰 서더니 자기는 나룻배로 그곳까지 가겠다는 겁니다. 저는 그녀와 함께 배에 올라타고는 아름다운 처녀 뱃사공의 숙련된 노젓기 솜씨를 즐겼지요. 저는 그녀에게 스위스에서도 매력적인 소녀들이 노를 젓곤 하는데, 스위스 여행 이후 지금처럼 편안하게 파도에 흔들려 본 적은 처음이라고 말했지요. 하지만 동시에 그녀가 왜 샛길로 들어서는 것을 거부했는지 물어보지 않을 수 없었습니다. 그 길을 피하려는 그녀의 태도에는 불안함과 당혹감이 배어 있었거든요. 그녀는 친절하게 대답했습니다. '저를 비웃지만 않으신다면 어느 정도는 말씀드릴 수 있어요. 저 자신도 왜 그런지는 정확히 모르겠지만, 저는 그 샛길에만 들어서면, 뭐라 설명할 수 없는 오싹한 기분이 들어요. 다른 데서는 결코 느낄 수 없는, 왜 그런 기분이 드는지 저 자신조차 전혀 알 수 없는 소름끼치는 한기가 들죠. 그래서 전 되도록 그런 상황을 피하려고 해요. 그런 한기를 느끼고 나면 어김없이 지긋지긋한 왼쪽 편두통이 재발하거든요. 편두통으로 평소에도 가끔 시달리긴 하지만요.' 우리는 배에서 내렸고, 오틸리에는 당신과 이야기를 시작했지요. 그동안 저는 그녀가 분명하게 가리킨 그 장소를 조사해 봤습니다. 그런데 제가 얼마나 놀랐는지 아십니까? 그곳에서 전 너무나도 뚜렷한 석탄의 흔적을 발견했습니다. 조금만 더 깊이 파 보면 아주 풍부한 석탄층이 발견될 거라고 확신합니다.

죄송합니다만, 웃으시는군요. 당신은 제 말을 전혀 믿고 있지 않아요. 그런 일에 열정적인 관심을 보이는 저를 그저 현자(賢者)로서, 친구로서 너그럽게 보고 있다는 것도 압니다. 그래도 저는 그 아름다운 처녀에게 진자 실험*1을 시켜 보기 전까지는 이곳을 떠날 수 없습니다."

이렇게 되면, 귀족은 그에 반대하는 근거를 거듭 반복하고 동행인은 그 이야기를 겸손하고 참을성 있게 듣다가 결국에는 자신의 의견과 희망을 고집하는 것이 변함없는 순서였다. 동행인은 끈질기게 다음과 같이 주장했다. 즉 그는 누구나 그런 시도를 성공하는 것은 아니지만 그렇다고 해서 시도 자체를 포기할 필요는 없으며, 오히려 그렇기 때문에 더 진지하고 철저하게 조사해야 한다고 했다. 무기물과 무기물, 무기물과 유기물, 유기물과 유기물 사이에는 아직 우리가 모르는 연관 관계가 숨어 있으며, 이런 관계는 언젠가는 반드시 분명히 나타난다는 이유였다.

---

*1 진자 실험은 캄페티(Campetti)라는 이름의 사기꾼이 했던 실험이지만, 괴테가 높이 평가했던 물리학자 요한 빌헬름 리테(Johann Wilhelm Ritter, 1766~1810)도 시도한 적이 있다고 한다.

어느새 그는 늘 가지고 다니는 작고 예쁜 상자에서 금고리와 백철석 등등의 금속 실험 도구들을 꺼내어 펼친 뒤, 실에 금속판을 매달았다. 그리고 밑에 놓아 둔 금속판 위에 그것을 늘어뜨렸다. 그가 실험을 하면서 말했다. "그깟 걸로 뭐가 움직이겠느냐고 고소해하시는 것 같은데, 상관없습니다. 이 실험은 보여 주기 위한 것이니까요. 숙녀분들이 돌아와서, 이게 무슨 괴상한 일인가 하고 호기심만 가져 주면 그걸로 족합니다."

여자들이 돌아왔다. 샬로테는 무슨 일이 벌어지고 있는지 즉시 알아보았다. "이런 실험에 대해서 이야기는 많이 들었지만, 실제로 움직였다는 얘기는 한 번도 듣지 못했어요. 이렇게 완벽하게 준비하셨으니 저한테도 실험하게 해 주세요. 제가 해도 되는지 보고 싶네요."

그녀가 한 말은 진심이었다. 그녀는 손에 실을 단단히 붙잡고 마음을 안정시켰다. 그러나 전혀 미동도 하지 않았다. 그다음에는 오틸리에가 권유를 받았다. 그녀는 샬로테보다 더 차분하고 스스럼없이 그리고 아무 생각 없이 밑에 놓인 금속판 위로 진자를 드리웠다. 그런데 순식간에 진자는 분명하게 회전운동을 하기 시작했다. 밑의 금속을 바꿔 깔 때마다 어떤 때는 왼쪽으로, 어떤 때는 오른쪽으로, 또 어떤 때는 원을 그리며, 어떤 때는 타원을 그리며, 또는 직선으로 돌고 있었다. 진자는 동행인이 기대했던 대로, 아니 그의 기대를 훨씬 뛰어넘어 계속 흔들렸다.

귀족도 적잖이 놀랐다. 그러나 동행인은 기쁨에 들떠 끝낼 줄을 몰랐고 실험을 더 복잡하게 바꿔 가며 계속해 보자고 오틸리에에게 끈질기게 부탁했다. 오틸리에는 흔쾌히 그의 부탁을 들어주었지만, 두통이 시작됐으니 이제 그만하고 싶다고 부드럽게 간청했다. 그는 이 말을 듣자 놀라고 심지어 황홀해하더니, 자신의 치료법을 믿어만 준다면 그깟 두통에서 완전히 해방시켜 주겠다고 단언했다. 사람들은 한순간 무슨 영문인지 몰랐다. 그러나 손님의 치료법이 무엇인지[2] 금방 눈치챈 샬로테는 그 호의적인 제안을 단호히 거절했다. 그녀는 자기가 평소 수상쩍게 여기던 치료법을 주변인에게 허락할 마음은 눈곱만큼도 없었다.

외국 손님들이 떠났다. 그들이 별난 인상을 주고 가기는 했지만, 막상 떠

---

[2] 당시 격렬한 논쟁의 대상이 되었던 최면 요법을 의미한다. 이 요법을 창시한 메스머(Friedrich Mesmer, 1733~1815)의 이름을 따서 메스머주의(Mesmerismus)라고도 한다.

나고 보니 언젠가는 다시 그들을 만나고 싶다고 생각했다. 샬로테는 화창한 날을 이용해서 이웃집들을 답례차 방문할 생각이었다. 그러나 답례 방문은 좀처럼 끝나지 못했다. 그 지방의 모든 지인이 몇몇은 진심에서 또 몇몇은 단순한 관습에서, 정말로 그녀를 배려해 주었기 때문이다. 집에서는 아이의 존재가 그녀에게 활기를 불어넣어 주었다. 이 아이는 확실히 모든 사랑과 관심을 받기에 충분한 아이였다. 몸집, 균형, 골격, 건강 등 모든 면에서 보는 이의 눈을 즐겁게 하는 이 아이를 보고 있노라면, 이 아이는 기적 같다는, 아니 기적 자체라는 생각이 들었다. 그리고 보는 이에게 그보다 더 큰 놀라움을 주는 것은 이 아이의 외모가 날이 갈수록 두 사람을 동시에 닮아 간다는 사실이었다. 즉 생김새나 체격은 나날이 대위를 닮아 가고, 눈은 점점 오틸리에의 눈과 구별하기 어려워졌다.

　오틸리에는 유별난 친근성 때문에 아이에게 끌리기도 했지만, 그보다 더 큰 이유는 비록 다른 여자가 낳은 아이라 할지라도 사랑하는 남자의 아이라면 따뜻한 애정으로 감싸안고 싶은 아름다운 모성이었다. 그리하여 오틸리에는 자라나는 아이의 어머니처럼 되고 있었다. 아니, 또 다른 부류의 어머니처럼 되고 있었다는 게 더 맞는 표현일지도 모른다. 샬로테가 자리를 뜨면 오틸리에는 아이와 유모가 있는 곳에 남아 있었다. 나니는 자기 여주인이 아이에게만 애정을 쏟자 질투가 나서 얼마 전부터 오틸리에와 거리를 두더니 아예 자기 부모에게 돌아가 버렸다. 오틸리에는 집 밖으로 아이를 자주 데리고 나갔고, 거기에 익숙해지자 점차 더 멀리까지 산책했다. 그녀는 필요할 때 금방 먹일 수 있도록 언제나 젖병을 가지고 다녔다. 그럴 때면 대개 책도 한 권 같이 가져갔다. 아이를 안고 책을 읽으며 산책하는 그녀의 모습은 실로 우아해 보였다.

제12장

전쟁의 주요 목적은 달성되었고, 에두아르트는 훈장을 가득 달고서 명예롭게 제대했다. 그는 곧장 작은 영지로 향했고, 그곳에서 가족들의 소식을 자세히 들었다. 가족들은 그의 제대를 눈치채지 못했지만, 그는 가족들을 면밀히 관찰해 왔다. 그의 조용한 거처에서는 매우 따뜻하게 그를 맞이해 주었다. 그가 없는 사이에 그의 지시에 따라 여러 가지가 정비되고 손질되고 개선되었으므로, 건물이나 대지는 작아 보여도 내부는 쾌적한 시설과 설비로 그 단점을 보완하고 있었다.

격렬한 나날을 보내면서 이전보다 결단력을 갖게 된 에두아르트는 지금까지 오랫동안 숙고해 온 일을 이제는 실행에 옮기기로 마음먹었다. 먼저 소령[1]을 불러들였다. 재회의 기쁨은 컸다. 죽마고우나 한 핏줄의 장점은 어떤 종류의 혼동과 오해가 생기더라도 결코 그 관계는 근본적으로 손상되지 않으며 어느 정도 시간이 지나면 옛날 관계로 회복된다는 것이다.

에두아르트는 친구를 반갑게 맞아들이며 현재 처지가 어떤지를 물었고, 그에게서 행운이 따라 주어 본인이 그토록 바라던 삶을 살고 있다는 대답을 들었다. 에두아르트는 반쯤 농담으로 혹시 좋은 혼담이 오가고 있지는 않냐고 물어보았다. 그러나 친구는 진지한 표정으로 부정했다.

"나는 뭔가를 숨기는 성격도 못 되고, 또 그래서도 안 되는 사람이야." 에두아르트가 이야기를 계속했다. "자네한테 내 생각과 계획을 바로 털어놓아야겠어. 자네는 오틸리에와 나의 관계를 알고 있지. 나를 전쟁터로 밀어 넣은 게 그 열정이라는 것도 오래전부터 알았을 거야. 그때 나는 그녀 없이 아무런 의미도 없는 이 삶을 포기해 버리고 싶었다네. 그 사실을 부정할 생각은 조금도 없어. 하지만 그와 동시에 완전히 절망할 수도 없었다는 사실을

---

[1] 대위는 그동안 소령으로 승진했다.

고백해야겠네. 그녀와 함께하는 행복이 너무나 아름답고 너무나 갖고 싶어서 그것을 완전히 단념할 수 없었어. 내게 위안이 되는 징조와 긍정적인 조짐도 여러 가지 있었지. 그것은 그녀가 내 것이 될 수도 있다는 신념, 아니 망상을 점점 부풀렸다네. 우리의 이름 첫 글자가 새겨진 유리잔은 정초식이 있던 날, 공중으로 던져졌는데도 깨지지 않았어. 누군가가 그것을 받았고, 그 잔은 다시 내 손으로 돌아왔지. 나는 이 고독한 곳에서 수많은 절망의 나날을 보내며 스스로 이렇게 외치곤 했어. '그렇다면 나는 유리잔이 아니라 나 자신을 운명의 여신의 주사위로 삼아 우리의 결합이 가능한지 아닌지를 점쳐 보겠다. 나는 떠나서 죽음을 찾아다닐 것이다. 무모하게가 아니라 살아남기를 바라는 사람으로서 그렇게 할 것이다. 오틸리에는 나의 투쟁에 대한 대가이자 모든 적진과 참호, 포위된 요새에서 내가 찾는 대상, 아니 정복하는 대상이 될 것이다! 나는 살아남고야 말겠다는 소망에 힘입어 기적을 일으킬 것이다. 오틸리에를 얻는 기적, 오틸리에를 잃지 않는 기적을!' 이러한 감정들이 나를 인도하며, 모든 위험 속에서 구해 주었어. 이제는 내가 정해 놓은 목표에 도달했다고 생각해. 모든 장애물도 극복했고, 더 이상 방해하는 요소도 없다네. 오틸리에는 내 것이야. 이런 생각과 현실 사이를 가로막고 있는 것은 이제 조금도 중요하지 않다고 봐."

소령이 대답했다. "자네는 사람들이 자네에게 제기할 수 있고 또 제기해야 하는 반론들을 아주 간단하게 제거하는군. 그래도 나는 반론을 되풀이할 수밖에 없어. 자네와 자네 부인의 관계가 정말로 중요한 가치를 지닌다는 생각이 들 때까지 과거를 재고해 보는 일은 모두 자네에게 맡기겠네. 그때 자네 자신을 속이지 않는 것은 부인뿐만 아니라 자네 자신에 대한 당연한 의무일세. 더구나 자네들에게 아이까지 생겼다는 점을 생각하면 난 이렇게 말할 수밖에 없어. 즉 자네들은 서로 영원히 결합되어 있고, 아이의 교육과 장래의 행복을 함께 걱정할 수 있도록 살아야 할 의무를 져야 한다는 말이네."

"그런 건 부모들의 착각일 뿐이야." 에두아르트가 대답했다. "아이에겐 부모라는 존재가 필요하다는 것 말이야. 살아 있는 것이라면 무엇이든지 자기에게 필요한 양분과 도움을 발견하게 돼 있어. 아버지를 일찍 여의어서 안락한 청춘을 보내지 못하는 아이가 있다면, 그 아이는 사회생활에 필요한 교양에 남들보다 훨씬 빨리 적응해서 그만큼 편하게 살 수 있을지도 모르지. 이로 인해 아이는 다른 사람들과 잘 어울리지 않으면 안 된다는 진리를 일찌감치 배우는 셈이지. 어차피 언젠가는 그런 것을 배워야 하니까. 게다가 지금 이런 건 전혀 중요한 문제가 아니야. 우리는 아이를 몇 명이든지 키울 만한 돈은 충분히 있어. 너무나도 많은 재산을 한 아이를 위해서만 쌓아 두는 것도 의무가 아니거니와 바람직한 일도 아니야."

소령이 샬로테의 가치, 에두아르트와 그녀의 오랜 관계에 대해 몇 마디 이야기하려 하자 에두아르트는 황급히 말을 막았다. "우리가 어리석은 짓을 저질렀다는 걸 이제는 나도 잘 알아. 어린 시절에 품었던 소원이나 희망을 나이 들어서 실현하려 하면 누구든 반드시 실망하게 돼 있지. 인간 삶에는 그때그때 맞는 고유의 행복과 희망, 전망이 있는 건데 말이야. 상황에 휩쓸리거나 망상에 빠져서 미래나 과거만 바라보는 건 잘못이야! 우리는 어리석은 짓을 저질렀네. 하지만 그 어리석음을 평생 가지고 가야 한다는 법이라도 있나? 시대의 관습이 허용하는 일인데, 우리 스스로 그 어떤 우려 때문에 삼가야 할 필요가 있을까? 인간은 얼마나 많은 계획과 행위를 철회하면서 살아가나! 그런데도 지금 이 문제에서는 그러면 안 된다는 건가? 이 문제는 삶 전체가 걸려 있는데 말이야. 삶의 개별적인 조건이 아니라 삶의 전 체계가 이 문제로 인해 좌지우지되는데 말이야!"

소령은 에두아르트에게 아내와의 관계, 가족과의 관계, 세상과의 관계, 영지와의 관계 등, 그가 맺고 있는 다양한 관계들을 분명하면서도 요령 있게 거론했다. 그러나 그에게 어떤 공감도 불러일으키지 못했다.

그러자 에두아르트가 말했다. "그런 것들은 전쟁의 소용돌이 한복판에서 이미 내 마음을 스치고 지나갔네, 소령. 대지는 멈추지 않는 포격에 흔들리고, 탄알은 윙윙거리며 날아다니고, 좌우에서는 전우들이 쓰러지고, 내가 탄 말은 총에 맞고, 내 모자에 총알이 관통하는 가운데서 말이야. 별이 쏟아지는 고요한 하늘 아래서 불이 번쩍번쩍하는 가운데 그런 것들이 눈앞에서 어른어른거렸지. 그럴 때면 내가 살아오면서 맺어 온 관계들이 마음에 떠올랐어. 나는 그 관계들을 철저히 생각했고, 철저하게 느꼈네. 그래서 그것들에게 순응하기로 했고, 운명으로 받아들이기로 했지. 그것도 몇 번이나 거듭해서 말이야. 그리고 이제 그 결심은 흔들리지 않을 걸세.

자네한테 이 이야기를 하지 않고 넘어갈 수가 없겠군. 그럴 때마다 자네의 모습도 눈앞에 나타났네. 자네도 내 세계의 일원이었다는 거지. 아니, 우리는 이미 오래전부터 서로가 서로에게 속하는 존재였잖아? 내가 자네한테 뭔가 빚진 게 있다면 이제는 내가 그것에 이자를 붙여서 갚을 차례가 된 거야. 반대로 자네가 나한테 빚진 게 있다면, 이제는 자네가 그걸 갚을 차례지. 자네는 샬로테를 사랑하잖나. 그리고 그녀는 충분히 사랑받을 만한 자격이 있는 여자야. 그녀한테 자네는 무의미한 존재가 아니네. 그녀가 자네의 가치를 어떻게 몰라보겠나! 내 손에서 그녀를 데려가고 오틸리에를 내게 데려와 주게! 그러면 우리는 이 지구상에서 가장 행복한 사람이 될 거야."

소령이 대답했다. "자네가 그처럼 고귀한 선물로 나를 매수하려 드니, 나로선 신중하고 냉정해지지 않을 수 없군. 나도 그 제안에 은근히 끌리지만, 그 제안은 사태를 해결해 주기보다는 오히려 어렵게 만들 거야. 이 자리에서 문제되는 건 자네뿐만 아니라 나하고도 연관된 이야기라네. 또한 앞으로의 운명에 관한 문제일 뿐만 아니라 명성의 문제, 두 남자의 명예에 얽힌 문제이기도 하지. 우리 둘은 지금까지 욕먹지 않고 살아왔는데 갑자기 그런 행동을 하게 된다면, 우리는 놀라운 행동 이상으로는 생각하지 않아도 세상 사람들에게 대단히 이상하게 보이게 될 위험이 있네."

에두아르트가 대답했다. "욕먹지 않고 살아왔다는 사실이야말로 한 번쯤은 욕먹어도 될 권리를 주는 거야. 다른 사람이 했다면 안 좋게 볼 행동도, 믿을 만한 사람이 하면 믿음직하게 봐 주잖아. 나로 말할 것 같으면, 난 그동안 나 자신에게 수많은 시련을 부과해 왔고, 남을 위해 어렵고 위험한 일도 무수히 하면서 살았어. 그러니 이번에는 나를 위해 그 정도는 용서받을 수 있을 것 같은데. 자네와 샬로테의 일은 미래에 맡겨도 괜찮을 거야. 하지만 자네든 그 누구든 나를 절대로 막지 못하네. 누구든 나한테 손을 빌려 준다면, 나는 무엇이든 대가를 치를 용의가 있네. 하지만 나를 못 본 체하거나 방해한다면 어떤 극단적인 상태가 벌어질지 장담할 수 없어. 될 대로 되는 것이지."

소령은 에두아르트의 계획을 되도록 지연시키는 것이 자신의 의무라고 생각하며 교묘한 작전을 펼쳤다. 그는 어쩔 수 없이 동의하는 척을 하며 이 사람과 헤어지고 저 사람과 결합하려면 어떤 형식과 법적 절차를 밟아야 하는 것만 문제로 삼았다. 그러자 여러 가지로 불쾌하고 복잡하고 불편한 문제가 불거졌고, 에두아르트는 완전히 기분이 상했다.

"잘 알겠네." 마침내 에두아르트가 외쳤다. "갖고 싶은 건 적뿐만 아니라 친구에게도 억지로 빼앗아야 한다는 걸 말이야. 나는 내가 원하는 것, 나에겐 없어선 안 될 것을 끝까지 주시할 걸세. 그리고 머잖아 신속하게 그것을 반드시 붙잡을 거야. 이런 관계가 해소되거나 결합되려면 이제까지 서 있던 것들이 여럿 쓰러지고, 지금은 버티고 있는 것도 무너져야 한다는 걸 나도 잘 알고 있네. 신중하게만 해서는 이런 문제를 처리할 수 없지. 이성 앞에서는 모든 권리가 평등해지고, 저울의 한쪽이 내려가면 그 반대편 접시에 저울추를 얹어 균형을 맞추면 되니까. 그러니까 소령, 이젠 결심해 주게! 나와 자네를 위해서 행동하겠다고 말이야. 나와 자네를 위해 지금 상황을 해결하고 새로 결합시켜 줘! 생각만 하면서 우물쭈물하지 말란 말이야, 소령. 소문은 이미 퍼졌네. 사람들은 다시 한 번 우리를 이야깃거리로 삼았다가, 다른 소문과 마찬가지로 금방 잊어버리게 될 거야. 그런 다음 그들은 우리가 어떻게 살든지 관심도 두지 않겠지."

소령으로서는 더 이상 시간을 끌어 볼 방법이 없었다. 그는 에두아르트가 사태는 이미 정리되었다는 듯 결정된 일로 여기고 앞으로 어떤 일을 어떻게 처리할까 세세한 부분까지 검토하면서 더없이 밝은 얼굴과 농담을 하며 즐겁게 미래를 이야기하는 것을 그저 잠자코 듣는 수밖에 없었다.

에두아르트는 다시 진지한 표정으로 이것저것 생각하면서 말을 이어 갔다. "아무 일도 안 하면서 그저 모든 일이 저절로 다시 잘되겠지, 우연에 이끌려 가다 보면 뭔가 유리한 기회가 만들어지겠지 하는 식의 헛된 희망이나 기대는 용서할 수 없는 자기기만이야. 그런 방식으로는 우리 자신을 구원할 수도 없고, 모든 사람의 평화로운 삶을 재건할 수도 없어. 게다가 이 모든 일이 내 잘못 때문은 아니지만 결국은 내 책임인데, 내가 어떻게 가만히 있을 수 있겠나! 내가 급하게 몰아댔기 때문에 샬로테도 자네를 우리 집에 오게 한 것이고, 오틸리에도 그런 결과로 우리 집에 오게 된 거잖아. 그로 인해 생겨난 결과를 원래대로 되돌려 놓을 수는 없어. 하지만 이 상황이 더 위험한 방향으로 흐르지 않고 오히려 우리 모두가 행복해지는 방향으로 나아가도록 조정할 수는 있지. 자네는 내가 모두를 위해 제시한 이 아름답고 바람직한 전망에서 눈 돌리고 싶은가? 자네는 나에게, 아니 우리 모두에게 슬프지만 체념해야 한다고 명령하고 싶은가? 자네한테는 그게 가능하니까? 아니, 가능할지도 모른다고 생각하니까? 예전 상태로 돌아가기로 작정한다고 해서 우리가 이 불편하고 불쾌한 짜증 나는 상황을 극복할 수 있다고 생각하는가? 더구나 이런 상황에서는 그 어떤 좋은 결과나 밝은 결과도 나올 수 없는데 말이야. 자네가 나를 방문하지 못하거나 나와 지내지 못하게 돼도 지금처럼 행복을 누리며 살 수 있을까? 일이 벌어진 다음에는 자네도 샬로테와 내가 사는 곳을 방문하기가 껄끄러워질 텐데? 우리가 재산이 아무리 많더라도 샬로테와 나는 서글프게 살아가게 되겠지. 그리고 자네는 세상 사람들이 말하듯이 세월이 흐르고 떨어져 살다 보면 그런 감정도 무뎌지고 그토록 깊이 새겨졌던 상처도 낫게 될 거라고 믿는다면, 난 이렇게 말하고 싶네. 바로 그 세월이 문제라고. 그 세월을 고통과 고독이 아닌 기쁨과 만족 속에서 보내고 싶다고 말이야. 한 가지 더, 가장 중요한 이야기가 남았네. 우리야 안팎의 사정을 고려해서 이 상황을 지켜볼 수 있다고 쳐도, 내 집을 떠나야 하는 오틸리에는 어떻게 되겠나? 그녀는 우리 손을 떠나 풍파에 시달리며 흉흉하고 차가운 세상을 불쌍하게 떠돌고 말거야. 오틸리에가 나 없이, 또 우리 없이 어떻게 행복하게 살 수 있는지 어디 말해 보게! 그거야말로 다른 어떤 논리적인 주장보다 더 강한 논거가 될 거야. 자네가 그 해결책만 제시한다면, 나도 기꺼이 문제를 다시 한 번 숙고해 볼 생각이 있네. 물론 쉽게 인정할 수 없고 승복하고 싶지도 않지만 말이야."

이 문제는 그렇게 쉽게 해결될 일이 아니었고, 소령은 만족스러운 답이 하나도 떠오르지 않았다. 그로서는 에두아르트의 계획이 전체적으로 얼마나 중요하고 어려운지, 그리고 다양한 의미에서 얼마나 위험한지, 또 적어도 실행하기에 앞서 대단히 신중하게 생각해 봐야 할 일이라는 점을 거듭 강조하는 것 외에는 다른 도리가 없었다. 에두아르트는 한 발 양보해서 소령의 주장을 받아들이기는 했지만, 조건을 하나 달았다. 두 사람이 완전히 의견을 일치시키고 나서 그에 따라 최초의 발걸음을 하기 전까지는 소령이 자기 곁을 떠나면 안 된다는 조건이었다.

제13장

　서로 전혀 무관심한 타인일지라도 한동안 같이 살다 보면, 서로가 내면의 생각을 보여 주게 되어 친밀한 감정이 생기기 마련이다. 그러니 우리의 두 친구가 다시 이웃해 살면서 친하게 왕래하는 중에 서로 무엇 하나 숨기지 않는 사이가 된 것도 당연하다. 그들은 옛 시절의 추억을 되돌아보았다. 소령은 에두아르트가 여행에서 돌아왔을 때 샬로테가 오틸리에를 남편에게 접근하게 해서 아름다운 처녀를 그와 결혼시킬 생각이었다는 사실을 털어놓았다. 이 말을 듣고 정신이 혼미해질 정도로 황홀해진 에두아르트는 주저하지 않고 샬로테와 소령 사이의 사랑을 화제로 꺼냈다. 그리고 그 둘의 관계를 열심히 미화시켜 가며 거리낌 없이 이야기했다. 그렇게 하는 것이 자기도 기분 좋고 유리하기 때문이었다.

　소령은 그의 말을 전적으로 부인할 수도 없었고, 그렇다고 해서 전적으로 인정할 수도 없었다. 그러나 에두아르트는 점점 더 자신의 말을 확신하고 단정지어 갔다. 그는 모든 이야기를 가능성이 아니라 이미 정해진 일로 여겼다. 당사자들이 자신들의 소망을 인정하기만 하면 이혼은 틀림없이 성사될 것이고 곧이어 결혼도 가능하며, 그렇게 되면 오틸리에를 데리고 여행을 떠나겠다고 말했다.

　상상력을 동원해서 머릿속에 그려 보는 즐거운 일들 가운데 가장 매혹적인 것은, 사랑하는 두 사람, 예컨대 신혼부부가 그들의 새롭고 신선한 관계를 다른 세계에서 즐기면서 변화무쌍한 여행을 하면서도 절대불변의 사랑이 가능한지 실험해 가며 확인하기를 바라는 것 아니겠냐며 자기와 오틸리에가 그런 여행을 떠나 있는 동안 소령과 샬로테는 영지, 재산, 그 밖의 현실 생활에 필요한 갖가지 설비에 관해 전권을 가지고, 모든 구성원이 만족할 수 있도록 모든 일을 정의롭고 공정하게 정비하고 처리하라고 말했다. 그렇지만 에두아르트가 가장 중요하게 생각하고 가장 이점이라고 여기는 점은 이랬다. 즉 아이는 어머니 곁에서 자라게 될 테니, 소령이 아이의 교육을 맡아 자기가 생각하는 바대로 지도하면서 아이의 능력을 충분히 개발시켜 나가라는 것이었다. 그러면 아이의 세례식 때 자기와 소령의 이름을 따서 오토라는 이름을 붙여 준 것도 무의미한 일은 아니지 않겠느냐고 했다.

에두아르트의 마음속에서는 이 모든 일이 이미 성사된 거나 마찬가지였으므로, 그는 당장 일을 진행시키고 싶었다. 그들은 에두아르트의 영지를 향해 가는 도중에 작은 도시에 도착했다. 그 도시에는 에두아르트 소유의 집 한 채가 있었는데, 그는 그곳에서 머물며 소령이 돌아오기를 기다릴 생각이었다. 그러나 그 집으로 바로 가고 싶지는 않았으므로 친구를 마을 어귀까지 배웅했다. 둘 다 말을 타고 가면서 의미심장한 대화에 열중하다 보니 그들은 그대로 계속 나아갔다.

갑자기 저 멀리 언덕 위에서 새 별장이 보였다. 처음 보는 그 집의 기와지붕은 빨갛게 빛나고 있었고, 에두아르트는 순간적으로 뿌리칠 수 없는 동경에 휩싸였다. 오늘 저녁 안으로 모든 일을 정리하고 싶었다. 그는 자신은 바로 옆 마을에 숨어 있을 테니, 소령은 샬로테에게 일의 진행 상황을 한시도 지체 없이 알린 뒤 그녀의 조심성이 발휘될 틈조차 주지 말고 예기치 않은 청혼을 해서 그녀의 마음을 자유롭게 해방시켜 주어야 한다고 주장했다. 샬로테도 자신이 바라는 것과 똑같은 소원을 갖고 있다고 생각한 에두아르트는 그 제안이 그녀의 최종적인 희망에도 부합하리라 확신했다. 자신이 이 문제의 해결책은 오로지 그것 하나밖에 없다고 생각한 것처럼 그녀도 신속하게 동의해 줄 것만 같았다.

그는 행복한 결말을 눈앞에 그려 보았다. 그리고 기다리고 기다리던 결과를 빨리 전해들을 수 있도록, 일이 해결되면 폭죽을 몇 발 쏘아 올리고, 그때가 밤이라면 봉화를 올리라고 지시했다.

소령은 말을 타고 성관으로 갔다. 샬로테는 없었다. 그는 샬로테가 요즘은 언덕 위의 새 집에서 살지만 지금은 이웃을 방문 중이고 오늘은 아마도 일찍 귀가하지 않으리라는 이야기를 들었다. 그는 말을 세워 두었던 여관으로 되돌아갔다.

한편 에두아르트는 초조함을 이기지 못해 은신처를 빠져나왔다. 그는 사냥꾼이나 어부들이 아는 한적한 오솔길을 지나 공원 쪽으로 향했다. 저녁 무렵이 되자 그는 관목숲에 이르렀는데, 그 옆에는 호수가 있었다. 그는 하나로 이어져 제대로 된 호수의 수면을 처음으로 보게 되었다.

오틸리에는 이날 오후 그 호숫가로 산책을 하러 갔다. 그녀는 아이를 안고 평소 습관대로 걸으면서 책을 읽었다. 이윽고 그녀는 나루터 옆 참나무들이 있는 곳에 다다랐고, 아이는 잠들어 있었다. 그녀는 자리를 잡고 앉아서 아이를 옆에 눕히고는 계속해서 책을 읽었다. 그 책은 사람의 따뜻한 감정을 끌어당기고 다시는 놓아주지 않는 그런 종류의 책이었다. 그녀는 시간이 가는 것도 잊은 채 열중했다. 육로를 통해 신축 별장으로 돌아가려면 한참을 걸어야 한다는 사실도 까맣게 잊은 채 그녀는 완전히 무아지경으로 책에 빠져 있었다. 그 모습이 어찌나 사랑스러운지, 주위 나무와 덤불에 그 모습을 찬미하고 즐길 만한 생명과 눈이 없다는 사실이 한탄스러울 지경이었다. 바로 그때, 석양의 붉은빛 한 줄기가 그녀의 등 뒤로 떨어지며 그 뺨과 어깨를 황금빛으로 물들였다.

남의 눈에 띄지 않고 먼 이곳까지 오는 데 성공한 에두아르트는 공원에도 인적이 없고 일대가 적막한 것을 알자 더 용기를 내어 계속 걸어갔다. 마침내 그는 덤불을 헤치고 떡갈나무 옆에 모습을 드러냈다. 그는 오틸리에를 보고, 오틸리에는 그를 봤다. 그는 그녀에게로 달려가 발치에 엎드렸다. 두 사람은 정신을 가다듬으려고 애쓰면서 그대로 한참 동안 말없이 있었다. 이윽고 그는 자기가 무엇 때문에, 그리고 어떻게 여기까지 오게 되었는지를 짧게 설명했다. 그는 소령을 샬로테에게 보냈으니, 어쩌면 이 순간에 우리 둘의 운명이 결정되고 있을지도 모른다고 말했다. 에두아르트는 자신은 그녀의 사랑을 한 번도 의심하지 않았으며, 그녀도 그러하리라고 믿는다고 했다. 그는 부디 결혼을 허락해 달라고 간청했다. 그녀는 망설였고, 그는 계속해서 애원했다. 그는 예전의 권리를 되살려 그녀를 품에 안으려고 했다. 그녀가 아이를 가리켰다.

에두아르트는 아이를 보고 흠칫 놀랐다. "맙소사!" 그가 외쳤다. "내게 내 아내와 친구를 의심할 이유가 있다면, 이 아이의 모습은 두 사람에게 불리한 증거가 되겠군. 소령을 그대로 빼어 닮았잖아? 이렇게 똑같은 모습은 본 적이 없어."

"그렇지 않아요!" 오틸리에가 대답했다. "사람들이 모두 이 애가 저를 닮았다고 하는데요."

"그럴 리가!" 에두아르트가 말했다.

그때 아기가 눈을 떴다. 커다랗고 까만, 그윽하고 깊은 다정한 두 개의 눈. 이 아이는 벌써 무엇이든 알고 있다는 듯한 눈빛으로 주위를 둘러보았다. 아기는 자기 앞에 서 있는 두 사람을 알고 있는 것 같았다. 에두아르트는 아기 옆에 무릎을 꿇었다. 오틸리에 앞에서 두 번째 무릎을 꿇은 것이다.

"이건 너야!" 그가 외쳤다. "이건 너의 눈이야. 세상에! 오틸리에, 어디 너의 눈만 좀 들여다보자. 이 아이에게 생명을 준 불행한 시간 위로 베일이라도 덮어놔야겠다. 남편과 아내가 남처럼 되었는데도 서로 가슴에 끌어안고, 합법적인 결합을 격한 욕정으로 더럽힐 수도 있다는 비참한 사실을 알려 주었구나. 그래서 너의 순결한 영혼을 경악하게 한 건지도 모르겠구나. 하지만…… 우리가 벌써 이렇게나 멀리 왔고 나와 샬로테의 관계도 끝난 마당에, 게다가 넌 내 여자가 될 텐데, 그런 이야기를 하면 안 되는 이유는 없겠지. 냉혹한 현실을 있는 그대로 말하지 못할 이유가 어디 있느냐 말이야! 이 아이는 이중의 간통에서 태어난 아이야! 이 아이는 나와 내 아내를 결합시키는 동시에 우리 둘 사이를 갈라놓을 거다. 이 애는 내가 저지른 잘못의 증거야. 하지만 이 아름다운 눈을 보고, 내가 다른 사람 팔에 안겨서도 너의 것이었다는 사실을 읽어 주었으면 해. 오틸리에, 제발 그 점을 알아주고 느껴 줘. 나는 오로지 네 품에 안겨서만 내가 저지른 잘못을 속죄할 수 있다는 것을!"

"저 소리를 좀 들어 봐!" 그가 벌떡 일어나면서 외쳤다. 소령이 쏘아 올린 신호의 폭발음을 들었다고 착각했기 때문이다. 그러나 그것은 근처 산에서 짐승을 좇던 사냥꾼의 총소리였다. 그 소리는 더 이상 울리지 않았다. 에두아르트는 초조해졌다.

그제야 오틸리에는 해가 산등성이 너머로 기울어졌다는 것을 깨달았다. 언덕 위 별장 창문에 그 마지막 햇빛이 반사되고 있었다. "돌아가세요, 에두아르트!" 오틸리에가 격하게 외쳤다. "우리는 지금까지 그토록 오랫동안 만나지 않고 살았어요. 이렇게 오랜 시간을 견뎌 왔다고요. 우리 둘 다 샬로테 숙모한테 얼마나 많은 빚을 지고 있는지 생각해 보세요! 우리의 운명을 정할 사람은 숙모예요. 숙모를 빼놓고 우리끼리 정할 일이 아니라고요. 전 숙모가 허락하신다면 당신 것이에요. 하지만 그분이 허락하지 않는다면 저는 단념하겠어요. 곧 결판이 날 거라고 생각하신다면 일단 기다려 보기로 해요. 소령님과 약속한 대로 옆 마을로 돌아가세요. 사정이 어떻게 됐는지 설명을 들어야 하잖아요. 시끄러운 폭죽 소리만 듣고 어떻게 결과를 제대로 알겠어요? 어쩌면 소령님은 지금 이 순간 당신을 찾고 있을지도 몰라요. 소령님은 숙모님을 만나지 못했어요. 제가 알아요. 어쩌면 소령님이 숙모님을 찾아올지도 모르죠. 숙모님이 어디로 가셨는지 모두가 알고 있으니까요. 경우의 수는 많아요. 저를 붙잡지 마세요, 에두아르트! 숙모님이 오셨을 시간이에요. 숙모님은 저와 이 아이가 집에서 기다린다고 생각하실 거란 말이에요."

오틸리에는 서두르며 말했다. 그녀는 모든 가능성을 열거했다. 그녀는 에두아르트의 곁에 있어서 행복했지만, 이제는 그를 떠나야 한다고 생각했다. "부탁이에요. 제발 제 부탁을 좀 들어주세요!" 그녀가 외쳤다. "돌아가서 소령님을 기다리시라고요!"

"그렇게 할게." 에두아르트가 외치면서 뜨거운 눈빛으로 그녀를 바라보다가 꼭 끌어안았다. 오틸리에도 두 팔로 그를 감고 아주 부드럽게 가슴으로 끌어당겼다. 하늘에서 떨어지는 별처럼 그들의 머리 위로 희망이 스쳐 지나갔다. 그들은 서로가 서로의 것이라고 생각했다. 아니, 그렇게 믿었다. 그들은 처음으로 스스럼없는 입맞춤을 나누었고 고통스럽게 억지로 헤어졌다.

해가 저물었다. 어느덧 땅거미가 내리고, 호수 주변에는 안개가 퍼졌다. 오틸리에는 혼란스러운 감정으로 한자리에 못 박힌 채 서 있었다. 그녀는 언덕 위 별장을 바라보았다. 발코니에서 샬로테의 흰 옷이 움직이는 것을 본 것 같았다. 호숫가를 돌아서 가려면 한참을 가야 했고, 오틸리에는 샬로테가 초조하게 아이를 기다리고 있음을 알고 있었다. 그녀는 맞은편 기슭에 있는 플라타너스들을 바라보았다. 호수 건너편의 별장으로 바로 올라갈 수 있는 오솔길이 있지만, 호수가 그 길과 그녀 사이를 가로막고 있었다. 맞은편을 보고 있노라니 어느덧 마음도 그곳에 가 있었다. 마음이 급하다 보니, 아이를 데리고 물길로 가겠다는 위험한 생각도 사라졌다. 그녀는 서둘러 나룻배로 갔다. 그녀는 자신의 심장이 두근거리고 다리가 떨리며 정신이 까마득해질 지경이라는 것도 느끼지 못했다.

그녀는 나룻배에 올라타서 노를 잡고 힘껏 밀었다. 아직 힘이 모자랐다.

다시금 힘을 쥐어짜서 배를 밀었다. 배가 흔들거리며 호수 한가운데를 향해 미끄러지기 시작했다. 왼팔로 아기를 안고, 왼손으로는 책을, 그리고 오른손으로는 노를 잡고 있다 보니 그녀는 흔들려서 중심을 잃고 쓰러졌다. 노가 손을 떠나 떠내려갔다. 중심을 잡으려고 버둥대는 사이에 아기와 책이 한쪽으로 쏠리더니 모든 것이 물속으로 떨어졌다. 가까스로 아기의 옷을 붙잡았다. 그러나 불편한 자세 때문에 쓰러진 채 일어서기조차 힘들 지경이었다. 오른손은 자유롭지만, 몸을 틀어 일어서도록 지탱하기에는 역부족이었다. 마침내 그녀는 몸을 가누고 아이를 물에서 끌어냈다. 하지만 아기의 눈은 감겨 있었고, 숨은 멎어 있었다.

바로 그 순간 그녀는 정신을 차렸다. 그러나 그만큼 고통은 커졌다. 나룻배는 호수 한가운데에 떠 있는데 노는 저 멀리 떠내려가고 있고, 물가에는 아무도 보이지 않았다. 그리고 누군가를 보았다고 한들, 그녀에게 무슨 도움이 되었을까! 그녀는 모든 것들로부터 떨어진 채로, 무심하고 음험한 물 위에 떠 있었다.

그녀는 머리를 쥐어짜며 생각했다. 물에 빠진 사람을 구해 낸 이야기는 숱하게 들었다. 그녀의 생일날 저녁에는 그것을 직접 목격하기도 했다. 그녀는 아기 옷을 벗기고, 자신의 부드러운 모슬린 옷으로 아기의 몸을 닦았다. 그리고 자신의 가슴을 풀어 헤치고 처음으로 가슴을 바깥 하늘 아래에 드러냈다. 그리고 처음으로 그녀는 순결한 젖가슴에 살아 있는 존재를 갖다 대었지만 아, 이 존재는 더는 살아 있지 않았다! 불행한 아이의 차가운 팔다리가 가슴에 닿자 그녀는 심장까지 싸늘해졌다. 그녀의 두 눈에서 하염없는 눈물이 솟구쳐 나와, 굳어 버린 아기의 피부에 온기와 생기를 나누어 주었다. 그녀는 포기하지 않았다. 아기를 숄로 감싸고, 쓰다듬고, 끌어안고, 숨을 불어넣고, 입을 맞추고, 눈물을 흘렸다. 이런 행위들이 세상과 단절된 호수 위에서 사용할 수 없는 응급조치를 대신해 줄 수 있으리라 믿으며 필사적으로 계속했다.

모든 것이 허사였다. 아기는 미동도 하지 않은 채 그녀 품에 안겨 있고, 나룻배는 물 위에 떠 있었다. 그러나 여기서도 그녀의 아름다운 심성은 그녀를 그냥 내버려 두지 않았다. 그녀는 하늘을 올려다보았다. 오틸리에는 나룻배 안에 무릎을 꿇고 앉아, 경직된 아기를 두 팔로 들고 순결한 젖가슴 위로 들어 올렸다. 그 하얀 가슴, 슬프면서도 차가운 가슴은 대리석을 닮았다. 그녀는 젖은 눈시울을 하늘로 향하며 도움을 청했다. 어디서든 도움을 찾을 때, 따뜻한 마음은 높은 하늘에야말로 더없는 위로가 있을지 모른다는 희망을 품게 된다.

실제로 그녀가 하나둘 반짝이기 시작한 별들을 보며 그런 기도를 한 것은 헛수고만은 아니었다. 부드러운 바람이 일어나 나룻배를 플라타너스 쪽으로 밀어 주고 있었던 것이다.

제14장

오틸리에는 새 별장으로 서둘러 가서 의사를 불렀고 그에게 아이를 넘겨주었다. 무슨 일에도 동요하지 않는 그 의사는 이 연약한 시신을 회생시키려고 익숙한 순서대로 응급처치를 시도했다. 오틸리에는 그에게 도움이 되는 것이면 무엇이든 도왔다. 물건을 정리하고, 나르고, 준비했다. 그러나 그녀는 마치 다른 세계에서 걸어 다니는 사람처럼 정신이 반쯤 나가 있는 듯 보였다. 가장 커다란 불행은 가장 커다란 행복과 마찬가지로 모든 사물의 표정을 변화시키기 마련이다. 모든 시도를 다해 보고 나서 이 유능한 의사는 고개를 내저으며, 그녀의 희망에 가득 찬 질문에 대해서 처음에는 침묵으로, 그다음에는 나지막한 목소리로 아니라고 대답했다. 그제야 오틸리에는 비로소 이 모든 일이 벌어진 샬로테의 침실을 떠났다. 그리고 거실로 들어서자마자 바닥에 풀썩 쓰러졌다. 소파까지 가지도 못하고 기진맥진해서 양탄자 위로 엎어진 것이다.

이때 샬로테의 마차가 돌아오는 소리가 들렸다. 의사는 주위에 서 있는 사람들에게 그녀를 마중 나가지 말라고 간곡히 부탁했다. 그는 자기가 직접 나가 그녀에게 마음의 준비를 시킬 작정이었다. 그러나 샬로테는 이미 방으로 들어서고 있었고, 그녀는 오틸리에가 바닥에 쓰러져 있는 것을 보았다. 어린 하녀가 울부짖으면서 샬로테에게 달려왔다. 의사가 들어오고, 그녀는 갑자기 자초지종을 듣는다. 그러나 어떻게 그녀가 모든 것을 한순간에 포기할 수 있으랴! 경험 많고 침착하고 똑똑한 의사는 그녀에게 아이를 보지 말라는 부탁만 한 채 방에서 나갔다. 새로운 응급처치를 시도하는 척하면서 그녀를 속이기 위해서였다. 그녀는 소파에 앉았고 오틸리에는 여전히 바닥에 누워 있었다. 샬로테는 오틸리에를 무릎 위로 안아 올리고, 그 위로 아름다운 머리를 파묻었다. 일가의 친구이기도 한 의사는 몇 번이고 방을 들락날락거렸다. 그는 아이를 위해 애쓰는 척하면서 여자들을 위해 노력하고 있었다. 그렇게 자정이 다가오고, 죽음과도 같은 정적은 깊어만 갔다. 샬로테는 아이가 살아나지 못하리라는 것을 사실로 받아들였다. 그녀는 의사에게 아이를 보여 달라고 부탁했다. 아이는 따뜻한 담요에 깨끗하게 싸여 바구니에 담긴 채, 소파에 앉은 그녀 옆에 놓였다. 담요 밖으로 작은 머리만이 나와 있었다. 죽은 아이의 얼굴은 평온하고 아름다웠다.

이 불행한 사건으로 온 마을은 들썩거렸고, 그 소식은 당장 여관에까지 퍼졌다. 소령은 알고 있던 길을 통해 언덕으로 올라갔다. 그는 별장 주위를 서성거리다가, 바깥 헛간으로 물건을 가지러 황급히 달려가던 하인을 발견하고 그를 붙들어 세워 안의 사정을 자세히 듣고 의사를 불러오도록 했다. 의사는 나와서 옛날 후원자의 얼굴을 보고 놀랐다. 그는 소령에게 현재 상황을 설명했고, 샬로테가 소령의 방문에 마음의 준비를 하도록 유도하기로 했다. 의사는 안으로 들어가 이런저런 이야기를 하면서 샬로테의 상상력을 한 대상에서 다른 대상으로 옮겨 가게 이끌었으며, 드디어 그 친구를 생각하게 하는 데 성공했다. 소령의 영혼과 소령의 마음은 그녀의 불행에 무관심하지 않으며 이미 곁에 와 있는 거나 다름없다고 말하다가 마침내 그것은 이미 현실이라고 운을 떼웠다. 요컨대 샬로테는 그 친구가 문 앞에 와 있으며, 모든 것을 알고 있고, 안으로 들어오기를 바란다는 사실을 깨달았다.

소령이 들어왔다. 샬로테는 고통스러운 미소를 띠고 그를 맞이했다. 소령은 그녀 앞에 섰다. 그녀는 시신을 덮고 있던 녹색 천을 걷었다. 소령은 양초가 어둡게 비추는 가운데 딱딱하게 굳은 채 누워 있는, 자신을 닮은 아이를 보고 은밀한 전율을 느꼈다. 샬로테가 그에게 의자 하나를 가리켰다. 두 사람은 서로 마주보고 앉았다. 그리고 아무 말도 없이 밤새도록 그렇게 앉아 있었다. 오틸리에는 여전히 샬로테의 무릎을 베고 조용히 누워 있었다. 그녀의 숨결은 평온했고, 자고 있었거나, 자고 있는 것처럼 보였다.

그렇게 아침은 어슴푸레 밝아 왔고 촛불을 불어 껐다. 마치 두 친구는 괴로운 꿈에서 깨어난 것 같았다. 샬로테가 소령을 물끄러미 바라보다가 또박또박 말했다. "소령님, 말씀해 보세요. 어떤 운명으로 이곳에 오셔서 이 슬픈 장면에 함께하게 되셨나요?"

소령은 질문을 한 샬로테와 마찬가지로 오틸리에를 깨우지 않으려고 배려하듯 아주 나지막한 목소리로 대답했다. "지금은 누구를 배려해서 사전 설

명을 하거나 무작정 문제의 핵심에 접근할 때가, 또 그럴 장소도 아닌 것 같
군요. 당신에게 닥친 불행이 너무나 끔찍해서, 제가 찾아온 중요한 용건조차
도 그 불행 앞에서는 의미를 잃을 지경이니까요."

그런 다음, 에두아르트의 부탁을 받고 온 심부름꾼으로서의 목적과 자신
의 자유 의지, 그리고 관심에서 찾아온 자발적인 방문자로서의 목적을 분명
하게 구분해서 침착하고 솔직하게 설명했다. 그는 이 두 가지 이야기를 부드
러우면서도 솔직하게 털어놓았다. 샬로테도 놀라워하거나 언짢아하는 기색
없이 차분하게 그 이야기를 경청했다.

소령이 이야기를 끝내자 샬로테는 들릴락 말락 한 목소리로 대답했다. 소
령이 의자를 샬로테 쪽으로 끌어당겨야 겨우 들릴 정도로 힘없는 목소리였
다. "이런 불행을 겪은 건 처음이에요. 하지만 전 이와 비슷한 불행을 만나
면 늘 저 자신에게 이렇게 말하곤 했죠. '내일은 어떻게 될까?' 지금 저는 여
러 사람의 운명이 제게 달려 있다는 것을 분명히 느끼고 있어요. 제가 무엇
을 해야 할지도 의심의 여지없이 분명하지요. 지금 당장 그 대답을 말씀드리
죠. 저는 이혼에 동의합니다. 진작 이렇게 결심해야 했어요. 제가 망설이고
저항하다가 아이를 죽이게 된 거예요. 세상에는 운명이 한번 마음먹으면 절
대로 물러서지 않는 일이 있죠. 이성, 미덕, 의무, 또는 그 밖의 온갖 성스
러운 것들에게 저항해 봐야 모두 헛일이에요. 운명이 보기에 올바른 일은 우
리가 볼 때 올바르지 않더라도 반드시 일어나고야 말죠. 결국 운명은 우리가
어떤 태도를 취하건 간에 자신의 뜻을 기어이 이루고야 맙니다. *1

이런, 지금 제가 무슨 말을 하는 거죠! 따지고 보면 운명은 내가 바라고
경솔하게 버려 버린 계획을 원래대로 돌려놓으려는 것뿐인데. 저도 한때는
오틸리에와 에두아르트를 엮어서 더없이 잘 어울리는 한 쌍이라고 생각하지
않았던가요? 저 스스로 그 두 사람을 가깝게 만들려고 했잖아요? 소령님도
저와 같이 그 계획을 꾸미셨잖아요? 그런데 왜 저는 남자의 의지와 진정한
사랑을 구별하지 못했던 걸까요? 왜 그의 청혼을 받아들였던 걸까요? 그냥

---

*1 이러한 운명관은 고대 그리스의 '운명비극'에서 전형적으로 나타난다. 여기서는 운명이 비극의
원인으로 작용하지만, 근대 비극에서는 주인공의 '의지'가 결정적인 역할을 할 때도 많은데, 이
런 비극을 '성격비극'이라고 한다. 괴테의 문학에서 비극이 전개되는 과정은 고대 그리스적 운명
론과 근대적 의지가 양극으로 맞서는 구조를 보여 준다.

여자친구로 남아서 그와 그의 새 반려자를 행복하게 만들어 줄 수도 있었을 텐데 말이에요. 여기 이렇게 잠든 불쌍한 아이를 좀 보세요! 이 애가 이제 빈사(瀕死) 상태의 잠에서 깨어나 의식을 회복하는 순간을 상상하면 온몸에 전율이 일어요. 이 애는 예측할 수 없는 우연이라는 도구가 되어 에두아르트에게서 귀한 것을 빼앗아 버린 셈이잖아요. 그런데 자기의 사랑으로 그것을 보상할 수 있다는 희망마저 가질 수 없다면 앞으로는 어떻게 살아갈 것이며 무엇으로 위안을 얻겠어요? 하지만 이 애는 에두아르트에게 모든 것을 돌려줄 수 있어요. 그에게 바칠 사랑과 열정으로 말이죠. 사랑은 모든 것을 용서할 뿐만 아니라, 잃어버린 것들을 모조리 보상해 주니까요. 지금은 절 걱정할 때가 아니에요.

사랑하는 소령님, 아무도 모르게 이곳을 떠나세요. 그리고 에두아르트에게 말해 주세요. 제가 이혼에 동의한다고. 그와 당신, 그리고 미틀러 씨에게 모든 일 처리를 전적으로 위임한다고. 전 제 처지가 어떻게 되든지 전혀 걱정하지 않으며, 어떤 의미에서건 걱정할 필요가 없을 거라고 전해 주세요. 어떤 서류든 간에 제게 가져만 오면 서명하겠어요. 단, 저더러 일을 처리하라는 둥, 지혜를 빌려 달라는 둥, 같이 의논하자는 등의 요구만큼은 하지 않도록 신경 써 주세요."

소령은 자리에서 일어섰다. 샬로테가 오틸리에의 몸 위로 손을 내밀었다. 소령은 이 사랑스러운 손에 입술을 갖다 대었다. "그런데 저는요? 저도 어떤 희망을 가져 볼 수 있겠습니까?" 그가 나지막하게 속삭였다.

"그 대답은 나중에 드리기로 하지요." 샬로테가 대답했다. "우리는 불행할 정도로 잘못한 것은 없지만, 함께 행복하게 살아도 될 만큼 공덕을 쌓지도 않았으니까요."

소령은 떠났다. 샬로테를 생각하면 한없이 마음이 아팠지만, 죽은 아이가 불쌍하고 안됐다는 생각은 들지 않았다. 그가 보기에는 그러한 희생은 모든 사람의 행복을 위해서 필요했다. 그는 자기가 낳은 아이를 팔에 안은 오틸리에를 상상해 보았다. 그런 모습만이 에두아르트에게서 그녀가 빼앗은 것을 완벽히 보상해 주는 것 같았다. 그는 죽은 아이보다 아버지인 자기를 더욱 닮은 아이가 무릎 위에서 노는 모습도 상상해 보았다.

그는 이렇게 기분 좋은 희망과 상상을 음미하면서 여관으로 돌아가다가 에두아르트를 만났다. 에두아르트는 희망적인 소식을 알리는 불꽃 신호와 폭죽 소리를 기다리며 밤새 밖에서 소령을 기다리고 있었다. 에두아르트도 그 불행한 사건을 이미 들어서 알고 있었다. 그러나 소령과 마찬가지로 그 불쌍한 아이가 안됐다고는 생각하지 않았다. 자기 자신에게조차 그렇게 고백할 용기는 없었지만, 오히려 그것은 자신의 행복을 가로막는 모든 방해물을 한 번에 제거해 준 섭리 같았다. 그래서 소령이 샬로테의 결심을 간단하게 전달하고, 먼저 마을로 갔다가 소도시로 돌아가서 맨 먼저 할 일이 무엇인지 생각해 보자고 말했을 땐, 그는 즉시 동의했다.

소령이 떠난 뒤 샬로테가 생각에 잠겨 앉아 있었던 시간은 그리 길지 않았다. 곧 오틸리에가 몸을 일으키더니 커다란 눈으로 샬로테를 바라보았기 때문이다. 오틸리에는 먼저 무릎에서 얼굴을 들고 다음에는 바닥에서 몸을 일으켜 샬로테 앞에 똑바로 섰다.

"이로써 두 번째네요." 눈부시게 아름다운 처녀가, 듣는 이가 절대로 저항할 수 없을 정도로 우아하고 진지한 투로 말하기 시작했다. "저한테 이런 일이 일어난 게 이것으로써 두 번째예요. 언젠가 제게 말씀하셨지요. 인생을 살다 보면 비슷한 일을 비슷한 방식으로, 그것도 늘 중요한 순간에 겪게 된다고요. 이젠 그 말이 정말이라는 걸 알겠어요. 그리고 고백할 게 하나 있어요. 제 어머니가 돌아가신 직후 어린아이였던 제가 작은 의자를 숙모님 발치에 끌어다 놓고 앉은 적이 있었죠. 숙모님은 지금처럼 소파에 앉아 계셨어요. 저는 숙모님 무릎에 머리를 얹고 있었는데, 잠을 자는 것도 아니고 깨어 있는 것도 아니었어요. 그저 선잠을 자고 있었던 거죠. 제 주위에서 무슨 일이 벌어지고 있는지 다 알 수 있었어요. 특히 이야기 소리는 똑똑히 들렸죠. 그런데도 저는 몸을 움직일 수도, 말을 할 수도 없었어요. 말소리가 들린다고 스스로 의식한 사실을 주위에 알릴 수도 없었죠. 그러고 싶었지만 표현할 수 없는 상황이었어요. 그때 숙모님은 어떤 여자친구 분하고 저에 대한 이야기를 하고 계셨어요. 불쌍한 고아로 세상에 남겨진 제 운명을 딱해하셨죠. 오갈 데 없는 제 처지를 설명하시고, 어떤 특별한 행운의 별이 운명을 지켜 주지 않는다면 앞으로 저는 정말 불행한 인생을 살게 될지도 모른다고 말씀하셨어요. 저는 모든 상황을 정확히 이해했어요. 숙모님이 저를 위해 바라시는 것과 제게 바라시는 것들을 모두 정확하게, 어쩌면 지나칠 만큼 진지하게 받아들였죠. 그래서 저는 짧은 판단력에 의지해서 나름대로 몇 가지 규율을 정했답니다. 그리고 이 규율에 따라서 지금까지 살아왔어요. 숙모님이 저를 사랑하고 걱정하는 마음으로 저를 이 집에 받아 주셨을 때까지 그 규칙에 근거하여 살아왔지요. 그 뒤로도 한참 동안 그랬고요.

하지만 저는 제가 정한 궤도에서 벗어나 버렸어요. 계율을 깬 거죠. 전 그 계율을 느끼는 감정조차 잃어버렸어요. 그리고 끔찍한 사건이 일어난 지금, 숙모님은 다시 제게 불행한 처지를 분명히 일깨워 주신 거예요. 이번에는 예전과는 다르게 비참한 불행에 빠져 버렸어요. 저는 숙모님 무릎에 반쯤 굳어 버린 상태로 엎드려 마치 다른 세계에서 들려오는 것 같은 숙모님의 나지막한 목소리를 다시 들었어요. 제가 얼마나 위태로운 처지에 있는지 들으면서 전율했지요. 하지만 그때처럼 이번에도 다시 반쯤 죽은 듯한 숙면 상태에서, 앞으로 제가 가야 할 새로운 길을 그려 봤어요.

예전에 그랬던 것처럼 지금 전 한 가지 결심을 했어요. 그래서 그 결심이 어떤 것인지 지금 당장 말씀드리고 싶어요. 저는 에두아르트의 여자가 되지 않을 거예요. 영원히! 하느님은 제가 어떤 죄를 짓고 있는지 깨닫게 하시려고 끔찍한 방식으로 제 눈을 뜨게 해 주셨어요. 저는 그 죄에 대해 속죄할 생각이에요. 아무도 저의 이런 계획을 말릴 생각은 하지 말아 주세요! 사랑하는 숙모님, 숙모님도 제 결심에 따라 행동해 주세요! 소령님에게 돌아오라고 하셔서, 어떤 이혼 소속도 밟지 말라고 편지를 쓰세요. 소령님이 나가셨을 때 저는 얼굴을 들 수도 제 몸을 꼼짝할 수도 없어서 얼마나 겁이 났는지 몰라요. 저는 자리에서 벌떡 일어나고 싶었어요. 그분에게 그렇게 터무니없는 희망을 갖게 하고 보내시면 안 된다고 소리치고 싶었다고요."

샬로테는 오틸리에의 심리 상태를 인식했고, 마음으로도 느꼈다. 그러나 시간을 끌며 설득하다 보면 오틸리에의 마음을 바꿀 수 있으리라고 생각했다. 그러나 샬로테가 미래를 생각하고 고통을 달래며 희망을 가지라는 암시의 말을 몇 마디 하기가 무섭게 오틸리에는 외쳤다. "아뇨! 제 마음을 움직이려 하지 마세요! 저를 속이려고 하지 말란 말예요! 만약 숙모님이 이혼에 동의했다는 말을 듣게 된다면, 저는 그 즉시 그 호수에서 저의 잘못과 죄를 갚을 거예요."

제15장

　행복하고 평화롭게 살 때는 함께 사는 친척이나 친구, 가족끼리 오늘 일어난 일과 내일 예정된 일에 대해 필요 이상으로 의논한다. 그리고 서로 자신의 의도, 계획, 하는 일에 대해서도 자꾸 이야기한다. 그리고 상대방의 충고를 그대로 받아들이지는 않더라도 생활 전반에 대해 함께 의논하면서 일을 진행시켜 나간다. 그러나 그와는 반대로 정작 남의 도움과 격려가 절실히 필요한 순간에는 각자 자기 생각에 갇혀 제멋대로 행동하고 자기만의 방식으로 길을 개척하려고 애쓴다. 그들은 저마다의 수단을 서로 숨기기 때문에 당연히 일의 결말이나 각자의 도달점, 최종 성과만이 다시 공동의 화제가 되는 현상을 목격하게 된다.

　그처럼 놀랍고 불행한 많은 사건들이 있고 난 뒤, 두 여성에게도 어떤 고요하고 매우 엄숙한 평안이 찾아왔다. 그 평안은 따뜻한 위로라는 형태로 생활에 나타났다. 샬로테는 극비리에 아기를 예배당으로 보냈고, 그 아기는 불길한 운명의 첫 희생물로서 그곳에 잠들었다.

　샬로테는 간신히 일상생활로 되돌아왔다. 그리고 그녀의 도움이 간절해 보이는 오틸리에의 모습을 제일 먼저 발견했다. 그녀는 오틸리에가 눈치채지 못하도록 조심하면서 오틸리에를 그 누구보다 신경 썼다. 그녀는 이 천사 같은 처녀가 에두아르트를 얼마나 깊이 사랑하는지 알고 있었다. 그랬기에 불행한 일이 벌어지기 전에 무슨 일이 있었는지를 차근차근 조사하기도 했고, 일부는 오틸리에의 입을 통해, 또 일부는 소령의 편지를 통해 그 세부 사항까지 다 알고 있었다.

　거꾸로 오틸리에의 존재도 샬로테의 일상생활에 큰 위로가 되었다. 오틸리에는 자기 안에 감추어 두는 일 없이 기꺼이 마음을 터놓았지만, 현재의 일이나 아주 최근의 일에 대해서는 절대로 입을 열지 않았다. 그녀는 언제나 주위 상황에 주의를 기울이며 관찰을 게을리하지 않아서 많은 것을 알고 있었는데, 그런 장점이 지금에서야 전면에 드러났다. 그녀는 샬로테와 이야기를 하며 관심을 다른 데로 돌려주었다. 그러나 샬로테는 자신에게 그토록 소중한 한 쌍의 남녀가 무사히 결합되는 것을 보고 싶다는 은밀한 소망을 여전히 품고 있었다.

그러나 오틸리에의 생각은 달랐다. 그녀는 평생 간직하려 했던 비밀을, 자신이 신뢰하는 샬로테에게 다 털어놓았다. 이제 그녀는 이전의 자기 절제와 의무적 헌신에서 벗어나 있었다. 참회와 포기의 결단을 통해 자신이 저지른 잘못, 그 불행한 운명에 대한 무거운 책임에서도 해방되었다고 느꼈다. 이제 더 이상 자신을 학대하지 않았다. 그녀는 마음속 깊은 곳에서 모든 것을 완전히 단념한다는 조건하에 자신을 용서한 것이다. 그리고 어떠한 일이 있더라도 이 조건은 죽을 때까지 지켜져야만 했다.

그렇게 얼마 동안의 시간이 흘러갔다. 샬로테는 집과 공원, 호수, 바위, 나무가 두 사람에게 슬픈 기분만 더해 주고 있다는 사실을 절절하게 깨달았다. 사는 곳을 바꿔야 한다는 것은 너무나도 분명했지만, 그것을 어떻게 실현해야 할지는 쉽게 결정할 수 없었다.

두 여성은 함께 살아야 하는 걸까? 예전에 에두아르트가 표명했던 의지는 그렇게 하라고 명령하는 것 같았고, 그의 선언과 협박도 그것을 강요하고 있었다. 그러나 두 여성이 아무리 호의적이고 이성적으로 노력한다고 할지라도, 같이 살면서 불편한 상태에 있다는 것은 눈에 훤히 보였다. 두 사람의 대화는 겉돌았다. 반밖에 이해하지 못할 때도 있었고, 이성적으로는 그렇지 않았지만 감정적으로는 어떤 사소한 표현 때문에 오해하는 일도 가끔 있었다. 서로 상대방의 마음을 다치게 하지는 않을까 두려워했고, 바로 이 두려움 때문에 쉽게 상처받고 쉽게 상처를 주었다.

거처를 바꿈과 동시에 얼마간만이라도 서로 떨어져 지내 볼까 생각도 했지만, 그럴 때마다 오틸리에를 어디로 보내야 할 것인가 하는 오랜 문제가 다시 표면에 떠올랐다. 전에 언급되었던 세도 있고 행복한 상속녀에게 말벗과 경쟁상대가 되어 줄 친구를 찾으려고 여기저기 수소문했던 돈 많은 가문은 적임자를 지금껏 찾지 못하고 있었다. 샬로테는 지난번 남작부인이 이곳을 방문했을 때도 그랬지만 최근에는 편지를 통해서 오틸리에를 그곳에 보내 달라는 부탁을 받았다. 그녀는 그 일을 다시 화제에 올렸다. 그러나 오틸리에는 단호하게 거절했다. 흔히 상류사회라고 불리는 곳에는 가고 싶지 않다는 게 그 이유였다.

그녀가 말했다. "숙모님, 평소라면 이런 얘기는 잠자코 감추는 것이 도리인 줄 알지만 제가 좁은 소견과 이기심 때문에 거절하는 게 아니라는 걸 증명하기 위해 말씀을 좀 드리겠어요. 기구한 운명 때문에 불행해진 사람은 설령 그렇게 된 것이 그 사람의 잘못이 아니더라도 끔찍한 낙인이 찍히게 마련입니다. 그 사람의 존재 자체가 그 사람을 보거나 알게 되는 모든 사람들을 경악하게 하지요. 누구나 그 사람에게 부과된 끔찍한 운명을 그 사람의 모습을 통해 확인하고 싶어 합니다. 호기심과 두려움을 동시에 느끼면서요. 그렇기 때문에 어떤 끔찍한 일이 빚어진 집이나 마을은 누구에게나 두려운 공간이 되는 겁니다. 그곳에서는 한낮의 태양이 들어와도 어두컴컴하고, 별빛이 들어와도 희미한 것처럼 보이니까요.

그런 불행한 사람들에게 세상 사람들은 또 얼마나 함부로 대하고 무례하며 어리석은 방식으로 호의를 베푸는지요! 하지만 그런 것도 다 용서해 줘야겠지요. 이런 말씀을 드려 죄송하지만, 예전에 루치아네가 불쌍한 소녀를 그 집 골방에서 끌어냈을 때 전 얼마나 가슴이 아팠는지 모릅니다. 루치아네는 그 소녀에게 친절하게 대해 줬지요. 그저 단순히 선의에서 그 소녀를 놀이와 춤으로 유도해 내려고 노력했어요. 그렇지만 그 불쌍한 아이는 점점 겁을 먹더니 그 자리에서 도망치다가 기절하고 말았지요. 그때 제가 그 아이를 두 팔로 안았답니다. 거기 있던 사람들은 깜짝 놀랐어요. 그리고 이번에야말로 그 불행한 소녀에게 호기심을 느끼지 않는 사람들은 없었죠. 그때만 해도 저는 그와 똑같은 운명이 제게 닥치리라고는 생각도 못했어요. 하지만 그때 저는 그 아이의 처지를 진심으로 공감했어요. 그 느낌이 아직도 생생히 살아남아 있답니다. 그러니까 지금은 그러한 연민을 저 자신에게 돌려서 저와 비슷한 처지에 놓이지 않도록 해야 할 것 같아요."

샬로테가 대답했다. "하지만 오틸리에, 어디에 가서 살든지 남의 시선을 피할 수는 없단다. 우리한테 수도원이 있는 것도 아니잖아. 예전에는 그런 곳에서 마음의 피난처를 찾을 수 있었지만."

"고독이 피난처가 될 수는 없지요, 숙모님." 오틸리에가 대답했다. "가장 가치 있는 피난처는 우리가 활동할 수 있는 곳이어야 해요. 불길한 운명이 우리를 뒤쫓기로 결심했다면, 이젠 그 어떤 속죄, 그 어떤 금욕도 우리를 그 숙명에서 벗어나게 해 주지 못하죠. 그리고 세상이 역겹고 끔찍하게 보이는 건 제가 세상의 구경거리가 되는 것을 무기력하게 받아들일 때예요. 하루하루 기쁘게 일하고 지칠 줄 모르고 제 의무를 다하며 산다면 남의 시선 따위는 거뜬히 이겨 낼 수 있어요. 그럴 때는 하느님의 시선조차도 두려워할 필요가 없지요."*1

"내가 완전히 잘못 생각하는 것이 아니라면, 너는 기숙학교로 돌아가고 싶어 하는 것 같구나." 샬로테가 말했다.

"네." 오틸리에가 대답했다. "그러고 싶어요. 저처럼 평범하지 않은 교육을 받은 사람에게는 다른 사람들을 평범한 방식으로 가르치는 일이 행복한 사명이라는 생각이 들어요. 역사에도 나오잖아요? 도덕적으로 큰 잘못을 저지른 사람들은 황야에서 은둔생활을 해도, 그들이 원하는 것처럼 남들 모르게 숨어 살지 못했다는 이야기 말예요. 그들은 다시 세상 밖으로 불려 나왔어요. 길 잃은 사람들을 올바른 길로 인도하도록 말이죠. 삶의 미로에서 방황해 본 사람이야말로 그런 일을 가장 잘 수행할 수 있지 않을까요? 그들은 불행한 사람을 도와주라는 하늘의 부름을 받은 거예요. 이 세상에서 그 이상 불행해질 수도 없는 그들이야말로 그 누구보다도 사명을 제대로 수행할 수 있지 않을까요?"

"너는 평범하지 않은 사명을 선택했구나." 샬로테가 대답했다. "말리지는 않겠어. 다만 잠깐 동안만 그렇게 해 보길 바란다."

"진심으로 감사드려요." 오틸리에가 말했다. "이런 시도와 경험을 하도록 허락해 주셔서요. 제 능력을 지나치게 믿지만 않는다면 잘해 낼 수 있을 것 같아요. 그곳에 가게 되면 저는 이곳에서 제가 얼마나 많은 시련을 겪었던가, 그리고 그 시련도 나중에 겪어야 하는 시련에 비하면 얼마나 작고 하찮은 것이었던가를 떠올리게 되겠죠. 그러면 어린 학생들의 고민이나 천진난만한 고통을 봐도 밝은 미소를 지으면서 조심스러운 손길로 아이들을 소소한 방황에서 끌어 낼 수 있을 거예요. 행복한 사람은 아이들을 행복한 사람

---

*1 여기에는 괴테의 인생관도 반영되어 있다. 늘 인간으로서 최선의 노력을 다하고, 인간사의 범위를 넘어서는 일은 신에게 맡겨 놓자는 것이다. 동양식으로 표현하자면 '진인사대천명'이라는 자세이다.

으로 키우는 데 적합하지 않아요. 많은 것을 누릴수록 자기 자신과 남에게 그만큼 요구하는 것이 많아지기 마련이니까요. 불행을 겪고 극복한 사람만이 자기 자신과 남에게 적당한 행복, 진심에서 우러나오는 기쁨으로 즐기는 법을 가르쳐 줄 수 있습니다."

샬로테는 마지막으로 조금 생각한 뒤에 입을 열었다. "네 계획에 한 가지만 이의를 달아 보겠다. 이게 가장 중요한 반박이 아닐까 싶은데, 문제는 네가 아니라 제삼자의 일이지만. 그 선하고 이성적이며 신앙심 깊은 조교의 신념에 대해서는 너도 알지? 네가 그 길을 간다면, 너는 그에게 나날이 가치 있고 꼭 필요한 존재가 될 거야. 그는 지금도 너 없이는 하루도 못 살 정도이니 말이다. 하물며 앞으로 그가 네 협력을 받는 데 익숙해지기라도 하면, 이제 너 없이는 자기 일도 할 수 없는 지경에 이르고 말 거야. 처음에는 네가 그를 돕는 셈이 되겠지만, 나중에는 결국 그의 일을 괴롭게 만드는 격이지."

"운명은 저를 부드럽게 대해 주지 않았어요." 오틸리에가 대답했다. "그러니 저를 사랑해 주시는 분도 그보다 더 나은 운명을 기대하면 안 되겠죠. 그분은 착하고 분별력 있는 분이에요. 그런 분이라면 저랑 순수한 관계를 맺고 싶다는 생각이 점차 커질 거라고 생각해요. 저도 그러기를 바라고요. 그분은 자기 자신을 성스러운 존재,*2 이 지상에서 멀어진 사람에게 바침으로써 자기 자신과 남에게 저지른 잘못을 갚을 수 있는 사람이 저라는 사실을 아실 거예요. 보이지 않는 모습으로 우리를 감싸고 있는 거룩한 존재만이 끔찍하게 덤벼드는 숙명으로부터 우리를 보호할 수 있으니까요."

샬로테는 이 사랑스러운 처녀가 그토록 진실한 마음으로 말한 이야기들을 곰곰이 생각해 보기로 했다. 그녀는 오틸리에와 에두아르트가 가까워지게 하는 것이 가능한지 불가능한지에 대해 아주 조심스럽게 알아보았다. 그러나 아주 신중한 말, 털끝만큼의 희망, 살짝 스쳐 가는 의심만으로도 오틸리에의 마음은 매우 깊은 부분까지 동요하고 있었다. 그리하여 어느 날 이제 더는 피할 길이 없다는 생각이 들자, 오틸리에는 이 문제에 대해 아주 분명

---

*2 괴테는 '신(神)'이라는 개념은 인간과 같은 유한한 존재가 사용하기에는 너무 거대하다고 생각했다. 이 때문에 '신'이라고 바로 호칭하는 것을 피하고, '성스러운 존재'와 같은 우회적 표현을 가끔 사용한다.

하게 자신의 생각을 밝혔다.

샬로테가 그것에 대답했다. "에두아르트를 포기하겠다는 네 결심이 그렇게 확고하다면 이젠 절대로 그를 만나는 일이 없도록 조심해. 사랑하는 사람과 떨어져 있을 때는 그 애정이 깊으면 깊을수록 자신의 감정을 억누를 수 있다고 생각하기 마련이지. 본디 밖으로 뻗쳐 나가야 할 뜨거운 열정이 내면으로 향하게 되니까 말이야. 하지만 그런 착각에서 깨어나는 것도 한순간이야. 그 사람 없이도 살 수 있다고 믿었는데 그 사람이 다시 우리 눈앞에 없어서는 안 될 존재로서 나타나면, 이전의 결심은 눈 녹듯 사라져 버리거든. 지금은 네 상태에서 가장 적합하다고 생각되는 일을 하렴. 네 감정을 잘 생각해 봐. 할 수 있다면 지금의 결심을 바꾸는 편이 좋고. 하지만 너 스스로 자유롭게 원해서 하는 게 중요해. 우연이나 뜻하지 않은 사건 때문에 다시 이전으로 돌아가는 일은 없도록 해라. 그렇게 되면 네 마음이 두 갈래로 나뉘어서 정말 견딜 수 없을 정도로 괴로워질 테니까. 아까도 말했지만 새로운 한 발짝을 내딛기 전에 나와 헤어져 앞을 알 수 없는 새로운 삶을 시작하기 전에 네가 정말로 에두아르트를 포기할 수 있을지 다시 한 번 곰곰이 생각해 보기 바란다. 하지만 이미 포기하기로 결심했다면, 우리 한 가지만 약속하자. 이젠 그와 엮이지 않을 것이며, 그가 너를 찾아내서 억지로 만나려고 해도 말 한 마디 나누지 않겠다고 말이야." 오틸리에는 이미 속으로 맹세했던 말을 잠시의 망설임도 없이 샬로테에게 말해 주었다.

그러나 그렇게 했음에도 샬로테는 여전히 에두아르트의 위협을 잊을 수가 없었다. 에두아르트는 오틸리에가 샬로테와 헤어지지 않아야 오틸리에를 포기할 수 있다고 했었다. 그 뒤로 상황이 많이 변하기도 했고 많은 사건이 생겼으므로, 그때 그가 충동적으로 했던 말은 다음 사건들에 아무런 영향을 주지 못한다고 봐도 상관없을 것이다. 그렇지만 샬로테는 그의 마음을 다치게 할 만한 일은 아무리 작은 것이라도 감행하거나 계획하고 싶지 않았다. 그러므로 미틀러를 시켜 에두아르트의 생각을 알아보기로 했다.

미틀러는 아이가 죽은 뒤에 비록 잠깐씩이긴 했지만 몇 번이나 샬로테를 찾아왔다. 그에게 이 불행한 사건은 대단히 충격적이었다. 이 부부의 화해가 거의 불가능하다고 생각했기 때문이다. 그러나 그는 평소 습관대로 늘 희망을 버리지 않고 계속 노력했으며, 오틸리에의 결심을 듣고 마음속으로는 기뻐했다. 그는 마음의 상처를 치유해 주는 시간의 능력을 믿었으며, 이 부부도 다시 합쳐 주고 싶었다. 지금까지의 열정적인 동요도 부부의 사랑과 신의를 굳게 다져 줄 시련 정도로만 여겼다.

이 불행한 일이 벌어지고 나서 샬로테는 오틸리에가 처음에 한 이야기를 소령에게 편지로 전했다. 그리고 지금은 그 어떤 조치도 취하지 말고 조용히 있으면서 오틸리에가 마음의 평정을 되찾을 때까지 일단 기다리도록 에두아르트를 설득해 달라고 부탁했다. 그녀는 그 뒤의 사건과 오틸리에의 생각에 대해서도 필요한 부분을 직접 알려 주었다. 그리고 에두아르트의 상황 변화에 따른 마음의 준비는 미틀러에게 맡겨 버렸다. 그러나 미틀러는 인간에게는 아직 일어나지 않은 일을 인정하기보다 이미 일어난 일을 받아들이는 편이 더 쉽다는 사실을 잘 알고 있었다. 그랬기에 그는 샬로테에게 오틸리에를 당장 기숙학교로 보내는 것이 최선책이라고 설득했다.

그리하여 미틀러가 떠나자마자 여행 준비가 시작되었고, 오틸리에는 짐을 쌌다. 그러나 샬로테는 그녀가 그 작고 아름다운 여행 가방도, 그 안에 든 어떤 것도 가져가려고 하지 않는다는 것을 눈치챘다. 샬로테는 아무 말도 하지 않고, 묵묵히 짐을 싸는 오틸리에를 그냥 내버려 두었다. 출발일이 다가왔다. 샬로테의 마차는 첫날에는 잘 아는 여관까지, 둘째 날에는 기숙학교까지 오틸리에를 데려다 주기로 되어 있었다. 나니가 오틸리에를 따라가서 시중을 들기로 했다. 이 열정적인 소녀는 아기가 죽은 뒤에 바로 오틸리에에게 돌아왔다. 그리고 타고난 성격과 오틸리에를 좋아하는 마음에서 예전처럼 오틸리에를 따르며 곁에서 떠나지 않았다. 소녀는 유쾌하게 쉴 새 없이 조잘거리며 이제껏 못했던 만큼 만회하고, 사랑하는 여주인에게 완전히 헌신했다. 그리고 이제는 그런 여주인을 따라 낯선 곳들을 여행할 수 있다는 행복에 완전히 넋이 나가 있었다. 그녀는 한 번도 고향 밖으로 나가 본 적이 없었기 때문이다. 소녀는 성관에서 휑하니 뛰어나가, 부모와 친척들의 집이 있는 마을로 가서 자신의 행복을 떠벌리며 작별을 고했다. 그러나 그녀는 불행히도 홍역 환자가 있는 방에 들어가고 말았고, 감염 증상은 즉시 나타났다. 사람들은 여행을 연기할 생각을 하지 않았다. 그 누구보다도 오틸리에 자신이 강력하게 주장했다. 이미 그녀의 마음은 이곳을 떠나 있었다. 머물 예정인 여관의 사람들도 잘 아는 사이고 마부는 성관에 소속된 마부이므로 아무 걱정할 것 없다고 말했다.

샬로테는 말리지 않았다. 그녀 또한 마음속으로는 지금의 이 환경에서 빨리 벗어나고 싶다고 생각했다. 이제 남은 일은 오틸리에가 쓰던 성관의 방을 다시 에두아르트가 쓸 수 있도록 정돈하는 일뿐이었다. 모든 것을 소령이 오기 전 상태로 되돌려 놓고 싶었다. 옛날의 행복을 되찾고 싶다는 희망은 마음속에서 틈만 나면 다시 피어오르는 법이며, 샬로테도 얼마든지 그런 희망을 가질 권리와 필요가 있었다.

제16장

그 일에 대해 이야기하려고 미틀러가 에두아르트에게 가 보니, 그는 오른쪽 팔꿈치를 책상에 괴고 그 위에 머리를 얹은 채 혼자 앉아 있었다. 그는 매우 괴로워 보였다. "또 두통 때문에 괴로운 건가?" 미틀러가 물었다. "그러네요." 에두아르트가 대답했다. "하지만 두통을 미워할 수가 없어요. 두통은 오틸리에를 생각나게 하거든요. 어쩌면 그 애도 지금 두통에 시달리고 있을지도 모릅니다. 왼쪽 팔꿈치를 괴고, 아마 저보다 더 심하게 말이죠. 그 애가 그런 두통을 참고 있다면 저라고 못 참을 게 있나요? 이 고통은 오히려 저에겐 치유제예요. 거의 바람직하다고 말할 수 있죠. 두통에 시달릴수록 제 마음속에는 그 애가 고통을 참는 모습이 그녀의 다른 장점과 어우러져 평소보다 더욱 강렬하면서 분명하고 생생하게 떠오르거든요. 고통을 겪을 때 우리는 비로소 그 고통을 견디는 데 필요한 위대한 성향들을 빠짐없이 느끼게 되지요."

에두아르트가 이 정도로 체념하고 있는 것을 보자 미틀러는 주저하지 않고 용건을 꺼내 놓았다. 그리고 어떻게 해서 여성들이 그런 생각을 하게 되었으며 그것이 어떤 방식으로 차츰차츰 분명한 계획으로 무르익어 갔는지를 차근차근 설명했다. 에두아르트는 그것을 듣고 있으면서도 반론을 펴지 않았다. 그가 입 밖에 낸 몇 마디 말에서 그는 모든 것을 두 여자에게 내맡겼음을 추측할 수 있었다. 현재의 고통은 그를 모든 일에서 무관심하게 만들어 버린 것 같았다.

그는 혼자가 되자마자 자리에서 벌떡 일어나 방 안을 이리저리 서성거렸다. 이제 두통 따위는 느껴지지도 않았다. 그는 완전히 생각에 몰두했다. 미틀러의 이야기를 들을 때부터 사랑에 빠진 남자의 상상력은 격렬하게 발동하기 시작했다. 그는 오틸리에가 익숙한 길을 지나, 그도 가끔 투숙했던 그 여관방에 혼자 묵는 모습을 마음속에 그려 보았다. 그는 곰곰이 생각하고 또 생각했다. 아니, 그것은 생각도 숙고도 아니었다. 그는 오로지 바라고 원했다. 그녀를 보고, 그녀와 이야기해야만 했다. 목적과 이유, 결과는 문제가 아니었다. 하지만 그는 불가항력인 자신의 욕구에 저항하지 않았다.

그는 집사를 통해 오틸리에가 떠나는 날과 시간을 알아냈다. 그리고 그날 아침이 밝았다. 에두아르트는 이른 아침부터 혼자 말을 타고 오틸리에가 묵게 될 곳으로 갔다. 도착해 보니 너무 이른 시간이었고 여주인은 뜻밖의 방문에 놀라면서도 기쁘게 그를 반겨 주었다. 에두아르트는 그 집안에 커다란 행복을 가져다준 은인이었기 때문이다. 용감한 병사인 그녀의 아들이 전쟁에서 활약하는 모습을 유일하게 목격한 에두아르트가 그 공훈을 널리 알리고 장군에게 추천까지 하여, 몇몇 악의적인 사람들이 방해를 했지만 훈장을 받을 수 있었다. 그녀는 에두아르트에게 어떻게 은혜를 갚아야 할지 모를 지경이었다. 그녀는 신속하게 자신의 화장방—말은 그럴 듯해도 탈의실 겸 식료품 저장고로 사용하는 방이었지만—을 되는 대로 정리했다. 그러나 에두아르트는 어떤 여성이 이곳에 올 텐데 그녀에게 이 방을 주고 자신에게는 복도 뒤쪽에 있는 작은 방을 달라고 했다. 여주인은 뭔가 사정이 있다는 것을 눈치챘다. 그녀는 대단히 열정적으로 이런저런 지시를 내리는 은인에게 은혜를 갚을 수 있는 기회가 생겨서 기뻤다. 그는 저녁이 될 때까지 그 긴 시간을 어떤 심정으로 보냈던가! 그는 곧 그녀와 만나게 될 그 방을 구석구석 둘러보았다. 그에게 낯선 집의 가구와 집기에 둘러싸인 이 방은 천국과도 같았다. 오틸리에를 놀라게 해 줄까 미리 기척을 알려 놓을까 얼마나 고민했던가! 마침내 후자가 승리했다. 그는 책상에 앉아서 펜을 들었다. 이 편지가 먼저 그녀를 반기게 될 것이었다.

에두아르트가 오틸리에에게

"내 사랑, 네가 이 편지를 읽을 때면 나는 네 가까이에 있을 거야. 놀라지 마. 두려워하지도 말고. 날 전혀 두려워하지 않아도 돼. 나는 너에게 억지로 다가가지는 않을 거야. 네가 허락하기 전에는 네 앞에 나타나지도 않을 거고.

먼저 너와 나의 상황을 잘 생각해 보기 바란다. 네가 아직 마지막 한 발을 내디딜 생각이 없다는 것에 얼마나 감사한지 몰라. 그 조치는 정말 중요한 것이지. 그 한 발짝을 내딛지 말아 줘! 이곳에서 다른 길에 서서 다시 한 번 잘 생각해 줘. 과연 내 여자가 될 수 있겠니? 아니 내 여자가 되어 주겠니? 제발 우리 모두에게 커다란 은혜를 베풀어 줘. 특히 나한테는 과분한 은혜를 말이다.

꼭 너를 다시 보게 해서 너와 기쁜 마음으로 재회할 수 있게 해 줘. 그 아름다운 질문을 내 입으로 직접 할 수 있게 해 주고, 그 물음에 아름다운 네가 대답해 주렴! 오틸리에, 내 품으로 와! 가끔 네가 기대어 쉬던, 그리고 언제나 변함없이 너를 향해 열려 있는 내 품으로!"

편지를 쓰다 보니 격한 감정이 솟구쳐 올랐다. 무엇보다 갈망했던 존재가 다가와서 당장 눈앞에 나타나게 되리라는 느낌이 그를 사로잡았다. 그리고 그녀가 이 문으로 들어와 이 편지를 읽고, 그토록 기다리고 동경했던 그녀가 다시 예전처럼 눈앞에 서는 것이다. 그녀는 여전한 모습일까? 겉모습이나 생각이 바뀌지는 않았을까? 그는 아직도 펜을 손에 쥐고 있었고, 떠오르는 대로 죽 써 내려갈 생각이었다. 그런데 마차가 덜거덕거리며 안뜰로 들어오는 소리가 들렸다. 그는 떨리는 손으로 간신히 이렇게 덧붙였다. "네가 오는 소리가 들리는구나. 잠깐 동안 안녕!"

그는 편지를 접고 서명했다. 봉할 여유는 없었다. 그는 옆방으로 도망친 다음 그곳을 통해 복도로 나갔다. 그런데 그 순간, 납봉용 인장이 달린 시계를 책상 위에 두고 왔다는 생각이 났다. 그녀가 시계를 먼저 보아서는 안 되었다. 그는 다시 방으로 뛰어 들어가 가까스로 시계를 가져왔다. 현관에서는 이미 여주인의 목소리가 들려 왔다. 여주인은 손님을 이 방으로 안내하기 위해 오고 있었다. 그는 옆방으로 통하는 문으로 서둘러 갔는데 문이 잠겨 있었다. 이 방으로 뛰어 들어오면서 열쇠를 뒤로 던졌었는데, 그곳이 하필 문 너머였던 것이다. 당연히 자물쇠가 잠겨 있었고 그는 그곳에 갇히게 되었다. 격렬히 문을 흔들어 보았지만 문은 끄떡도 하지 않았다. 아, 그는 유령처럼 문틈으로 빠져나가고 싶은 마음이 굴뚝같았다! 그러나 헛수고였다! 그는 문기둥 뒤로 얼굴을 숨겼다. 오틸리에가 들어왔다. 여주인은 그가 있는 것을 보고 물러갔다. 그는 오틸리에의 눈으로부터도 숨을 수가 없었다. 그는 그녀 쪽으로 돌아섰다. 그렇게 두 연인은 더없이 희한한 방식으로 다시 마주

서게 되었다. 그녀는 그를 침착하고 진지하게 바라보았다. 그리고 앞으로 나오지도 뒤로 물러서지도 않았다. 그가 그녀 쪽으로 다가가려 하자, 그녀는 책상 끝까지 몇 걸음 뒤로 물러섰다. 그도 다시 몇 걸음 물러섰다. "오틸리에!" 그가 외쳤다. "내게 이 끔찍한 침묵을 깨게 해 줘! 우리는 그저 이렇게 마주 보며 서 있는 그림자에 불과한가? 먼저 내 말을 좀 들어 봐! 네가 지금 여기서 나를 만나게 된 것은 우연이야. 네 옆에 편지가 있지. 그걸로 너에게 마음의 준비를 시킬 생각이었어. 한번 읽어 봐. 제발 부탁이야. 그 편지를 읽어 보란 말이야! 어떻게 할지는 그다음에 마음이 가는대로 결정하면 되잖아."

그녀는 편지를 내려다보았다. 그리고 잠시 생각하더니 그것을 집어들고는 열어서 읽었다. 그녀는 표정 하나 변하지 않고 편지를 끝까지 읽고는 살며시 내려놓았다. 그런 다음 두 손을 공중으로 들어올려 합장하고는 가슴 쪽으로 가져가면서 몸을 앞으로 살짝 숙이고, 초조하게 대답을 기다리는 그를 뚫어지게 바라보았다. 그는 그 시선을 보자 자기가 바라고 원하는 모든 것들을 단념하지 않을 수 없었다. 그녀의 몸짓은 그의 가슴을 갈기갈기 찢어 놓았다. 그는 오틸리에의 그 시선과 자세를 차마 볼 수조차 없었다. 그가 고집이라도 부리면 그녀는 무릎을 꿇고 쓰러질 것만 같았다. 그는 절망에 빠져 문을 박차고 뛰어나갔다. 그리고 혼자 남겨진 오틸리에에게 이 집의 여주인을 보냈다.

그는 오틸리에가 있는 방 앞을 초조하게 서성거렸다. 밤이 되었다. 방 안은 여전히 고요했고 마침내 여주인이 방에서 나와 열쇠를 빼냈다. 이 착한 부인은 감동과 동시에 당혹감을 느꼈는지 자기가 뭘 해야 좋을지 알지 못했다. 결국 그녀는 방을 떠나면서 에두아르트에게 열쇠를 건넸으나, 그는 거절했다. 그녀는 등불을 켜둔 채 그렇게 물러갔다.

깊은 슬픔에 잠긴 에두아르트는 오틸리에의 문 앞에 엎드려 눈물로 문지방을 적셨다. 이렇게 가까이 있으면서 이렇게 쓰라린 마음으로 하룻밤을 보낸 연인이 또 어디에 있을까.

날이 밝았다. 마부가 말을 꺼내 오고, 여주인은 문을 열고 방에 들어갔다. 그녀는 오틸리에가 옷을 입은 채로 잠들어 있는 것을 보았다. 그녀는 다시 물러나와 연민 가득한 미소를 띠며 에두아르트에게 이리 오라고 손짓했다.

두 사람은 잠든 오틸리에 앞으로 다가갔다. 그러나 에두아르트로는 그런 모습을 보는 것조차 견딜 수가 없었다. 여주인은 편히 쉬고 있는 처녀를 감히 깨우지 못하고, 침대 맞은편에 앉았다. 마침내 오틸리에가 그 아름다운 눈을 뜨며 일어났다. 오틸리에는 아침은 먹지 않겠다고 했다. 그때 에두아르트는 그녀 앞으로 다가섰다. 그는 오틸리에에게 단 한 마디라도 좋으니 무슨 생각을 하고 있는지 알 수 있게 제발 말 좀 해 보라고 애원했다. 그는 어떤 생각이든 존중하겠노라고 맹세했지만 그녀는 입을 열지 않았다. 다시 한 번 그는 그녀가 자신의 여자냐고 애정을 담아 절절하게 물었다. 그러나 오틸리에는 눈을 내리깔고 사랑스럽게 고개를 내저으며 부드럽게 아니라고 대답했다! 그는 그렇다면 기숙학교로 갈 생각이냐고 물었다. 그러자 그녀는 그것도 무표정하게 부정했다. 그는 그럼 그녀를 샬로테에게 다시 데려가도 되느냐고 묻자, 그녀는 천천히 고개를 끄덕이며 그 제안을 받아들였다. 그는 마부에게 명령을 내리려고 급히 창가로 달려갔다. 그러나 오틸리에는 그가 등을 돌린 틈에 번개처럼 옆방으로 빠져나가 계단을 달려 내려가 마차에 올라탔다. 마부는 왔던 길을 되돌아 성관으로 향했고 에두아르트도 말을 타고 조금 떨어져서 그 뒤를 따랐다.

제17장

오틸리에의 마차가 앞서서 들어오고, 곧이어 에두아르트가 말을 탄 모습으로 성관 안뜰로 들어오는 것을 보자 샬로테는 얼마나 놀랐던가! 그녀는 급히 문간으로 달려갔다. 오틸리에는 마차에서 내려 에두아르트와 함께 다가왔다. 오틸리에는 진심을 다해 부부의 손을 한데 모아 힘껏 쥐어 주고는 자기 방으로 서둘러 물러갔다. 에두아르트는 샬로테의 목에 매달려 눈물을 쏟아 냈다. 그는 자신의 심정을 말로 다 표현할 수 없었다. 그저 얼마간 자기를 내버려 두고, 오틸리에 곁으로 가서 그녀를 도와주라는 부탁만 할 뿐이었다. 샬로테는 오틸리에의 방으로 서둘러 갔고, 방에 들어서자 그녀는 놀라지 않을 수 없었다. 방은 완전히 물건을 다 들어낸 상태여서 텅 빈 벽만 서 있었고 휑하고 을씨년스러웠다. 모든 것을 밖으로 내간 빈 방에 그 작은 짐가방만이 어디로 치워져야 좋을지 모르는 듯 방 한가운데에 덩그러니 놓여 있었다. 오틸리에는 팔과 머리를 짐 가방 위에 대고서 바닥에 누워 있었다. 샬로테는 그녀를 걱정하면서, 무슨 일이 있었냐고 물었지만 아무 대답도 듣지 못했다.

그녀는 원기를 돋울 만한 음료를 들고 온 하녀를 오틸리에 곁에 남기고, 자신은 서둘러 에두아르트에게 갔다. 그는 홀에 있었다. 그러나 그 역시 아무 말이 없었다. 그는 아내 앞에 엎드려 아내의 두 손을 눈물로 적시더니 자기 방으로 달아났다. 샬로테는 그의 뒤를 따라가다가 집사와 마주쳤고, 집사는 아는 대로 자초지종을 설명해 주었다. 그녀는 나머지 사정을 미루어 짐작한 뒤, 더 이상 지체하지 말고 지금 즉시 필요한 일을 해야겠다고 결심했다. 오틸리에의 방은 원래대로 세간이 채워 넣어졌다. 에두아르트가 쓰던 방들은 종이 한 장에 이르기까지 그가 떠났을 때와 똑같은 상태가 되었다.

세 사람은 다시 이전 관계를 회복한 듯 보였다. 그러나 오틸리에는 계속 침묵을 지켰고, 에두아르트는 아내에게 얼마 동안 그저 참아 달라고 부탁할 뿐이었다. 하지만 정작 자신은 인내심이 바닥난 것 같았다. 샬로테는 미틀러와 소령에게 사람을 보냈다. 미틀러는 집에 없었고, 소령이 찾아왔다. 에두아르트는 소령에게 자기의 마음을 모조리 털어놓고, 아주 세세한 상황까지 시시콜콜 고백했다. 그리하여 샬로테는 그간 어떤 일이 있었으며 무엇이 사태를 이렇게 바꿔 놓았고 두 사람을 그렇게 흥분시켰는지를 알게 되었다.

그녀는 진심을 담아 다정하게 남편에게 말을 걸었고, 그저 얼마간은 오틸리에를 가만 내버려 두라고 부탁했다. 에두아르트는 아내의 가치와 사랑, 침착함을 마음속 깊이 느꼈다. 그러나 그의 사랑은 그를 지배하면서, 다른 것의 접근을 허용하지 않았다. 샬로테는 이혼에 동의하겠다고 약속하면서 그에게 희망을 주었다. 하지만 그녀의 말도 그에게는 별로 와 닿지 않았다. 이미 그의 마음은 희망과 믿음이 잇달아 그를 저버리는 바람에 시달릴 대로 시달린 것이다. 어떤 광기 같은 울화가 그를 사로잡았다. 그는 샬로테에게 소령의 구혼을 받아들이라고 졸라댔다. 샬로테는 그를 달래고 진정시키기 위해 어쩔 수 없이 그의 요구를 받아들였다. 그녀는 오틸리에가 에두아르트와 결합한다면 자기도 소령과 결혼하겠다고 약속했다. 단, 두 남자가 얼마 동안 함께 여행을 떠나라는 것이 전제 조건이었다. 소령은 궁정 일로 외국에서 처리해야 할 일이 있었는데, 에두아르트는 그를 따라가겠다고 약속했다. 모두 준비를 시작했다. 적어도 뭔가가 진행되고 있다는 점에서 그나마 마음이 진정되었다.

그러는 동안 사람들은 오틸리에가 계속 고집스럽게 침묵을 지키면서 거의 어떤 음식도 입에 대지 않는다는 사실을 깨달았다. 그녀를 설득하려고 할수록, 오히려 그녀는 겁을 먹고 움츠러들었다. 결국 사람들도 설득을 포기했다. 당사자를 위한 일이라는 것을 알지만 당사자가 괴로워하면 삼가게 되는 것이 인지상정이기 때문이다. 샬로테는 모든 방법을 찾아보다가, 마침내 오틸리에에게 강한 영향력을 지니고 있는 조교를 기숙학교에서 불러와야겠다고 생각했다. 조교는 오틸리에가 기대와 달리 기숙학교에 돌아오지 않자 매우 극진한 편지를 써 보냈고 아직까지 답장을 받지 못하던 참이었다.

사람들은 오틸리에가 놀라지 않도록, 그녀가 있는 자리에서 이러한 계획을 이야기했다. 그녀는 동의하지 않는 눈치였으나 잠시 생각에 잠겼다. 마침내 어떤 결심이 그녀의 마음속에서 무르익었는지, 그녀는 자기 방으로 서둘러 갔다. 그리고 해가 떨어지기 전에, 그곳에 모여 있던 사람들에게 다음과 같은 편지를 보냈다.

오틸리에가 친구들에게

"사랑하는 친구들이여, 너무나 당연한 일을 왜 굳이 말해야 하는지 모르겠군요. 저는 저의 길에서 일탈했고, 다시 그 길로 돌아갈 수 없습니다. 제가 아무리 저 자신과 다시 화해하려 해도, 저를 지배하는 경이로운 자연의 힘이 외부에서 저를 방해하는 것 같아요.

에두아르트를 포기하고 그분에게서 떠나겠다는 제 결심은 정말로 순수한 것이었어요. 전 그분을 다시는 보지 않기를 바랐습니다. 그런데 그렇게 되지 않았지요. 그분도 자신의 의지와는 상관없이 제 앞에 나타나셨습니다. 저는 아마도 그분과 어떤 대화도 하지 않겠다던 다짐을 문자 그대로 받아들이고 해석했던 것 같습니다. 그렇기 때문에 찰나의 감정과 양심에 따라 그분 앞에서 침묵을 지키고 입을 다물었던 거지요. 이것이 제가 말할 수 있는 전부입니다. 수도원에 들어갈 때 하는 엄격한 맹세는 숙려 끝에 그것을 받아들인 사람에게도 두려움과 불안함을 불러일으킵니다. 그런데 저는 바로 그런 맹세를 감정에 휘둘려 우연히 하고 말았던 것입니다. 제 양심이 그렇게 하라고 명령하는 동안 제발 이대로 그 맹세를 지킬 수 있게 해 주세요. 어떤 중재자도 부르지 말아 주시고, 억지로 말을 붙이거나 꼭 필요한 양보다 더 먹으라고 강요하지 말아 주세요. 제가 이 시기를 극복할 수 있도록 배려와 인내심으로 도와주세요. 저는 젊고, 젊음은 눈 깜짝할 사이에 원기를 회복합니다. 제가 여러분과 함께 있을 수 있도록 해 주세요. 여러분의 사랑으로 저를 기쁘게 해 주시고, 여러분의 대화로 저를 가르쳐 주세요. 하지만 제 마음은 저 자신에게 맡겨 주세요!"

소령의 외국 업무가 지연되어 오래전에 준비를 마친 남자들의 여행은 이루어지지 않고 있었다. 에두아르트로서는 얼마나 다행이었던가! 에두아르트는 오틸리에의 편지에 다시 용기를 얻고 그 위로와 희망을 약속하는 말에 다시 고무되어 단호하고 고집스럽게 버틸 근거를 얻었다. 그랬기에 에두아르트는 느닷없이 자기는 이곳을 떠나지 않겠노라고 선언했다. "가장 소중하고 필요한 것을 미리 내던져 버리는 것처럼 어리석은 일이 어디에 있을까! 얼마 못 가 잃을 것 같지만 어쩌면 잃지 않을 수도 있는데 말이야. 그게 뭘 의미하는지 알아? 인간은 뭔가를 원하고 선택할 능력이 있는 것처럼 보이지만 그건 단지 인간의 생각일 뿐이라는 거야. 나도 그런 어리석은 생각에 사로잡혀 미리 몇 시간 전부터, 심지어 며칠 전부터 친구들과 헤어진 적이 많았지. 마지막 순간까지 버티다가 어쩔 수 없이 헤어지기 싫어서 말이야. 하지만 이번에는 떠나지 않고 남을 거야. 왜 내가 떠나야 하는데? 그녀는 이미 내게서 떠나가지 않았나? 그런 건 생각조차 하면 안 되겠지만 그녀의 손을 잡고 있어도 그녀를 가슴으로 안고 싶다는 생각은 하지 않아. 생각만 해도 두려움이 밀려오는걸. 그녀는 내게서 떠나간 것이 아니라 날 넘어서 가 버렸기 때문이야."

그리하여 그는 머물러 있었다. 그것은 그가 원하는 것이기도 했고 그렇게 하지 않으면 안 되는 것이기도 했다. 그에게는 그 어떤 것도 그녀와 함께 있을 때의 행복에 비할 수는 없었다. 그녀도 그와 똑같은 감정이었다. 그녀도 어찌할 도리가 없이 맞게 된 깊은 행복감을 거부할 수 없었다. 예나 지금이나 두 사람은 형용할 수 없는, 거의 마술과도 같은 매력을 서로에게 발산하고 있었다. 그들은 한 지붕 아래서 살았다. 상대방을 생각하지 않거나 다른 용무로 바쁠 때도, 또는 다른 사람들에게 이리저리 끌려다니는 순간에도 두 사람은 가까워져 갔다. 그들이 같은 방에 있으면 오래지 않아 그들은 나란히 서 있거나 앉아 있었다. 바로 가까이에 있을 때만이 두 사람의 마음은 완벽하게 진정되었고 그렇게 옆에 있는 것만으로도 두 사람은 충분했다. 어떤 시선, 어떤 말, 어떤 동작, 어떤 접촉도 필요하지 않았다. 순수하게 함께 있는 것만으로도 그들은 충분했다. 그렇게 함께 있으면 두 사람은 의식조차 못하는 완벽한 행복에 황홀하게 젖어, 둘이 아닌 자신과 세상에 만족하는 한 사람이 되었다. 그렇다. 두 사람 가운데 한 명을 집 한쪽 구석에 단단히 붙들어 매어 놓더라도 다른 한 사람은 서서히, 무의식중에, 저절로 상대방이 있는 곳을 찾아갔을 것이다. 그들에게 삶이란 두 사람이 힘을 합쳐야만 풀 수 있는 수수께끼였다.

이제 오틸리에가 아주 명랑하고 침착해 보이자 사람들은 완전히 마음을 놓을 수가 있었다. 그녀는 사람들이 모인 자리를 피하지는 않았지만 식사만은 완강히 혼자서 하겠다고 했다. 나니 외에는 아무도 그녀의 식사를 거들지 않았다.

어떤 사람이 일생생활에서 경험하는 일은 흔히 생각하는 것 이상으로 자주 반복된다. 그 사람의 본성은 그 일이 벌어지게 하는 가장 큰 결정적인 조건이기 때문이다. 성격, 개성, 취향, 성향, 지방성, 환경, 습관 같은 것들이 합쳐져 하나의 전체를 이루며, 인간은 그 안에 있어야만 기분 좋고 편안히 있을 수 있는 원소나 대기처럼 그 안에서 헤엄친다. 그렇기 때문에 우리는 한편으로는 그렇게 잘 변한다고 비난받는 사람들이 다른 한편으로는 오랜 세월이 지나도록 조금도 변하지 않고 외적으로나 내적으로나 무한한 동요를 한 뒤에도 불변의 상태로 있는 것을 보면 놀라게 된다.

우리의 친구들도 날마다 일상을 함께하다 보니 거의 모든 것이 다시 옛날의 궤도대로 움직이게 되었다. 오틸리에는 침묵을 지키면서도 전과 다름없이 여러모로 친절을 베풀며 따뜻한 성품을 보여 주었다. 그런 식으로 모든 사람이 예전처럼 저마다의 방식대로 지냈다. 이렇게 해서 가정의 화목은 이전 생활의 환영처럼 나타나게 되었고, 사람들은 모든 것이 예전 그대로라는 망상을 품게 되었다.

가을날은 봄날과 거의 같은 시각에 저물기 시작해, 저녁이 되자마자 모두를 야외에서 집 안으로 불러들였다. 이 계절에 나는 과일과 꽃들로 만든 장식은 마치 지금이 첫 봄이 지나고 바로 이어지는 시기가 아닌가 하는 느낌이 들게 했다. 그 중간에 있었던 시간들은 망각 속에 묻혔다. 그때 뿌려졌던 씨들은 지금 꽃을 활짝 피웠으며, 그때 꽃을 피웠던 나무들은 지금 열매를 맺었기 때문이다.

소령은 그곳을 잠깐 떠났다가도 곧 돌아왔으며, 미틀러도 자주 모습을 보였다. 저녁 모임은 대개 규칙적으로 열렸다. 에두아르트는 평소대로 낭독을 했는데, 굳이 말하자면 예전보다 더 생동감 있고 감정을 풍부하게 넣어 가며 기교 있게 읽었고 더 명랑했다. 그렇게 기쁨에 찬 태도와 생동감 있는 감정을 실어 읽음으로써 그는 오틸리에의 얼어붙은 마음에 다시 생기를 불어넣고 침묵을 깨려는 것 같았다. 그는 예전처럼 그녀가 책을 들여다볼 수 있는 위치에 자리를 잡았다. 실제로 그는 그녀가 책을 들여다보며 자신이 낭독하는 부분을 눈으로 좇고 있다는 확신이 들지 않으면 그 생각에만 신경이 쓰여 안절부절못하곤 했다.

그동안에 있었던 불쾌하고 불편한 감정들은 모두 사라졌고, 이제는 아무도 남을 원망하지 않았다. 고통스러웠던 감정도 모두 사라졌다. 소령은 바이올린으로 샬로테의 피아노 반주에 맞춰 연주했고, 에두아르트의 플루트는 다시 옛날처럼 오틸리에의 피아노 반주와 완벽한 조화를 이루었다. 그러는 사이에 에두아르트의 생일이 다가왔다. 1년 전에는 그의 생일을 축하하지 못했지만 올해는 잔치를 요란하게 벌이지 않고 조용한 분위기 속에서 축하하기로 했다. 모두들 반쯤은 암묵적으로, 반쯤은 분명한 말로 이 계획에 합의했다. 그리고 그날이 다가올수록 오틸리에의 마음 안에 있는 화사함은 두드러지기 시작했다. 물론 전혀 낯선 모습은 아니었으나, 사람들은 최근에 유난히 그런 것을 느꼈다. 오틸리에는 가끔 온실에서 꽃들을 살피는 것 같았고, 그녀는 정원사에게 여름 꽃들은 어떤 종류건 자르지 말고 잘 보살피라고 지시했다. 특히 그녀는 올해 유난히 탐스럽게 피어난 과꽃 옆에서 떠날 줄을 몰랐다.

제18장

그런데 친구들이 말없이 주시한 것 가운데 가장 의미심장한 사실은 오틸리에가 처음으로 짐 가방을 열고 딱 한 벌의 옷을 만드는 데 필요한 물건들과 옷감을 골라내어 재단해 놓았다는 점이다. 나머지는 나니의 도움을 빌려 다시 짐 가방에 넣으려고 했지만 잘 들어가지 않았다. 일부를 꺼냈음에도 안은 여전히 꽉 차 있었다. 젊고 욕심 많은 나니는 가방 안을 아무리 들여다봐도 싫증나지 않았다. 특히 복식에 갖추는 자잘한 액세서리까지 있는 것을 보자 눈을 떼지 못했다. 거기에는 구두, 양말, 경구가 들어간 대님*¹, 장갑 등 다양한 소품도 있었다. 나니는 오틸리에에게 뭐라도 좋으니 그중 몇 가지만이라도 자기에게 선물해 달라고 졸랐다. 오틸리에는 거절했지만, 곧 장식장 서랍을 열고는 원하는 것을 골라 가지라고 말했다. 소녀는 와락 손을 뻗어 아무거나 움켜쥐고 뛰어나가서는 하인들에게 자기의 행운을 자랑하며 돌아다녔다.

마침내 오틸리에는 모든 물건을 꼼꼼히 포개서 가방에 넣는 데 성공했다. 다음으로 그녀는 가방 덮개 안쪽에 눈에 띄지 않게 숨겨져 있는 주머니를 열었다. 그녀는 여기에 에두아르트가 보낸 쪽지며 편지, 이전에 산책할 때 그가 꺾어다 주었던 꽃들을 말려 놓은 것, 그리고 연인의 고수머리 따위를 몰래 보관해 오고 있었다. 그리고 거기에 그녀는 돌아가신 아버지의 초상을 더 넣고는 가방을 잠그고 그 조그만 열쇠를 금목걸이에 매달아 다시 가슴에 걸었다.

그동안 친구들의 가슴에는 온갖 희망이 솟아나고 있었다. 샬로테는 그날*² 이 오면 오틸리에가 다시 입을 열 거라고 확신했다. 오틸리에의 모습에서 비밀스럽고 분주한 마음의 움직임과 유쾌하고 만족스러운 기색, 말하자면 사랑하는 사람들에게 주려고 기분 좋은 선물을 숨긴 사람의 미소를 읽었기 때

---

*1 괴테 시대에는 양말에 문학적 시구나 격언 등을 적어 주는 것이 유행이었다고 한다.
*2 에두아르트의 생일을 의미한다.

문이다. 오틸리에는 남들이 보지 않는 곳에서 몇 시간씩이나 피로에 지쳐 축 늘어져 있었지만 아무도 그 사실을 알지 못했다. 그녀는 모두의 앞에 나타날 때는 정신력으로 가까스로 버티고 있었던 것이다.

최근에 미틀러는 좀 더 자주 모습을 나타냈고, 평소보다 오래 머물렀다. 이 집요한 남자는 쇠뿔도 단김에 빼야 한다는 사실을 너무도 잘 알고 있었다. 그는 오틸리에의 침묵과 거절을 자기에게 유리한 쪽으로 해석했다. 아직까지 이 부부의 이혼 절차는 한 단계도 진행되지 않았었다. 그는 이 착한 처녀의 운명도 뭔가 다른 방법을 통해 밝은 방향으로 인도할 수 있으리라고 생각했다. 그는 귀를 기울이고 양보하며 조심스럽게 의사를 표명하면서 나름대로 현명하게 처신했다.

그러나 그는 대단히 가치 있는 이야기를 할 기회만 포착하면 자제력을 잃고 말았다. 혼자 지내는 일이 많은 그는 다른 사람과 함께 있을 때면 잔소리를 늘어놓으려고 했다. 우리도 이미 몇 번이나 보았듯이, 그는 친구들과 함께 있는 자리에서 일단 말을 시작하면, 듣는 사람은 전혀 배려하지 않고 자기 이야기만 계속하곤 했다. 남에게 상처를 주든 치유하든, 또 도움이 되든 해가 되든 그런 것들은 그의 안중에 없었다.

에두아르트의 생일 전날 밤, 샬로테와 소령은 외출을 나간 에두아르트를 기다리며 함께 앉아 있었고, 미틀러는 방에서 서성이고 있었다. 오틸리에는 자기 방에 틀어박혀서 내일 쓸 장식들을 하나씩 꺼내 놓고 나니에게 이것저것 지시하고 있었다. 나니는 오틸리에의 지시를 완벽하게 이해하고, 그녀의 말없는 지시에 척척 따랐다.

그때 미틀러는 자기가 좋아하는 화제를 꺼낸 참이었다. 그는 아이들을 교육하거나 국민을 교도할 때 무언가를 금지하는 법률, 금지명령 조치처럼 미련하고 야만적인 것은 없다고 주장했다. "인간은 본디 활동적이지." 그가 말했다. "제대로 명령만 하면 그 명령에 따라 일도 하고 성과를 올리는 법이야. 나는 내 주위의 잘못이나 결함을 보더라도 그에 대항할 만한 미덕을 찾을 때까지는 참고 못 본 척하는 편이 낫다고 생각하네. 잘못이 사라지더라도 그 빈자리를 메울 정의를 찾지 못한다면 곤란하니까. 인간은 뭔가를 하고 싶어 하는 게 본능이어서 길만 열어 두면 좋은 일이나 목적에 들어맞는 일을 하고 싶어 하지. 그들은 이것저것 재면서 망설이지는 않아. 심심하거나 따분할 때 아무 생각 없이 장난치는 것과 같은 이치지.

주일학교 교리문답 시간에 아이들에게 십계명을 암송하게 하는 것을 듣는 일이 종종 있는데, 그것만큼 짜증 나는 일은 없어. 그나마 네 번째 계명은 지혜롭고 적극적인 명령이라 나쁘지 않지. '네 부모를 공경하라.' 아이들이 이 계명을 정말로 마음에 새긴다면 종일 그것을 실행하려고 노력하게 될 거야. 문제는 다섯 번째 계명이지. 이건 도대체 뭔지 모르겠다니까. '살인하지 말라.' 마치 인간은 살인하고 싶은 충동이 조금이라도 있다는 투잖아! 누군가가 미워서, 부아가 치밀어서, 저도 모르게 발끈해서, 뭐 이런저런 이유로 사람을 죽일 수는 있어. 그렇지만 어린아이에게 살인하지 말라고 명령하다니, 이 무슨 야만적인 관습이냔 말이야. 이런 계명이라면 또 몰라. '다른 사람의 생명을 지키는 데 힘을 다하라. 그에게 해가 되는 것을 멀리하고, 너 자신의 위험을 무릅쓰고라도 그를 구해라. 남을 해쳤다면 곧 너 자신을 해친 것임을 명심해라.' 이것이야말로 교양 있고 현명한 민족에게 통용되는 계명이지. 우리나라 교리문답서 가운데에서는 루터의 《그것은 무엇인가》에 아주 조금 언급되어 있을 뿐이지만.

그다음 여섯 번째 계명*3은 정말 끔찍한 계명이야! 도대체 그게 뭐야! 어렴풋이 눈떠 가는 아이들의 호기심을 자극해서 위험한 미스터리를 연상하게 하고, 아이들의 상상력을 기괴한 쪽으로 몰아가잖아. 그런 것이야말로 아이들이 멀리해야 할 것을 억지로 끌어당기는 효과를 내고 말지. 그와 관련된 사건은 교회와 교구민 앞에서 떠벌리기보다 비밀 재판을 통해 자의적으로 처벌하는 편이 훨씬 나을 거야."

이 순간 오틸리에가 들어왔다. "'간음하지 말라'라니" 미틀러가 계속했다. "이 얼마나 상스러운 표현이야! 정말 천박해! 이렇게 말하면 전혀 다르게 들리지 않겠어? '혼인 서약 앞에서 경외심을 가져라. 서로 사랑하는 부부를 보면 그것을 기뻐하고, 맑게 갠 하늘에서 비추는 햇빛에 몸이 따뜻해지듯이 그 행복을 그들과 함께 누려라. 만약 그들 사이에 그늘이 드리운다면, 반드시 그것을 걷어 주도록 노력하라. 그들을 위로하고 그 마음을 누그러뜨릴지언정 그들에게 서로의 장점을 알리도록 노력하라. 모든 의무에서, 그중에서

---

*3 "간음하지 말라."

도 특히 남자와 여자를 영원히 맺어 주는 의무에서 얼마나 커다란 행복이 생겨나는지를 두 사람에게 가르쳐 주고, 두 사람의 행복이 더욱 깊어지도록 아름다운 헌신으로 노력하라.'"

샬로테는 가시방석에 앉은 기분이었다. 미틀러는 자기가 누구 앞에서 무슨 말을 지껄이는지 전혀 깨닫지 못했기에 사태는 더욱 위태로워 보였다. 그리고 그녀가 미틀러의 말을 끊기도 전에 얼굴색이 변한 오틸리에가 방을 나가는 것이 보였다.

"저희가 일곱 번째 계명을 듣는 것은 면제해 주셨으면 좋겠네요." 샬로테가 억지미소를 지으며 말했다. "나머지 계명도 다 면제해 줄 수 있지." 미틀러가 대꾸했다. "다른 계명의 기본이 되는 계명만 지킬 수 있다면 말이야."

끔찍한 비명을 지르며 나니가 뛰어 들어와서 울부짖었다. "죽어요! 아가씨가 죽어요! 와 보세요! 어서요!"

오틸리에가 휘청거리며 방으로 돌아갔을 때, 내일 쓸 장신구들이 의자 몇 개에 쫙 펼쳐져 있고, 나니는 그것들을 보고 감탄하면서 돌아다녔다. 이내 그녀는 환호성을 지르며 소리쳤다. "이것 좀 보세요, 아가씨. 이건 신부 의상이에요. 아가씨한테 정말 잘 어울리는데요!"

오틸리에는 이 말을 듣고 곧 소파 위에 쓰러졌고, 나니는 젊은 여주인이 창백해지며 몸이 굳어 가는 것을 보고 샬로테에게 뛰어온 것이었다. 사람들이 왔고, 평소 돌보아 주고 있는 주치의도 달려왔다. 그는 탈진이라고 진단하며 진한 고깃국물을 가져오게 했다. 오틸리에는 질색하면서 얼굴을 돌렸고 사람들이 그릇을 그녀의 입가로 가져가자 거의 경련을 일으킬 정도였다. 그 모습을 본 의사는 진지하면서도 빠른 어조로, 오틸리에가 오늘 먹은 것이 무엇인지 물었다. 나니는 말을 못하고 우물쭈물했다. 그가 다시 물었다. 소녀는 오틸리에가 아무것도 먹지 않았다고 고백했다.

나니가 필요 이상으로 겁을 내자 그는 나니를 옆방으로 끌고 갔다. 샬로테가 따라 들어갔다. 소녀는 납작 엎드려, 오틸리에가 오래전부터 거의 아무것도 먹지 않았다고 실토했다. 아가씨가 자기더러 대신 먹으라고 시켰으며, 그것을 비밀로 한 것도 아가씨가 반은 애원조로 반은 협박조로 명령했기 때문이라는 사실이었다. 소녀는 음식이 너무 맛있어서 그런 것이라고 천진난만하게 덧붙였다.

소령과 미틀러가 들어왔다. 샬로테는 의사를 도와 움직이고 있었다. 천사처럼 창백한 처녀는 소파 한쪽에 기대어 앉아 있었는데, 의식은 또렷해 보였다. 사람들은 그녀에게 누우라고 사정했지만 그녀는 그 제의를 거부했다. 다만 그 작은 짐 가방을 가져다 달라고 눈짓으로 부탁했다. 그 뒤 그녀는 발을 그 위에 올리고 반쯤 누워 자세를 편하게 했다. 마치 작별하려는 사람처럼 보였다. 그녀의 몸짓은 주위에 서 있는 사람들에 대한 따뜻한 애정과 사랑, 감사, 사죄, 그리고 진심에서 우러나는 석별의 정을 표현하고 있었다.

말에서 내려 이 상황을 전해들은 에두아르트가 방으로 뛰어 들어왔다. 그는 오틸리에 옆에 엎드려 그녀의 손을 꼭 잡고 무언의 눈물로 그 손을 적셨다. 그는 그 자세로 오랫동안 아무 말도 하지 않다가 마침내 소리쳤다. "네 목소리를 다시 들을 수는 없는 거니? 나를 위해 한 마디라도 좋으니 말해 주면 안 될까? 다시 삶으로 돌아오면 안 될까? 그래, 좋아. 내가 네 뒤를 따라 저세상으로 가겠어. 그곳에서 우리는 말이 아닌 언어로 이야기할 수 있겠지."

그녀는 그의 손을 힘주어 잡더니, 생명과 사랑이 담긴 눈길로 그를 물끄러미 바라보았다. 그러고는 깊은 숨을 들이마신 다음, 무슨 말을 하려고 천사처럼 아름다운 입술을 달싹였다. 이윽고 사랑스럽고도 부드러운 목소리로 온 힘을 다해 조그맣게 외쳤다. "살아 있겠다고 약속해 주세요!" 그러나 그 말을 마치자 곧 힘없이 쓰러졌다. "약속하지!" 그도 따라서 외쳤다. 그러나 그 외침은 그녀의 뒤를 덧없이 쫓아갈 뿐이었다. 오틸리에는 이미 이 세상을 떠난 것이었다.

눈물로 가득한 밤을 보낸 샬로테는 사랑스러운 시신의 장례를 걱정해야만 했다. 소령과 미틀러가 그녀를 도왔다. 에두아르트의 상태는 애처롭기 그지없었다. 그는 절망에서 벗어나 어느 정도 생각을 가다듬게 되자, 오틸리에를 이 성관에서 내보내면 안 된다고 강력하게 주장했다. 그는 오틸리에가 이곳에서 보살핌을 받고 살아 있는 사람처럼 다루어져야 한다고 말했다. 그녀는 죽은 것이 아니며, 그런 일은 있을 수 없다는 것이었다. 사람들은 그의 뜻을 따랐고, 적어도 그가 하지 말라는 것은 하지 않았다. 그는 그녀를 보게 해달라는 요구는 하지 않았다.

또 다른 놀라움과 근심이 친구들을 힘들게 했다. 나니는 심한 질책과 위협을 받고 사실을 실토하게 되었는데, 그 일 때문에 엄청난 비난을 듣게 되자

집에서 나가 버린 것이었다. 사람들은 오랜 수색 끝에 그녀를 찾아냈지만 이미 제정신이 아니었다. 그녀의 부모가 그녀를 데려갔지만 아무리 좋다는 처방도 효과가 없었다. 어쩔 수 없이 사람들은 그녀가 다시 도망치지 못하도록 가둬 놓아야만 했다.

한편 에두아르트를 깊은 절망에서 끌어내는 데는 성공했지만, 그것은 그를 더 불행하게 할 뿐이었다. 삶의 행복이 영영 사라졌다는 사실이 그에게는 분명하고 확실해졌기 때문이다. 사람들은 용기를 내어 그를 설득해 보았다. 오틸리에를 예배당에 안치해도 그녀는 살아 있는 사람들 속에 머무르는 것과 같으며, 그렇게 하면 아늑하고 고요한 이 거처를 잃지 않아도 된다고 말했지만, 그의 동의를 끌어내기란 쉽지 않았다. 마지막에 가서야 그는 그녀의 시신을 뚜껑을 닫지 않은 관에 안치하여 운구하고, 예배당에서도 유리 뚜껑만 덮을 것이며, 계속해서 촛불을 켜 둔다는 조건으로 어렵게 승낙했다. 그 뒤 그는 모든 것을 체념한 듯 보였다.

사람들은 오틸리에의 사랑스러운 몸에 그녀 스스로 준비한 옷을 입히고, 머리에는 과꽃으로 만든 화관을 씌웠다. 꽃들은 슬픔에 잠긴 별들처럼 심오한 운명의 기운을 가득 발하며 빛나고 있었다. 관과 교회와 예배당을 장식하느라 온실과 정원의 장식품이 총동원되었다. 정원에는 벌써 겨울이 와서 화단의 모든 즐거움을 뿌리째 뽑아 버린 것처럼 황폐한 모습이었다. 아침이 뿌옇게 밝아올 무렵, 오틸리에는 뚜껑을 덮지 않은 관에 넣어져 성관에서 밖으로 운반되었다. 떠오르는 태양이 마지막으로 천상의 존재처럼 그 아름다운 얼굴을 붉게 물들였다. 참석한 사람들이 관을 나르는 사람들 주위로 몰려들었다. 아무도 관보다 먼저 가거나 뒤에 따라오려 하지 않고, 관을 둘러싸고 서서 마지막으로 다시 한 번 그녀 곁에 있고 싶어 했다. 소년이건 어른이건 감정이 북받쳐 오르지 않는 사람이 없었다. 누구보다도 그녀를 잃은 것이 어떤 것인가를 절실히 느낀 소녀들에게는 그 어떤 것도 위로가 되지 않았다.

나니는 그 자리에 없었다. 사람들이 나니를 참석하지 못하게 한 것이었다. 그들은 나니에게 아예 장례식 날짜와 시간도 가르쳐 주지 않았다. 소녀는 부모 집에 있는 어떤 방에 감금되어 있었는데, 그 방은 창이 정원 쪽으로 나 있었다. 그녀는 교회 종소리를 듣는 순간, 지금 무슨 일이 벌어지고 있다는 것을 알아차렸다. 그녀를 감시하던 여자가 운구 행렬을 보고 싶어 그녀를 두고 나가자 소녀는 창문을 통해 복도로 빠져나갔고, 모든 문이 잠겨 있음을 알자 이번에는 다락방으로 올라갔다.

바로 그때 운구 행렬은 깨끗하게 치워지고 꽃잎으로 뒤덮인 길을 따라 마을을 천천히 지나가고 있었다. 나니는 창 아래로 자신의 여주인을, 운구 행렬을 따르는 그 누구보다도 더 분명하고 완전하며 더 아름답게 볼 수 있었다. 아름다운 여주인은 마치 이 지상을 떠나 구름이나 파도를 타고 가면서 자신의 하녀에게 손짓하는 것 같았다. 나니는 정신이 아득해져 비틀거리다가 아래로 떨어졌다.

사람들은 놀라 비명을 지르며 사방팔방으로 흩어졌다. 이리저리 밀치며 혼란스러운 가운데, 관을 나르던 사람들은 어쩔 수 없이 관을 내려놓아야만 했다. 소녀는 바로 관 옆에 쓰러져 있었다. 온몸이 다 부서진 것 같았다. 사람들은 소녀를 안아 올렸고 우연인지 특별한 섭리가 작용한 건지, 나니를 오틸리에의 시신 위에 기대게 했다. 소녀는 마지막 남은 삶의 기력을 발휘하여 사랑하는 여주인에게 기어가려는 듯이 보였다. 그런데 소녀의 덜덜거리는 팔다리가 오틸리에의 옷을 건드리고 그녀의 힘없는 손가락이 오틸리에의 깍지 낀 손에 닿자마자, 소녀는 벌떡 일어났다. 그리고 두 팔과 두 눈을 하늘로 향하더니 관 앞에 무릎을 꿇으며 주저앉아 경건하고 황홀한 표정으로 여주인을 올려다보았다.

얼마 지나지 않아 소녀가 뭔가에 홀린 사람처럼 벌떡 일어나더니 성스러운 기쁨에 찬 목소리로 이렇게 외쳤다. "아, 아가씨는 저를 용서해 주셨어요! 어떤 사람도 그런 짓을 한 나를 용서해 준 바 없고 저 자신조차 용서할 수 없었는데, 하느님께서 아가씨의 시선과 몸짓, 그리고 입을 통해서 저의 죄를 용서해 주신 거예요. 이제 아가씨는 다시 조용하고 온화하게 누워 계시네요. 하지만 여러분도 보셨지요! 아가씨가 일어서서, 깍지 꼈던 손을 풀고서 저를 축복해 주시고, 부드러운 눈길로 저를 바라보는 것을 말이에요! 그리고 다들 들었죠? 여러분은 아가씨가 저에게 '너의 죄가 사해졌다'고 말한 것에 대한 증인이에요. 이제 저는 여러분 가운데 섞여도 살인자가 아니에요. 아가씨와 하느님이 저를 용서해 주셨어요. 이제 아무도 저를 비난하지 못할 거예요."

군중이 모여들어 주위를 에워쌌다. 그들은 그녀의 말을 들으며 서로를 바라보았다. 모두 어찌 해야 할 바를 모르고 있었다. "아가씨를 데려가서 편히 쉬게 하세요!" 소녀가 외쳤다. "아가씨는 자신의 사명과 고민을 마쳤으니 이제 우리와는 함께 살 수 없어요." 관이 다시 움직이고, 바로 그 뒤를 나니가 따랐다. 그리고 사람들은 교회 예배당에 도착했다.

그렇게 해서 오틸리에의 관은 안치되었다. 머리맡에는 아기의 관이 놓이고, 발치에는 작은 짐 가방이 튼튼한 참나무로 상자에 넣어진 채 놓여 있었다. 그리고 시신은 유리 뚜껑 아래서 사랑스럽게 잠들어 있었다. 얼마간 시신을 지킬 여자 관리인도 정해졌다. 그러나 나니는 이 임무를 다른 사람에게 넘기려 하지 않았다. 소녀는 혼자 관 옆에 남아 지금 막 켜진 등불을 꺼지지 않도록 열심히 돌보겠노라고 약속했다. 소녀가 이것을 너무 열성적으로 집요하게 요구했으므로 사람들은 그러라고 하는 수밖에 없었다. 그것은 소녀의 정신 상태가 악화되는 것을 막기 위해서였다.

그러나 그녀가 혼자 머문 것도 그리 오랜 시간은 아니었다. 밤이 되어 흔들거리던 등불이 제 빛을 발하며 주위에 점차 밝은 빛을 퍼트리기 시작할 무렵, 문이 열리더니 건축가가 예배당으로 들어왔다. 경건하게 장식된 예배당 벽들은 부드러운 불빛을 받자, 그가 지금까지 마음에 그려 왔던 것보다 고풍스럽고 훨씬 숙명적인 분위기를 풍기며 그에게 다가왔다.

나니는 관의 한쪽 끝에 앉아 있었고, 소녀는 즉시 그를 알아보았다. 그러나 소녀는 아무 말도 하지 않고, 죽은 여주인을 가리켰다. 그는 관의 다른 쪽 끝에 섰다. 그는 청춘의 힘과 우아함을 보여 주면서도, 이제 다시 혼자 남았다는 느낌에 몸은 굳어 있었고, 생각에 잠겨 두 팔은 축 늘어뜨리고 있었다. 그리고 포갠 두 손을 괴로운 나머지 맞비비면서, 머리와 시선은 시신을 향해 서 있었다.

그는 예전에도 그런 자세로 벨리사리우스 앞에 섰던 적이 있었는데 무의식중에 그의 자세는 그때와 똑같았다. 이번에도 그 자세는 얼마나 자연스러웠던가! 이곳에서도 설명할 수 없을 정도로 고귀한 존재는 그 높은 자리에서 추락해 있었다. 벨리사리우스를 보면 용기, 지혜, 권력, 지위, 재산이 서글프게도 한 남자와 함께 다시는 회복될 수 없을 정도로 사라졌다는 사실과, 민족과 제후가 꼭 갖추고 있어야 할 갖가지 미덕이 정당하게 존중받지 못하고 오히려 버림받고 배척되었다는 사실에 비통함을 느끼게 된다. 그런데 오

친화력 281

틸리에 경우에는 그것과는 전혀 다른 조용한 미덕들, 즉 최근 들어 자연에 의해 풍요롭고 심오한 기원에서 갓 불려져 나온 미덕들이 다시 무심한 자연의 손에 재빨리 사라져 버린 것 같은 느낌이었다. 우리의 궁핍한 세계는 그러한 아름다움, 즉 실로 드물며 사랑스러운 수많은 미덕의 평화스러운 작용을 언제나 기쁨으로 받아들이고, 동경과 슬픔에 가슴이 찢어지는 심정으로 그것들이 다시 사라지는 것을 지켜본다.

청년은 침묵했고, 소녀도 한동안 말이 없었다. 그때 소녀는 그의 눈에서 눈물이 하염없이 솟구치는 것을 보았다. 그리고 괴로운 나머지 당장에라도 소리 높여 울부짖을 것만 같은 모습을 보고 진지하고 힘차며 선의와 확신에 넘치는 어투로 그에게 말했다. 그는 봇물 터지듯 흘러나오는 소녀의 말에 놀라 정신을 차리게 되었다. 그의 눈앞에는 아름다운 오틸리에가 보다 높은 세계에서 계속 살아가는 모습이 선명하게 떠올랐다. 그의 눈물은 마르고, 고통은 누그러들었다. 그는 무릎을 꿇고 오틸리에에게 작별을 고한 다음, 진심 어린 악수로 나니와도 작별했다. 그리고 날이 새기 전에 말을 타고 그곳을 떠났다. 그 뒤로 그를 본 사람은 아무도 없었다.

의사는 나니 모르게 밤새 교회에 남아 있었다. 다음 날 아침 소녀를 방문해 보니 그녀는 명랑하고 안정되어 보였다. 사실 그는 여러 착란 증세를 보게 되리라 각오하고 있었다. 소녀가 간밤에 오틸리에와 대화를 했다든가 그 비슷한 환영을 봤다고 말할 줄 알았던 것이다. 그러나 그녀는 정신이 온전했고 침착했다. 그리고 그녀는 이전 사건들과 모든 정황을 아주 정확하게 기억했다. 대화를 해 봐도 사실과 현실에서 벗어나는 말은 단 한 가지도 빼놓지 않았다. 여기서 말한 단 한 가지란 장례식 때의 사건이었다. 소녀는 오틸리에가 자리에서 일어나 자기를 축복하고 용서해 주었으며, 그로써 자기는 영원한 안정을 되찾았다는 이야기를 즐겁게 반복했다.

여전히 아름답고, 죽었다기보다는 잠든 것처럼 보이는 오틸리에의 시신은 많은 사람을 불러들였다. 이 지역은 물론 인근 주민들까지 그녀를 보고 싶어 했고, 어떤 사람들은 그 믿을 수 없는 이야기를 나니의 입으로 듣고 싶어 했으며 많은 사람은 결국 그것을 의심하기 위해서 그런 행동을 했다. 몇몇의 사람만이 그 이야기를 믿으려고 귀를 기울였다.

현실적으로 실현되기 어려운 모든 욕구는 우리를 신앙으로 향하게 한다.

많은 사람이 보는 앞에서 팔다리가 으스러졌던 나니가 경건한 육체와 접합으로써 다시 건강해졌다는데, 다른 사람에게도 그와 비슷한 행운이 나타나지 않을 이유가 어디에 있단 말인가? 먼저 자상한 어머니들이 질병에 걸린 자녀들을 남몰래 데리고 왔다. 그리고 그들은 그 병이 갑자기 호전되는 징후를 보았다고 믿었다. 시간이 갈수록 믿음은 더욱 커졌다. 마침내 나이 들고 병약한 사람들은 활력과 치유를 찾아 이곳을 찾게 되었다. 날이 갈수록 방문자 수가 불어났다. 그리하여 예배당은 문을 닫았고, 심지어 예배 시간 이외에는 교회도 문을 닫아야 하는 지경에 이르렀다.

에두아르트는 죽은 오틸리에를 다시 보려고 하지 않았다. 그저 멍하니 하루를 보낼 뿐, 이제는 눈물도 마르고 고통을 느낄 기력조차 없는 듯했다. 대화에 끼는 일도, 음식을 먹는 일도 날이 갈수록 줄어들었다. 다만 진짜 예언은 해 주지 않았던 그 술잔에 두어 종류의 술을 따라 홀짝이며 은밀한 위로를 받는 듯했다. 그는 여전히 그 잔에 두 사람 이름의 이니셜이 뒤얽힌 모습으로 새겨진 부분을 즐겁게 바라봤다. 그럴 때의 진지하고 밝은 눈빛은 그가 아직도 오틸리에와의 결합을 희망하고 있음을 말해 주는 것처럼 보였다. 행복한 사람에게는 어떤 주위 상황도 호의적이고 어떤 우연조차 자신을 높여 주는 것처럼 보인다. 하지만 불행한 사람에게는 아무리 사소한 우발적 사건도 그를 모욕하고 파괴하기 위한 것일지도 모른다. 어느 날 에두아르트는 그 좋아하는 잔을 입에 가져가다가 깜짝 놀라며 입에서 뗐다. 그것은 평소와 같은 잔이되 평소와 같은 잔이 아니었다. 낯익은 그 자그마한 표시가 거기에는 없었다. 집사를 불러다 다그치자 진짜 잔이 얼마 전에 깨져서 에두아르트가 어린 시절부터 가지고 있었던 똑같은 잔을 대신 가져다 놓았다고 고백했다. 에두아르트는 화낼 수가 없었다. 이 집사의 행동은 그의 운명을 예고한 것이었기 때문이다. 어떻게 신의 계시를 보고 화를 낼 수 있겠는가! 아무튼 이 사건은 그의 마음을 심하게 압박했다. 이때부터 그는 술을 마시는 것조차 거부감을 느꼈고, 이내 작심하고 음식과 대화를 삼가는 것 같았다.

그러나 때때로 어떤 불안감이 그를 엄습했다. 그는 다시 뭔가 먹을 것을 요구하고, 다시 말하기 시작했다. "아!" 한번은 그가 소령에게 말했다. 이제 소령은 그의 곁을 거의 떠나지 않았다. "나는 정말 불행한 인간이지 뭔가! 내 모든 노력이 결국은 하나의 모방이거나 잘못된 노력에 지나지 않다니 말이야. 그녀에게는 더할 나위 없던 행복이 내게는 고통에 지나지 않아. 하지만 그녀의 행복을 생각해서라도 나는 이 고통을 떠안아야 해. 나는 그녀를 따라갈 거야. 이 길을 따라갈 거란 말이야. 하지만 내 본성 때문에 그렇게 되지가 않는군. 그 약속도 내 발목을 붙들어. 흉내낼 수 없는 것을 흉내내야 한다는 것은 정말 끔찍한 일이야. 이보게 소령, 어떤 일이건 재능이 있어야 한다는 걸 난 뼈저리게 느끼고 있네. 순교마저도 말이야."

이처럼 절망적인 상태에서 에두아르트의 식구들이 아내로서, 친구로서, 의사로서 최선을 다한 노력을 여기에 설명할 필요는 없다. 마침내 어느 날 그는 죽은 채로 발견되었다. 가장 먼저 이 슬픈 사실을 발견한 사람은 미틀러였다. 그는 의사를 부름과 동시에, 죽은 사람이 발견된 정황을 평소대로 침착하고 꼼꼼히 관찰했다. 샬로테가 뛰어 들어왔다. 그녀는 자살이 아닐까 하는 의심을 했고, 자기를 비롯한 다른 사람들이 용서하기 어려운 부주의를 범했기 때문이라고 자책하려 했다. 하지만 의사는 사실에 근거하여, 그리고 미틀러는 도덕상의 이유에서, 그것은 자살이 아니라고 그녀를 이해시켰다. 에두아르트가 예기치 못한 죽음을 맞은 것은 의심할 여지가 없었다. 그는 어느 조용한 시간에 지금까지 조심스럽게 숨겨 왔던 오틸리에가 남기고 간 유품을 상자와 서류함에서 꺼내어 펼쳐 보았다. 한 줌의 고수머리, 행복했던 시절에 꺾었던 꽃들, 그녀가 준 편지들…… 거기에는 예전에 샬로테가 불길한 예감에 가슴을 두근거리며 그에게 건넸던 첫 번째 편지도 섞여 있었다. 그는 이 모든 것이 우연히 발견되도록 놔두었을 리는 없다고 생각했다. 이리하여 얼마 전까지만 해도 한없는 격동과 혼란에 불안해하던 그의 가슴도 이제는 아무런 방해가 없는 평안함 속에 잠들었다. 그리고 그는 저 성스러운 여인을 생각하면서 잠든 것인 만큼 더없는 행복을 누렸다 말해도 좋을 것이다. 샬로테는 그의 자리를 오틸리에 옆으로 정하고, 더 이상 그 누구도 예배당 둥근 천장 아래에 묻히는 일이 없도록 했다. 그녀는 이런 조건으로 교회와 학교, 목사와 교사에게 상당한 액수의 기부금을 냈다.

이리하여 서로 사랑했던 두 사람은 나란히 잠들어 있다. 그들의 휴식처 위로 평화가 감돌고, 그들을 닮은 해맑은 표정의 천사들이 둥근 천장에서 두 사람을 내려다본다. 이윽고 두 사람이 다시 함께 눈뜨는 날이 온다면 그것은 얼마나 정겨운 순간이 될 것인가.

Hermann Und Dorothea

헤르만과 도로테아

칼리오페*
Kalliope

운명과 동정

"시장이나 한길이 이렇게 쓸쓸한 것을 나는 지금까지 본 일이 없다! 마치 거리가 온통 빗물에 쓸려 나간 것 같구나! 모두들 죽어 버린 것 같다! 마을 사람들 가운데에서 오십 명도 채 남아 있지 않으니 호기심이란 참 대단한 것이로군! 어쨌든 모두들 가엾은 피난민 행렬을 보러 달려 나간 판이다. 피난민들이 지나가는 길까지는 적어도 한 시간은 달려가야 하는데, 그럼에도 이 뜨거운 대낮에 먼지를 뒤집어쓰고 달려들 간다! 아무리 그래도 나는 죄 없는 피난민들의 비참한 꼴을 보러 일부러 나갈 생각은 없다. 가엾게도 거의 아무것도 챙기지 못한 채 라인 강 저쪽의 기름진 땅을 뒤로하고 우리나라로 도망쳐 와 꼬불꼬불한 이 골짜기 한적한 구석을 정처 없이 가는 사람들이 아닌가. 그건 그렇고 여보, 당신이 선선히 저 가엾은 사람들을 도우려고 낡은 옷과 먹을 것, 마실 것을 자식한테 들려 보낸 건 정말 잘했소. 남을 돕는다는 건 가진 사람의 의무니까. 참, 그 녀석 달려가는 것 좀 보오. 그리고 말 부리는 저 솜씨도! 새로 꾸민 마차가 훌륭해 보이는군. 네 사람은 충분히 타겠고, 게다가 마부석도 있겠다. 지금은 그 녀석 혼자 타고 가니까 모퉁이를 도는 데도 가벼워 보이는데!"

이렇게 금사자(金獅子) 집 주인은 시장통에 있는 자기 집 문 앞에 앉아 기분 좋게 아내에게 말을 걸었다.

그러자 영리하고 분별 있는 아내가 대답했다.

"여보, 아무리 낡은 옷이라도 저는 선뜻 내놓고 싶지 않아요. 아무 때고 소용에 닿을 것이고, 어쩌다 필요하면 돈 주고도 못 사니까요. 하지만 오늘

---

* 서사시의 여신. 그리스 신화에서 아홉 뮤즈(Muse) 자매 가운데 우두머리 여신. 《헤르만과 도로테아》에서 아홉 뮤즈 모두가 상징적으로 각 권의 이름으로 등장한다.

은 꽤 좋은 윗옷이며 속옷까지 선뜻 내놓았어요. 어린애며 늙은이가 거의 벌거벗은 몸으로 걸어오고 있다는 소문을 들었거든요. 하지만 여보, 용서해 줘요. 당신 옷장까지 온통 뒤집어 놓았는데, 게다가 고급 플란넬로 안을 받친 인도 꽃무늬가 있는 최고급 캘리코 천으로 만든 실내복도 줘 버렸다오. 다 낡고 바랜데다가 이제 구식이 돼서요."

그러나 마음씨 좋은 주인은 빙그레 웃으며 말했다.

"그것 참, 그놈은, 그 낡은 캘리코 옷은 좀 아까운데. 동인도 본토 직물이었으니까. 그런 건 두 번 다시 만져 보기 어려울 거야. 하지만 괜찮소, 이제는 입지 않을 거니까. 요즈음의 유행으론 남자는 긴 외투를 입고 다니고, 1년 내내 장화를 신지 않으면 안 되니, 덧신이나 침실 모자 따위는 이미 없어진 지 오래거든."

"저것 좀 보세요." 아내가 말했다.

"행렬 구경갔던 사람들이 이제 돌아오고 있네요. 아마 행렬이 다 지나간 모양이지요. 어머, 저 먼지투성이 구두들! 얼굴은 빨갛게 달아 가지고! 모두 손수건으로 연신 땀을 닦으며 오는군요. 저 역시 이런 더위에 그런 비참한 상황을 보러 멀리까지 달려가 고생할 생각은 없어요. 정말이지 듣는 것만으로도 충분해요."

그러자 선량한 남편은 힘 있게 말했다.

"이처럼 풍년인 데다 이런 좋은 날씨는 흔하지 않지. 마른풀도 벌써 베어 들였겠다, 이대로라면 보리도 여문 것으로 거둬들일 수 있을 테고. 하늘은 구름 한 점 없이 맑고, 동쪽에선 시원한 산들바람이 불어오고 있어. 좋은 날씨는 계속될 거야! 보리도 벌써 한껏 여물었겠다, 내일부터 베기 시작해 볼까."

이렇게 얘기하고 있는 동안에 시장을 가로질러 집으로 돌아가는 주민들의 모습이 점점 늘어났다. 이 지방에서는 제일가는 상인이라고 불리는 이웃집 부자도 딸들을 데리고, 란다우식 마차 휘장을 젖힌 채, 시장 맞은쪽 새로 지은 집으로 말을 몰아 돌아왔다. 좁은 길이 점점 활기를 띠었다. 왜냐하면 그 마을은 작은 데다 주민은 많고 공장도 가지가지이고 사람들은 여러 직업에 종사하고 있었기 때문이다.

이처럼 부부는 사이좋게 문간에 걸터앉아, 길거리 행인을 바라보며, 이러쿵저러쿵 잡담을 나누고 있었다. 이윽고 무던하고 착한 아내가 입을 열었다.

"저것 보세요! 저기 목사님이 오시네요. 또 옆집 약방 주인도! 저분들한테 거기서 본 광경을, 보기에도 애틋한 형편을 모조리 한 번 이야기해 달라고 합시다."

다정스럽게 두 사람은 다가와 부부에게 인사를 하고, 신발의 먼지를 털고 손수건으로 부채질하며 문 앞 나무 벤치에 걸터앉았다. 그리고 서로 인사를 나누자, 먼저 약방 주인이 조금 불쾌한 듯이 이렇게 말했다.

"과연 인간이란 어쩔 수 없는 것이오! 너나 할 것 없이 마찬가집니다. 이웃이 재난당하면 입을 벌리고 좋아하게 마련이니까요. 무서운 불이라도 나서 불길이 치솟으면 그것을 보겠다고 서로 다투어 달려 나가고, 사형당할 가엾은 죄수라도 있으면 모두들 달려가고. 오늘은 죄 없는 피난민들의 불행한 꼴을 구경하자고, 일부러 먼 길을 달려가더란 말입니다. 자신들도 어쩌면 내 일이라도, 그렇잖으면 좀 더 뒷날에 그러한 운명에 부딪히게 될 수도 있다는 생각을 하는 사람은 한 사람도 없었소. 그런 경박한 생각은 그대로 묵인할 수 없는 일이지만 그것도 인간의 본성이니 할 수 없는 노릇이오."

그러자 인품 있고 사려 깊은 목사가 말했다. 마을의 자랑인 그는 한창 젊은 남자로서, 인생이라는 것을 알고 또한 청중이 무엇을 요구하는가도 알고 있으며, 인간의 운명과 마음속을 밝혀 주는 성서의 고마움을 진심으로 믿고 있다. 그뿐 아니라 세속적인 좋은 책에도 밝았다. 목사는 이렇게 말했다.

"자비로운 어머니인 자연한테서 받은 본능이라면 그것이 어떤 본능이든 해롭지 않는 한, 저는 나무라고 싶지 않습니다. 왜냐하면 사려나 분별로 잘 되지 않는 일이, 본능이란 미묘한 천성에 이끌려 훌륭하게 되는 일이 흔히 있기 때문입니다. 만일 호기심이 강한 매력으로 인간을 유혹하지 않았다면, 이 세상의 모든 사물이 서로 얼마나 아름다운 관계에 놓여 있는지를 인간이 알 수 있겠습니까? 인간은 먼저 새로운 것을 찾고, 다음에는 꾸준히 유용한 것을 구하고, 그 결과로 마침내는 인간을 숭고하고 존귀하게 하는 선(善)을 갈망하게 되는 것입니다. 경박함이란 젊은 날의 유쾌한 길동무로서, 그것은 위험을 감추어 주고, 지독한 재난을 당하더라도 스쳐 지나가기만 하면 금세 그 상처를 흔적도 없이 고쳐 주는 것입니다. 물론 이런 쾌활한 성격을 지닌 사람이, 성장해서 어려운 환경이나 순조로운 환경에 상관 없이 열심히 활동하며 노력하는 그런 침착한 분별을 지니게 된다면 그것이야말로 찬양할 만한 것이지요. 즉 그는 선(善)을 불러들여 악(惡)을 제거하기 때문입니다."

얘기가 끝나기를 초조하게 기다리던 아내가 애교 있는 목소리로 입을 열었다.

"보고 오신 일들을 좀 들려주세요. 그것이 몹시 알고 싶어요."

약방 주인은 힘 있게 이 말에 대답했다.

"그걸 보고 나서는 쉽사리 명랑해지기란 어려운 일입니다. 그 여러 가지 참상을 태연히 말할 사람은 아마 없을 겁니다. 목장을 내려서자, 벌써 멀리 먼지가 피어오르는 것이 보였습니다. 행렬은 어느새 언덕을 넘고 넘어 아득히 알아볼 수도 없이 멀어졌습니다. 그래도 골짜기를 가로지르는 길까지 가자 그 일대는 걸어가는 사람들과 마차들의 밀고 밀리는 혼잡이 더욱 심해졌습니다. 그 사람들에겐 안된 일이지만 우리는 그 가엾은 사람들이 지나가는 걸 실컷 바라보았죠. 괴로운 피난의 쓰라림이며 간신히나마 재빨리 목숨을 건진 기쁨 따위를 사방에서 발견할 수 있었습니다.

보기에도 비참한 것은, 갖가지 가재도구를, 그것도 모두 제대로 사는 집의 물건들로, 알뜰한 주인이라면 이것도 저것도 다 필요하고 유용한 것이니까 여기저기 적당한 장소에 배치해 언제든지 쓸 수 있게 해 났을 텐데, 그걸 모두 한데 모아 마차며 짐차에 되는 대로 싣고 허둥지둥 피난해 왔다는 사실입니다. 옷장 위에 체나 이불이 얹혀 있는가 하면 통 속에 깃털 이불이 쑤셔박혀 있기도 했습니다. 거울엔 또 홑이불이 널려 있기도 하고. 아 참! 20년 전에 큰불이 났을 때 우리가 본 것과 꼭 마찬가집니다. 인간이란 막상 위험에 부딪히면 완전히 분별을 잃기 마련이죠. 그래서 귀중한 건 놔두고 하찮은 것만 건져내기 일쑤입니다.

이번에도 역시 당황하고 얼이 빠져, 헌 널빤지며 낡은 통, 오리집이나 새장, 그런 쓸 데 없는 물건까지 싣고 와서, 말이랑 소를 애먹이고 있더군요. 여자아이들까지도 쓸데없는 걸 잔뜩 넣은 통이며 바구니를 짊어지고 보따리를 질질 끌며 숨을 헐떡이며 가는 판국이었습니다. 인간이란 자기 것이라면 나뭇조각 하나 버리고 싶어 하지 않지요. 이런 형편으로 먼지투성이 길을 행렬이 뒤얽혀 가니까, 뒤죽박죽이 되어 질서고 뭐고 없었습니다. 헐떡이는 말과 소를 끌고 천천히 가려는 사람이 있는가 하면, 아등바등 빨리 가려는 사람도 있었습니다. 그래서 틈새에 끼어든 부녀자들은 비명을 지르고, 소나 말은 울부짖고, 개는 연신 짖어 대고 병자와 노인은 산처럼 쌓아 놓은 마차 꼭대기의 잠자리에 앉아 흔들릴 때마다 고통스러워하고 있었습니다.

그런가 하면 또 마차가 행렬에서 밀려나가 둑길의 가장자리로 기울어져 진창 속에 거꾸로 처박혀, 타고 있던 사람들은 무서운 비명을 지르며 밭고랑 사이로 나가떨어졌습니다. 그래도 다행히 무사했지요. 그 뒤에 상자가 굴러 내려 마차 바로 옆에 떨어져 부서졌습니다. 사실 사람이 떨어지는 걸 봤을 때는 무거운 상자나 옷장에 깔려 모두 납작하게 되는 줄 알았습니다. 이렇게 해서 마차는 엉망이 되고 사람들은 모두 어쩔 줄 몰라 하는 형편이었지요. 다른 사람들은 오직 자기 일만을 생각하고 행렬의 물결에 밀려 묵묵히 그 옆을 스쳐 지나갔습니다. 우리가 달려가 보니까, 집에 누워 있어도 오래 견뎌 내지 못할 것 같은 병자와 노인들이 온몸에 부상을 입고 땅에 쓰러져, 쨍쨍 내리쬐는 햇빛을 받고 뿌옇게 피어오르는 먼지에 숨도 제대로 못 쉰 채 울부짖고 신음하고 있었습니다."

이 말을 듣고 인정 많은 주인이 감동해서 말했다.

"아무쪼록 헤르만이 그 사람들을 만나 먹을 거며 옷을 전해 줬으면 좋았을 텐데! 그래도 저는 사람들을 보는 건 싫었습니다. 그런 광경을 보면 너무나 가슴이 아프니까요. 몹시 고생하고 있다는 소문을 처음 들었을 때부터 전 벌써 불쌍해서 견딜 수가 없더군요. 그래서 몇 사람이라도 도울 생각으로 곧 남은 물건들을 들려 보내고 겨우 지금 안심하고 있는 참이지요. 하지만 그 무참한 수라장을 되풀이하는 건 이제 그만둡시다. 인간의 마음이란 자칫하면 걱정과 불안에 사로잡히기 쉽습니다. 제겐 그게 실제 불행보다 더 싫어지는군요. 자, 더 시원한 안방으로 들어갑시다. 거기엔 볕도 안 들고 벽이 두꺼워 무더운 바람도 안 들어오니까요. 83년도산(1783년산 포도주. 이해엔 포도가 특히 풍작이었다) 한 병을 내올 테니 그것으로 기분이나 풀어 봅시다. 아무래도 여기서야 어디 기분 좋게 마실 수 있겠습니까. 파리 떼들이 술잔을 둘러싸고 윙윙댈 테니까요."

세 사람은 함께 안으로 들어가 서늘한 곳에서 땀을 들였다.

아내가 조심스럽게 유리병에 든 맑은 고급 포도주를 번쩍번쩍 빛나는 놋쟁반에 얹고 라인산(產) 포도주엔 없어서는 안 될 커다란 초록색 술잔도 함께 가지고 왔다. 그래서 세 사람은 튼튼한 다리가 달린, 양초로 광을 낸 둥근 밤색 테이블에 둘러앉았다. 주인과 목사는 곧 잔을 부딪쳐 상쾌한 소리를 냈으나, 약방 주인만은 생각에 잠긴 채 그대로 술잔을 들고만 있었다. 그것을 보고 주인이 다정한 목소리로 마시기를 권했다.

"자, 기운을 내십시오. 다 함께 건배를 합시다. 지금까지 하느님은 우리를 불행으로부터 자비롭게 보호해 주시고, 앞으로도 똑같이 지켜 주실 것입니다. 그야 물론 그 무서운 대화재 때에는 무척 지독한 벌을 받긴 했습니다만, 그 뒤로는 하느님은 언제나 우리를 축복해 주시고, 마치 인간이 눈동자를 몸의 어느 부분보다 소중히 여기듯 그렇게 보호해 주시는 것을 볼 때, 앞으로도 계속 가호와 은총을 내려 주시지 않을 리가 있겠습니까. 하느님의 힘이 얼마나 위대한가는 재난을 당해서야 비로소 깨닫게 됩니다. 근면한 사람들의 손으로 잿더미로부터 이만큼이나 부흥 번창시켜 주시고, 또 축복을 내려 주신 이 도시를, 이제 또다시 파괴하시고 지금까지의 모든 노력을 물거품으로 돌리실 리가 있겠습니까?"

이 말을 듣고 마음씨 좋은 목사는 쾌활한 목소리로 나직이 말했다.

"끝까지 신앙을 지키고 그 마음을 잃지 않도록 하십시오. 그것만이 순조로운 환경에 처했을 때엔 사려와 자신을 얻게 하고, 어려운 환경에서 따뜻한 위로와 밝은 희망을 잃지 않게 하는 것입니다."

그러자 남자답고도 총명한 생각을 지닌 주인이 대답했다.

"저는 볼일이 있어 여행하고 돌아오는 길에 라인 강변에 이를 때마다 그 도도한 흐름에 감탄을 금할 수 없었습니다. 언제 보아도 당당하여 제 마음과 기분을 북돋아 주었습니다. 그러나 어느새 저 훌륭한 강변이 프랑스군을 방어하는 방패가 되고, 그 널따란 강바닥이 적군을 노리는 참호가 되리라고는 생각도 못한 일입니다. 자, 보세요. 이처럼 자연이 지켜 주고, 용감한 독일군이 지켜 주고, 그리고 하느님도 우리를 지켜 주시는데 겁을 낸다는 것은 어리석은 일이 아닐까요? 이미 적도 이쪽도 다 지쳐 버려 화해할 기운이 돌고 있습니다. 언젠가는 기다리고 기다리던 평화의 축제가 벌어져서 마을 교회에서는 파이프오르간이 울리고 감사의 찬송과 더불어 나팔소리가 울려 퍼질 때면 그날이야말로 목사님, 우리 헤르만도 예쁜 신부와 함께 제단에 선 당신 앞에 설 수 있었으면 좋겠군요. 그리고 전국에서 벌어질 축제의 날이 앞으로도 오래도록 집안의 즐거운 기념일이 될 수 있으면 좋겠습니다. 그러나 우리 아들 녀석이, 집에서는 열심히 일하지만 밖에 나가면 아주 수줍어하는군요. 특히 사람들 속에 끼길 싫어하고 젊은 사람이라면 누구나 좋아하는 즐거운 춤조차 꺼리는 형편입니다."

주인은 이렇게 말하고 귀를 기울였다. 말발굽 소리가 멀리로부터 가까워지더니, 이윽고 마차 바퀴 소리가 들렸다. 마침내 위세 좋게 덜커덕거리며 마차가 문 앞에 멎었다.

테르프시코레*
Terpsichore

헤르만

이윽고 체격이 좋은 아들이 들어오자, 목사는 날카로운 눈초리로 그를 맞아 쉽게 얼굴색을 읽어 내는 약삭빠른 눈으로 그 모습과 거동을 살펴보았다. 그러고는 빙그레 웃으며 쾌활한 목소리로 입을 열었다.

"마치 딴사람이 된 것 같군. 자네가 이렇게 기운차고 생기 있는 눈을 한 걸 난 아직 본 일이 없네. 정말 기쁜 모양이군, 한껏 들떠 있는 걸 보니. 아마 가엾은 사람들에게 물건을 나누어 주고 그네들의 축복을 받고 온 모양이지."

아들은 진지한 어조로 조용히 대답했다.

"칭찬 받을 만한 일을 하고 왔는지 어쨌는지 알 수 없지만, 어쨌든 제 마음이 명하는 대로 했을 뿐입니다. 그 전말을 이제부터 자세히 말씀드리죠. 어머니가 낡은 옷가지를 가리는 데 너무 오래 걸렸기 때문에 꽤 늦어서야 겨우 짐을 꾸릴 수 있었습니다. 포도주와 맥주는 천천히 조심스럽게 쌌습니다. 그리고 문을 나서서 거리로 나갔을 땐 마을 사람들이 부녀자들과 더불어 떼지어 돌아오고 있습니다. 피난민 행렬은 벌써 멀리 가 버리고 말았더군요. 저는 말을 몰아, 오늘 밤 피난민들이 묵을 예정인 마을을 향해 달려갔습니다. 도중에 신작로로 내려가려니까 마차가 한 대 눈에 띄었습니다. 튼튼한 재목으로 만든 마차로 외국종의 크고 훌륭한 황소 두 마리가 끌고 있었습니다. 그 옆에는 한 처녀가 씩씩한 걸음으로 걸어가며 긴 막대로 그 억센 짐승을 부리고 있었는데, 상당히 익숙한 솜씨였습니다. 저를 보자 그 처녀는 태연히 말 옆으로 다가와 이렇게 말하는 것이었어요. '우리는 오늘 당신네들이

---

* 무도의 여신. 아홉 뮤즈 가운데 하나. 헤르만의 가슴에 싹튼 춤추는 듯한 사랑의 환희를 상징한 것으로 생각된다.

길가에서 본 것처럼 이렇게 비참하진 않았습니다. 알지도 못하는 사람에게 구걸하고, 가난뱅이를 쫓아 보내려고 마지못해 베푸는 자선을 받아 가질 만큼 아직 익숙하진 못하지만, 이젠 도저히 어쩔 수 없으니 간청해야 하겠군요. 저 볏짚 위에 누워 계신 분은 이름 있는 집안의 아주머니이신데, 지금 막 아기를 낳으셨습니다. 무거운 몸을 수레에 태워 간신히 목숨은 건졌습니다만 우리가 조금만 늦었더라면 목숨을 건지긴 어려웠을 거예요. 아기는 발가벗은 채 아주머니 팔에 안겨 있어요. 오늘 묵을 예정인 다음 마을에서 사람들을 만난대도, 어차피 아무도 가진 게 없으니까 별로 도움이 될 것 같지 않아요. 어쩌면 또 모두들 아주 멀리 가 버렸을지도 모르겠습니다. 혹시나 당신이 이 근처에서, 무엇이든지 좋아요, 쓰다 남은 헝겊 조각이라도 좀 얻을 수 있다면, 이 불쌍한 분을 위해 도움을 주세요.'

이렇게 처녀가 말하자, 창백한 얼굴을 한 산모가 짚단 위에서 힘없이 몸을 일으켜 저를 바라보았습니다. 그래서 전 이렇게 대답했습니다. '사실 착한 사람들이라면 하늘의 성령을 쌓아, 가엾은 동포의 몸에 위험이 다가온 것을 예감하는 법입니다. 제 어머니도 여러분이 곤란에 처해 있다는 것을 미리 아신 듯, 입을 것도 없이 고생하는 사람들에게 나누어 주라고 옷보따리를 이렇게 제게 들려 보내셨습니다.' 저는 매듭을 풀어 처녀에게 아버지의 실내복과 속옷과 헝겊 쪼가리를 내주었습니다. 처녀는 기뻐서 감사하며 외쳤습니다. '행복한 사람은 아직도 기적이 일어난다는 것을 믿지 않습니다. 저희는 불행을 당해서야 비로소 좋은 사람들을 좋은 사람에게 인도해 주는 사람의 섭리를 깨닫게 되었어요. 하느님은 당신을 통해 저희들에게 은혜를 베푸셨습니다만, 당신에게도 그렇게 해 주시기를 진심으로 기도드리겠습니다.'

보고 있으려니까 산모는 기쁜 듯 여러 가지 옷이며, 특히 실내복의 부드러운 플란넬을 만져 보고 있었습니다. 처녀는 산모를 향해 '마을을 향해 빨리 가십시다. 모두들 벌써 도착해 쉬고 있을지도 몰라요. 오늘 밤은 그곳에서 묵기로 되어 있으니까. 거기 가면 아기 것을 무어든지 만들어 드리겠어요' 말하고 저한테도 인사를 하면서 진심으로 감사하다고 거듭 말한 다음 소를 몰았습니다. 마차는 떠났습니다만 저는 여전히 말을 세운 채 꼼짝하지 않고 그대로 서 있었습니다. 말을 몰아 마을까지 가서, 먹을 걸 다른 사람에게 나누어 줄 것인가, 아니면 지금 곧 여기서 저 처녀의 손에 전부 넘겨 적당히 나누어 주라고 할 것인가, 결심이 서지 않았기 때문이었습니다. 그러나 저는 곧 마음을 정하고 곧장 처녀의 뒤를 쫓아가 큰 소리로 불렀습니다. '여보세요, 제 어머니는 헐벗은 사람에게 입히라고 옷을 주셨고, 또 먹을 것과 여러 가지 마실 것도 주셨습니다. 이 마차의 상자 속에 가득 들어 있는데 전 이것들을 당신에게 맡기고 싶습니다. 그래야 제 임무를 아주 틀림없이 수행하는 게 될 테니까요. 당신이라면 적절히 잘 나누어 주시겠지만, 저라면 닥치는 대로 줄 수밖에 없을 거예요.' 그러자 처녀가 이 말에 대답했습니다. '틀림없이 성의껏 당신의 선물을 어려운 사람들에게 골고루 나누어 주겠습니다.' 저는 곧 마차에서 상자를 열고 묵직한 햄덩어리와 빵, 포도주와 맥주병을 꺼내서 전부 처녀에게 주었습니다. 좀 더 주고 싶었지만 상자는 이미 비었더군요. 처녀는 그것들을 산모의 발아래 전부 쌓아 싣고 앞을 향해 떠났습니다. 그리고 나서 전 말을 몰아 돌아온 것입니다."

이렇게 헤르만이 얘기를 끝내자, 말 많은 약방 주인이 큰 소리로 떠벌렸습니다.

"이렇게 피난 가고 법석을 떠는 때, 처자식이 주렁주렁 매달리지도 않고 제집에서 홀로 지낼 수 있는 사람은 정말 행복합니다. 이제 저는 새삼스럽게 제가 행복하다는 걸 느낍니다. 아버지라고 불리며 처자식의 시중을 들어야 하는 건 정말 질색이거든요. 이따금 저는 달아날 생각으로, 가장 소중한 것, 예를 들면 옛날 돈이라든지 돌아가신 어머니의 목걸이라든지, 그런 것은 아직 하나도 팔지 않고 가지고 있습니다만, 그것들을 모두 꾸려 놓았던 적도 있습니다. 물론 그래도 아직 쉽사리 손에 넣을 수 없는 것들도 많이 남겨 놓는 수가 있을 겁니다. 뭐 대단한 건 아니지만 약초나 나무뿌리 따위도 정성 들여 모아 놓은 것이니까 잃고 싶지는 않습니다. 하지만 점원이 남아 있어 주기만 한다면 안심하고 집을 나설 수 있습니다. 현금과 몸만 구한다면 모든 것을 구한 거나 다름이 없으니까요. 도망치는 데는 혼자 사는 사람이 제일 편한 겁니다."

"약방 아저씨" 젊은 헤르만이 힘 있는 어조로 대꾸했다.

"저는 아저씨와는 근본적으로 생각이 다릅니다. 그 의견에는 반대예요. 행복할 때나 불행할 때나 오직 제 생각만 하고, 괴로움과 즐거움을 함께 나눌 줄을 모르고 그런 마음도 안 일으키는 사람이 훌륭한 사람일까요? 오히려 전 어느 때보다도 오늘만큼 결혼해야겠다는 생각이 절실한 적은 없었습니다. 착한 처녀에게는 보호해 줄 수 있는 남편이 필요하고, 또한 남자에겐 불행이 닥쳤을 때 용기를 줄 수 있는 아내가 필요한 법입니다."

이 말을 듣고 아버지는 빙그레 웃으며 말했다.

"네가 그런 소릴 하는 걸 들으니 참 기쁘다. 그처럼 분별 있는 소릴 한 적이 별로 없는데."

그러자 다정한 어머니가 이내 한 마디 덧붙였다.

"애야, 네 생각이 정말 옳구나! 네 아버지와 내가 좋은 본보기란다. 우리는 즐거운 때 만난 것이 아니라 가장 슬플 때 함께 맺어졌으니까. 그건 월요일 아침이었단다. 지금도 분명히 기억하고 있지만, 그 전날 그 무서운 큰불이 일어나 마을이 온통 잿더미가 돼 버렸지. 벌써 20년 전 일이구나. 그날도 오늘같이 일요일이었단다. 가뭄이 며칠이고 계속되어 물이 귀할 때였지. 모두들 나들이옷을 입고 외출하여 마을로, 찻집으로, 물방앗간으로 흩어져 있었어. 그런데 갑자기 마을 끝에서 불이 일어나, 불길은 곧장 바람을 타고 삽시간에 거리를 휩쓸어 버렸단다. 곡식을 가득 거둬들인 창고가 여러 개 타 없어지고 거리는 시장까지 모두 타 버리고 이 근처에 있던 우리 친정집이며, 이 집도 모두 잿더미가 되었단다. 건져 낸 것도 별로 없었단다. 슬픔에 잠긴 나는 그날 밤 내내 교외 풀밭에서 상자며 침구를 지키고 앉아 있었는데, 그 사이에 깜빡 잠이 들어 버려 이튿날 새벽 찬 기운에 눈을 떴을 땐, 눈에 보이는 건 오직 자욱한 연기와 불길과 앙상하게 남은 벽과 굴뚝들뿐이더구나. 가슴이 찢어지는 것 같았지만, 그래도 태양은 여전히 떠올라 내 마음속에 용기를 불어넣어 주었단다. 나는 급히 일어나서 집이 있던 곳으로 가 보았지. 무엇보다도 귀여운 닭이 살아 있나 하고.

그때만 해도 참 철부지였지. 아직도 연기가 나는 집과 안마당의 불탄 자리를 밟으며, 부서져 버린 집을 보고 있노라니까, 여보, 저쪽에서 당신이 나타나, 불타 버린 곳을 살피고 계시잖겠어요? 당신의 말 한 필이 외양간에 파묻혔는데 타다 남은 대들보와 잿더미에 덮여서 그림자조차 찾아볼 수 없었지요. 그래 우리는, 양쪽 집을 가로막았던 울타리가 타 무너졌기 때문에, 서로 마주 선 채 비탄에 잠겨 서 있었지요. 그때 당신이 제 손을 잡으며 '리스헨, 어떻게 여길 왔소? 저리 가요. 발바닥에 화상 입겠소. 재가 어찌나 뜨거운지 두꺼운 내 구두가 다 탈 지경이오.' 이렇게 말하고 당신은 저를 번쩍 안아 올려 당신의 집터를 가로질러 저쪽으로 데리고 갔지요. 거기엔 지금 그 대로의 아치 문이 모양도 안 변하고 서 있었어요. 타다 남은 거라곤 오직 그 것 한 가지뿐이었죠. 당신은 저를 내려놓더니 갑자기 키스를 했지요. 전 피 하려고 했지만 당신이 다정하고 의미 있는 목소리로 이렇게 말했어요. '자, 봐요. 집들은 이렇게 형체도 없이 타 버렸소. 여기 남아서 내가 집 짓는 걸 도와줘요. 그 대신 나도 당신 아버지가 집 짓는 걸 도와드릴 테니.' 그래도 제가 당신 말뜻을 깨닫지 못하고 있었는데, 당신 어머니를 우리 아버지한테 보내, 곧 즐거운 혼인 언약이 맺어졌지요.

애야, 지금도 그때 타다 남은 서까래며 대들보가 그리운 마음으로 다시 생 각나고, 그 찬란한 태양이 눈앞에 선하단다. 바로 그날 남편을 맞이했고 온 통 뒤죽박죽이 된 초막에서 젊은 내게는 아들이 생겼으니까. 그러니 헤르만, 네가 이런 비참한 시절에 깨끗한 신뢰감에서 한 처녀를 생각하고, 전쟁으로 나라는 황폐했을지라도 아내를 맞이하겠다는 것은 참 훌륭한 생각이야."

그러자 곧이어 아버지가 말했다.

"그건 정말 멋진 생각이다. 그리고 여보, 당신이 한 말도 모두 옳은 말이 오. 하나에서 열까지 다 이치가 닿는 말이야. 하지만 더 나은 게 더 좋은 법 이지. 누구나 처음부터 시작해야 된다는 법도 없고, 어느 누구나 우리가 겪 은 고생을 치러야 한다는 법도 없을 테고. 부모로부터 훌륭한 집을 물려받 아, 그것을 점점 번창시켜 나가는 사람이란 참 복 많은 사람이오. 뭐든지 시 작은 어려운 법이지만, 그중에서도 특히 어려운 것은 살림을 처음 시작하는 일이지. 게다가 사람에겐 여러 가지 물건이 필요한데, 물가는 날로 올라가기 만 하니, 돈을 넉넉히 벌어 놓을 생각을 하지 않으면 안 되오. 그러니 헤르 만, 너도 가까운 장래에 지참금을 많이 가진 처녀를 맞아들이기 바란다. 어 엿한 남자라면 유복한 처녀를 얻을 자격이 있으니까. 자기가 원한 처녀와 함 께 광주리며 궤짝에 하나 가득 담은 살림살이가 실려 들어올 땐 결코 기분 나쁘지 않겠지. 어머니가 그 딸을 위해 훌륭한 옷감으로 옷을 잔뜩 마련하고 대부(代父)가 은그릇을 선사하고 아버지가 진기한 금화를 서랍 속에 따로 간직해 두는 것도 다 생각이 있어서 그러는 거란다. 수많은 처녀들 중에서 자기 딸을 고른 사위를 그러한 물건이며 선물로 기쁘게 해 주고 싶기 때문이지. 신부도 마찬가지인 것이, 부엌이나 어느 방에나 자기 물건이 눈에 띄고, 침대나 식탁이 다 친정에서 가져온 거라면 얼마나 기분 좋은지 모를 일이지. 난 우리 집 며느리도 많이 마련해 가지고 들어왔으면 하는 거다. 가난한 집 딸은 결국엔 남편에게 멸시받게 되고 보따리 하나 들고 들어온 하녀 취급밖에 대접 못 받게 된단다. 믿을 수 없는 게 남자 마음이라 사랑도 잠시뿐이란다.

정말이지, 헤르만, 네가 머지않아 저 초록빛 집에서 아내를 맞아들인다면, 우리 늙은이들이 얼마나 기쁘겠느냐. 그 집 주인은 정말이지 큰 부자다! 장사와 공장으로 재산이 날로 늘어 가는 판이다. 그래 돈 안 모이는 장사가 어딨냐? 그 집엔 딸 셋밖에 없는데 셋에서 재산을 나누게 된단 말이다. 큰딸은 이미 혼처가 정해졌고, 둘째와 셋째는 아직 정해져 있진 않으나, 곧 정할 테니 데려오지 못할 것도 없다. 내가 만일 너라면 여태까지 우물쭈물하고 있지는 않았을 게다. 네 어머니를 데려올 때처럼 그들 가운데 하나를 데려다 놓았을 게야."

이렇게 몰아세우는 아버지에게 아들이 공손히 대답했다.

"사실은 저도 아버지와 똑같이, 옆집 딸들 중 누구 하나를 맞아들일 생각이었습니다. 우리는 같이 학교에 다녔고 어렸을 때는 시장 우물가에서 같이 놀았고, 남자애들이 난폭하게 굴 때는 제가 곧잘 감싸 주었습니다. 하지만 그것도 아득한 옛날 일이고, 처녀들은 점점 자라, 처녀답게 집에만 틀어박혀 옛날처럼 난폭한 장난은 하지 않습니다. 확실히 품행이 단정한 아가씨들이에요! 그래서 저도 예부터의 친분으로 또 아버지가 원하기도 해서 가끔 놀러가 보기는 했습니다만, 아무래도 저는 그 사람들과는 기분 좋게 사귈 수가 없었습니다. 그 사람들은 저를 보면 내내 트집만 잡아요. 제 옷이 너무 길다는 둥, 옷감이 너무 나쁘다는 둥, 빛깔이 너무 유치하다는 둥, 머리 깎은 모양이며 지진 머리 모양이 이상하다는 둥 그런 말만 듣게 됩니다. 그래서 나중에는 저도 거의 일요일마다 그 집에 나타나는 점원들처럼 치장할까 하고도 생각했습니다. 그 녀석들은 여름이면 비단 반외투를 팔에 척 늘어뜨리고 오는 녀석들이니까요. 그래서 저는 모두가 언제나 저를 놀리고 있다는 것을 눈치채자 화가 나고 자존심이 상했습니다.

하지만 그보다 제가 더욱 원망스러웠던 것은, 그 사람들이, 특히 막내딸

미나가 제 마음을 몰라주는 것이었습니다. 앞서 부활절날 놀러 갔을 때도, 지금은 이층 옷장 속에 처박혀 있는 새로 맞춘 웃옷을 입고, 다른 사람들처럼 머리를 곱슬곱슬 지지고 갔습니다. 제가 방 안으로 들어가자, 모두들 킥킥 웃어 댔지만 저는 저 때문에 웃는다고는 생각하지 않았습니다. 그러자 미나가 피아노를 치기 시작했습니다. 그녀 아버지도 그 자리에 있어 딸들의 노래를 들으며 황홀하게 취해 있었습니다. 노래 가사에는 제가 모르는 것이 많이 있었는데, 파미나와 타미노(모차르트의 오페라 〈마술피리〉에 나오는 두 주인공. 이 오페라는 바이마르에서 초연되어 화젯거리가 되었다)라는 이름이 자주 들렸습니다. 그래서 저는 가만히 듣고만 있을 수 없었습니다. 노래가 끝나자, 곧 노래 제목과 두 인물에 대해 물었습니다. 그랬더니 모두들 소리 죽여 킥킥 웃기 시작했는데, 그녀의 아버지가 '뭔가, 자네는 아담과 이브밖에 모르나?' 하고 말하자, 모두들 참았던 웃음을 터뜨렸습니다. 딸들도 젊은 남자들도 소리 내어 웃고, 아버지도 배를 움켜쥐고 웃었습니다. 저는 당황해서 그만 모자까지 떨어뜨렸습니다. 노래와 연주가 계속되는 동안에도 웃음소리는 끊이지 않았습니다. 저는 화도 나고 부끄럽기도 해서 곧장 집으로 도망쳐 나와 웃옷을 장롱 속에 처넣고, 머리를 쥐어뜯으며 다시는 그 집 문지방을 넘지 않으리라 맹세했습니다. 지금도 제 생각이 틀렸다고는 생각지 않습니다. 그 사람들은 허영심이 강하고 매정한 사람들이에요. 누구한테 들으니까 그 집에서는 아직도 저를 타미노라고 부른다는군요."

어머니가 대답했다.

"헤르만, 그렇게 언제까지나 어린애를 상대로 성질을 내서야 되겠니. 그 애들은 모두 아직 어린애가 아니냐. 미나는 좋은 처녀다. 게다가 언제나 너를 좋게만 애기한단다. 요전에도 네 안부를 묻더라. 그 애를 데려오도록 해라."

아들은 주저하며 이 말에 대답했다.

"어쩐 일인지 그때 받은 모욕이 마음에 깊이 새겨져, 두 번 다시 그 아이가 피아노 치는 것도 보고 싶지 않고, 그 아이가 노래하는 것도 듣고 싶지 않습니다."

이 말에 아버지는 화가 머리끝까지 치밀어 그만 소리를 꽥 질렀다.

"꽤나 속을 썩이는 녀석이군! 말 시중이랑 농사일만 하기에 내가 맨날 뭐라고 이르든. 부잣집 머슴들이 할 일을 너는 하고 있어. 그래서는 사람들 앞에 나가서도 아버지인 내가 낯을 세울 만한 자식이 되기 어렵다. 생각하면, 전에 학교에 다닐 때부터 읽고 쓰기며 외기가 남 같지 못하고, 맨날 꼴찌만 한 것을, 네 어머니는 실없는 기대를 갖고 나를 속여 왔단 말이다. 이렇게 된 것도 다 당연한 일이지! 근본을 따지고 보면 젊은 녀석 마음에 명예심이 사라지고, 도전하려는 마음이 없어졌기 때문이야. 만일 내가 너라면, 내가 네 뒤를 보아 준 것처럼 우리 아버지가 내 뒤를 보아 주어 학교에도 보내고 선생도 붙여 주었더라면 내가 지금 이렇게 금사자집 주인 노릇이나 하고 있지는 않았을 게다."

아들은 이 말을 흘려듣고 일어나, 아무 말 없이 천천히 방문 쪽으로 다가갔다. 아버지는 무섭게 화가 나 뒤에 대고 고함쳤다.

"나가고 싶거든 나가! 고집 센 녀석 같으니라고! 가는 건 좋은데, 이제부터는 나한테 무슨 말을 듣지 않게 모든 일을 처리해라. 그리고 만일 시시한 농사꾼 딸을 색시로 데려오려거든 내 집안에 들일 생각은 아예 하지도 말아! 오랜 처세로 나는 사람 다루는 법을 안다. 나리나 귀부인이 만족한 기분으로 떠나게끔 접대하는 법도 알고 있다. 손님 비위를 맞춰 유쾌하게 해 주는 방법도 안다. 하지만 이제 나도 며느리에게 그런 대접을 받고 쌓인 고생을 위로받고 싶은 게다! 피아노 소리를 들어도 좋지. 옆집처럼 일요일마다 거리의 일류 인사들이 모여 유쾌하게 놀면 오죽 좋으냐."

그동안에 아들은 방문 손잡이를 살짝 돌려 그대로 방에서 빠져나왔다.

탈리아*
Thalia

도시 사람

이리하여 온순한 아들은 격렬한 말을 피했으나, 아버지는 처음과 변함없는 어조로 말을 계속했다.

"타고나지 않은 것을 하라는 건 무리죠. 저도 아들이 저를 닮지 않고 좀 더 훌륭한 사람이 되기를 진심으로 원해 왔는데, 아무래도 그 소망이 이루어져 기뻐할 날이 쉬이 올 것 같지 않군요. 한 집안이나 마을이나 그 속의 한 사람 한 사람이 스스로 나서서 유지하려 하고, 부흥하려 하고, 그리고 그때그때에 따라 외국 구경을 하고, 그에 따라 고치려고 하지 않으면 아무 소용이 없는 것입니다. 대체 인간이라는 것이 마치 버섯처럼 땅에서 돋아나 그대로 그 자리에서 썩어, 살아 움직인 흔적 하나도 남기지 않는다면 좋은 일이 뭐가 있겠습니까! 집을 보면 곧 그 집 주인 성격을 알 수 있고, 도시에 가면 관리들이 어떤가 짐작할 수 있습니다. 탑이나 벽이 무너져 있다든가, 먼지나 쓰레기가 도랑에 쌓이거나 길에 온통 흩어져 있든가, 돌담의 돌이 빠져 나와 있어도 고쳐 놓지 않는다든가, 건물의 도리(^{서까래를 받치는}_{구실을 한다})가 썩었는데도 그대로 내버려 둔다든가 그런 건 다 제대로 다스려지지 않고 있다는 증거입니다. 도시 사람들이란 위에서부터 질서니 청결이니 하고, 귀가 아프게 계속 말하지 않으면 금세 게을러빠진 더러운 습관에 젖기 마련이니까요. 그건 마치 거지가 더러운 옷에 익숙해지는 거나 마찬가집니다. 그래서 나는 근래 헤르만을 여행 보내 적어도 슈트라스부르크나 프랑크푸르트, 그리고 거리가 밝고 정연한 기분 좋은 만하임을 보고 오게 하려고 생각 중이었습니다. 크고 깨끗한 거리를 보고 오면, 자기가 태어난 곳이 아무리 작은 도시라 할지라도

---

* 희극의 여신. 아홉 뮤즈 가운데 하나. 도시인들의 생활을 유머러스하게 그렸기 때문인 듯하다.

앞으로는 깨끗하게 할 생각이 들게 마련이니까요. 이 거리도 덕분에 요즘은 다른 곳에서 오는 사람들이, 수리한 성문이며 하얀 칠을 한 탑이며, 훌륭하게 개축된 교회를 칭찬하지 않습니까. 누구나가 포장된 도로며 또 수량도 풍부하고 잘 분배되는 지하수도에 감탄하지 않습니까. 무엇보다 편리하고 안전하여, 불이 나면 불길이 오르기가 무섭게 끌 수 있지 않습니까. 이것도 다 그 무서운 대화재 뒤에 생긴 것입니다. 저는 여섯 번이나 마을의 토목위원이 되어, 뜻있는 마을 사람들로부터 칭찬받고, 진심에서 우러나는 감사의 인사를 받았습니다. 저는 제가 내세운 계획은 끈기 있게 실행했고, 또 착실한 사람들이 못다 끝낸 계획도 모조리 해치웠습니다. 그 때문에 다른 의원들도 나중에는 모두 따라나서게 되어, 이제는 아무도 몸을 아끼지 않게 되고 마을과 국도를 잇는 공사도 궤도에 오르게 되었습니다. 그래도 젊은 사람들이 이렇게 해 주지 않으면 그건 정말 두통거리입니다. 젊은 녀석들은 오락이나 사치에만 열을 내고, 그렇지 않으면 집구석에 틀어박혀 난로 옆에서 생각에 잠겨 있습니다. 우리 헤르만도 언제까지 그러지나 않을까 그게 큰 걱정입니다."

다정하고 분별 있는 어머니는 곧 대답했다.

"여보, 당신은 언제나 자식을 잘못 다루고 있어요. 그래서야 잘되려고 해도 스스로 망치는 결과밖에 더 되겠어요? 부모 마음대로 자식을 만든다는 건 도저히 가망 없는 얘기예요. 하느님이 주신 그대로 받아서 자식을 귀여워하고 될 수 있는 한 보살펴 주고, 그 뒤에는 그들 자유에 맡겨야 하는 거예요. 아이들에겐 제각기 다른 재능이 있거든요. 아이들에게 필요한 건 어느 아이고 자기 재능으로써 자기 방법대로 해 나가 마침내 잘되기도 하고 행복해지기도 하는 거예요. 전 당신이 헤르만 흉을 보는 걸 듣고 싶지 않아요. 제가 보기에 그 아이는 이 집 재산을 물려받기에 부끄럽지 않고, 한 집안의 가장으로 조금도 손색이 없다고 생각해요. 도시 사람들에게나 시골 사람들에게나 본보기가 되고, 의회에 나가도 어느 누구에게도 뒤떨어지지 않을 거예요. 그런 걸 당신은 날마다 오늘처럼 나무라고 트집을 잡아서는 모처럼 기운이 난 아이를 망쳐 버리고 말지 않겠어요?"

이렇게 말하고, 어머니는 곧장 방에서 나가 아들 뒤를 따랐다. 어디서든지 아들을 찾으면 다정한 말로 위로하여 다시 기운을 내게 하리라, 훌륭한 자식이니 그렇게 하는 게 당연하다고 생각했기 때문이다.

어머니가 나가 버리자, 아버지는 곧 빙그레 웃으며 말했다.

"여자들이나 아이들이란 참 묘한 존재입니다! 기분 내키는 대로 멋대로 해 놓고는, 언제나 칭찬해 주고 어루만져 주기를 바라니. '앞으로 나갈 수 없는 자는 물러서라'는 옛말이 있는데, 정말 만고에 없는 금언입니다. 과연 옳아요."

그러자 약방 주인이 신중하게 대답했다.

"옳은 말씀입니다. 저도 돈이 들지 않고 새로워지는 거라면 쉬지 않고 개량하려고 하겠습니다. 하지만 아무리 악착스럽게 안팎을 개량하려고 해도 돈이 듬뿍 없어서는 사실 손 하나 까딱할 수 없습니다. 도시의 집들이 좋은 줄은 알면서도 의외로 비싸서 손을 못 댑니다. 주머니는 빈 데다가 필요한 건 너무 많으니까 언제든지 뜻대로 되지 않아요. 그야 저도 여러 가지 하고 싶은 일이 많기는 하죠. 하지만 오늘날, 더구나 이 어지러운 세상에, 모양이나 바꿔 보자고 비용을 들일 수가 있어야죠! 저희 가게만 해도 벌써 오래전부터 요새 유행되는 장식이라도 걸고, 창이란 창엔 모두 커다란 유리로 번쩍이게 하고는 싶었습니다. 하지만 저 상인 흉내를 도대체 누가 낼 수 있겠습니까. 무엇보다 재력이 있는 데다, 가장 효과적인 수단을 알고 있으니까요.

저기 저 새집 좀 보십시오! 초록 바탕에 흰 덩굴무늬 칠을 해서 보기에도 화려하지 않습니까. 유리창도 큼직한 게 햇빛에 번쩍번쩍 빛나기 때문에 시장의 다른 상점들은 모두 초라해 보입니다. 그래도 대화재가 일어난 바로 직후에는, 우리 천사 약국과 이 금사자집이 거리에서 제일 훌륭한 집이었죠. 우리 집 정원은 이 지방의 명물로, 지나가는 사람은 누구나 멈추어 서서 붉은 울타리 너머로, 걸인 석상이며 색칠한 난쟁이를 정신없이 바라보곤 했습니다. 그뿐만 아니라 지금은 다 부서져 먼지투성이가 됐지만, 그 멋진 인공 동굴 안에서 커피라도 대접하는 날이면, 사람들은 아름답게 아로새긴 자개의 황홀한 색채에 도취되어, 그 방면에는 전문가라는 사람조차 연광(鉛鑛)이나 산호로 보는 형편이었습니다. 그리고 객실의 그림도 언제나 똑같이 감탄의 대상이었습니다. 말쑥하게 차린 신사 숙녀들이 정원을 산책하며 가느다란 손가락으로 꽃을 주고받는 그림이었는데, 지금이야 누가 그것들을 보려고나 합니까. 화가 치밀어 이제 더 나다닐 생각조차 없습니다. 모든 것이 그들의 취미에 맞는 것으로 바꾸고, 판자고 나무의자고 간에 몽땅 흰색 칠을 하려고 하니까요. 모든 것이 단순하고 부드러워진 겁니다. 조각품이나 도금은 경원시되고, 외국산 마호가니가 제일 진귀한 것이 됐습니다. 그야 물론 저도 새로 개조한다는 게 나쁠 리가 없죠. 유행 따라 가구를 때때로 바꿀 수 있다면 더 바랄 나위가 없겠죠. 하지만 조금만 손대려 해도 걱정이 앞서는군요. 요새는 일꾼 품삯도 좀처럼 치르기가 어려운 형편이니까요. 요전에도 우리 집 간판에 미카엘 천사와 그 발치에 도사리고 있는 용에 금박을 다시 칠해 볼 생각을 했습니다만 그대로 녹슨 채 놔두기로 했습니다. 품삯이 엄청나게 비싸서요."

에우테르페*
Euterpe

어머니와 아들

이렇게 남자들은 이야기를 주고받고 있었다. 그동안 어머니는 아들을 찾으러 집 앞으로 나가 보았다. 거기에 있는 돌의자는 아들이 늘 앉는 곳이었다. 그러나 거기에 없었기 때문에 혹시 그 훌륭한 말, 망아지 때 그 애가 사와 아무한테도 맡기지 않고 손수 키운 그 수말 시중이라도 들고 있는 것이 아닌가 생각하고 마구간으로 갔다. 그러자 머슴이 "도련님은 뒤꼍으로 가셨습니다" 말했다. 그래서 어머니는 이어져 있는 긴 두 정원을 빠른 걸음으로 가로질러, 마구간과 잘 지어진 창고 뒤로 해서 읍내 성벽까지 이은 뒤뜰을 향해 발걸음을 옮겼다. 그리고 그곳을 지나가며 쑥쑥 자라나는 농작물 하나하나에 기뻐하기도 하고, 주렁주렁 열매 달린 사과나무 가지며 열매가 담뿍 열린 배나무 가지를 받치고 있는 기둥을 고쳐 주기도 하고, 터질 듯 부풀은 양배추에서 재빨리 벌레를 두세 마리 잡아내기도 했다. 부지런한 안주인이란 언제나 이렇게 한 발자국도 헛되게 내디디지 않는 법이다.

이렇게 해서 어머니는 긴 뒤뜰을 지나, 인동덩굴 덮인 정자까지 갔다. 아들 모습은 뒤뜰을 다 지나올 때까지 보이지 않았듯이 그곳에서도 찾을 수 없었다. 그런데 그 옛날 이 근처에, 이름난 읍장이었던 이 집의 조상이, 특별한 배려를 해 정자에서 읍내 성벽을 뚫어 만든, 작은 문이 반쯤 열려 있는 것이 눈에 띄었다. 그래서 어머니는 물이 마른 도랑을 쉽게 넘어서자 곧장 밖으로 나갔다. 거기에는 바로 길가에서부터 빈틈없이 울타리를 두른 포도밭이 비스듬히 남쪽으로 기울어져 있고, 꽤 험한 비탈길이 그 사이로 나 있었다. 어머니는 다시 그 길을 따라 올라가기 시작했다. 올라가면서도 나뭇잎에 다 가리

---

* 서정시의 여신. 아홉 뮤즈 가운데 하나. 어머니와 아들의 대화가 서정시적 발상의 중심이 되는 사랑에 넘쳐 있기 때문인 듯하다.

지 못할 정도로 탐스럽게 열린 포도송이를 보고 만족해했다. 자연석이 층계대처럼 된 높다란 중턱의 나무밑 길은 그늘에 가려 어두컴컴하고, 샤슬라 종이며 뮈스카텔 종, 또 그것과 나란히 특히 눈에 띄는 알이 굵은 자줏빛 포도가 늘어져 있었다. 어느 것이나 다 상점 손님들의 식탁을 장식하기 위해 특별히 정성들여 가꾼 것들이었다. 이와 반대로 그 나머지 밭에는 한결같이 조그만 포도가 맺혀 있는 포도나무들로 덮여 있었다. 그 열매로는 고급 포도주를 만드는 것이다. 이렇게 어머니는 산을 오르며, 벌써부터 가을 추수며 축제일을 마음에 그리고 즐거워했다. 그날이 되면 이 근처 사람들은 모두 기쁨에 들떠 수확한 포도를 발로 밟아 그 즙을 통에 모은다. 밤이 되면 여기저기서 불꽃을 펑펑 터뜨리며 즐겁게 추수를 축하하는 것이다.

그런데 어머니는 두세 번 아들 이름을 불러도 읍내 탑에서 울리는 이상하게 귀 따가운 종소리의 메아리만이 들려올 뿐이므로 불안해져 걸음을 재촉했다. 아들을 찾아다니기는 처음이었다. 먼 길을 떠날 때는 헤르만은 언제나 어머니의 승낙을 받아, 사랑하는 어머니가 초조해하지 않도록, 혹시 사고가 났나 걱정하지 않도록 마음을 쓰고 나갔던 것이다. 그래도 어머니는 여전히, 걸어가는 동안에 아들을 찾을 수 있을 것이라는 희망을 버리지 않았다. 왜냐하면 포도밭에 있는 문은 위나 아래나 똑같이 열려 있었기 때문이다.

이윽고 언덕 위 넓디넓은 밭으로 들어갔다. 거기도 역시 집안 소유지로, 어머니는 잘된 농작물에 만족하고, 보기 좋게 고개를 숙인 보리의 황금물결이 밭 전체에 굽이치는 것을 만족한 듯 바라보며, 걸을 수 있게 된 밭둑길로, 밭과 밭 사이를 누비며 걸어갔다. 향해 가는 곳은 배나무였다. 언덕 위에 서 있는 커다란 배나무, 이것이 자기네 밭 경계의 표지였다. 누가 심었는지 아무도 몰랐으나, 이 근처에서는 어디서나 보였고 그 열매 또한 유명했다. 그 나무 아래서는 낮이면 추수하던 사람들이 점심을 들었고, 양치기들은 양을 지켰다. 그곳에는 천연석과 잔디가 앉을 자리를 이루고 있었다. 어머니의 짐작은 틀리지 않았다. 헤르만은 거기서 앉아 쉬고 있었다. 한 팔을 괴고 멀리 연이은 산봉우리 굽이치는 곳을 멍하니 바라보고 있었다. 어머니에게 등을 돌린 채 앉아 있었다. 어머니는 살며시 다가가 그의 어깨에 가만히 손을 얹었다. 아들은 깜짝 놀라 뒤를 돌아다보았다. 돌아다보는 그 눈에는 눈물이 고여 있었다.

"어머니" 아들은 깜짝 놀라 말했다. "정말 놀랐어요" 하고, 이 생각 깊은 젊은이는 눈물을 닦았다. "어떻게 된 거냐? 너 울고 있는 게 아니냐, 헤르만?" 어머니는 깜짝 놀라 물었다.

"너답지 않구나! 이런 일은 지금까지 한 번도 없었잖니! 말해 봐라, 왜 그렇게 속이 상했니? 왜 이 배나무 밑에서 혼자 앉아 있느냐 말이야? 왜 눈물을 흘리고 있어?"

이렇게 질문을 받자, 용감한 젊은이는 마음을 가다듬고 말했다.

"정말이지, 지금 도망쳐 가는 그 사람들의 괴로움에 무관심할 수 있는 사람은 피도 눈물도 없는 냉혈한입니다. 이런 난세에 존중해야 할 것은 자기 한 몸의 행복인가, 아니면 나라의 운명인가, 고민하지 않고 견딜 수 있는 사람은 머리가 텅 빈 사람입니다. 저는 오늘 보고 들은 일에서 엄청난 충격을 받았습니다. 그래서 방에서 뛰쳐나와, 열매 풍요한 언덕들이 둘러 있는 넓고 아름다운 풍경을 내려다보고 있었던 것입니다. 누렇게 익어 거둬들일 날만을 기다리고 있는 보리 이삭이며 몇 개의 창고를 가득 채울 만큼 잘 영근 과일들을 바라보고 있었습니다.

하지만 적은 바로 옆에까지 다가와 있습니다! 그야 물론 라인 강은 우리를 지켜 주겠죠. 하지만 아아, 폭풍우처럼 밀려오는 저 무서운 적군에게 산이며 강이 대체 무슨 소용이 있단 말입니까! 적은 사방팔방에서 젊은이고 늙은이고 긁어모아 맹렬한 기세로 돌진해 오고 있습니다. 적군은 죽음을 무서워하지 않고, 꼬리에서 꼬리를 물고 무서운 기세로 몰려오고 있습니다. 아아, 그런데 독일 사람이 돼 가지고 어떻게 편히 집에 들어앉아 있을 수 있겠습니까? 모든 사람에게 다가오는 재난을, 어쩌면 피할 수 있을지도 모른다고 어떻게 생각할 수 있겠습니까?

어머니, 어머니에게 말씀드리지만, 요전에 마을 사람들 중에서 병사를 뽑았을 때, 저를 면제하게 해 주신 것이 오늘 와서는 원망스럽게 생각되는군요. 그야 물론, 저는 우리 집의 외아들이고, 살림은 크고 장사도 소중합니다. 하지만 제 처지로는 이렇게 여기 앉아 노예 취급이나 당하기보다는 차라리 국경에 나가 대항해 싸우는 편이 낫지 않겠습니까? 그렇습니다. 제 영혼이 제게 그렇게 속삭입니다. 그리하여 나라와 생사를 같이하고, 다른 사람들에게 훌륭한 본보기가 되려는 의지와 열의가 제 가슴 밑바닥에서 소용돌이치고 있습니다. 사실 독일 청년들이 힘을 합해 국경에서 적에게 항복하지 않는다면, 적이 우리의 훌륭한 땅을 짓밟고, 이 땅에 열린 것을 우리 앞에서 먹어치우고, 남자들을 혹사시키며 부녀자들을 겁탈하는 짓은 결코 하지 못할 것입니다.

네, 어머니, 전 제가 옳다고 생각한 일을 지금 곧 실천에 옮기기로 굳게 결심했습니다. 언제까지나 생각만 한다고 가장 좋은 길이 열리는 것도 아니지 않습니까? 어머니, 전 이제 두 번 다시 집으로는 돌아가지 않기로 결심했습니다! 이 자리에서 곧장 읍내로 가 이 팔과 마음을 군대에 바쳐 조국에 이바지하겠습니다. 제 가슴속에도 명예심이 맥박치고 있는가, 어떤가, 그것은 그 뒤에 아버지 스스로 판단하도록 하십시오!"

이 말을 듣자 다정하고 분별 있는 어머니는 눈에 눈물을 글썽이며 나직이 말했다.

"헤르만, 어째서 그렇게 마음이 변했느냐! 왜 여느 때처럼 숨김없이 이 어미에게 털어놓고 말을 못하니? 도대체 어떻게 하겠다는 건지 말해 봐라. 그야 물론 다른 사람이 지금 네 말을 들었다면, 네 결심이 더할 나위 없이 훌륭하다 칭찬하고 너를 높이 찬양했을 게 틀림없다. 그건 네 말과, 대단한 네 말솜씨에 넘어가서 그런 게다. 하지만 나만은 그 말에 감탄하지 않는다. 왜냐하면 난 누구보다 너를 잘 알고 있으니까. 너는 마음속에서는 전혀 딴 생각을 하고 있으면서 그것을 숨기고 있는 거다. 난 다 알고 있단다. 북이며 나팔이 너를 유혹했을 리가 없다. 그렇다고 군복 입은 모습을 여자들에게 보이고 싶어서도 아닐 게다. 물론 너는 지금까지 누구 못지않은 남자다운 남자였지만, 집을 지키고 밭일하는 것을 무엇보다도 성미에 맞게 했다. 그러니까 숨기지 말고 말해 봐라. 대체 어떤 이유로 그런 결심을 하게 되었지?"

아들은 진지한 어조로 말했다.

"잘못 생각하셨어요, 어머니. 어제와 오늘은 같지 않아요. 젊은이도 언젠가는 어른이 됩니다. 게다가 젊은이의 실천력이란 하고많은 젊은 사람을 타락시키는 난폭하고 소란스러운 생활보다는, 오히려 조용한 생활 속에서 곧잘 자라는 법입니다. 저는 지금까지, 또 지금도 조용한 생활을 하고 있습니다만, 가슴속에는 부정과 불의를 증오하는 마음이 생겼습니다. 세상의 옳고 그름을 판단하는 도리도 충분히 알고 있습니다. 게다가 일한 덕분으로 팔다리도 꽤 튼튼해졌어요. 그것은 모두 거짓말이 아닙니다. 떳떳이 주장할 수 있어요. 하지만 어머니가 저를 나무라시는 것도 무리가 아닙니다. 저는 어머니에게 반쯤 가린 거짓의 꼬리를 잡히고, 반쯤 뒤집어쓴 허위의 탈을 들키고 말았습니다. 바른대로 말씀드리자면, 제가 아버지의 집을 뛰쳐나온 것은 위험이 몸 가까이 다가온 때문도 아니고, 적과 싸워 나라에 충성을 바치려는 고상한 생각에서도 아닙니다. 그것은 다만 겉치레의 말뿐이었어요. 그렇게 말하여 제 가슴속의 아픔을 어머니에게 숨기려 했을 뿐입니다. 그러니까 제발 어머니, 저를 그냥 내버려 두세요. 어차피 헛된 소망을 가슴에 품고 있는 저니까 이 목숨도 헛되이 버리고 싶습니다. 모두가 전체를 위해 노력하지 않는 한, 자기 혼자 몸을 내던진다는 건 바보 같은 짓이라는 걸 저도 충분히 알고 있습니다."

"상관 말고 말을 계속해라." 이해성 많은 어머니는 아들을 재촉했다.

"무엇이든 좋으니 모조리 얘기해 봐라! 남자란 성미가 격해 언제나 외곬으로만 생각하기 때문에, 무슨 일이 생기면 곧 마지막 생각만 하기가 일쑤다. 하지만 여자는 언제나 여러 수단을 생각해서 빙 돌아서라도 훌륭하게 목표에 이를 수가 있단다. 그러니까 뭐든지 다 얘기해 봐라. 왜 이토록 전에 없이 초조해하는 게냐. 가슴이 격하게 뛰고 쏟아지는 눈물을 억제할 줄 모르니."

이 말을 듣고 유순한 젊은이는 가슴이 아파 흐느껴 울었다. 어머니의 가슴에 기대어 소리내어 우는 동안에 마음이 다시 가라앉자 말했다.

"정말로, 아버지의 오늘 말씀은 모욕처럼 들렸어요. 비단 오늘뿐만이 아니라 여태까지 그런 말을 들어 본 적은 한 번도 없었습니다. 어버이를 존경하는 것은 어릴 때부터 제가 가장 마음 쓰던 일이고, 지금까지 저는 저를 낳아 주시고, 철없는 어린 저를 정성껏 가르쳐 주신 부모보다 더 현명하고 지혜로운 분은 없다고 생각했습니다. 저만의 일이라면 친구가 여러 가지 짓궂은 장난을 해 오고, 모처럼의 친절을 원수로 갚아 오는 일이 흔히 있어도 그것을 참았고 돌이 날아오거나 매를 맞아도 보복한 적은 없었습니다.

일요일 교회에서 나오시는 아버지의 점잖은 걸음걸이를 보고, 모두가 놀리고, 모자의 리본이며 언제나 아버지가 자랑스럽게 입고 계시던, 그리고 오늘 다른 사람에게 주어 버린 그 실내복의 꽃무늬를 보고 웃었을 때는, 저는 금세 얼굴색이 변해 주먹을 부르쥐고, 미친 듯 상대방에게 달려들어 어디고 상관없이 함부로 때리고 차고 했던 것입니다. 친구들은 코피를 흘리고 악을 쓰면서 무작정 차고 때리는 저에게서 도망치려고 아무리 애써도 도망치지를 못했습니다. 이렇게 저는 자라나면서 아버지에 대해서는 많이 참아 왔습니다. 읍의 모임에서 화가 나는 일이 있은 뒤에는, 그 분풀이로 제게 고래고래 소리지르신 일이 한두 번이 아닙니다. 의원 간의 사소한 말다툼의 뒤치다꺼리 역할이 저였던 것입니다. 때로는 어머니도 저를 불쌍히 여기셨을 거예요. 하지만 저는 어찌 됐든 저희들을 위해 재산과 땅을 늘릴 오직 한 생각으로, 자기 자신은 아무리 부자유스러워도 자식들을 위해 저축해 두려는 부모의, 그 진정으로 고마운 자애를 언제나 생각하고, 여러 가지 괴로운 일을 참아 왔던 것입니다.

하지만 어머니, 늙어서 즐거움을 얻으려 절약했다고 해서, 그것만으로 행복해지는 것은 아닙니다. 지갑이 부풀대로 부풀고, 밭과 밭이 연이어지고 잔뜩 재산을 모았다고 해서, 그것으로 행복해지는 건 절대 아닙니다. 내일만을 걱정하여 오늘이라는 날의 즐거움을 모르며, 아버지도 나이를 먹고, 자식들도 함께 나이를 먹을 게 아닙니까. 어머니, 저 아래를 내려다보십시오. 아름다운 기름진 땅이 정말 훌륭하게 펼쳐져 있습니다. 그 아래는 포도밭과 뒤뜰, 그 맞은쪽에는 창고와 마구간이 있어 우리 집 재산이 아름답게 늘어놓여져 있습니다. 그리고 거기서부터 그 앞 몸채 뒤꼍 박공(博栱 : 지붕 양쪽 끝면에 'ㅅ'자 모양으로 붙인 널빤지)이 있는 곳에 제가 있는 지붕밑 방의 창이 보입니다만, 거기를 바라보노라면 저는 몇 날 며칠이고 밤이면 달이 나오기를 일찍부터 거기서 기다리고 있던 일이며, 깊이 잠드는 버릇으로 잠깐 동안이면 충분히 잠을 잔 덕분에 아침마다 일찍부터 일어나 해돋이를 기다리던 일이 생각납니다. 아아, 그때는 정원도 뒤뜰도 언덕 위에 펼쳐져 있는 아름다운 밭과, 내 방과 똑같이 쓸쓸하게만 생각되어 견딜 수 없었습니다. 눈앞의 모든 것이 정말 삭막하기 짝이 없었습니다. 여자가 없는 쓸쓸함이죠."

이 말을 듣고 다정한 어머니는 알겠다는 듯이 말했다.

"헤르만, 신부를 맞이하면 밤이 생활의 즐거운 절반이 되고, 낮일도 기운이 나 저절로 손에 잡힐 테니, 그건 너도 바랄 뿐 아니라 나도 네 아버지도 간절히 바라는 것이다. 처녀 가운데 누구 하나를 고르라고 우리가 계속 권하지 않았니. 하지만 너를 나무라려는 건 아니다. 그렇지만 알겠다, 이제 처음으로 네 마음을 알 것 같다. 적당한 때가 오고 또 적당한 처녀가 나타나 주지 않으면 고르라 해도 쉽게 골라지지 않는단다. 자칫 잘못하면 이상한 처녀를 맞을 염려가 있으니까. 하지만 걱정 말고 애기해라, 헤르만, 넌 이미 골라 놓은 게 아니냐. 신경이 곤두서 있고, 전에 없이 다감해진 것을 숨기지 말고 애기해 봐라. 내 마음엔 벌써 짐작이 가는 게 있다. 그 피난해 온 처녀를 너는 고른 거지?"

"어머니, 바로 그렇습니다." 아들은 생기를 띠고 대답했다.

"바로 그 처녀입니다! 오늘 중으로 신부로 집에 데려오지 않으면 그 사람은 그냥 떠나 버릴 겁니다. 어쩌면 전쟁의 소란과 슬픈 방랑 속에 영원히 자취를 감출지도 모릅니다. 어머니, 그렇게 되면, 유복한 우리 집 재산이 제 눈앞에서 아무리 번성한다 해도, 영원히 제 알 바 아닙니다. 앞으로 계속 풍년이 든다 해도 또한 제 알 바 아닙니다. 정말이지 제가 여태 살아온 집도 뒤뜰도 싫어지고 말았습니다. 아아, 어머니의 그 지극한 애정도, 이 슬픔에 젖은 제 마음을 위로해 주지 못하는군요! 사랑이란 일단 그 매듭이 맺어지면 다른 모든 매듭은 풀어지는 것같이 생각되는 것. 선택한 남자의 뒤를 따라 아버지며 어머니를 버리고 가는 것은 여자의 경우만이 아닙니다. 젊은 남자도 사랑하는 처녀가 떠나가는 것을 보면, 이미 어머니도 아버지도 돌아보지 않게 됩니다. 그러니까, 어디든 절망에 쫓겨가는 곳으로 가게 내버려 두세요. 어차피 아버지는 딱 잘라 말씀하셨으니까요. 제가 색시로 맞아들이고 싶은 단 한 사람의 처녀를 집에 들어오지 않는 한, 아버지의 집은 이미 제 집이 아니니까요."

그러자 다정하고 분별 있는 어머니는 재빨리 말했다.

"남자와 남자 사이라 마치 바위처럼 팽팽히 맞서 있구나. 고집 세고 자존심이 강해서 어느 쪽도 상대방에 접근하려 하지 않고, 먼저 입을 열어 다정한 말을 하려고도 않는구나. 그래, 그래서 네게 하는 말인데, 이 어미의 가슴엔 아직 희망이 사라지지 않고 있다. 아버지는 그렇게 매정하게 가난한 여자는 안 된다고 했지만, 그 처녀가 싹싹하고 착실한 여자라면, 설사 가난할지라도 신부로 맞아 주지 않을 리가 없다. 아버지는 타고난 그 급한 성격으로 이러쿵저러쿵 여러 말을 하시지만 별로 그것을 밀고 나가는 성격이 못 되기 때문에, 안 된다고 한 것도 승낙받을 수 있단다. 하지만 네 아버지도 다정한 말을 듣고 싶으신 거란다. 그것도 무리가 아닌 것이 어디까지나 네 아버지가 아니시냐! 게다가 우리가 잘 알고 있듯, 네 아버지는 언제나 식사가 끝난 다음엔 말투가 격해지고, 다른 사람의 말에 트집잡는 버릇이 있으니까, 화냈다고 해서 마음에 둘 필요는 없다. 게다가 술 때문에 타고난 고집이 고개 들어 다른 사람의 말은 하나도 귀에 들리지 않거든. 그러니 아버지는 오직 당신 혼자서 듣고 생각하는 거란다.

하지만 이제 날도 저물었고 친구들과의 얘기도 어느 정도 맥이 빠졌을 것이다. 취기도 가시고, 자기 멋대로 말해 남의 기분을 상하게 한 것도 깨닫고 지금쯤 틀림없이 마음이 가라앉았을 게다. 자, 가자. 지금 곧 말씀드려 보자. 모든 일은 결단 있게 하지 않으면 제대로 되지 않는 법이야. 그리고 지금 아버지와 함께 계신 친구분들의 도움도 받아야겠다. 특히 그 사람 좋은 목사님이 우리를 도와주실 게야."

어머니는 재빠르게 말하고 돌 위에서 벌떡 일어나, 아들을 자리에서 끌어 일으켰다. 두 사람은 중대한 계획에 대해 이것저것 생각하며 묵묵히 언덕을 내려왔다.

폴리힘니아*
Polyhymnia

세상의 벗

한편 세 사람, 집주인과 약방 주인과 목사는 여전히 앉아서 이야기를 계속하고 있었다. 화제는 여전히 같은 문제로 그것이 각 방면에서 맹렬하게 토론되고 있었다. 이윽고 성품이 고상한 목사가 뛰어난 의견을 내놓았다.

"당신의 의견에 맞서려는 건 아닙니다만, 인간이 늘 더 좋은 것을 향해 노력해야 한다는 것은 저도 잘 알고 있습니다. 사실 또 인간은, 오늘날 우리가 보듯이 언제나 더욱 높은 것을 향해 노력하고 있습니다. 그러나 당신의 생각은 너무 극단을 달리고 있는 것이 아닐까요! 왜냐하면 그러한 감정과 함께 오래된 것을 생각하고, 각자가 오랫동안 익혀 온 것을 좋아하는 경향도 자연은 우리에게 주었으니까요. 자연스럽고 사리에 맞는 상태라면 어느 것이나 다 좋은 것입니다. 인간은 많은 것을 탐내지만 필요한 것은 정말 얼마 안 됩니다. 인생은 짧고 인간의 운명이란 한정되어 있으니까요. 부지런히 쉴 새 없이 동분서주하여, 끊임없이 대담하고 열심히 바다를 건너고 사방팔방 육로를 헤매어 얻은 재산을 자기와 자기 주위에 잔뜩 쌓아 놓고 기뻐하는 사람을, 저는 비난하려는 생각은 결코 없습니다.

그러나 조용한 걸음걸이로 부모한테 물려받은 땅을 돌보고, 계절에 따라 부지런히 밭갈이를 하는 사람, 그런 침착한 농부도 저는 존경합니다. 토지란 해마다 변하는 것도 아니고, 새로 심은 나무라도 곧 하늘로 가지를 뻗치고 풍성한 꽃을 피우는 것은 아닙니다. 농부에게는 끈기가 필요합니다. 그뿐만 아니라 맑고 변함없는 침착한 마음씨와 올바른 분별이 필요합니다. 얼마 안 되는 종자를 땅에 뿌려 키우고 얼마 안 되는 가축을 불릴 방법을 늘 알고 있

* 찬가의 여신. 아홉 뮤즈 가운데 하나. 마을 사람들의 소시민적 태도에 대하여 촌장의 세계주의자적 태도를 찬양한 뜻이 아닌가 생각된다.

어야 하니까요.

농부들은 단지 실용만 생각합니다. 이러한 마음씨를 타고난 사람은 정말 행복한 사람입니다. 우리는 모두 그런 사람들의 힘으로 자라고 있다고 할 수 있습니다. 그리고 농가 생활과 도시 생활을 같이하는 소도시 사람들도 행복합니다. 수확이 뜻대로 안 돼 마음의 여유가 없는 농부의 옹색함도 경험하지 않고, 근심이 많은 도시 사람들의 시름에도 마음 쓰지 않아도 됩니다. 대도시 사람들은 돈도 별로 없으면서, 언제나 자기보다 부유한 사람이나 신분 높은 사람 흉내를 내려고 억척 떨기 일쑤니까요. 특히 부인이나 처녀들이 더하죠. 거기에 비하면 당신 아들은 마음 잡고 일을 열심히 하고, 장래의 배우자도 자기와 비슷한 사람 중에서 고를 것이니, 당신 처지로는 그걸 오히려 감사하게 생각해야 할 겁니다."

이렇게 목사가 말하고 있는 동안에, 어머니가 아들과 함께 들어왔다. 그리고 아들의 손을 잡고 남편 앞으로 데리고 갔다. "여보" 어머니가 말했다.

"얼마나 자주 우리는, 언젠가 헤르만이 스스로 신붓감을 골라 우리를 기쁘게 해 줄 즐거운 날이 올 것을 생각하고, 서로 애기를 주고받았습니까. 이리저리 궁리하여, 자식의 신부론 저 처녀가 좋을까 이 처녀가 좋을까 하고 어버이다운 마음으로 생각을 했습니다만, 마침내 그날이 왔군요. 마침내 하느님이 우리 아들에게 신붓감을 데리고 와 보여 주셨기 때문에, 이 아이의 마음도 마침내 결심이 섰답니다. 지금까지 내내 우리는, 신부는 이 아이 스스로의 힘으로 골랐으면 좋겠다고 말해 왔죠? 조금 전만 해도 당신은, 헤르만이 여자들 앞에서도 쾌활하고 활발하기를 바란다고 말씀하셨죠? 그런데 마침내 바라던 그때가 왔군요. 참으로 아이는 그런 기분으로 스스로 고르고 남자답게 마음을 정했습니다. 그 처녀예요. 길에서 만났다던 그 타향 처녀 말이에요. 제발 우리 데려옵시다! 그러지 않으면 독신으로 지내겠다고 이 아이는 맹세했답니다."

아들도 덧붙여 말했다.

"그 처녀를 데려와요, 아버지. 전 깨끗하고 분명한 마음으로 고른 거예요. 아버지의 며느리로 조금도 부끄럽지 않은 처녀입니다."

그러나 아버지는 아무 말도 하지 않았다. 이것을 보고 목사가 재빨리 일어나 입을 열었다.

"인간의 생애나 일생의 운명은 언제나 한순간에 결정되는 것입니다. 아무리 오랫동안 숙고한들, 결심은 언제나 찰나의 소산에 지나지 않습니다. 결국 분별 있는 사람만이 중요한 것을 얻게 되는 거지요. 선택하는 마당에 이것저것 필요 없는 것을 생각해 감정을 어지럽히는 것은 점점 위험만 더할 뿐입니다. 헤르만 군은 순진한 사람입니다. 어릴 때부터 저는 잘 알고 있어요. 그는 어릴 때부터 이것저것 손을 댄 일이 없었습니다. 자기에게 맞는 것을 바라고, 일단 결정한 것은 끝내 관철하는 성격이었습니다. 당신이 오랫동안 바라고 있던 것이 지금 갑자기 나타났다고 해서 깜짝 놀라거나 묘하게 생각하지는 않으셨겠죠. 물론 나타난 것은 현재, 당신이 오랫동안 품어 오던 희망 그대로의 모습을 하고 있지는 않습니다. 소망이란 우리가 실제로 바라고 있는 본디 형체는 감추어 버리는 것이니까요. 하늘이 내리신 선물은 언제나 본디 모습대로 나타나는 법입니다. 그러니 당신이 사랑하는 저 다정하고 분별 있는 아들이 처음으로 마음이 움직인 그 처녀를 잘못 보지 않도록 하십시오. 자기가 처음으로 사랑한 여자에게 곧 손길을 뻗쳐 일생 가슴 한쪽에 비밀을 품고 괴로워하지 않는 사람은 행복한 사람입니다. 전 모든 것을 확실히 알 수 있어요. 헤르만 군의 운명은 결정된 것입니다. 참된 애정은 청년을 금세 어른으로 만드는 법입니다. 헤르만 군의 결심은 흔들리지 않을 거예요. 만일 당신이 이걸 거절하는 날이면 일생의 가장 즐거운 세월을 슬픔으로 보내지 않을까 걱정이 되는군요."

그러자 벌써부터 한 마디 하려고 벼르고 있던 약방 주인이 얼른 신중한 태도로 입을 열었다.

"이번에도 역시 중도(中道)를 택하기로 합시다. '급할수록 돌아가라'는 말이 있죠. 이 말은 아우구스투스 황제도 지키던 좌우명입니다. 제 빈약한 판단이 소용에 닿는다면, 이웃 간의 정리로 도움되는 일에 주저하지는 않겠습니다. 더욱이 젊은 사람이란 지도해 줄 필요가 있는 겁니다. 그러니까 저를 한 번 보내 주십시오. 가서 그 처녀를 시험해 보고 오겠습니다. 함께 지내 온, 그 처녀를 알고 있는 사람에게 샅샅이 물어보고 오겠어요. 저라면 그렇게 쉽게 속지는 않습니다. 말을 들어 보면 정말인지 아닌지쯤은 판단할 수 있으니까요."

그러자 아들이 곧 입을 열었다.

"그렇게 해 주십시오. 목사님도 함께 가 주시면 더 좋을 텐데요. 이렇게 훌륭한 두 분이 가 주신다면 더할 나위 없는 증인이 될 것입니다. 그리고 아버지, 그 처녀는 집에서 도망쳐 나온 것이 아닙니다. 좋은 봉(鳳)은 없을까 하고 여기저기 돌아다니다가 어수룩한 젊은 녀석을 수단껏 녹여내는 그런 여자와는 틀립니다. 그렇고말고요. 모든 것을 파괴하는 전쟁이라는 무서운 운명은 세계를 무너뜨리고, 모든 기존 제도를 뿌리째 뒤엎어 버렸지만, 가엾게도 그 처녀도 이 운명에 쫓긴 것입니다. 문벌 좋은 신사들도 지금은 비참하게 떠돌아다니고 있지 않습니까. 제후(諸侯)들도 변장하고 달아나고, 국왕조차 망명 생활을 하고 있습니다. 그 아가씨도 자기 또래들 중에서는 뛰어난 아가씬데도 자기 자신의 불행을 잊고 다른 사람의 시중을 들고 있습니다. 자신이 의지할 데 없는 신세이면서도 스스로 다른 사람의 의지가 되고 있는 것입니다. 지상을 덮고 있는 이 비참과 곤궁은 대단한 것이긴 합니다만, 이 불행 속에서 행복이 태어나서는 안 될까요? 그리하여 아버지가 그 대화재를 기쁜 마음으로 극복한 것처럼 저도 새 아내의, 믿을 만한 아내의 팔에 안기어 이 전쟁을 기뻐해서는 안 될까요?"

그러자 아버지는 엄숙하게 입을 열어 대답했다.

"아니 그런데 이 녀석아, 네 혓바닥은 오랜 세월 입구석에 처박혀 제대로 움직이지도 않더니, 오늘은 정말 잘도 도는구나. 세상의 아버지가 누구나 받는 재난이, 오늘 내게도 닥쳐온 모양이다. 자식놈이 멋대로 지껄이는 말을 어머니가 또 덮어놓고 오냐오냐 감싸 주고, 이웃집 양반들까지 모두 편을 들어 아이아버지나 주인을 공격하고 있군. 하지만 나는 이렇게 전부를 상대로 싸우기는 싫다. 아무 소용없는 짓이 아니냐. 어차피 상대해 봤자, 눈물과 고집으로 매달릴 게 뻔하니까. 한 번 가서서 살펴보시고, 좋으면 염려 말고 그 처녀를 데려와 주십시오. 목사님이 보셔서 좋지 않다면 자식놈도 단념할 테지요."

이렇게 아버지가 말하자, 아들은 기쁜 듯 소리쳤다.

"날이 저물기 전에 더없이 훌륭한 처녀가 아버지에게 내려지겠군요. 정확한 판단을 가진 남자라면, 꼭 갖고 싶다고 원할 처녀입니다. 다정한 그 처녀의 처지에서도 그렇게 되는 것이 틀림없이 행복할 것입니다. 그뿐만 아니라 언제까지나 저를 감사하게 생각하겠죠. 분별 있는 아이라면 누구나 좋아할 부모를 제가 다시 얻어 주는 셈이니까요. 저는 곧 말을 준비하고 두 분을 안 내하여 사랑하는 사람의 뒤를 쫓겠습니다. 두 분은 제발 자유롭게 자신의 생 각대로 처리해 주시길 바랍니다. 전 무엇이든 두 분의 결정에 따를 생각입니 다. 제 것이라고 결정되기까지 다시 그 사람을 만나지 않겠습니다."

이렇게 말하고 아들은 밖으로 나갔다. 그동안 다른 사람들은 이것저것 빈 틈없이 생각하고, 서둘러 이 일을 의논했다.

헤르만은 곧장 마구간으로 달려갔다. 거기엔 기운찬 말들이 조용히 서서, 깨끗한 귀리며 가장 좋은 풀을 베어 말린 사료를 쉴 새 없이 와삭와삭 씹고 있었다. 헤르만은 곧 번쩍번쩍 빛나는 재갈을 서둘러 물리고, 아름답게 은으 로 도금한 조임쇠에 재빨리 가죽띠를 채웠다. 그리고 꽤 넓적하고 긴 고삐를 매고 말을 정원으로 끌고 나갔다. 거기엔 이미 눈치 빠른 하인이 끌채를 가 볍게 놀리면서 마차를 밀어내 놓았다. 거기에서 두 사람은 마차를 끌 힘센 말을, 아름다운 고삐로 단단히 마차에 맸다. 헤르만은 채찍을 들고 뛰어올라 문간으로 말을 몰았다. 아버지의 두 친구가 곧 편안히 자리를 잡자, 마차는 급히 달리기 시작해서 포장도로를 지나 어느새 읍내의 성벽과 작고 아름다 운 탑을 뒤로했다. 이리하여 헤르만은 익은 길로 말을 몰아, 오르막길이나 내리막길이나 오직 똑바로 앞으로만 달렸다. 이윽고 마을의 탑이 나타나고, 정원에 둘러싸인 집들도 바싹 가까이 다가오자, 이쯤에서 마차를 세워야겠 다고 혼자 생각했다.

마을 앞에는 수백 년 동안 뿌리를 내린 키 큰 보리수들이 성스럽게 어두운 그림자를 펴고 있는, 잔디에 덮인 넓고 푸른 목장이 있었다. 농촌 사람에게 나 가까운 도시 사람에게 좋은 놀이 장소였다. 나무 밑에는 얕게 판 우물 하 나가 있었다. 계단을 하나씩 내려가면 샘물이 쉴 새 없이 퐁퐁 솟고, 그 주 위에는 돌의자가 늘어놓여 있었다. 샘물은 맑고, 우물 담도 얕아 물 긷기가 편했다. 헤르만은 이 나무 그늘에 말과 마차를 세우기로 작정했다. 그러고 나서 말과 마차를 세운 다음 이렇게 말했다.

"자, 여기서 내려 주십시오. 그리고 그 처녀가 과연 제가 손을 내밀 만한 가치가 있는가 어떤가 알아봐 주십시오. 물론 저는 그만한 가치가 있다는 것 을 믿고 있고, 아저씨들이 가 보셔도 별로 새로운 것이나 이상한 것은 들을 수 없을 것입니다. 저 혼자 일을 처리해도 되는 것이라면, 곧장 저 혼자 마을로 가서, 두세 마디로 그 다정한 처녀한테 제 운명을 결정해 달라고 하겠습니다. 아무리 많은 아가씨들이 있어도, 아저씨들은 곧 그 처녀를 구별해 내실 것입니다. 그 처녀만한 몸매를 한 여자는, 아마 한 사람도 없을 테니까요. 그래도 산뜻한 몸차림의 특징을 몇 가지 말씀드리겠습니다.

빨간 앞치마를 끈으로 아름답게 졸라매고, 불룩하게 부푼 가슴, 까만 조끼를 몸에 꼭 맞게 입고 있습니다. 속옷 깃에는 아름다운 주름 장식이 달려 있어, 그것이 동그란 턱을 둘러싸, 청순하고 우아한 분위기를 한결 돋워 줍니다. 귀여운 달걀형 얼굴은 티없는 명랑한 표정을 띠고, 탐스럽게 땋은 머리는 은핀으로 몇 번이나 감아올렸습니다. 앞치마 밑에는 주름이 많은 감색 치마를 입고 있어, 그것이 걸을 때마다 보기 좋게 발꿈치에 휘감깁니다.

그런데 아저씨들에게 아무쪼록 부탁해 두고 싶은 것이 꼭 한 가지 더 있습니다. 본인에게 직접 말을 걸어 이쪽 속셈을 눈치채여서는 안 되니까, 그것보다는 다른 사람에게 물어보아 그분들의 얘기를 하나도 남김없이 들어 주세요. 그리하여 아버지와 어머니의 마음을 안심시킬 만한 정보가 모이기만 하면, 곧 이리로 돌아와 주십시오. 그리고 저와 함께 그 뒷일을 잘 생각해 봅시다. 이리로 오는 동안 내내 저는 그런 궁리를 했답니다. ”

이렇게 헤르만이 말하는 소리를 듣고 두 사람은 마을로 향해 떠났다. 마을에는 들이나 창고나 집이 많은 사람으로 들끓고 있었으며, 넓은 길은 마차로 꽉 메워져 있었다. 남자들은 신음하는 소나 마차의 말을 돌보고, 여자들은 울타리마다 빨래를 널고 있고, 아이들은 냇물 속에 들어가 찰박찰박하며 즐겁게 놀고 있었다. 이러한 광경을 바라보며 마차 사이를 지나 사람과 짐승을 헤치고, 정찰로 파견된 두 사람은 좌우를 둘러보며 혹시 헤르만이 얘기한 처녀의 모습을 찾을 수 있을까 살펴보았다.

그러나 그 훌륭한 처녀 같은 여자는 한 사람도 눈에 띄지 않았다. 혼잡은 점점 심해져 갔다. 마차 때문에 남자들은 얼굴색이 변해 싸우기 시작하고 여자들까지 한데 어울려 아우성을 쳤다. 그러자 한 노인이 위엄 있는 걸음걸이로 성큼성큼 나와, 으르렁대고 있는 사람들 옆으로 다가갔다. 그리고 조용히 하라고 노장답게 엄숙히 소리를 치자 소란은 곧 가라앉았다.

“이만큼 불행한 일을 당했으니, 설사 더러 경우에 어긋나는 짓을 하는 사람이 있어도 서로 참고 다정하게 지낼 만도 한데, 그래도 아직 참을 수가 없단 말이오? 물론 행복한 사람들은 서로 친하기가 어려운 법이오. 하지만 당신들은 큰 고통을 겪어 온 사람들이 아니오? 이제 그만하면 형제간에 서로 싸우지 않고 지낼 수는 없소? 타향에 왔으면 서로 자리를 양보하고, 가진 것을 나누어야지. 그래야 남들도 정답게 대해 줄 것이 아니겠소."

이렇게 노인이 말하자 모두들 조용해졌다. 사람들은 다시 온화한 기분이 되어 사이좋게 가축과 마차를 정리하기 시작했다. 그런데 노인의 말을 들은 목사는, 이 낯선 촌장(村長)의 침착한 인품을 알게 되자 옆으로 다가가 의미 있는 어조로 말을 꺼냈다.

"노인장, 옳은 말씀입니다. 마음껏 넓은 땅에서 해가 가나 달이 가나 바라는 은혜가 거듭 내리는 속에서 사람들이 행복한 나날을 보낼 때는, 만사가 뜻대로 되기 때문에 사람들은 누구나 자기가 제일 잘난 인물이라고 생각하게 마련입니다. 그리고 그대로 어깨를 나란히 하고 잘 살고 있기 때문에, 아무리 총명한 사람이라도 평범한 사람 이상의 대접을 못 받았습니다. 이것도 결국은 모든 사태가 조용히, 이른바 저절로 진행되기 때문입니다. 그런데 일단 한 번 전란이 일어나 몸에 익은 생활이 마구 뒤집히고, 건물이 파괴되고, 정원이며 밭이 파헤쳐지고, 여자나 남자나 그리운 제집에서 쫓겨나 불안한 유랑의 낮과 밤을 보내게 되면, 아아 그렇게 되면 대체 가장 사려 깊은 사람은 누군가 하고 모두들 돌아보게 되는 것입니다. 이렇게 되면 이미, 그러한 사람이 훌륭한 말을 토해 내도 다시는 귀 기울여 듣지는 않게 됩니다. 실례입니다만 노인장, 모두의 마음을 그 토록 금세 가라앉히는 것으로 보아 당신은 분명 피난민들의 촌장이 틀림없으시죠? 아니, 오늘의 당신은 사막을 넘어 광야를 지나 유랑의 민족을 인도한, 저 옛날의 지도자 한 사람으로 보입니다. 전 마치 여호수아나 모세하고라도 얘기하는 듯한 생각이 드는군요."

그러자 촌장은 엄숙한 눈초리로 이렇게 대답했다.

"과연 오늘날의 시대는 종교의 역사에도 세속의 역사에도 기록되어 있는, 저 희귀한 시대와 비교될 수 있습니다. 이런 난세에 오늘과 내일을 보냈다는 것은 이미 몇 년을 산 것과 다름없습니다. 그만큼 갖가지 역사가 밀어닥쳐 왔으니까요. 잠깐 돌이켜 보면, 자기 머리칼이 이미 하얗게 센 것 같은 생각이 들 정도지만 원기는 아직 왕성해요. 사실 우리는 위급할 때 하느님의 모습이, 불타는 떨기나무 숲에 나타나는 것을 본 이스라엘 민족에 자기들을 비교해도 조금도 잘못이 없습니다. 우리에게도 하느님은 구름과 불 속에 모습을 나타내 주셨으니까요."^(출애굽기)

이 말에 목사는 더욱더 이야기에 마음이 쏠려 노인과 그 마을 사람들의 운명을 들으려고 하자, 옆에 있던 약방 주인이 재빨리 귀엣말을 했다.

"상관 말고 촌장과 얘기를 계속해서 그 처녀 쪽으로 화제를 이끌어가 주세요. 저는 처녀를 찾아 저쪽을 돌아보겠습니다. 찾거든 곧 이리로 돌아오겠습니다."

목사는 고개를 끄덕였다. 정찰 담당의 약방 주인은 울타리와 정원과 창고들을 두루 살피며 돌아다녔다.

클리오*
Klio

시대

목사가 이 타향 촌장을 향해, 마을 사람들은 어떤 고난을 겪으며 지내 왔는가, 고향을 쫓겨난 지가 얼마나 되는가 묻자 노인이 대답했다.

"우리의 고난은 어제오늘 시작된 것이 아닙니다. 혁명 이래 수년 동안 쓰라린 맛을 보아 왔죠. 더할 수 없이 아름다운 희망이 우리나라에서도 무참하게 짓밟혔기 때문에 더욱 비참한 것입니다. 새로운 태양의 새벽빛이 비쳐 인권은 만인에게 공통하다는 소리가 들리고, 자유에 감격하고, 평등을 높이 찬양하고, 마음이 기쁨에 뛰놀고, 자유를 느낀 가슴이 미친 듯 맥박 쳤던 것을 대체 어느 누가 부인할 수 있겠습니까! 그 무렵에는 누구나 자기를 살리는 생활이 가능하다 생각하고, 태만의 도배와 사리사욕의 무리들이 끄나풀을 손에 쥐고, 많은 나라들을 꽁꽁 묶어 오던 그 속박이 다 풀리는 듯이 보였습니다. 모든 국민이 활기찬 그 시기에는, 이미 오랫동안 세계의 수도였고, 이제는 전보다 더욱 빛나는 이름에 어울리게 된 파리를 우러러보고 있지 않았습니까. 그리고 그런 복음을 맨 처음 전파한 사도들의 이름은, 별자리에까지 오른 지극히 높은 사람들과 똑같이 취급되고 있지 않았습니까. 온 세상이 용기와 정신과 언론을 마음껏 꽃피우지 않았습니까.

그래서 우리도 이웃인 만큼, 제일 처음 열을 올려 호응했습니다. 그러는 동안에 전쟁이 일어나 무장한 프랑스군이 속속 몰려들어 왔으나, 우리는 그냥 우방과 정의(情誼)를 맺기 위한 그들의 뜻으로만 생각했습니다. 사실 또 그대로여서 그들은 의기양양한 기세로 자유라는 위세 좋은 나무를 열심히 심어, 한 사람 한 사람에게 그 권리와 자치(自治)를 약속해 주었습니다. 이

---

* 역사의 여신. 아홉 뮤즈 가운데 하나. 프랑스 혁명의 사회적 배경을 그린 데에 뜻이 있는 것 같다.

소리를 듣고는 젊은이고 늙은이고 정신없이 기뻐하며, 새로운 깃발을 둘러싸고 춤을 추는 형편이었습니다. 이리하여 우세한 프랑스군은 곧, 먼저 남자의 정신을 열렬하고 쾌활한 태도로 사로잡고, 다음엔 여자의 마음을 황홀한 애교로 사로잡고 말았습니다. 그리하여 부담이 겹치는 전쟁의 무거운 짐조차 우리는 가볍게 느낄 정도였습니다. 왜냐하면 희망이 우리 눈앞에 밝은 미래를 열어 주고, 새로 열린 문으로 우리의 시선을 유혹했기 때문입니다.

아아, 약혼한 남녀가 손에 손을 맞잡고, 혼례일을 손꼽아 기다리며 흥겹게 춤을 추는 것은 얼마나 즐거운 일일까요. 그러나 인간이 생각할 수 있는 최고의 이상이 우리에게 이루어질 듯이 가까이 나타났을 때는 한층 더 찬란했습니다. 그때는 누구의 혀도 풀리어, 늙은이고 어른이고 젊은이고, 가슴은 높은 기상과 감정으로 가득 차, 소리 높이 서로 이야기를 주고받았던 것입니다.

그러나 이윽고 하늘은 어두워졌습니다. 착한 일을 할 자격이 없는 무뢰한들이 지배자의 이익을 둘러싸고 싸우기 시작했습니다. 그리하여 서로 죽이고, 새로운 이웃 나라의 동포를 억압하고, 사욕으로 눈이 어두운 관리들을 보내왔습니다. 덕분에 우리나라는 고급 관리가 사치에 빠져 대대적으로 약탈을 일삼는가 하면, 하급 관리도 말단에 이르기까지 약탈을 자행하고 사치를 일삼는 형편으로, 이놈이나 저놈이나 우리의 물건을 내일을 생각하지 않고 모조리 뺏으려고, 오직 그것만을 염두에 두고 있는 것 같았습니다. 정말 뭐라 말할 수 없는 고통으로, 억압은 날이 갈수록 더해 갔지만, 누구 하나 우리의 호소에 귀 기울이려는 사람은 없고, 놈들은 천하에 자기들뿐이었습니다. 여기에는 꽤 냉정한 사람들도 비분을 느끼고 너나 할 것 없이, 받은 모욕을 철저하게 복수하리라, 이중의 기대를 배반당한 지독한 상처를 보복해 주리라 마음 깊이 맹세하기에 이르렀습니다.

그러는 동안에 독일측에 행운이 돌아와, 프랑스군이 정신없이 후퇴하기 시작했습니다. 아아, 이때였습니다, 우리가 처음으로 전쟁의 참화를 절감한 것은, 과연 승리자는 관대하고 친절합니다. 적어도 그렇게 보여, 패배자가 매일 그들의 일을 도와주고 재물을 가지고 봉사하는 한, 자기편처럼 돌보아 줍니다. 그러나 일단 패하여 도망치는 신세가 되자, 군기(軍紀)는 엉망이 되고, 오직 자기 목숨을 구할 생각만으로, 닥치는 대로 남의 것을 약탈했습니다. 이러는 동안에 신경이 곤두서 그들은 자포자기한 심경으로 상상도 할 수 없는 무도한 소행을 저지르게까지 되었습니다. 어느 것이나 태연히 강탈하고, 짐승 같은 마음으로 부녀자에게 폭행을 가하고, 쾌락을 얻기 위해서는 무시무시한 짓도 저지르는 자들입니다. 어디를 보나 눈에 띄는 것은 오직 죽음뿐이니까, 최후의 어스름에 잔인한 향락을 누리고, 피를 보고 기뻐하고, 고통의 울부짖음을 듣고 즐거워했습니다.

이것을 보고 우리 남자들 가슴속에는, 빼앗긴 것에 대해 복수를 하고 남은 것을 지키려는 분노의 감정이 불길같이 타올랐습니다. 모든 사람이 도망치는 적병의 빠른 걸음과, 핏기 잃은 얼굴과, 겁에 질린 불안한 눈초리에 기운을 얻어 무기를 잡고 일어났습니다. 경종 소리는 끊임없이 울려 퍼지고, 언젠가 몸에 닥쳐올 위험도 맹렬한 분노를 집어삼킬 수는 없었습니다. 땅을 가는 평화의 농구(農具)는 금세 무기로 변하고, 갈퀴와 낫에서는 피가 뚝뚝 떨어졌습니다. 적은 사정 없이 살해되고, 분노는 어디에서나 격렬해졌으며, 비겁하고 음험한 인간의 약점은 곳곳에서 미친 듯 날뛰었습니다. 이토록 비열하게 흥분한 인간을 난 아직 한 번도 본 일이 없습니다. 차라리 미쳐 날뛰는 짐승을 보는 편이 훨씬 나을 것입니다. 인간은 스스로 자신을 다스릴 수 있는 듯한 얼굴을 하고, 자유니 뭐니 하고 큰소리를 칠 자격이 없습니다. 울타리가 일단 무너지자, 법률에 눌려 한쪽 구석 끝에 자그마하게 도사리고 있던 가지가지 악이, 곧장 고삐를 끊고 날뛰기 시작했으니까요."

"노인장" 목사는 목소리를 높여 이 말에 대답했다.

"당신같이 뛰어난 분이 인간을 잘못 보신다 해도 전 당신을 나무랄 생각은 없습니다. 어찌 됐든 당신은 미친 듯한 행동 때문에 많은 고난을 겪어 왔으니까요. 하지만 그 비참한 나날을 다시 한 번 잘 돌아볼 때, 인간의 좋은 점과 여러 가지 뛰어난 점도 수없이 많다는 것을, 설마 당신도 부인할 수는 없으시겠죠. 인간의 그러한 점은 위험이 그것을 자극하지 않거나 혹은 인간에게 고난이 닥쳐와 다른 사람을 위해 천사와 수호신의 역할을 할 경우가 아니면, 언제까지나 가슴 깊숙이 숨어 모습을 나타내지 않는 것입니다."

기품 있는 늙은 촌장은 빙그레 웃으며 대답했다.

"훌륭한 충고를 들려주셔서, 흔히 집이 불탄 뒤에 비탄에 잠긴 주인이 단념하고 있던 금은의 녹은 덩어리가 여기저기 남아 있는 것이 눈에 번쩍 띄는 것과 흡사한 감명을 받았습니다. 그것은 비록 분량은 얼마 되지 않지만 적은 만큼 더욱 귀중한 것으로, 몰락한 사람은 그런 것이라도 찾아내면 기뻐하기 마련이지요. 같은 이치로 나 또한 기억에 남은 몇 개 안 되는 선행(善行)을 회상하여, 우울한 마음을 달래는 즐거움으로 삼고 있습니다. 물론 나도 그런 선행을 부인하려는 것은 아닙니다. 적이 서로 화해하여 도시를 재난에서 구하는 것을 보았습니다. 친구와 부모와 어린아이의 사랑이 불가능한 일조차 이루어 놓는 것도 보았습니다. 젊은이가 단숨에 어른이 되는 것도, 늙은이가 다시 젊어지고 어린아이가 젊은이 못지않게 일하는 것도 보았습니다. 그뿐만 아니라 평소 기운이 약한 여자가 용감하고 갸륵한 본성을 나타내는 것도 보았습니다.

그 가운데에 특히 용감한 한 처녀의 감탄할 행동을 말씀드리죠. 그 훌륭한 처녀는 커다란 저택에 여자끼리만 남아 있었습니다. 왜냐하면 남자들은 모두 적을 물리치기 위해 싸움터에 나가 있었으니까요. 거기에 본대(本隊)에서 이탈한 불량배 같은 병사들 떼거리가 이 저택을 습격하여 곧장 여자들의 방으로 침입했습니다. 나이 찬 아름다운 처녀와 아직 어린아이라고 해도 좋을 귀여운 계집아이들을 보자, 그들은 금세 욕정에 사로잡혀 한데 뭉쳐 떨고 있는 계집아이들과 용감한 그 처녀를 향해 미친 듯이 달려들었습니다. 그러자 처녀가 한 병사의 허리띠에서 단도를 뽑아 들어 힘껏 휘둘렀습니다. 얼마나 세게 휘둘렀는지 상대는 당장 피를 흘리면서 처녀의 발밑에 쓰러졌습니다. 그다음에 처녀는 남자에게 지지 않는 솜씨로 용감하게 아이들을 구하고, 남은 네 난폭자와 맞서 싸웠는데, 네 난폭자는 도저히 당해 내지 못하고 목숨만 구해 겨우 도망쳤습니다. 그러자 처녀는 저택의 문을 모조리 잠그고 무장한 채 구원의 손길이 올 때까지 침착하게 기다렸습니다."

목사는 처녀의 미담을 듣자, 혹시 헤르만이 얘기한 처녀가 그 처녀일지도 모른다는 희망이 가슴에 용솟음쳐, '그 처녀는 그 뒤 어떻게 됐습니까, 마을 사람들과 함께 지금 슬픈 여행을 하고 있는 중입니까' 하고 물어보려고 했다.

그런데 그때 약방 주인이 급히 달려와, 목사의 팔을 잡아끌며 작은 소리로 속삭였다.

"몇백 명이나 되는 사람들 중에서 마침내 그 이야기의 주인공을 발견했습니다. 그러니까 한번 가서서 직접 눈으로 보십시오. 촌장더러 같이 가자고 해서 함께 자세한 얘기를 들읍시다."

귀엣말을 마치고 두 사람이 돌아보자, 촌장은 이미 어디론가 사라지고 없었다. 어떤 피난민 한 사람이 노인의 지혜를 빌리려고 모셔간 것이었다. 그래서 목사는 곧장 약방 주인을 따라 울타리에 틈이 난 곳으로 가 보았다. 그러자 약방 주인은 넌지시 손가락질을 하며 말했다.

"보입니까, 저 처녀가 갓난아기를 싼 것은 헤르만이 꾸려 갖고 온 낡은 캘리코와 물빛 셔츠가 틀림없어요. 받은 물건을 참 재빨리도 훌륭하게 이용했군요. 그것이 첫 번째 확실한 증거인데, 그 밖의 특징도 남김없이 들어맞습니다. 빨간 앞치마를 끈으로 아름답게 졸라매고, 불룩하게 부푼 가슴, 까만 조끼를 몸에 꼭 맞게 입고 있습니다. 속옷 깃에는 아름다운 주름 장식이 달려 있어, 그것이 동그란 턱을 둘러싸, 청순하고 우아한 분위기를 더욱 돋워 줍니다. 귀여운 달걀형 얼굴은 티없는 명랑한 표정을 띠고, 탐스럽게 많은 머리는 은핀으로 몇 번이나 감아올렸습니다. 지금은 앉아 있어 모르지만 키도 남보다 큰 것 같고, 주름 많은 감색 치마가 가슴 아래서 모양 좋게 발꿈치까지 여유 있게 물결처럼 내려와 있습니다. 저 처녀가 틀림없어요. 그러니까 이제는 저쪽으로 가서, 처녀가 정말 마음씨가 착한, 행실이 올바른 색싯감인가 어떤가 알아보도록 합시다."

그러자 목사는 걸터앉은 처녀를 이쪽저쪽 자세히 보며 대답했다.

"젊은이가 넋이 빠지는 것도 당연한 일입니다. 경험 있는 저 같은 사람이 보기에도 저 처녀는 합격이에요. 자연의 어머니로부터 잘 정돈된 얼굴을 받은 사람은 행복한 사람입니다. 언제나 남에게 호감을 주고, 어디엘 가나 외톨이는 되지 않으니까요. 게다가 애교까지 더해지면 그야말로 누구나 가까이 가려 하고 옆에 있고 싶어 하죠. 확실히 헤르만 군은 횡재했습니다. 저 처녀라면 앞으로 헤르만 군의 생활을 한껏 밝게 해 줄 것이오. 어느 때나 여자다운 능력으로 성심성의껏 헤르만 군을 도와줄 것입니다. 저렇게 손색 없는 육체에는 반드시 깨끗한 영혼이 깃드는 법이고, 젊을 때 튼튼하면 늙어서도 반드시 건강한 법입니다."

그러나 약방 주인은 그것은 경솔하다는 듯 덧붙여 말했다.

"얼핏 보고 속는 일이 한두 번이 아닙니다. 겉모양만 보고는 저는 믿고 싶지 않아요. '함께 소금 석 되를 핥기 전에는 쉽사리 새 친구로 믿지 말라. 시간이 지나서 비로소 화합할 수 있는지 또는 신의가 있는지 알 수 있다'는 격언이 맞는다는 건 몇 번이나 경험했으니까요. 그러니까 아무튼 처녀를 잘 아는 친절한 사람에게 물어, 처녀에 대해 자세한 걸 좀 더 알아보도록 합시다."

"그런 조심성은 저도 훌륭하다고 생각합니다." 목사는 맞장구를 쳤다.

"뭐니 뭐니 해도 자신의 며느릿감을 보고 있는 게 아니니까요. 남의 며느릿감을 고르는 것이니만큼 더욱 신중해야지요."

그래서 두 사람은, 마침 자기 일로 해서 다시 길 이쪽으로 돌아오는 정정한 늙은 촌장 쪽으로 걸음을 옮겼다.

현명한 목사는 곧 조심스럽게 말을 걸었다.

"저 노인장, 우리는 방금 한 처녀가 이 정원 안 사과나무 아래에 앉아 어디선가 얻어 온 듯한 낡은 캘리코로 어린아기를 위해 옷을 만들고 있는 것을 보았습니다만, 그 모습이 무척 마음에 들었고 착실한 처녀같이 보였습니다. 아시는 대로 몇 마디 말씀을 들려주시겠습니까? 그럴 만한 이유가 있어 묻는 것입니다."

촌장은 급히 다가와 뜰 안을 들여다보고는 이렇게 말했다.

"저 처녀라면 이미 들어 알고 계십니다. 좀 전에 단도를 들고 자기 몸과 친구들을 지키고, 훌륭한 행동을 한 처녀 얘기를 해드렸습니다만 그 주인공이 바로 저 처녀입니다. 보시다시피 체격이 좋죠. 강할 뿐만 아니라 마음씨도 착한 아가씨로, 친척 되는 노인이 거리의 참상과 위험에 처한 가재도구를 고민하다 죽어 갈 때는, 숨이 다 넘어갈 때까지 간호해 주었습니다. 약혼자가 죽었을 때도 조용히 의지 하나로 그 슬픔을 견뎌 냈습니다. 약혼자는 진취적인 젊은이로, 숭고한 사상이 제일 처음 떠올랐을 때 고귀한 자유를 찾아 홀로 파리로 가 곧 비장한 최후를 마쳤습니다. 그것도 그럴 것이 그는 이 나라에 있을 때와 마찬가지로 거기에서도 전제와 음모를 규탄했던 것입니다."

촌장의 말을 듣고 나서 두 사람은 작별 인사를 했는데, 헤어질 때 목사는 금화 한 닢을 꺼냈다(지갑 속에 들어 있던 은화는 두세 시간 전에 가엾은 피난민 무리가 지나가는 것을 보고 벌써 인심 좋게 모두 나누어 줘 버렸다). 목사는 그것을 촌장에게 주며 말했다.

"얼마 되지 않는 돈입니다만, 곤란한 사람들에게 나누어 주십시오. 하느님이 이 선물을 많이 불려 주시도록 간절히 기도하겠습니다." 그러나 노인은 사양하며 말했다.

"돈이고 옷이고 물건이고 넉넉히 가지고 나왔으니, 그것이 다 없어질 때쯤엔 고향으로 돌아갈 수 있을 것입니다."

그러자 목사는 돈을 억지로 노인의 손에 쥐어 주면서 말했다.

"이러한 난세에는 누구나 주는 데 주저해서는 안 되고 또 친절한 마음에서 내놓는 물건을 누구나 사양하지 않고 받아야 하는 것입니다. 가지고 있는 물건이라고 해서, 안심하고 언제까지나 자기 것이 될지는 의문입니다. 앞으로 언제까지 타향을 헤매고, 자기를 먹여 살리는 논밭에서 떨어져 있어야 할지 아무도 모르는 일입니다."

"그럼요, 옳은 말씀입니다." 약방 주인은 서둘러 말했다.

"저에게도 지갑 속에 돈이 있다면 큰 것이고 작은 것이고 몽땅 드리고 싶은 심정입니다. 같이 가는 분들 중에는 틀림없이 돈이 필요한 사람이 많이 있을 테니까요. 생각만큼은 도저히 할 수 없지만, 뭔가 저도 물건을 바쳐, 성의만이라도 나타내고 싶군요."

이렇게 말하고 약방 주인은 수놓은 담배 주머니 끈을 풀고, 능숙한 솜씨로 열더니 봉지 담배를 나누었다. 담배는 두서너 번 피울 분량이었다. "약소한 것입니다만." 약방 주인이 말하자 촌장은 "여행을 하는 사람에겐 좋은 담배는 언제나 고마운 것입니다" 답했다. 그러자 약방 주인은 크나스터 담배를 침이 마르도록 칭찬하기 시작했다.

그러나 목사는 약방 주인을 재촉해서 촌장에게 작별을 고했다. "서둘러 갑시다." 사리 밝은 목사는 말했다.

"헤르만 군이 초조하게 기다리고 있을 겁니다. 1초라도 빨리 이 기쁜 소식을 전해 줍시다."

급하게 돌아와 보니, 젊은이는 보리수 아래 마차에 기대어 서 있었다. 말은 한껏 짜증이 나 잔디를 짓밟고 있었다. 헤르만은 말고삐를 쥐고 생각에 잠긴 채 멍하니 서 있었기 때문에, 두 사람이 오면서 그를 부르고 반가운 손짓을 할 때까지는 그들을 보지 못했다.

약방 주인은 벌써 멀리서부터 말을 걸기 시작했다. 그러나 가까이 오자 목사는 헤르만의 손을 잡고, 약방 주인의 말을 가로막으며 말했다.

"축하하네, 헤르만 군. 자네의 그 성실한 마음은, 고르는 데 잘못이 없었네. 자네에게도 자네의 새 아내에게도 진정으로 축하를 보내네. 그 처녀는 자네 색싯감으로서 조금도 손색이 없는 처녀네. 자아, 빨리 마차를 돌려 말을 몰아 마을 모퉁이로 가, 처녀에게 구혼하고 한시바삐 그 나무랄 데 없는 처녀를 집으로 데리고 가세."

그러나 젊은이는 그대로 서서 이 하늘에서 내려온 즐거운 사자의 말을 기쁜 빛도 없이 흘려들으며 깊은 한숨을 쉬고 말했다.

"우리는 마차를 달려 찾아오긴 했지만, 어쩌면 망신당하고 집으로 돌아갈지도 모르겠습니다. 여기 이렇게 기다리고 있는 동안 사랑하는 사람의 마음을 괴롭히는 걱정과 의혹과 고뇌에 사로잡혀 있었습니다. 이쪽이 부자인데 저쪽이 가난한 몰락한 몸이라는 단순한 그 이유 하나만으로, 이쪽에서 가기만 하면 처녀는 우리의 뒤를 쫓아오리라는 생각은 너무 단순한 생각이 아닐까요? 가난이란 스스로가 초래한 것이 아닌 한, 오히려 자존심을 불러일으키게 마련입니다. 그 처녀는 욕심이 없고 일을 좋아하는 것 같으니까, 어떻게 해서 든 살길은 열릴 것입니다. 그처럼 아름답고, 그처럼 정숙한 처녀에게 훌륭한 젊은이가 한 번도 마음이 움직인 일이 없을까요? 여태까지 사랑의 문을 닫고 있었을까요? 서둘러 그리 가기보다는, 대할 낯도 없긴 하지만 조용히 말을 돌려 집으로 돌아가는 게 나을 것 같습니다. 어쩌면 벌써 어떤 젊은이가 그 처녀의 마음을 사로잡고, 갸륵한 그 처녀도 그것을 승낙하여, 그 행복한 젊은이에게 이미 장래를 약속해 버린 것이 아닐까요. 아아, 그렇다면 제가 찾아가서 청혼을 했다가는 망신만 당하게 될 것입니다."

이 말을 듣고 목사가 헤르만을 위로하려고 하자, 옆에 있던 약방 주인이 언제나의 수다로 말하기 시작했다.

"그래그래. 옛날엔 무슨 일이든 거기에 맞는 절차를 밟아 했으니까 이렇게 당황하는 일은 없었지. 아버지가 아들의 신붓감을 먼저 보고, 그 집과 아는 사람 누구를 은밀히 불러, 점찍어 놓은 신부 아버지에게 중매쟁이를 보내지. 그러면 중매쟁이는 일요일 식사 시간이 지났을 때쯤 해서, 가문(家紋)을 새긴 옷을 입고 그 집을 방문하여, 먼저 세상 이야기를 주고받은 다음 능숙한 솜씨로 슬쩍 화제를 돌려 한참 이리저리 둘러치다가, 마지막에 신부에 대한 얘기를 꺼내 칭찬하고 부탁받은 집의 자식 얘기도 꺼내 칭찬을 하지. 그러면 상대방은 영락없이 이쪽 속마음을 눈치채고, 심부름 간 사람도 실수

없이 상대의 뱃속을 살펴, 그 뒤의 일은 아무렇게라도 진행이 되지. 설사 청혼이 거절되더라도 불쾌해할 것도 없고, 또 만일 생각대로 성공하는 날이면 그 중매쟁이는 그 집의 큰일이 있을 때마다 제일 귀한 손님으로 대접받지. 그도 그럴 것이 부부의 처지에서 보면, 능숙한 솜씨로 부부의 인연을 맺어 준 그 일은 평생 동안 잊을 수 없는 것이니까. 그런데 지금은 그런 것도 다른 모든 훌륭한 습관들과 같이 하나도 남김 없이 구식이 되어, 누구나 자기의 혼담을 자기가 꺼내게 됐지. 그러니 당연한 일로, 거절당하는 경우도 나 혼자 직접 당해야 하고 여자 앞에서 망신당해도 나 혼자 직접 당하게 됐지."

"어떻게 되든 운명에 맡기겠습니다." 젊은이는 이 수다에는 별로 귀를 기울이지 않고, 어느새 마음 깊이 결심한 듯 대답했다.

"제가 가서 저의 운명을 그 사람의 입으로 직접 듣고 오겠습니다. 저는 그 사람에 대해서 이미 남자가 여자에 대해 품었던 어떤 신뢰에 못지않은 신뢰를 품고 있습니다. 그 사람이 하는 말이라면 어떤 것이나 다 틀림없이 확실하고 이치에 맞을 것입니다. 설사 그 사람을 다시 못 보게 되더라도 다시 한 번 그 검은 눈이 반짝이는 눈길을 보고 싶습니다. 설사 다시는 그 사람을 안을 수 없더라도, 이 팔이 안고 싶어 견딜 수 없는 그 가슴과 어깨를 다시 한 번 보고 싶습니다. 키스하고 '네' 하고 대답하면 저를 영원히 행복하게 만들고, '싫어요' 하고 말하면 저를 영원히 파멸시킬 그 입을 꼭 한 번 다시 보고 싶습니다. 어쨌든 저에게 모든 걸 맡겨 주십시오. 그리고 기다리지 마시고 곧장 제 부모님한테 가서서, 자식이 본 것이 틀림없었다는 것, 훌륭한 처녀라는 얘기를 전해 주십시오. 그럼 전 이대로 물러가겠습니다. 지름길로 언덕을 넘어 배나무 옆을 지나, 우리 집 포도밭 사이 산길을 타고 집으로 돌아가겠습니다. 아아, 사랑스런 그 사람을 데리고 걸음을 재촉해 돌아갈 수 있다면 얼마나 좋겠습니까! 결국 저는 혼자 터벅터벅 집으로 돌아가겠지요. 그리고 두 번 다시 그 길을 즐거운 마음으로 걷는 일은 없을 것입니다."

이렇게 말하고 헤르만은 목사에게 고삐를 내주었다. 목사는 익숙한 솜씨로 그것을 받아 쥐고 거품을 물고 있는 말을 제지한 다음, 재빨리 마차에 뛰어올라 마부석에 자리잡았다. 그러나 조심성 있는 약방 주인은 타기를 주저하며 말했다.

"목사님, 영혼이나 정신이나 마음은 즐겨 당신에게 맡기겠습니다만, 몸이나 팔다리는 아무래도 좀 위험할 것 같군요. 그래도 성직자의 손인데, 주저도 없이 세속의 고삐를 잡으려 하시다니."

그러자 목사는 빙그레 웃으며 대답했다.

"염려 말고 타십시오. 그리고 몸도 영혼과 똑같이 안심하고 제게 맡기십시오. 벌써 옛날부터 고삐잡기엔 선수입니다. 눈도 훈련이 된 덕택으로 마음대로 방향을 바꿀 수 있습니다. 전에 젊은 남작을 데리고 슈트라스부르크에 갔을 때도 우리는 내내 저의 손으로 마차를 몰았으니까요. 매일같이 제가 마부 노릇을 하고, 마차는 바퀴 소리도 요란히 성문을 지나 먼지투성이 길을 멀리 목장이며 보리수가 있는 곳까지, 하루를 산책으로 보내는 사람들의 무리를 뚫고 달려나가곤 했습니다."

이 말을 듣고, 어느 정도 안심한 약방 주인은 마차에 올라탔으나, 언제든지 뛰어내릴 수 있게 만반의 태세를 갖춘 다음 자리에 앉았다. 말들은 마구간으로 돌아가고 싶어 집을 향해 곧장 달렸다. 그러자 그 힘찬 말발굽 밑에서 먼지가 구름처럼 피어올랐다. 젊은이는 오랫동안 그대로 서서 먼지가 피어오르고 흩어져 없어지는 것을 바라보았다.

에라토*

Erato

도로테아

길가는 나그네가 해질 무렵 급히 사라져 가는 태양을 다시 한 번 찬찬히 바라보면 어두운 수풀 속이나 바위 한쪽에 태양의 그림자가 떠오르는 것이 보이고, 어디로 눈길을 돌려도 그 그림자가 앞에 나타나, 웅장하고 아름다운 색을 아롱아롱 수놓는 것처럼, 헤르만의 눈앞에도 그 사랑스러운 처녀의 모습이 조용히 스쳐 지나가, 곡식밭 한가운데 오솔길을 걸어가는 것처럼 생각되었다. 헤르만은 깜짝 놀라 그 꿈에서 깨어나 이상하게 생각하며 천천히 마을 쪽을 향해 걸어갔다. 그런데 또 이상한 생각에 사로잡혔다. 그 잘생긴 처녀의 모습이 다시 자기 쪽을 향해 다가오는 것이었다. 헤르만은 뚫어지게 처녀를 바라보았다. 그러나 그것은 환상이 아닌 바로 그 처녀의 모습이었다. 양손에 크고 작은 물통의 손잡이를 들고, 부지런히 우물 쪽으로 가는 참이었다. 헤르만은 가슴을 두근거리며 다가갔다. 처녀의 모습을 눈앞에 보고 용기와 힘을 얻어, 깜짝 놀라는 처녀에게 이렇게 말을 걸었다.

"정말 감탄했습니다. 곧 또다시 열심히 다른 사람들의 시중을 들어 주고, 모두에게 기운을 주려고 하고 있군요. 실례입니다만, 다른 사람들은 다 마을 물로 만족하고 있는데, 왜 당신만은 유독 이렇게 멀리 떨어진 우물까지 온 겁니까? 물론 이 물은 특별한 효능이 있고, 물맛도 좋기는 합니다만. 혹시 당신이 성의를 다해 도와준 그 부인에게 가져가려는 게 아닙니까?"

싹싹한 처녀는 곧 다정하게 인사를 하고 젊은이에게 말했다.

"아, 먼 우물까지 찾아온 보람이 있었군요. 그렇게 많은 물건을 우리에게 주신 친절한 분을 다시 만나 뵙게 되었으니. 은혜를 베풀어 주신 분을 만나

---

* 사랑의 노래 여신. 아홉 뮤즈 가운데 하나. 사랑하는 헤르만과 도로테아가 다시 만나 서로 이야기를 나누고 헤르만의 집으로 가기 때문인 듯하다.

는 것은, 받은 물건 못지않게 반가운 것입니다. 같이 가서서, 당신의 후의 (厚誼)를 받은 사람들을 직접 보시고, 힘을 얻은 모든 사람의 따뜻한 감사를 받아 주세요. 그건 그렇고, 제가 왜 쉴 새 없이 맑은 물이 샘솟는 이곳으로 물을 길러 왔는지 그 이유를 말씀드려야겠군요. 부주의한 사람들이, 마을 사람들이 쓰는 수원지(水源地)에 염치도 없이 말과 소를 들이대 모든 마을의 물을 흐려 놓고, 게다가 빨래며 청소를 한답시고 마을 물통을 모조리 더럽혀 놓아, 우물이란 우물은 하나도 남김없이 더러워졌기 때문입니다. 모든 사람이 자기 눈앞에 닥친 일만 서둘러 해치우려는 생각으로 나중 사람들 일은 전혀 생각하지 않기 때문이지요."

이렇게 말하며 처녀는 헤르만과 나란히 넓은 계단을 내려갔다. 그리고 두 사람은 함께 나지막한 우물가에 걸터앉았다. 처녀가 허리를 굽히고 물을 푸려고 하자, 헤르만도 다른 물통을 들고 몸을 굽혔다. 그러자 파란 하늘이 비친 물에 자기들의 모습이 흔들리는 것을 보고, 두 사람은 물거울 속에서 서로 고개를 끄떡여 새삼 다정한 인사를 나누었다. "한 모금 주십시오." 이윽고 젊은이가 쾌활하게 말했다. 처녀는 물통을 내밀었다. 그리고 두 사람은 사이좋게 물통에 몸을 기대고 쉬고 있다가 처녀가 다정하게 말을 걸었다.

"실례입니다만, 대체 어떻게 이런 데서 만나 뵙게 됐지요? 게다가 말도 마차도 보이지 않는군요. 처음 만난 곳하곤 아주 떨어진 곳이 아니에요? 어떻게 여기까지 오셨지요?"

헤르만은 생각에 잠긴 채 땅을 내려다보고 있다가 이윽고 조용히 처녀를 향해 눈을 들어, 처녀의 눈을 다정하게 들여다보았다. 그러자 마음이 침착하게 가라앉으면서 용기가 생기는 것을 느꼈다. 그래도 사랑을 고백할 것 같지는 않았다. 처녀의 눈은 사랑의 빛이 아니라, 맑은 이지(理知)의 빛을 띠어 분별 있는 얘기하기를 명하고 있었다. 그래서 헤르만은 곧 정신을 가다듬고 숨김 없이 처녀에게 말했다.

"그럼 하나도 숨기지 않고 당신의 물음에 대답하지요. 제가 여기 온 것은 당신 때문입니다. 무얼 숨길 게 있겠습니까? 저는 자애 깊은 부모님과 행복하게 지내면서, 외아들로 성심성의껏 집이며 토지의 관리를 돕고 있습니다. 집에는 정말 할 일이 많습니다. 밭농사는 일체 제가 맡고, 아버지는 집에서 열심히 지시를 내리시고 부지런한 어머니는 민첩하게 집안일 전반을 돌봅니다. 아마 당신도 잘 알겠지만, 고용인이란 흔히 경솔하든가 아니면 성실성이 없기 마련이어서, 주부는 무척 곤란을 느껴 계속 사람을 바꿔 들여야 하는데, 결국 바꿔 본댔자 결점과 결점을 바꾸는 결과밖에 안 됩니다.

그래서 어머니는 벌써 오래전부터, 애석하게 일찍 죽은 딸 대신으로 비단 손만이 아니라 마음으로도 어머니를 도와줄 처녀 하나를 집에 데려오고 싶어하셨습니다. 그러던 차에 제가 오늘 당신을 보았고, 옳다구나 싶어 부지런히 집으로 돌아가서 부모님과 친한 사람들에게 당신의 모습을 일일이 칭찬했습니다. 당신이 아주 익숙한 솜씨로 즐겁게 마차를 모는 모습과 당신의 튼튼해 보이는 두 팔과 건강미 넘치는 몸, 당신의 분별 있는 말 등등에 대해서 말이죠. 그리고 곧장 이리로 달려온 것입니다. 당신을 만나, 부모님도 또 저도 바라고 있는 것을, 당신에게 모두 말하기 위해서죠. 말문이 막혀 더는 말을 못하겠습니다."

이 말을 듣고 처녀는 대답했다.

"조금도 염려 마시고 어서 말씀을 계속하세요. 기분 나쁘게 생각하기는커녕 오히려 감사하게 생각하고 있습니다. 상관 말고 솔직하게 다 말씀해 주세요. 무슨 말이든 저는 놀라지 않습니다, 빈틈없이 정리된 당신 집안일을 돕기 위해, 부모님의 심부름꾼으로 저를 고용하고 싶으신 거죠. 당신은 제가 일도 잘하고 마음도 그리 나쁘지 않은 처녀라고 생각하고 계시는군요. 당신의 말씀이 짧았으니까 제 대답도 짧게 하겠어요. 잘 알았습니다. 둘이 함께 돌아가 운명의 부름에 따릅시다. 여기서의 제 의무는 끝났어요. 그 산모를 가족들 있는 데로 데려다 주었더니, 모두들 살아온 것을 무척 기뻐하더군요. 이제 가족의 대부분이 모였으니까, 남은 식구들은 차차 만나게 되겠죠. 모든 사람이 머지않은 장래에 고향으로 돌아가게 될 거라 믿고 있습니다. 유랑의 몸이 되면 언제나 그런 식으로 자기를 위로하게 마련이지요. 하지만 저는 이 슬픈 난세에 근거도 없는 희망으로 기뻐하고 싶지 않습니다. 앞으로 계속 슬픈 나날이 이어질 거예요. 세상을 묶고 있던 끈이 풀어져 버렸으니까, 앞으로 가장 심한 고통이라도 겪지 않는 한 도저히 다시 묶이지는 않을 거예요. 훌륭한 분 댁에서 훌륭한 마님의 지시를 받으며 살 수 있다면, 그거야말로 제가 가장 바라는 바입니다. 젊은 여자가 정처도 없이 헤맨다면 언제나 시끄러운 소문이 따르게 마련입니다. 잘 알았습니다. 이 물통을 함께 있는 사람들한테 갖다 주고, 그다음 그 다정한 이들한테서 축복을 받으면 곧 같이 가도록 합시다. 자아, 같이 가세요. 여러분들을 만나보시고 나서 저를 맞아 주시지 않으면 안 돼요."

젊은이는 처녀가 쾌히 응하는 말을 듣고 기쁘게 생각했으나, 과연 사실을 밝혀야 할지 어떨지 결심이 잘 서지 않았다. 결국 그대로 생각하게 하여 집으로 데리고 가, 그다음 다시 사랑을 구하는 것이 가장 좋은 길이라고 생각했다. 아아, 그런데 그때, 그 처녀의 손가락에 금반지가 끼어 있는 것이 눈에 띄었다. 그래서 처녀가 계속 말하도록 내버려 두고 열심히 그 말에만 귀를 기울였다.

처녀는 말을 계속했다.

"자아, 돌아가도록 합시다. 여자가 우물가에 오래 있으면 반드시 꾸지람이 따르기 마련입니다. 하지만 물이 샘솟는 우물가에서 얘기하는 건, 정말 즐거운 일이에요."

이리하여 두 사람은 일어나, 다시 한 번 우물 속을 들여다보았다. 감미로운 아련한 그리움이 두 사람의 마음을 사로잡았다.

그리고 처녀는 묵묵히 두 물통의 손잡이를 잡고 계단을 올라갔다. 헤르만도 사랑하는 사람의 뒤를 따라, 그 짐을 덜어 주려고 통 하나를 받아들려 했다. "괜찮아요." 처녀는 말했다.

"이대로가 균형이 잡혀서 더 좋아요. 그리고 이제부터 제가 분부받을 주인께서 제 일을 도와주려 하시면 안 돼요. 그렇게 심각한 얼굴로 저를 보지 마세요. 제 장래가 걱정되는 모양이군요. 여자란 제 의무대로 다른 사람에게 봉사하는 것을 될 수 있는 대로 빨리 배우는 것이 좋아요. 남에게 봉사함으로써 비로소 남을 지배하고, 집안에서 신분에 맞는 권리를 얻을 수 있는 것입니다. 일찍부터 형제에게 봉사하면서, 쉴 새 없이 다른 사람을 위해 왔다 갔다 하고, 물건을 들어 나르고 미리 준비하고 만드는 것이 여자의 일생입니다. 어떠한 길도 괴로워하지 않고, 밤도 낮과 똑같이 생각하고, 서서 일하는 것을 결코 피하지 않고, 바느질도 귀찮아하지 않고, 자기라는 것을 완전히 잊고 오직 남을 위해 살도록 습관을 들이는 것이 여자에게는 행복한 길입니다. 아이의 어머니가 되면 그때야말로 모든 부덕을 갖추지 않으면 안 돼요. 앓아누워도 젖먹이가 보채며 깨워 젖을 달라고 조릅니다. 그러노라면 몸의 고통만이 아니라 마음의 고통까지 겹치죠. 남자 스무 명이 모여도 이 고통은 견디지 못할 거예요. 물론 그런 수고를 일부러 겪을 필요는 없지만, 남자들도 여자들이 그만큼 애쓰고 있다는 것을 생각해야 할 거예요."

이렇게 말하고 처녀는 아무 말 없이 따라오는 헤르만과 함께 마당을 가로질러, 산모가 맨바닥에 누워 있는 창고로 갔다. 언젠가 처녀가 구해 준 일이 있는 그 순진한 계집아이들과 같이 있기 때문에 안심하고 다녀온 것이다. 두 사람은 안으로 들어갔다. 그와 동시에 촌장이 양손에 하나씩 아이를 데리고 저쪽에서 들어왔다. 지금까지 이 아이들의 행방을 몰라 어머니가 비탄에 잠겨 있던 것을, 노인이 사람들 틈에서 발견해 내 데려온 것이다. 아이들은 기쁨에 넘쳐 사랑하는 어머니에게 달려들어 키스를 하고, 모르는 동안에 생긴, 같이 놀 남자 동생을 보고 기뻐했다. 그리고 처녀(도로테아)에게 매달려 그리운 듯 키스를 하고, 빵과 과일, 특히 마실 것을 달라고 보챘다. 도로테아는 차례차례 물을 주었다. 먼저 아이들이 마시고, 산모와 딸들이 마시고, 그 다음 촌장이 마셨다. 모두 기운이 나서 훌륭한 그 물을 찬양했다. 그 물은 약간 산성을 띠고 있어 기분이 상쾌하고, 마시고 나면 몸에도 이로운 물이었다.

잠시 뒤 처녀는 진지한 표정으로 말문을 열었다.

"여러분, 제가 여러분을 위해 물을 길어 와서 여러분의 입술을 물로 축여 드리는 것도, 어쩌면 이것이 마지막이 될 것 같습니다. 하지만 앞으로 더운 날에 물을 마시고 기운을 차리거나 나무 그늘에 앉아서 시원한 우물물을 마실 때는, 저와 또 제가 친척의 의무라기보다도 사랑의 마음에서 여러분을 돌보아 줬다는 것을 기억해 주세요. 여러분이 제게 보여 주신 친절도, 저는 일생 잊지 못할 것입니다. 여러분과 헤어지는 것은 정말 괴로운 일이나, 이러한 상태에서는 서로가 힘이 되기보다도 오히려 짐이 될 뿐입니다. 그리고 이렇게 고향으로 돌아가는 길이 막혀서야 우리는 타향에서 서로 뿔뿔이 헤어질 수밖에 없어요. 여러분, 여기에 오신 이 젊은 분은 아기의 이 포대기와 훌륭한 먹을 것 등, 여러 가지 물건을 주신 분입니다. 이분이 저를 보시고 이분의 집으로 같이 가, 유복하고 훌륭하신 이분 부모님의 시중을 들어 달라고 부탁하셨습니다. 저는 거절하지 않기로 했어요. 어차피 여자란 어디에 가든 남을 위해 봉사해야 하는 몸이고, 사람을 부리고 집에 한가히 있으면 오히려 괴로운 것이니까요. 저는 기쁘게 이분의 뒤를 따라가겠습니다. 보기에 이분은 나이에 어울리지 않게 분별 있는 분이시니까 부모님도 틀림없이 유복한 분에게 어울리게 사리에 밝으신 분들일 거예요. 그럼 안녕히 계세요. 아주머니, 아기가 기운이 나서 이제 생기 있게 어머니를 쳐다보니 안심이 되는군요. 이 예쁜 포대기에 싸서 아기를 가슴에 안으실 때는, 이것을 주셨을 뿐만 아니라 이후 여러분의 한 식구인 저를, 옷과 음식 뒷바라지까지 도움 주신 이 친절한 젊은 분을 기억해 주세요. 그리고 촌장님."

처녀는 촌장을 향해 말했다. "여러모로 저를 친딸처럼 돌봐 주셔서 감사합니다."

그리고 다정한 산모 옆에 꿇어앉아 울고 있는 그 부인에게 키스를 하고, 축복의 속삭임을 들었다. 그동안 존경할 만한 촌장은 헤르만을 향해 이렇게 말했다.

"당신은 과연 훌륭한 주인의 한 분이오. 훌륭한 주인이란 유능한 일꾼과 손잡고 집안일을 이끌어 나가려고 하죠. 과연 소나 말이나 양 같은 걸 사고 팔 때는 면밀히 조사하는 것을 몇 번이나 본 일이 있습니다. 인간으로 말하자면 부지런한 성품으로 뭐든지 소중하게 여기는 사람이 있는가 하면, 그릇된 행동을 해서 하나에서 열까지 뒤죽박죽 흩어만 놓는 사람이 있는데, 대개는 그런 사람을 우연히 멋모르고 집에 데려다 놓고는 나중에야 비로소 경솔한 처사를 후회하는 일이 보통입니다. 그런데 당신은 그 점을 이해하고 있을 것 같소. 집에서 당신이나 당신의 부모의 일을 도와줄 사람으론, 정말 착실한 처녀를 고르셨습니다. 소중하게 여겨 주세요. 저 처녀가 집안일을 돌보아 주는 동안에는 당신에게는 누이동생이, 그리고 당신의 부모에게는 딸이 하나 생긴 거나 같을 겁니다."

그동안 산모와 가까운 많은 친척들이 여러 가지 물건을 가져오기도 하고, 더 좋은 숙소를 찾았다고 알리러 오기도 했다. 모두들 처녀의 결심을 듣고 의미 있는 눈길을 보내고 이것은 보통 일이 아니라는 듯 헤르만을 축복했다.

"주인이 신랑이 된다면 도로테아는 고생을 면할 텐데" 하는 귀엣말이 돌았기 때문이다. 이윽고 헤르만은 도로테아의 손을 잡고 말했다.

"자, 갑시다. 해가 이미 기울기 시작하고, 읍내까지는 머니까요."

그러자 여자들은 번갈아 도로테아를 껴안고 쉴 새 없이 떠들어 대었다. 헤르만이 그들을 떼어 놓아도, 도로테아는 여전히 인사를 나누었다. 그러자 이번에는 아이들이 무서운 기세로 울부짖으며 도로테아의 옷에 매달려, '제2의 어머니'를 놓으려 하지 않았다. 몇 명의 여자가 아이들을 달래며 말했다.

"조용히들 해요, 착한 아이들이지. 언니는 읍내에 가서 너희들에게 맛있는 과자를 많이 가져온대. 아기가 조금 전에 황새를 따라 과자집 옆을 지날 때, 언니가 주려고 주문해 뒀다나. 언니는 금세 예쁜 금색 주머니를 갖고 돌아올 거야."

말을 듣고 아이들은 도로테아에게서 떨어졌으나, 여전히 끌어안고 있는 여자들의 손과 멀리 갈 때까지 흔드는 손수건에서, 헤르만은 도로테아를 간신히 떼어 놓을 수가 있었다.

멜포메네*
Melpomene

헤르만과 도로테아

이리하여 두 사람은 석양을 향하여 발걸음을 옮겼다. 해는 구름 속에 깊이 모습을 감추고 곧 소나기라도 퍼부으려는지, 베일과도 같은 구름 틈새로 여기저기 타는 듯한 햇빛이 쏟아져 나와 들판 위에 음산한 광선을 던지고 있었다. "소나기가 오려나." 헤르만이 말했다.

"우박이 쏟아지거나 큰비가 오지 말아야 할 텐데, 모처럼의 풍작이니."

그리고 두 사람은 높이 자란 보리가 바람에 흔들리는 것을 기쁜 듯이 바라보았다. 보리는 그 가운데로 지나가는 두 사람의 큰 키에 거의 닿을 것 같았다. 이윽고 처녀는 앞서 가는 헤르만을 향해 다정하게 말했다.

"저렇게 많은 피난민들이 노천에서 비바람의 위협을 받고 있는데, 제게는 의탁할 집이 생겨 행복한 몸이 됐습니다만, 이것은 모두 당신의 친절한 마음씨 덕분이에요. 그건 그렇고, 이제는 부모님에 대한 말씀을 좀 들려 주세요. 앞으로 정성껏 모실 생각이니까요. 주인의 성격을 잘 알아서, 주인이 가장 소중하게 여기시는 것이나, 늘 염두에 두고 계신 일들을 기억해 두면 모시는 데도 훨씬 수월할 테니까요. 그러니 자세히 말씀해 주세요. 어떻게 하면 부모님 마음에 들 수 있을까요?"

그러자 다정하고 분별 있는 젊은이가 대답했다.

"과연 당신은 영리하고 훌륭한 사람이오. 무엇보다 먼저 부모님의 성격부터 물어보다니! 저는 여태까지 집안일을 내 일처럼 맡아서, 아침 일찍부터 밤늦게까지 곡식밭이며 포도밭 일을 돌보면서 열심히 아버지를 봉양해 왔으나 허사였습니다. 어머니는 제 일에 만족하시지요. 제가 한 일을 평가하

---

* 비극의 여신. 아홉 뮤즈 가운데 하나. 헤르만과 도로테아의 가슴에 싹튼 갈등을 표현한 것.

실 줄도 압니다. 그러니까 당신이 당신 집안일처럼 생각하고 돌보아 준다면, 어머니는 당신을 정말 훌륭한 처녀라고 여기실 것입니다. 그러나 아버지는 그렇게는 되지 않아요. 체면이라는 것을 무척 중요시하니까요. 처음 만난 당신에게 이렇게 대뜸 아버지 흉을 본다고 해서 마음 착한 당신은 저를 매정한 남자라고 생각할지 모르겠습니다. 하지만 맹세코 말하지만 말주변 없는 제가 이런 말을 자진해서 한 것은 이번이 처음입니다. 왠지 모르지만 당신과 함께 있으면 저는 가슴속에 있는 걸 모두 털어놓지 않고는 못 견디겠군요. 아버지는 좋은 분이지만, 생활에서 조금 겉치레를 즐기시고, 애정이나 존경심도 밖에 나타내 보여 주길 좋아하십니다. 그러니까 그런 걸 잘 이용할 줄 아는 하인에겐 만족해하시고, 충직한 하인을 오히려 싫어하는 일이 있을지도 모르겠습니다."

도로테아는 어두워져 가는 오솔길을 몸가짐도 가볍게 발걸음을 재촉하면서 기쁜 듯이 이 말에 대답했다.

"두 분 다 만족시켜 드릴 수 있을 겁니다. 어머니의 마음은 제 성격과 비슷하고, 겉치레라는 것도 어려서부터 모르고 자라지는 않았으니까요. 우리 고향 이웃의 프랑스인들은 그래 봬도 옛날엔 무척 예의를 존중하던 사람들입니다. 귀족이나 도시 사람들뿐만 아니라 농부들까지도 매한가지여서 누구나 모두 집안에서 예의 바르게 행동하기를 가르쳤습니다. 그 때문에 우리 독일 쪽에서도 아이들까지 아침마다 손에 키스하고 무릎 굽혀 부모님에게 인사하고, 온종일 예절 바르게 지내는 것이 습관이었습니다. 제가 배워 기억한 것, 어릴 때부터 익혀 온 것, 제 마음에서 자연히 우러나오는 것이라면—어떤 일을 해서라도 아버님 눈에 들도록 하겠습니다. 한데 무엇보다 중요한 당신, 외아들로 장차는 제 주인이 되실 당신을 어떻게 섬겨야 할지, 그건 대체 누가 가르쳐 주시죠?"

도로테아가 이렇게 말했을 때, 두 사람은 마침 배나무 밑에 와 있었다. 하늘에서는 보름달이 환하게 비치고 있었다. 해는 완전히 저녁노을의 마지막 햇살마저 완전히 모습을 감추었다. 그리하여 두 사람의 눈앞에는 대낮처럼 밝은 달빛과 어두운 밤의 그늘이 확실한 구획을 짓고 여기저기 무려져 있었다. 헤르만은 자기가 가장 좋아하는, 게다가 조금 전 유랑의 몸인 도로테아 때문에 눈물을 흘린 장소인, 멋있는 배나무 그늘 아래에서 다정한 도로테아

의 말을 듣는 것이 말할
수 없이 즐거웠다. 잠시
쉬려고 두 사람이 앉자,
사랑에 빠진 젊은이는 처
녀의 손을 잡으며 말했다.

"당신 자신에게 물어봐
요. 그리고 마음이 시키는
대로 해 주시오."

더없이 좋은 기회였으
나, 그 이상은 말을 할 수
가 없었다. 섣불리 긁어
부스럼 만들까 두려웠던
것이다. 아아, 게다가 그
손가락에 낀 반지, 그 가
슴을 찌르는 표식에 손이
닿았던 것이다. 두 사람은
한참 동안 말없이 나란히
앉아 있었다. 이윽고 처녀
가 입을 열었다.

"환한 달빛은 정말 기분이 좋군요. 꼭 대낮과 같이 밝아요. 어마, 저쪽 읍
내의 집이며 정원, 그리고 박공 있는 곳에 창문 하나까지 모두 똑똑히 보이
는군요. 창유리를 하나하나 셀 수 있을 것 같아요."

"당신이 보고 있는 것은" 젊은이가 나직이 대답했다.

"저희 집입니다. 이제부터 이 언덕을 내려가 저 집으로 당신을 데리고 갈
참입니다. 그리고 저 창은 지붕 밑 내 방으로, 아마 어쩌면 이제부터 당신의
방이 될지도 모르겠습니다. 방을 모두 바꿀 생각이니까요. 이 근처의 밭도
저희 것입니다. 완전히 익어 내일 거둬들일 것입니다. 이 나무 그늘에서 모
두 쉬며 점심을 먹게 될 거예요. 자, 이제 포도 산을 지나 뒤뜰을 거쳐 아래
로 내려갑시다. 어, 굉장한 먹구름이 밀려오는데요. 번개가 번득이고 아름다
운 보름달도 곧 구름에 먹힐 것 같군요."

두 사람은 일어나 밝은 밤길을 즐기며 휘어지도록 이삭이 영근 보리밭 샛길을 지나 아래로 내려갔다. 이윽고 포도 산에 다다르자, 캄캄한 어둠 속에 발걸음을 내디뎠다.

이렇게 헤르만은 도로테아를 안내하면서, 나무 밑 길에 자연석을 깔아 계단을 만든 무수한 돌을 밟고 내려갔다. 도로테아는 헤르만의 양어깨에 팔을 걸치고, 천천히 뒤를 따라 내려갔다. 달은 나뭇잎 사이로 빛을 던지며 힐끗힐끗 두 사람을 훔쳐보았다. 그러다 갑자기 비구름에 싸이면서 두 사람은 완전히 어둠 속에 남았다. 헤르만은 힘을 다해 자기를 의지하고 내려오는 처녀를 조심스럽게 부축했으나 산길의 생김새를 모르고, 거친 돌계단에도 익숙하지 못한 처녀는 헛디뎌 발을 삐고 나뒹굴 뻔했다. 침착한 젊은이는 재빨리 돌아서서 양팔을 뻗쳐, 사랑하는 사람을 안아올렸다. 처녀가 비틀거리며 헤르만의 어깨에 가볍게 몸을 기대어 서로의 가슴과 볼이 살짝 닿았다. 그러나 헤르만은 진실한 마음에 눌려 그대로 꼼짝 않고 대리석처럼 버티고 선 채, 처녀를 꽉 껴안으려고도 하지 않고, 기대 오는 무게를 지탱하고 서 있었다. 이렇게 헤르만은 이 유쾌한 무게, 심장의 온기, 입술에서 풍겨오는 향기로운 숨결을 느끼며 남자다운 감정으로 커다란 처녀의 몸을 그대로 안고 서 있었다.

그러자 처녀는 아픔을 감추며 장난스레 말했다.

"집에 들어갈 때 문지방에서 멀지 않은 곳에서 발을 헛디디면 좋지 않은 일이 있다고, 미신을 믿는 사람들이 말하더군요. 정말이지, 좀 더 좋은 징조가 있었으면 좋았을 텐데. 여기서 조금 쉬었다가 들어가세요. 절름발이 처녀를 데려왔다고, 당신 부모님한테 꾸중이라도 들으시고, 게다가 무능한 주인으로 오해받으시면 곤란하니까요."

우라니아*
Urania

앞날

　자비하사 이처럼 진정한 사랑을 베풀어 주시고, 여기까지 훌륭한 젊은이를 인도하시어, 약혼에 앞서 이미 젊은이의 가슴에 처녀를 안겨 주신 뮤즈 신이여, 앞으로도 힘을 도우사 사랑스런 한 쌍의 약혼의 굴레를 이루어 주시옵고, 그네들 행복을 뒤덮으려는 어두운 구름장을 어서 곧 헤쳐 주옵소서. 하오나 먼저 무엇보다도 지금 집안에서 일어난 일을 말씀해 주옵소서.

　어머니는 조바심을 못 이겨 방금 불안한 마음으로 뛰쳐나왔던 남자들이 있는 방으로 곧장 다시 들어왔는데, 이것은 벌써 세 번째였다. 소나기가 올 것 같다고, 달이 갑자기 캄캄해졌다고, 그런데 아들은 아직 돌아오지 않았다고, 밤길은 위험하다고 안절부절못하면서, 목사와 약방 주인이 처녀를 만나 보지도 않고 청혼해 보지도 않은 채, 어린 아들만 혼자 남겨 두고 곧장 돌아온 것을 연신 나무랐다.
　"그런 쓸데없는 소린 이제 좀 그만했으면 좋겠군." 아버지는 불쾌한 듯이 말했다.
　"우리도 결과만을 목이 타게 기다리는 걸 당신도 알고 있지 않소."
　그러자 약방 주인이 의젓하게 앉아서 입을 열었다.
　"이렇게 안절부절못할 때는, 저는 언제나 돌아가신 아버지 생각을 하고 감사하게 여깁니다. 아버지는 제가 어렸을 때 조바심이란 조바심을 모조리 뿌리째 뽑아 주어, 어느 현자(賢者)에 못지않은 인내심을 일찌감치 키워 주셨거든요."

---

*천문학의 여신. 아홉 뮤즈 가운데 하나. 짧은 파란이 지나간 뒤 미래를 향해 힘차게 나아가려는 헤르만과 도로테아의 심정을 가리킨 듯하다.

목사가 말했다.

"그것은 참 들어 볼 만한 얘긴데요. 아버님은 대체 어떤 방법을 쓰셨습니까?"

그러자 약방 주인이 말했다.

"내력을 얘기해 드리죠. 누구나 기억해 둘 만한 얘기니까요. 어렸을 때 어느 일요일, 저는 보리수 아래 우물가로 우리를 태워다 줄 마차를 기다리며 안절부절못하고 있었습니다. 그런데 마차는 아무리 기다려도 오지 않았어요. 저는 마치 족제비처럼 이리 닫고 저리 닫고 하며, 계단을 올라갔다 내려갔다, 창으로 문으로 뛰어다녔습니다. 손까지 근질근질할 정도여서 책상을 잡아 긁는가 하면, 발을 탕탕 난폭하게 구르면서, 금방이라도 울음이 터질 것 같았습니다. 아버지는 태연한 얼굴로 제가 하는 모양을 지켜보고 계셨는데, 제가 너무 바보 같은 짓을 하니까, 저의 팔을 가만히 잡고 창가로 데리고 가서, 금세 무서움증이 나는 얘기를 해 주셨습니다. '오늘은 문이 닫혀 있지만, 저기 저쪽에 목공소 일터가 보이지? 내일 아침이 되면 저 문이 열리고, 대패랑 톱이 움직여, 아침부터 밤까지 쉴 새 없이 일을 한단다. 그런데 이런 걸 한 번 생각해 봐라. 언젠가는 주인이 직공들을 총동원하여 관을 삽시간에 훌륭한 솜씨로 짜 놓을 아침이 올 거다. 그다음 그 널집을 영차 영차 옮겨 와, 참을성 있는 놈은 뒤로 돌리고, 참을성 없는 놈부터 집어넣고 눈 깜짝할 사이에 무거운 뚜껑을 덮어 버린단 말이다.' 그러자 금세 그 광경들이 하나하나 마음속에 선명히 떠올랐습니다. 판자를 이어 맞추는 거며 검은 헝겊을 준비하는 것까지 환히 보였습니다. 저는 그때부터 참을성 있게 한 자리에 앉아 마차가 올 때까지 얌전히 기다렸는데, 그 뒤부터 다른 사람들이 무슨 일을 참지 못해 조급하게 뛰어다니는 것을 보면, 반드시 이 관 이야기가 제 머리에 떠오르곤 합니다."

이 말을 듣고 목사는 빙그레 웃으며 말했다.

"죽음의 그림자는 가슴을 뒤흔듭니다만 현자는 그것을 무서운 것으로 생각하지 않고, 신자는 그것을 마지막이라고 생각하지 않습니다. 오히려 그것으로 인해, 현자는 삶으로 돌아와 활동할 것을 배우고 신자는 슬픔 속에 미래에 대한 행복한 희망을 굳힙니다. 어느 쪽이나 다 죽음이 삶이 되는 이치이죠. 아버지께서 감수성이 강한 소년에게 죽음을 죽음으로 가르친 건 현명하다고 할 수 없습니다. 젊은이에겐 기품 있고 원숙한 노년의 고귀함을 가르치고, 나이 먹은 사람에겐 젊음을 가르쳐 어느 쪽도 다 영원한 순환을 즐기고 마침내 삶이 삶 속에 완성되게끔 하는 것이 가장 바람직한 일입니다."

이내 문이 열리고, 한 쌍의 남녀가 그 훌륭한 모습을 나타냈다. 신랑의 체격에 못지않은 신부의 체격에 모두들 놀랐다.

사실 두 사람이 같이 문지방을 넘을 때는, 키 큰 두 몸이 지나는 바람에 문은 너무 작은 것처럼 보였다. 헤르만은 재빨리 부모에게 처녀를 소개했다.

"자, 부모님이 집에 두고 싶다고 하시던 바로 그 처녀를 데려왔습니다. 아버지, 이 사람을 기쁘게 맞아 주십시오. 그만한 가치가 있는 사람입니다. 그리고 어머니, 빨리 집안일에 관한 질문을 해 보십시오. 그러면 아마 어머니는 곧 옆에 둘 만한 가치가 있는 사람이라는 걸 아시게 될 겁니다."

그리고 급히, 훌륭한 목사를 한옆으로 끌고 가서 말했다.

"목사님, 어서 이 불안에서 저를 구해 주세요. 저를 한시바삐 걱정에서 놓여나게 해 주십시오. 장차 어떻게 될지 제정신이 아닙니다. 사실은 저 처녀는 제 신부로 데려온 것이 아닙니다. 본인은 하녀인 줄 알고 왔으니까, 이쪽에서 결혼 말을 꺼내면 금세 도망가 버릴는지도 몰라요. 차라리 지금 곧 분명히 말해 두는 게 나을 것 같습니다. 저 처녀의 오해를 이 이상 내버려 둘 수도 없거니와, 저도 이 상태로는 마음이 가라앉지 않아 견딜 수가 없습니다. 어서 저희가 존경하는 목사님의 지혜를 여기서도 한 번 보여 주십시오."

이 말을 듣고 목사는 곧 모두들 앉아 있는 쪽으로 돌아섰으나 난처하게도 아버지의 언사로 말미암아 처녀의 마음은 이미 어두워져 있었다. 아버지는 악의로 그런 건 아니었으나, 으쓱한 기분으로 지독한 말을 해 버린 것이었다.

"과연 내 마음에 들었다. 옛날 이 애비와 똑같은 취미를 아들도 가지고 있는 것을 보니 정말 내 마음이 기쁘다. 나도 옛날엔 가장 예쁜 미인을 상대로 춤을 추고, 결국은 그 가장 예쁜 미인을 아내로 집에 데려왔거든. 너희 어머니가 그 사람이야. 남자가 고른 신부를 보면, 어떤 마음을 가진 사람인지, 스스로 자기의 가치를 알고 있는 사람인지 아닌지 곧 알 수 있지. 그건 그렇고, 아마 너도 마음을 정하는 데 그렇게 시간이 걸리진 않았을 거야. 어느 누구든 내 자식놈을 따라오지 않고는 못 배길 테니까."

헤르만은 이 말을 흘낏 들었을 뿐이나, 온몸이 부르르 떨렸다. 갑자기 같이 앉아 있는 사람들도 조용해졌다.

자존심이 강한 처녀는 조롱하는 말이라 생각하고 기분이 상해, 마음속 깊이 상처를 입고, 두 뺨과 목 언저리까지 새빨갛게 물들었다. 그래도 감정을 누르고 마음을 돌이킨 다음 아버지를 향해 말했다. 그러나 가슴의 상처는 미처 다 감추지 못했다.

"정말이지, 설마 이런 인사를 받으리라고는 꿈에도 생각 못했습니다. 아드님한테서 아버지는 읍내에서도 가장 훌륭한 분이라고 들었으니까요. 그리고 지금 뵙기에도 교육을 받은 분으로, 어떤 사람이라도 그에 맞게 적당한 응대를 할 줄 아는 분으로 보입니다. 하지만 방금 하녀로 들어온 여자에 대해서는 너무도 동정심이 부족하신 것 같아요. 그렇지 않다면 제 처지가 아드님이나 또 당신과 엄청나게 다르다는 것을 그렇게 지독한 조롱의 말로 나타낼 수는 없지 않습니까. 사실 저는 가난한 사람으로 보따리 하나 들고 이 댁에 찾아왔고, 이 댁은 무엇 하나 부족함이 없는 곳으로 여러분은 즐겁고 편안한 생활을 하고 계십니다. 하지만 그래도 저는 몸을 어떻게 처신해야 하는지쯤은 충분히 알고 있고, 모든 것의 이치도 분명히 알고 있습니다. 문턱을 들어서기가 바쁘게 다짜고짜 집 밖으로 내모는 것 같은 모욕적인 말씀을 하시니 그걸 고상한 일이라고 할 수 있을까요?"

헤르만은 조바심이 나서 안절부절못하다가, 목사에게 어떻게 빨리 중간에 나서서 일을 무마시켜 달라고 눈짓을 했다. 영리한 목사는 급히 다가갔으나 처녀가 화를 꾹 참고, 마음의 아픔을 꾹 누르고, 눈에 눈물을 글썽이며 서 있는 것을 보고는 오해를 풀기보다는 먼저 처녀의 마음부터 달래 주어야겠다고 생각했다. 그래서 처녀에게 넌지시 말을 걸었다.

"아가씨, 확실히 당신은 남의 집에서 일하겠다는 결심을 너무 서둘러서, 명령하는 주인집에 들어간다는 것이 어떤 일인지를 아직 잘 모르고 있는 것 같군요. 일단 약속을 하면 그것으로 그해 1년은 그대로 결정되는 것이고, 한마디 '네' 하고 대답하면 그것으로 어떠한 고난도 참아 내지 않으면 안 되는 거요. 남의집살이의 가장 어려운 점은 몸이 지치도록 뛰어다니는 것도 아니고, 밀어닥치는 일의 괴로운 땀도 아니오. 부지런한 주인이라면 일꾼과 마찬가지로 열심히 일을 하니까요. 그것보다는 이유도 알 수 없이 잔소리를 하고 분명한 판단도 없이 이걸 해라 저걸 해라 하는 주인의 변덕, 그리고 하루에 도 몇 번씩 화를 내는 안주인의 신경질, 난폭하고 제멋대로인 아이들의 짓궂은 장난, 이런 모든 것을 참아 가며, 그래도 자기가 맡은 일은 그 자리에서 척척 해치우고, 불평하듯 손을 쉬고 우두커니 앉아 있지 않는 것, 사실 이런 것들이 해 내기 어려운 거요. 그런데 아가씨는 아버지의 농담 한 마디로 그렇게 상심하는 걸 보니, 그 점은 잘 훈련이 안 된 모양이오. 젊은이가 마음에 든 모양이라고 처녀를 놀려 대는 것쯤은 얼마든지 있을 수 있는 일이 아니겠소."

이렇게 목사가 말하자, 급소를 찌르는 이 말에 더 견딜 수 없게 된 처녀는, 격한 감정이 끓어오르면서 한숨이 저절로 새어 나왔다. 그리고 뜨거운 눈물을 흘리며 곧 이렇게 말했다.

"아니에요. 분별만을 따지는 분은 절대로 모르십니다. 고통을 겪는 저희에게 조언을 주시려는 생각이겠지만, 차가운 그 말씀으로는, 측량할 수 없는 운명이 우리에게 지워 준 고뇌에서 이 가슴을 놓여나게 할 수는 없습니다. 그야 물론 여러분은 행복하고 안락한 생활을 하고 계시니 농담 한 마디에 마음 상하실 리는 없을 것입니다. 하지만 병을 앓고 있는 사람은 조금만 다쳐도 곧 아픔을 느끼는 법입니다. 그래요, 숨겨 봤자 뭘 하겠습니까. 어차피 나중에는 더욱 깊은 상처만 남길 뿐, 가슴을 괴롭히는 불행으로 더욱 깊이 나를 몰아넣는 결과밖에 안 될 테니까 지금 모든 걸 말씀드리죠. 저를 그대로 돌려보내 주십시오. 이대로 이 댁에 있을 수는 없습니다. 저는 여러분과 헤어져 제 가엾은 동향인들을 찾아가겠어요. 자기의 행복만을 생각하여 그분들을 그 불행 속에 그대로 두고 왔으니까요. 전 굳게 결심했습니다. 그리고 이건 헤어지지 않는다면 몇 년이고 제 가슴속에 숨겨 두었겠지만, 이젠 결심하고 말씀드리죠.

사실 아버님의 조롱은 저를 무척 기분 나쁘게 했습니다. 하지만 그건 제가 하녀답지 않게 교만하고 성질이 나빠서가 아닙니다. 사실은 오늘 구세주처럼 나타난 아드님을 사모하는 마음이 이미 제 가슴속에 싹트고 있었기 때문입니다. 처음 큰길에서 헤어지고부터 죽 이분이 제 머리에서 떠나지 않았고, 벌써 신붓감으로 마음에 둔 분이 있겠지, 그 여자는 얼마나 행복할까, 생각했던 것입니다. 우물 옆에서 다시 만났을 때는 너무 기뻐서, 천사라도 나타난 것같이 생각되었을 정도였습니다. 그래서 이분이 하녀로 와 주었으면 좋겠다고 말씀하시기에 저는 기쁘게 따라왔던 것입니다. 하지만 물론 가슴속에서는 (숨기지 않고 다 말씀드리지요) 여기로 오는 길에서까지 혹시 그동안에 제가 이 집에서 없어서는 안 될 여자가 되면, 어쩌면 젊은 나리와 결혼을 하게 될지도 모른다고 제멋대로 생각했던 것입니다.

하지만 아아, 남몰래 사모하는 분의 바로 옆에서 살려고 한 것이, 얼마나 위험한 짓이었나를 이제 처음으로 알았습니다. 가난한 여자는 설사 아무리 일을 잘하는 여자일지라도, 도련님과는 얼마나 거리가 먼가 하는 것을 이제야 처음으로 절실히 느꼈습니다. 제가 이렇게 모든 것을 털어놓는 것은, 제 마음을 여러분이 오해할까 두렵기 때문입니다. 사소한 일로 마음 상했지만, 덕분에 제 생각을 돌이킬 수도 있었습니다. 이분은 언젠가 신부를 맞아들일 텐데, 그러면 저는 내내 남모르는 고민을 안고 지내게 됩니다. 그럴 경우 이 가슴에 감춘 마음의 고통을 대체 어떻게 견딜 수 있겠습니까. 마침 적당한 때 꿈에서 깨어나, 마음의 비밀도 없어졌으니 다행이에요. 그러노라면 가슴의 상처도 나을 것입니다.

이제 더 이상 말씀드리지는 않겠어요. 어차피 이 댁에서는 나갈 거니까요. 가슴에 품은 생각도 어리석은 생각도 하나 남김없이 다 털어놓고, 지금은 오직 부끄러움 때문에 잠시도 머물 수 없는 심정입니다. 구름으로 캄캄하게 덮인 밤도, 으르렁대는 천둥소리도, 억수같이 쏟아지는 비도, 휘몰아치는 폭풍도 저에게는 조금도 두렵지 않습니다. 그런 것들은 모조리 슬픈 피난길에서, 바싹 따라오는 적병에 쫓기며 수없이 겪고 견디어 왔으니까요. 그럼 저는 다시 여행을 떠나겠습니다. 시대의 물결에 휩쓸려 어떠한 것과 헤어지는 데도 익숙해진 지 오래입니다. 자, 안녕히 계십시오. 이만 실례하겠습니다. 모든 것은 이제 깨끗이 끝났습니다."

이렇게 말하면서 도로테아는 가지고 온 보따리를 팔에 낀 채, 재빨리 문 쪽으로 돌아서려고 했다. 그러자 어머니가 두 팔로 처녀의 몸을 꽉 붙잡고 깜짝 놀란 눈을 크게 뜨고 소리쳤다.

"이게 대체 어찌된 일이냐? 눈물을 흘릴 일은 하나도 없지 않니. 아니, 가면 안 돼, 넌 내 아들의 약혼녀로 온 거야."

그러자 아버지는 그 말이 달갑지 않아 울고 있는 도로테아를 바라보다가 화가 난 듯 소리쳤다.

"참고 참았더니 이제 그 대가로, 이 하루도 다 끝날 무렵에 가서 겨우 이런 꼴이나 보이기냐. 여자가 눈물을 찔찔 짜고 눈알이 벌게져 징징대는 것만큼 보기 싫은 건 없다. 조금만 분별이 있었으면 만사 순조롭게 될 것을 덕분에 오히려 뒤죽박죽이 되고 말지 않았느냐. 이 이상 이 괴상망측한 장면을 그대로 보고 있을 수는 없다. 너희들 멋대로 해라. 난 들어가 자겠다."

그렇게 말하고는 부부 침대가 놓여 있는, 늘 쉬는 방으로 재빨리 들어가려고 했다. 아들은 아버지를 가로막으면서 간청하듯 말했다.

"아버지, 제발 서둘지 말아 주십시오. 그리고 처녀에게 화를 내지 말아 주세요. 이렇게 뒤죽박죽이 된 것은 모두 제 탓이에요. 게다가 목사님까지 본의 아니게 한바탕 연극을 하시는 바람에 일은 더욱 꼬이고 말았습니다. 자초지종을 말씀해 주세요, 목사님. 모든 걸 목사님한테 맡겼으니까요. 그리고 제발 걱정하거나 화내지 않게끔 원만히 해결해 주십시오. 훌륭한 지혜는 안 빌려 주시고 오직 남이 곤란해하는 것만을 즐기실 생각이라면, 전 앞으로는 목사님을 존경하지 않겠습니다."

인품이 좋은 목사는 빙그레 웃으며 대답했다.

"이처럼 훌륭한 처녀가 모든 것을 털어놓았는데, 이쪽 마음속을 밝히기 위해 대체 누구의 지혜가 필요하단 말인가? 자네의 근심은 순식간에 큰 기쁨으로 변하지 않았나. 그러니까 직접 모든 것을 설명하게. 다른 사람이 설명해 줄 필요가 어디 있나?"

그래서 헤르만은 도로테아에게 다가가 다정한 어조로 말했다.

"그 눈물도 한때의 슬픔도 후회하지는 말아요. 그 때문에 당신은, 그리고 저 또한 행복하게 될 테니까요. 제가 그 우물가로 나간 것은 훌륭한 처녀를 하녀로 데리고 오기 위해서가 아니었습니다. 당신의 사랑을 구하기 위해서였습니다. 그런데 아아, 저의 소심한 눈은 당신 가슴속의 사랑을 발견할 수가 없었습니다. 조용한 우물 옆에서 당신이 인사를 해 주었을 때는, 당신의 눈에서는 오직 우정밖에 발견할 수가 없었습니다. 하지만 저는 당신을 집에 데리고 오는 것만으로도 벌써 행복의 반은 얻은 것으로 생각했습니다. 자아, 이제는 그 행복의 나머지 반을 채워 완전한 것으로 만들어 주십시오. 제발 부탁입니다."

이 말을 듣고 있던 처녀는 깊은 감동에 사로잡혀 젊은이를 쳐다보며, 기쁨의 가장 큰 표시인 포옹과 키스를 피하려 하지 않았다. 그것은 사랑하는 두 사람에게는 당연히 와야 할, 기다리고 기다리던 인생 행복의 보증이었고, 이것으로 해서 이제 그 행복은 한없이 계속될 것처럼 생각되었다.

그동안 목사가 다른 사람들에게도 자세한 설명을 했다. 처녀는 잠시 뒤 앞으로 나와 얌전히 아버지한테 허리를 굽히고 아버지가 내민 손에 키스를 하며 말했다.

"조금 전에는 슬픔의 눈물을 흘리고 지금은 기쁨의 눈물을 흘리는 것은, 모든 일이 너무나 뜻밖이었기 때문이니 너무 나무라지 마시고 용서해 주십시오. 조금 전의 기분도 지금의 기분도 관대하게 보아 주시고, 저로 하여금 새로 내린 행복을 맘껏 즐길 수 있게 해 주세요. 조금 전에 제가 화를 낸 것은 제 마음이 갈피를 못 잡아 흩어져 있었기 때문이에요. 두 번 다시는 그런 일이 없을 것입니다. 그리고 변함없이 주인을 섬기는 하녀의 마음으로, 친부모를 모시는 딸자식의 본분을 다할 생각입니다."

이 말을 듣고 아버지는 눈물을 감추며, 처녀를 와락 끌어안았다. 어머니도 다정하게 다가와 진심으로 처녀에게 키스하고, 처녀의 두 손을 마주 잡았다. 두 여자는 말없이 한참 흐느껴 울었다.

이 모습을 보고, 친절하고 분별 있는 목사는 곧, 먼저 아버지의 손을 잡고 그 손가락에서 반지를 뺐다. 통통한 손에 끼어 있었기 때문에 그렇게 간단히는 빠지지 않았다. 다음에는 어머니의 반지를 빼어 젊은이들에게 약혼의 언약을 시켰다.

"이 금반지가 이제 다시 한 번, 부모의 인연에 조금도 손색이 없는 인연을 맺을 수 있기를 바랍니다. 이 젊은이는 이 처녀를 마음 깊이 사랑하고 있고, 처녀 또한 젊은이가 자기 마음에 드는 사람이라고 말했습니다. 그래서 저는 여기에, 부모의 승인과 친구의 보증을 얻어, 두 사람에게 혼인의 언약을 시키고, 그 장래를 축복하는 바입니다."

약방 주인도 즉시 예를 갖추고 축하의 말을 늘어놓았다. 그러나 목사는 처녀의 손에 금반지를 끼워 주려 했을 때, 또 하나의 금반지가 끼워져 있는 것 보고 깜짝 놀랐다. 그것은 헤르만이 아까 우물가에서 발견하고 남몰래 고민하던 바로 그 반지였다. 목사는 동시에 촌장이 한 말이 얼핏 떠올랐지만, 짐짓 다정하게 약간 농담 섞인 어조로 말했다.

"어, 이건! 그럼 벌써 두 번째 약혼입니까. 첫 번째 사람이 제단 앞에 나타나 훼방 놓지 않았으면 좋겠는데요."

그러자 처녀는 말했다.

"이 반지에 대한 거라면 잠시 지난 일을 회상해 볼 여유를 주세요. 헤어질 때 이 반지를 제게 주고 간 채 다시는 고향에 돌아오지 않은 그분은, 여러분에게 말씀드릴 충분한 가치가 있는 훌륭한 사람입니다. 자유를 사랑하는 마음과, 개혁된 새로운 제도(制度) 속에서 일하려는 강한 의욕을 가지고, 곧장 파리로 가서 그곳에서 결국은 감옥에 들어가 목숨을 버렸습니다만, 모든 것을 예감하고 있었던 듯 떠날 때는 이런 말을 남기고 갔습니다.

'행복하게 살기를 바라고 나는 파리로 가오. 어차피 오늘날의 세상은 모든 것이 흔들려, 뭐든지 뿔뿔이 헤어질 모양이오. 그토록 기초가 튼튼한 나라의 헌법도 아무 소용이 없게 되고, 재산은 옛 주인에게서 떠나고, 친구는 친구에게서 떠나고, 애인도 애인에게서 떠났소. 지금 여기서 당신과 헤어지지만, 언제 어디서 다시 만날지 그건 아무도 짐작할 수 없소. 함께 이야기를 나누는 것도 어쩌면 이것이 마지막이 될지도 모르오. 곧잘 인간은 이 세상 나그네에 지나지 않는다고들 말하지만, 지금만큼 누구나가 나그네가 된 때는 없소. 토지는 이미 우리의 것이 아니고, 재물은 사라지고, 금은 세공품은 모두 녹아 없어졌소. 모든 게 뒤죽박죽이 되어 마치 가까스로 형태를 이룬 세계가 혼돈과 어둠 속으로 녹아들어가 버리고 또다시 새롭게 만들어지려고 하는 것 같소. 당신의 나에 대한 마음이 변치 않고, 언젠가 다시 이 혼란한 세상에서 둘이 서로 만난다고 할지라도, 우리는 이미 옛날의 우리가 아닐 것이오. 새로 태어난, 자유로운, 운명에 좌우되지 않는 인간들일 것이오. 이런 난세를 겪어 살아남는 사람은 무엇으로도 속박할 수가 없소. 그리고 우리가 이 위험을 운 좋게 극복하고 언젠가 다시 끌어안을 수 있는 날이 있으리라곤 생각되지 않소. 그러니까 기억에 남은 내 모습을 떠올리며 순조로운 환경에서나 어려운 상황에서나 변함없는 마음으로 세상 살아가기를 바라오. 새로운 집이나 새로운 약속에 마음이 끌리거든 그때에는 운명이 마련해 주는 대로 고맙게 받아들이기를 바라오. 자기를 사랑하는 사람들을 순수하게 사랑하고, 자기에게 다정하게 해 주는 사람에게 감사의 마음을 잊지 않도록 하시오. 그리고 그럴 때는 될 수 있는 한, 발을 가볍게 놀려 쉽게 움직일 수 있게 하시오. 그것을 잊고 언제까지나 이중의 고통을 맛보아선 안 되니까. 하루하루를 조금도 헛되이 보내지 마시오. 그렇다고 생명이라는 것을 무엇과도 바꿀 수 없는 보물이라고 생각해선 곤란하오. 어느 것이나 보물은 다 속절없는 거니까.'

이렇게 말하고 그 고귀한 사람은 두 번 다시 돌아오지 않았습니다. 그동안에 저는 모든 것을 잃어버리고, 두 번이나 그 경고를 상기하곤 했습니다. 지금도 역시 이렇게 사랑이 아름다운 행복을 제게 약속해 주고, 비할 데 없이 아름다운 희망의 꽃을 피워 주니 또 그 말이 생각나는군요. 아아, 제가 만일 헤르만, 당신의 팔에 안겨서 몸을 떨 때는 저를 용서해 주세요. 오래간만에 뭍에 오른 선원에게는 아무리 반석 같은 안정된 땅이라 할지라도 흔들리는 것같이 생각되는 거니까요."

이렇게 말하고 도로테아는 두 개의 반지를 나란히 끼었다. 그러자 신랑 헤르만은 기품 있고 남자다운 감동어린 말로 이렇게 말했다.

"온 세상이 동요하고 있는 지금, 도로테아, 우리 두 사람의 약속을 더욱 굳게 합시다. 모든 것을 참고 모든 것을 견뎌, 우리의 마음을 굳게 하고 훌륭한 재산을 빈틈없이 지켜 나갑시다. 이렇게 동요하는 시대에 자기의 마음까지 동요하는 사람은, 화근을 더욱 더하고 점점 더 그것을 넓힐 뿐이오. 그러나 뜻을 굳게 가지고 변하지 않는 사람은 스스로의 세계를 창조할 수가 있소. 저 무서운 소동에 휩쓸려 똑같이 이리 뛰고 저리 뛰는 것은 독일 사람답지 않소. '이것이 바로 우리의 길이다!' 이렇게 우리는 부르짖고 주장합시다. 신과 율법을 위해, 부모님과 처자식을 위해 적과 싸우다 쓰러진 용감한 국민은 언제나 찬양받는 법이오. 당신은 이제 나의 사람이오. 덕택에 나의 사람은 지금까지의 곱절이 되어 나의 것이 됐소. 나는 이것을 지키고 즐기는데 비애와 불안으로써가 아니라 용기와 힘으로써 대할 작정이오. 지금이든 앞으로든 적이 쳐들어오는 날에는, 당신 스스로 나를 무장시키고 무기를 들려 주시오. 집안일이고 자애 깊은 부모님이고 당신이 돌보아 준다고만 생각하면, 나는 안심하고 이 가슴으로 적에게 대항하겠소. 누구나 나처럼 생각한다면 힘과 힘이 서로 우열 없이 맞서, 우리는 모두 평화를 즐길 수 있게 될 것이오."

괴테의 생애와 작품

괴테에 대하여

격동하는 세계

요한 볼프강 폰 괴테는 자서전 《시와 진실 *Dichtung und Wahrheit*》에서 1749년 8월 28일 정오, 종소리와 함께 자신이 프랑크푸르트에서 태어났다고 썼다. 그 무렵 프랑크푸르트는 예전부터 자유도시로 중세적 성격을 거의 그대로 유지하고 있었다. 괴테가 《파우스트 *Faust*》에서 그린 세계는 그가 태어나고 자란 도시였다. 하지만 그를 둘러싼 세계는 긴 생애를 지나며 크게 변화했다. 전쟁, 사회적 동요, 생활 조건의 커다란 변화, 학문과 예술에 있어서 급진적 변혁, 프러시아의 프리드리히 2세의 정치와 7년전쟁(1756~63), 미국의 독립과 프랑스혁명, 나폴레옹의 혜성 같은 등장과 몰락 그리고 1830년 프랑스 7월혁명까지 보았다.

또한 바로크에서 로코코로, 고전주의에서 낭만주의로 그리고 연금술에서 화학으로, 수공업에서 공장제 공업으로의 이행을 눈앞에 두고 있었다. 이러한 변화는 낡은 신학적 세계관을 뿌리에서부터 뒤흔들었다.

괴테도 스스로 내면적 자연과 외면적 자연을 있는 그대로 취함으로써 그 매장에 강력하게 기여했다고 말할 수 있다. 빈약했던 독일의 시가 유럽문학에, 더욱이 세계문학사에 확고한 지위에 이르게 된 것은 괴테의 공로가 크다.

사회적 번영층으로서의 가족

대장간, 양복점, 술집 자손이 어떻게 시인이 되었는지 이상하게 생각될 수도 있다. 괴테의 아버지 집안은 튀링겐 출신이다. 증조할아버지는 대장장이였지만 할아버지는 프랑크푸르트에서 재단사로서 독립했다. 사치품 공업이 발달했던 프랑스에 건너가 리옹에서 일했었는데, 낭트의 칙령 폐지로 프랑스 신교도와 함께 추방되었다. 그는 프랑크푸르트로 돌아오자 괴테와 함께 이름을 바꾸었다. 그리고 아내가 죽자, 바이덴호프 여관의 과부와 재혼했다.

▲ 괴테의 부모
아버지 요한 카스파르와 어
머니 엘리자베트 텍스토르.

◀ 1775년에 복원된 괴테의
생가

그 뒤 포도주 거래까지 사업을 확장하여 상당한 재산을 남겼다.

그 아들(괴테의 아버지) 요한 카스파르는 아버지의 뜻에 따라 법률학을 공부하고 학위를 취득해 이탈리아로 갔다. 프랑크푸르트 시청에서 지위를 얻고자 했으나, 장로들에게 벼락부자라는 이유로 거부당했다. 그러자 황실 고문관의 칭호를 돈으로 사서 결실을 보았다. 이렇게 하여 상류계급의 일원이 되었지만 시 행정에는 참여하지 못하고 자신의 취미와 연구인 책 수집, 그림 그리기, 자연사 연구에만 몰두했다. 높은 교양과 취미를 가지고도 어딘가 성격적으로 냉정했던 것은 이러한 사정 때문이었다. 그는 서른여덟 살 때 프랑크푸르트 시장의 딸인 열일곱 살의 엘리자베트 텍스토르와 결혼했다. 괴테는 8남매 가운데 맏이였는데, 그와 누이동생 코르넬리아를 빼고는 모두 일찍 죽었다. 아버지 요한 카스파르는 은퇴한 법률가로서 교양 있고 여유 있는 생활을 누렸다. 요한은 이탈리아 여행도 다녔고 운치 있게 꾸며진 집에는 자료가 풍부한 서재와 화랑을 갖추고 있었다. 어머니 엘리자베트는 아들에게 자유도시 프랑크푸르트의 귀족 계급과 관계를 맺도록 해주었다.

괴테(1749~1832) 콜베 작(1826).

부모의 영향

요한 카스파르의 장인(괴테의 외할아버지) 텍스토르는 요한과는 다르게 학자·법률가 집안 출신으로 프랑크푸르트의 시장이 되었다. 가족들이 프랑크푸르트에 온 지 10년 정도밖에 되지 않았다. 텍스토르는 미식가이며 향락적인 인물로 네 명의 딸 교육에는 무관심했다.

반면에 괴테의 어머니 친척들은 언제나 어딘지 모르게 속물적 근성이 보였다. 어머니에게도 냉정하고 바이마르로 갔을 때부터는 별로 찾아오지도 않았다. 1797년 8월에 어머니를 만나러 프랑크푸르트로 온 것을 마지막으로 그 뒤 어머니는 고독 속에서 생애 마지막 11년을 보냈다. 괴테는 어느 시에서 어머니로부터 활발한 성격을 물려받았다고 말했지만, 어딜 보아도 괴테는 활발한 성격의 소유자는 아니었다. 그러나 어머니에게서 자발성과 자연성 그리고 견실한 실제적 감각을 물려받았으며, 아버지에게서는 체계적이며 이론적인 감각과 수집하는 습성을 물려받았다고 말할 수 있다. 즉 괴테는 자신의 혈통에서 이미 북독일의 지적이고 도덕적인 엄격성과 남독일의 자유분방한 예술적 감수성이라는 상반되는 경향을 모두 가지고 있었다.

청춘 시절

괴테는 신동은 아니었지만 매우 지적이었으며 빨리 배웠다. 그 무렵의 대

괴테에 대하여 359

어린 시절의 괴테와 여동생 코르넬리아를 묘사한 그림
괴테는 단 하나뿐인 누이동생을 진심으로 아꼈다.

학은 오늘날과는 달리 어느 정도의 나이가 되고 학력을 갖추면 누구든 입학할 수 있었다. 특히 글씨를 잘 쓰는 것이 중요했기에 괴테는 글씨 연습에 온 힘을 쏟아부었다. 그 결과 그의 글씨는 완벽에 가까웠으며, 아름다움 그 자체였다. 기본 과목은 라틴어로 이것은 그리스어의 기초가 되고, 그리스어는 일반인에게 라틴어 번역과의 대조역(對照譯)으로 연구되었다. 그는 이러한 고전어 습득에 경이로울 만한 능력을 가진 정도에 그치지 않고 프랑스어와 이탈리아어를 배우고 영어, 히브리어까지도 익혔다.

역사는 대연대기(大年代記)를 배웠다. 목사에게 배우는 종교 교육은 반대했지만 성경은 열심히 읽고 그중에서도 이해하기 쉬운 이야기들을 좋아했다. 또한 댄스, 펜싱, 승마를 즐겼으며 기분이 좋을 땐 그림을 그렸다. 피아노와 첼로도 배웠지만 곧 싫증을 느꼈다. 청년 괴테는 탐욕적인 독서가였으며 예리한 관찰자였다.

괴테는 열다섯 살 때 처음으로 여자 친구를 만났다. 그녀의 이름은 그레트헨으로, 그의 작품 《파우스트》의 여주인공 이름으로도 쓰였다. 하지만 괴테는 그녀에 대해서는 거의 밝히지 않았다. 술집 여자이거나 재봉일하는 여자, 아니면 당시 어울리던 여러 소녀들을 관찰하여 지어 낸 인물일지도 모른다. 이 무렵 그는 술집에 머무르면서 정체를 알 수 없는 친구들과 함께 연애편지나 시담(示談)문을 대필하고 있었다. 이러한 사기행각이 드러났을 때 그의

신성로마제국 황제 요제프 2세(재위 1765~90)의 대관식 축하연
요제프 2세의 대관식과 축제는 괴테에게 강한 인상을 주었다. 프랑크푸르트, 1764.

가족은 유력한 지인에게 부탁하여 사태를 무마했다.

그레트헨과의 연애가 어느 정도 지속되었는지는 모른다. 그는 자서전에서 요제프 2세의 대관식을 축하하는 군중 속을 그녀와 손을 잡고 걸었다고 말한다. 확실히 그는 축하장 속에 파고들어가 눈앞에 펼쳐진 어마어마한 광경에 정신을 빼앗겼다. 특히 그는 경건과 신앙의 체험으로 사순절 의식에서 F. G. 클롭슈토크의 〈구세주 *Der Messias*〉를 낭송하게 되었으며, 요제프에 관한 서사시적 산문과 그리스도의 지옥강림에 관한 시를 쓰기도 했다.

7년전쟁 동안 프랑크푸르트는 프랑스군에 점령당해 괴테의 집도 접수된 적이 있었다. 이때 프랑스군이 본토 극단을 데려와 공연을 하자, 일찍이 할머니가 선물한 인형극 세트로 인해 관심을 갖기 시작한 연극에 대한 그의 열정이 불붙었다. 그에 더하여 라인 저편에서 많은 순회 극단이 찾아들자 괴테는 여러 공연을 구경하며 무대나 의상실을 둘러보고 다녔다. 이 무렵 프랑스

극작가 라신에 대한 지속적인 열광이 싹텄는데, 그는 라신의 모든 작품을 외우고 있었다고 전해진다. 괴테가 영국풍을 좋아하게 된 것은 리즈 출신의 젊은 의류상인과의 우정에서 시작된 것인데, 그의 누이동생 코르넬리아는 그 상인과 열렬한 사랑에 빠졌다. 이에 대한 괴테의 반응은 4명의 형제가 저마다 다른 언어로 주고받는 편지 형식의 소설에 잘 나타나 있다.

라이프치히에서

괴테 자신은 영국의 영향이 지배적이던 괴팅겐 대학에서 고전을 읽기 원했으나, 아버지는 괴테가 법학 학위를 받기를 원해 그가 열일곱 살이 되자 라이프치히 대학으로 유학을 보냈다. 그는 3년간 그곳에서 공부했지만 성과는 그다지 보이지 않았다. 그렇다고 해서 태만하게 시간을 보낸 것은 아니었다. 그즈음 장래가 촉망되는 신성(新星)은 극작가 레싱이었다. 희극《민나 폰 바른헬름》은 독일국민문학의 불을 지핀 첫 작품으로 열광적인 흥분을 불러일으켰다. 젊은 괴테도 이 흥분에 빠져 시와 산문을 지었다.

뒷날《파우스트》에서 '작은 파리'라고 부른 라이프치히의 우아한 사교계에서 시골뜨기 괴테는 물을 만난 물고기와도 같았다. 그 무렵 연극계는 평론가 J.C. 고체트의 프랑스풍 영향이 지배적이었다. 그러나 우화와 송가의 작가 C.F. 겔러트는 에드워드 영, 로렌스 스턴, 새뮤얼 리처드슨 등의 새로운 감각을 소개했다. 괴테는 겔러트의 강의를 '독일 도덕문화의 토대'라고 극찬했고 그에게서 서한문체와 사회규범에 관한 귀중한 지식을 얻었다. 겔러트의 문학적 영향은 C.M. 빌란트의 소설·서사시 등에 나타난 강건한 우아함과 풍자적인 명철함으로 더욱 심화되었다.

괴테에게 빌란트의 작품을 소개한 사람은 유럽의 예술양식에 깊은 영향을 끼친 예술사가 J.J. 빙켈만의 친구이자 스승인 A.F. 외저였다. 괴테는 외저를 통해 그리스 예술에 대한 애정을 갖게 되었으며 일생 동안 그에게 큰 도움이 되었던 두 가지, 즉 자신의 눈을 사용하는 것과 자신이 하고자 하는 어떤 일에서건 본질을 터득하는 것을 배웠다.

또한 시인이자 비평가인 J.G. 헤르더가 '북독일의 피렌체'라 칭송했던 드레스덴을 여행한 뒤 괴테는 고대 조각 및 로코코 건축양식의 장려함에 대한 시야를 넓히게 되었다.

라이프치히 대학교 문학적 기반이 형성된 괴테는 극작가 레싱, 평론가 고체트와 겔러트, 빌란트, 빙켈만, 외저 등과 교우하며 시와 산문에 빠져든다.

한편 음악에 대한 수업도 게을리 하지 않았다. 당시에는 작곡가 J.A. 힐러의 지휘로 새로운 18세기 협주곡의 훌륭한 공연들이 행해졌는데, 이것이 바로 세계적으로 유명한 게반트하우스 콘서트가 되었다.

라이프치히 시기의 괴테의 문학적 수확은 당시 유행하는 로코코풍의 노래책으로서 여기에는 그리스 시인 아나크레온 시풍(詩風)으로 사랑과 술을 찬미한 노래들이 실려 있다. 《라이프치히 가곡집 *Das Leipziger Liederbuch*》이라는 제목의 이 노래책은 괴테가 점심을 먹던 한 선술집 주인의 딸에게서 영감을 얻은 것이다. 《아네테 시집 *Das Buch Annette*》(1766~67)과 《신시집 *Neue Lieder*》도 진정한 열정을 드러내지는 않는다. 그러나 이 모든 문학소품들에 관해 괴테는 그 자신의 모든 작품은 '위대한 고백의 단편들'이라고 하는 유명한 말을 남겼다.

이런 시작(詩作)에서와 같은 음조가 알렉산더격(프랑스의 알렉상드랭을 본뜬 12음절 시행)의 시 작품 〈애인의 변덕 *Laune des Verliebten*〉과 좀 더 우울한 소극(笑劇) 〈공범들 *Die Mitschuldigen*〉에서도 드러난다. 이때부터 로코코풍은 괴테 작품세계의 한 요소가 되어 필요한 경우에는 언제라도 쓰였다. 그것은 《토르쿠아토 타소 *Torquato Tasso*》와 《친화력 *Die Wahlverwandt-schaften*》의 배경에서도 나타나는데, 괴테는 《아나크레온의 무덤 *Anakreons Grab*》(1806)에서 이 로코코풍의 매력에 대단한 찬사를 보낸 데 이어 《서동시집 *Westöstlicher Divan*》에서는 이 양식을 동방의 요소와 융합시켰다.

1768년 7월 끝무렵 괴테는 피를 쏟으며 수일 동안 삶과 죽음의 문턱을 드나들더니, 9월 초 마치 난파선처럼 기세가 꺾여 프랑크푸르트로 돌아왔다. 9개월이라는 긴 회복기 동안 자아성찰과 종교적 신비주의에 몰두했고 연금술·점성술·신비철학에 도취했는데, 이 모든 것은 《파우스트》에 그 자취를 남기게 된다. 건강이 회복되자 슈트라스부르크에서 법학 공부를 계속하기로 결정했고, 그 뒤에는 파리에 가서 세계 일주를 하기로 마음먹었다. 그러나 결국 세계 일주는 실현하지 못한다.

슈트라스부르크에서

슈트라스부르크 체류는 그의 삶과 작품에 있어 일대 전환점이 되었다. 프랑스 지방의 독일 중심지이던 이곳에서 괴테는 라이프치히의 세계주의적 분위기에 대한 반동을 경험했으며, 대성당의 영향으로 고딕풍의 독일적 이상으로 전향하게 되었다

슈트라스부르크를 선택한 이유는 온화한 기후와 파리로 가는 길목이기 때문이다. 괴테는 대학에서 법학보다는 오히려 의학, 역사학 강의를 듣고 비밀리에 화학과 식물학 공부에 몰두하고 있었다. 여기에서도 괴테는 곧 친구를 사귀었는데, 뭐니 뭐니 해도 그에게 커다란 영향을 준 사람은 고트프리트 폰 헤르더였다. 그는 괴테보다 다섯 살 위인데도 이미 작가로서 이름을 날리고 있었다. 그는 괴테에게 셰익스피어의 무한성과 핀다로스, 〈오시안〉의 가치를 가르쳐 주며 민중시에 대해 눈을 뜨게 해주었다. 독일 서정주의는 민중시를 통해서 독특하고도 새로운 색채를 띠게 되었다고 할 수 있다.

이 무렵 괴테는 슈트라스부르크에서 말을 타고 하루쯤 걸리는 제젠하임 마을의 목사 딸 프리데리케 브리온에게 《제젠하임 시가집 *Sesenheimer Lieder*》(1770~71)을 바쳤다. 헤르더에게서 받은 자극과 프리데리케를 향한 애정이 새로운 시를 분출시킨 것이다. 유명한 〈들장미 *Heidenröslein*〉도 이 시기에 만

슈트라스부르크 전망 괴테는 슈트라스부르크에서 두 가지 보물을 발견한다. 바로 시와 고딕 양식이다. 헤르더의 도움으로 그는 오래된 시가, 즉 신화와 민요 등을 알게 된다. 그림은 괴테의 거처에서 내려다보이는 슈트라스부르크 전경이다.

들어졌다. 〈5월의 노래 *Mailied*〉와 〈환영과 이별 *Willkommen und Abschied*〉 등은 그의 《시가집》에서 가장 훌륭한 것은 아니지만 아직도 가장 인기 있는 작품들이다.

하지만 프리데리케와의 사랑은 오래 가지 못했다. 그 이유는 행복을 얻어도 그것에 안주할 수 없는 젊은 괴테의 변덕 때문이었다. 스스로를 풍향기에 비유해, '돌아라 돌아라 계속해서 돌아라' 말했다. 하지만 이 때문에 소녀의 아름다운 마음에 깊은 상처를 준 것에 대해, 괴테는 처음으로 죄의식을 느꼈다. *1790*년에 개작된 《환영과 이별》은 괴테 자신이 프리데리케를 저버린 뒤 느꼈던 죄의식을 감동적으로 표현하고 있으며, 《시와 진실》에서 다시 회고되는 이 사랑 이야기는 인간 성숙의 잠재적인 요소로 바라본 삶과 문학의 합일을 보여 준다.

질풍노도

프리데리케 브리온 괴테는 그녀에 대한 애정의 표시로 《제젠하임 시가집》(1770~71)을 바친다.

아버지로부터 학업을 빨리 마치도록 재촉을 받은 괴테는, 교회법에 관한학위 논문을 제출했지만 실패했으므로 법학사로 만족해야 했다. 그 무렵 박사와 동등한 대우를 받는, 법률 분야에 종사할 수 있는 자격을 취득했기 때문이다. 괴테는 프랑크푸르트에 돌아오자마자 곧 변호사 개업을 하지만, 훌륭하게 해나갈 것이라 여겼던 아버지의 기대에는 미치지 못했다. 도자기 공장 관리를 둘러싼 부자간의 소송에서 아버지 쪽을 변호했는데, 결국 이 일은 공장이 파산할 때까지 계속되었다.

기록에 의하면 법정은 변호사 괴테의 법정 활동에 대해 유감스럽게 생각했다고 한다.

괴테는 1773년 《괴츠 폰 베를리힝겐 *Götz von Berlichingen*》으로 문단에 화려하게 등단한다. 괴츠는 16세기 농민전쟁 시대를 용감하게 살다 간 철의 손을 가진 기사인데, 이 괴츠의 모습을 빌려서 괴테는 문단에 싸움을 걸었다고도 말할 수 있다. 세련되지 못하지만 힘 있고 다채로운 대사, 시간과 장소의 통일을 문제삼지 않고 역동적으로 전환되는 장면은 의고전주의(擬古典主義)로부터 결정적 결별을 의미하고 있었다. 1774년 4월 베를린 초연은 대성공을 거두었다. 단지 문단의 대거장 레싱은 불만을 드러내고, 프랑스에 심취한 프리드리히 대왕이 눈살을 찌푸렸을 뿐이다.

이 작품 한 편으로 괴테는 '슈투름 운트 드랑(질풍노도)' 운동의 중심인물이 되었다. 이 명칭은 클링거의 장대한 희곡 제목에서 유래한다. 이 희곡에는 '전쟁 이것이야말로 내가 아는 유일한 행복이다' 또는 '전쟁이 있는 곳에 활동의 여지는 있다' 이런 대사가 많이 쓰였다. 결국 이 운동은 낡은 관념에 대한 청년의 격한 반항이었다.

괴테의 열정적인 《셰익스피어의 날을 맞이하여 *Rede zum Shakespeares Tag*》에서 예고된 이 운동의 선언문은 그가 1771년 8월 프랑크푸르트에 귀향한 뒤에 발표되었다. 또 이른바 《독일 예술과 미술에 관하여 *Von deutscher Art und Kunst*》에는 역사가 J.M. 뫼저의 독일민족 옹호의 글과 오시안과 셰익스피어를 찬양한 헤르더의 논설 2편 그리고 괴테 자신이 쓴 고딕 건축양식에 대한 랩소디가 실렸다.

희곡 《괴츠 폰 베를리힝겐》(초판발간, 1773) 속표지 1774년 베를린 초연.

표면적으로는 변호사로서 활동을 하고 있었지만, 젊은 시인 괴테는 〈프랑크푸르트 학자보 *Frankfurter Gelehrte Anzeigen*〉의 편집을 도와주면서 문학과 사회의 의무감 사이에서 표류하고 있었다. 이러한 상황에서 벗어나기 위해 1772년 5월, 제국최고재판소가 있는 베츨러로 떠났으나 거기서도 법률보다는 문학에 대한 욕구가 솟구쳤다. 자유시행으로 쓴 자조적 송시 〈방랑자의 폭풍의 노래 *Wandrers Sturmlied*〉는 고대 그리스의 위대한 서정시인 핀다로스에 대한 새로운 찬미와 뒷날 그 자신도 위대한 시인이 되리라는 불투명한 자신감을 동시에 보여 준다. 괴테는 베츨러에 가기 전에 이미 변호사로서 활동한 적이 있었다.

《젊은 베르테르의 슬픔》

괴테의 첫 소설 《젊은 베르테르의 슬픔》 *Die Leiden des jungen Werthers*》

은 1774년 가을, 라이프치히에서 익명으로 출판되었다. 두 권으로 된 이 소설은 친구인 에저가 삽화를 그려 주었다. 그 뒤 괴테는 '파우스트의 저자'가 되기까지 '베르테르의 저자'로서 알려진다. 그 줄거리는 단순하다. 자연을 좋아하는 베르테르가 샤를로테를 만나 사랑에 빠진다. 하지만 그녀가 친구 알베르트의 약혼녀인 것을 알고는 결국 자살하고 만다는 내용이다.

감정이 다채로운 청년의 불행한 이 사랑 이야기는 누구라도 은밀히 이 책이 나오기만을 기다렸다는 듯 열광적인 반향을 불러일으켰다. 인쇄를 거듭하자, 발매금지 명령이 내려지고 반대론과 옹호론이 불붙듯이 번져갔다. 젊은이들은 너나 할 것 없이 베르테르를 흉내내어 황색 조끼에 푸른 재킷을 걸쳤다. 그리고 주머니에 이 책을 넣은 채 자살하는 사람도 생겨났다. 이로부터 비관주의가 유행하고 사랑과 죽음은 떼려야 뗄 수 없는 관계가 되었다.

괴테의 작품들 가운데 이것만큼 큰 충격을 준 것은 없었다. 확실히 이와 같은 반향은 18세기 후반의 사회현상을 단적으로 표현해 주는 것이다. 하지만 다른 면에서 보면 괴테가 말하는 것처럼 좌절한 행복, 방해받았던 행동, 채워지지 않은 바람, 이러한 것들은 어느 특정 시대의 고뇌가 아닌 모든 인간의 고뇌라는 것이다. 그러기 때문에 누구라도 일생에 한 번은 《젊은 베르테르의 슬픔》이 어쩌면 자기만을 위해서 지어진 것처럼 생각하는 시기를 갖고 싶은 것이다.

《젊은 베르테르의 슬픔》의 착상은 베츨러에서의 경험이 큰 부분을 차지한다. 어느 무도회에서 그는 샤를로테 부프를 알게 된다. 하지만 그녀는 이미 친구 케스트너의 약혼자였다. 괴테는 그녀가 자유의 몸이 아닌 것을 내심 기뻐했다. 자신은 자유의 몸이기 때문이다. 그에게 있어서 자유라는 것은 바로 애매모호하고 불안정한 처지에 놓여 있는 것에 지나지 않았다. 실제로 그는 케스트너가 파혼하려 했을 때 샤를로테에게서 도망치고 말았다.

그러나 이 작품에는 베츨러에서의 체험 말고도 많은 것이 포함되어 있다. 괴테가 절제력이 부족한 것에 대한 헤르더의 날카로운 비판의 말, 예술창작에 관한 신플라톤주의적 학설에 대한 G.E. 레싱의 고발서, 독일 소설가 조피 폰 라 로슈의 딸 막시밀리아네에 대한 일시적인 연정(작품의 여주인공이 검은 눈의 소유자로 묘사된 것은 그녀 때문임) 등이 그것이다.

특히 베츨러에서 들려온, 실연으로 친구 예루잘렘이 자살했다는 소식은

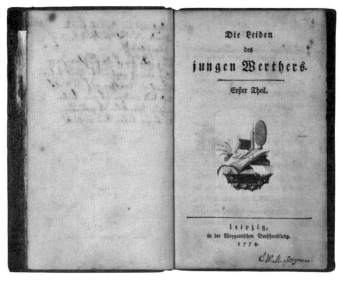

《젊은 베르테르의 슬픔》(1774) 괴테의 첫 소설 작품. 라이프치히에서 익명으로 출판.

이 작품의 구성을 결정적으로 급변시켰다. 《젊은 베르테르의 슬픔》이 사람들의 마음을 사로잡았다면, 이것은 토머스 칼라일의 지적대로 '동시대인들이 겪었던 이름 붙일 수 없는 불안과 동경에 찬 불만'을 표출해 냈기 때문이다. 그러나 이 첫 소설작품은 결코 감상적인 소설이 아니며 실연이 본디 주제도 아니다. 오히려 그 주제는 18세기가 '열정'이라고 부르던 것으로서 이것은 그 무렵 사랑·예술·사회·사고의 모든 영역에까지 널리 퍼져 있던, 절대적인 것을 추구하다 맞이하게 되는 치명적인 결과이다.

1771~75년에는 이 밖에도 핀다로스나 셰익스피어로부터 영향을 받아 서정적이거나 극적인 훌륭한 찬가들이 쏟아져 나왔다. 《카이사르 *Cäsar*》·《마호메트 찬가 *Mahomets Gesang*》·《영원한 유대인 *Der Ewige Jude*》·《프로메테우스 *Prometheus*》·《소크라테스 *Sokrates*》·《사티로스 *Satyros*》·《나그네 *Der Wanderer*》 등이 그것이다. 《에그몬트 *Egmont*》와 《초고 파우스트 *Urfaust*》(이 작품은 1887년 우연히 발견되었음)도 이 기간에 완성되었다. 또한 프랑스 극작가 보마르셰의 주제에서 착안한 좀 더 일반적인 형식의 희곡 《클라비고 *Clavigo*》와 3인의 결혼이라는 중재형식의 결말로 끝나는 비극 《슈텔라 *Stella*》(1775)도 완성했다.

결혼에서 도피

1775년 1월 초, 프랑크푸르트에서 은행가 미망인 쇠네만에게 소개되었다. 괴테는 그 어마어마한 저택에서 미망인의 딸인 금발 미소녀 릴리를 만났다. 그는 피아노를 치고 있는 그녀에게서 눈을 뗄 수가 없었다. 릴리는 아름답고 품격 있게 인사했다. 그녀의 나이는 열여섯 살이었고 아직 약혼도 결혼도 하지 않았다. 릴리의 형제는 큰 부자를 원했으나, 어머니는 이 젊은 법률가를 사위로 맞이하고 싶어했다. 괴테의 아버지도 막연하게나마 적당한 며느리를 맞아들이고자 했다. 이렇게 해서 4월, 릴리와의 결혼이 정식으로 발표되었다.

오페레타 《에르빈과 엘미레 *Erwin und Elmire*》와 《클라우디네 폰 빌라 벨라 *Claudine von Villa Bella*》에는 릴리와의 약혼으로 고취된, 법도에 맞고 아담한 로코코풍이 다시 드러나고 있다. 릴리는 상류사교계와 어울렸는데, 그러한 사교계는 당시 이 질풍노도의 젊은 시인에게는 참을 수 없는 구속이 되곤 했다. 이 사랑의 갈등으로부터 벗어나기 위해 괴테는 자주 자연에서 도피처를 찾았다.

릴리를 향한 사랑을 확인하기 위해, 5월 친구들과 함께 스위스로 여행을 떠났다. 모두 베르테르처럼 옷을 입었다. 취리히 호수에서 쓴 《호수 위에서 *Auf dem See*》를 비롯하여, 밝고 소박한 언어에 심오한 의미가 담긴 많은 단편 서정시들을 발표했다. 여행 도중에 여동생 코르넬리아를 방문했다. 결혼에 실망하고 있던 코르넬리아는 취미와 생활방식이 결혼생활에 큰 영향을 끼친다면서 릴리와의 결혼을 반대했다. 괴테는 반발했지만 여행에서 돌아와서는 곧 결혼을 파기했다. 뒤에 릴리는 슈트라스부르크의 은행가와 결혼했다. 괴테는 자신에게 어울리는 유일한 결혼상대를 잃었다고 말할 수 있을지도 모른다. 하지만 이렇게 생각하는 것이야말로 정말 그가 기피했던 부분이다.

《슈텔라》에서 그는 이렇게 말했다.

"떠나야 한다—나는 어리석은 자이리라, 내가 결박되다니. 지금 상황은 나의 모든 힘을 질식시킨다, 나에게서 모든 용기를 빼앗아 버린다. 나는 짓눌림을 당한다. 내 마음엔 무엇이 남을까. 무엇이 발전할 수 있을까—자유의 세계로 떠나야 한다."

카를 아우구스트 공작

1774년 12월 11일 바이마르 궁내관 폰 크네벨 대위의 소개로 공자(公子) 카를 아우구스트와 그 동생 콘스탄틴과 만나기로 했다. 그들은 프랑크푸르트에 들러 《괴츠》의 저자를 만나고 싶어했다. 이리하여 괴테의 생애에 결정적 의미를 지닌 오랜 교제가 시작된다.

이듬해 열여덟 살의 나이로 공작이 된 카를 아우구스트는 결혼을 위해 카를스루에로 가던 중에 프랑크푸르트를 방문해서 괴테를 바이마르로 초대했다. 공작은 돌아오는 길에도 다시 초청했다. 릴리와 파혼한 지 얼마 안 된 괴테는 바이마르로 출발했다.

카를 아우구스트 공작은 땅딸막한 풍채에 머리는 작고, 코는 납작하고, 피부는 거칠었다. 외모로 보아서는 공작이라기보다는 사냥터의 파수꾼처럼 친근감이 느껴졌다.

릴리 쇠네만 초상화
릴리는 괴테의 단 하나뿐인 공식 약혼녀였다. 그러나 괴테는 그에게 가장 어울리는 여성과 결혼할 기회를 잃어버렸다.

농민의 딸을 좋아해 많은 아이를 두었으나, 아이들 모두 사냥터의 파수꾼으로 세웠다. 공작부인 루이제는 키가 크고 말랐으며, 감정적이면서도 냉정하기도 했다. 여러 번 유산했으나 드디어 아이를 낳자 바이마르의 주민들은 안도의 한숨을 쉬었다. 다른 공국(公國)에 합병될 염려가 없어졌기 때문이다.

바이마르 궁정이 '학예궁정'으로 불리게 된 이유는 공작의 어머니 안나 아마리아의 공이 크다. 공작 자녀들의 가정교사로 빌란트를 부르더니 괴테까지 불러들인 것이다. 괴테는 바이마르에 1775년 11월 7일 도착했다. 이때부터 괴테는 바이마르에서 죽을 때까지 살았다. 이때부터는 삶을 완전히 이해하는 것이 그의 주요 관심사가 되었으며, 이를 위해 《빌헬름 마이스터 수업시대 *Wilhelm Meisters Lehrjahre*》(1795)에는 오랜 숙련기간이 묘사되어 있다.

바이마르 전경 1775년 바이마르에는 따뜻한 가정적 분위기가 감돌았다. 제도화된 것이 아니라 살아 움직이는 사람들을 소재로 삼는 시인에게 바이마르는 그야말로 이상적인 장소였다. 바이마르 궁정은 괴테에게는 참된 가정이었고, 궁정 사람들은 그의 정신적 '가족'이었다. 클라우스 작.

학예궁정

바이마르에 있는 괴테 주변은 늘 떠들썩했다. 공작이 된 지 얼마 되지 않아 들떠서 즐거워하는 젊은 아우구스트를 괴테는 따뜻하게 지켜보고 있었다. 의연하게 '슈투름 운트 드랑(질풍노도)' 정신적 분위기에 휩싸여 있었던 괴테는 이 생활을 즐기고 있었던 것 같았다. 무엇보다도 공작의 어딘가 세련되지 않은 행동에 견디지 못하리라 생각한 적도 있었다. 예를 들면 끊임없이 입에 무는 파이프, 언제나 데리고 다니는 커다란 사냥개, 질려 버린 농담. 하지만 자유롭고 활달한 분위기 속에서 젊은 두 사람의 친밀한 관계를 방해할 것은 아무것도 없었다. 프랑크푸르트에는 나이 들고 까다로운 아버지, 그

리고 무엇보다도 시치미 떼기 잘하는 상류사회가 엄격하게 존재하고 있었다. 바이마르에는 괴테가 하는 모든 일에 경탄하고 그 취미에 감복하는 친구들만이 있었던 것이다. 그는 11년간 거의 출판하지 않았다.

그는 '학예궁정'을 위해서 온 힘을 쏟았다. 일반인들을 위해서 희극을 쓰고, 여러 기회를 만들어 시를 쓰고, 연회를 베풀고, 관극(觀劇)을 조직했다.

타우리스 섬의 이피게니에

괴테는 궁정극장에도 깊게 관여했다. 그의 권유로 공작은, 괴테가 라이프치히 학생 시절부터 좋아했던 아름답고 교양 있는 코로나 슈레트를 배우로 맞이했다. 그녀는 노래와 작곡에 능하고 그림도 그릴 줄 알았으며, 특히 4개 국어나 할 줄 알았다. 의상 또한 아주 아름답고 고급스럽게 입기로 유명했으며 시극(詩劇)을 능숙하게 해석했다. 그녀는 이피게니에를 맡아 연기했다.

바이마르 성관 1774년에 소실되고 나서 재건된 건물. 클라우스 작, 1805.

이 희곡은 괴테가 국정업무를 맡아서 밤낮없이 일하는 와중에 6주에 걸쳐 완성한 작품이다. 주어진 정무에 최선을 다하는 '순수한 노력'과 어느 수준의 정신적 노력을 반영하고 있다.

그런데 이렇게 고귀하고 순수하고 맑으며 온화한 작품이 악조건 속에서 단시간에 완성되었다고 하는 것은 그 누구와도 비길 수 없는 그의 재능을 보여 주고 있다. 뒤에 그가 이것을 운문으로 옮겨 적었을 때에도 거의 수정을 하지 않아도 될 정도로 내용이 완성되어 있었다.

그동안 코로나 슈레트의 존재는 소동의 화근이었다. 각본 읽기, 연습, 연회에서 의견충돌을 보인 것뿐만이 아니다. 괴테는 공작에게 질투하고, 공작부인은 공작에게 덤볐다. 괴테의 연인 샤를로테 폰 슈타인은 《이피게니에》 초연에 참석하지 않았다.

1779년 4월 《이피게니에》는 상연되었다. 배역은 이피게니에(코로나 슈레트), 오레스트(괴테), 피라데스(공작 동생 콘스탄틴)였다. 궁정의 모든 이들이 초연에 참석했다. 일주간의 공연이 끝나자 코로나 슈레트는 서둘러 바이마르를 떠났다. 뒤에 실러가 우연히 그녀를 만났을 때 그 아름답던 모습은 온데간데없고 세상으로부터도 잊힌 존재가 되어 있었다.

행정관 괴테

괴테는 귀빈으로 방문하여 머물러 있던 중, 1776년 6월 추밀원 참사관으로 임명받아 국정에 참여하게 된다. 그리하여 소방법 개정이라는 작은 문제에서부터 통로행정, 치수 관개(治水灌漑), 국가재정, 군사, 게다가 바이에른 왕위 계승 전쟁을 둘러싼 궁정 간의 관계 등 고도의 정치적, 외교적 문제까지도 다루었다. 이처럼 나라의 정치에 깊이 관여한 것은, 국정이라고 해도 인구 십여만 명의 작은 나라에 지나지 않았고, 궁정의 전제 지배 속에서 공작의 신뢰가 나날이 높아졌기 때문만

카를 아우구스트 공(1757~1828)
1775년 아우구스트 공(당시 18세)은 프랑크푸르트를 방문하여 괴테를 바이마르로 초대했다. 초상화는 아우구스트 공의 12세 시절 모습.

은 아니었다. 괴테가 자기 형성을 위한 시련으로서 어떠한 직무도 거부하지 않고 진지하게 임했기 때문이었다.

괴테는 정무를 수행할 때 '밑에서 위를 쳐다보는 것과 위에서 밑을 내려다보는 것은 다르다'고 생각해서 먼저 현실을 철저하게 조사하여 합리적으로 해결하려고 했다. 화재가 발생하면 곧장 달려가 지휘하고, 홍수 때에도 즉시 달려가 제방 공사를 감독했다. 재정은 궁정 낭비를 막는 한편 감세, 빈민 구제, 예나 대학 확충에 힘을 기울였다. 그리고 농민의 세금 경감, 대토지 소유 분할 등도 구상을 한 것 같지만 너무나도 급진적이어서 실현되지는 못했다.

샤를로테 폰 슈타인
괴테의 인격 형성에 가장 영향력을 미친 여성이자, 괴테가 찬사를 보낸 가장 훌륭한 여성.

일메나우를 방문했을 때, 폐쇄된 광산 전개를 위탁받았던 적이 있다. 그는 지질학, 광물학 연구를 시작으로 막대한 자금을 투입해 광산 복구에도 힘을 쏟았다. 하지만 광산을 다시 열 수는 없었다. 광산업에 손을 댄 또 다른 위대한 문학자로서 발자크가 있다. 그는 사르데냐 광산에서 실패했지만 적어도 그것은 그가 죽은 뒤 재개되었다. 그러나 일메나우 광산은 두 번 다시 복구되지 않았다.

운명적 만남

괴테는 바이마르에 도착하자 곧바로 샤를로테 폰 슈타인을 알게 된다. 괴테는 스물여섯 살이고 그녀는 서른세 살, 서로 이미 소문은 듣고 있었다. 침메르먼 박사가 괴테에게는 그녀의 그림자 그림을 헌정했고, 그녀한테는 괴테에 대해 '대단한 사람이다, 세상에 대해 지식이 풍부한 사람이다' 소개했기 때문이다. 샤를로테의 아버지는 궁정 고문관 폰 샤를로테, 어머니는 스코틀랜드 귀족 출신이다. 샤를로테는 스물두 살 때 폰 슈타인 남작과 결혼했다. 폰 슈타인은 부유하고 단정한 미남자인 데다 바이마르에서 유일한 기수(騎手)이며, 춤 솜씨로도 유명했다. 샤를로테는 결혼 생활 11년 동안 일곱 명의 아이를 낳았는데, 그중 네 아이를 잃었다. 자그마한 체형에 검은 머리, 새까맣고 큰 눈동자를 가진, 미인이라기보다는 매력적인 여성이었다. 남편은 말을 사기 위해 자주 여행을 떠났고, 그녀는 아이들과 코호베르크관에 들어앉아 지냈다.

스물여섯 살 때의 괴테(1775) 괴테가 바이마르를 방문했던 해. 손에 든 실루엣 초상화의 주인공은 그가 사랑하는 샤를로테 슈타인 부인일 것이다. 클라우스 작. 괴테박물관 소장.

샤를로테는 원숙한 여성이었으며, 괴테는 젊은 열정에 불타는 청년이었다. 처음엔 서로가 호기심에 가까워졌는데, 곧 괴테는 샤를로테 집에 눌러앉아 버렸다. 그는 그녀에게 바친 시에서 이렇게 말했다. "아 당신은 지나가는 세상이고 나의 누나이자 아내였다." 바이마르에 머물 결심을 한 것도 그녀의 영향이 컸다. 그녀는 괴테를 위로하고, 격려하며, 가르치고, 그의 넘치는 열정을 이끌어 주며, 조화를 이루어 미를 창조하도록 도왔다. 괴테는 자신의 인격 형성에 그녀가 가장 큰 영향을 끼쳤다고 말했다.

샤를로테는 지적 차원에서 그가 만난 최초의 여성으로, 괴테의 삶에 미친 지대한 영향은 그녀에게 보낸 1,500통 이상의 편지에서 파악할 수 있다. 그녀는 괴테의 삶을 인도하는 기둥이 되어 그에게 사회생활의 미덕을 가르쳤고, 세세한 일상생활에까지 자극을 주었으며, 그의 상상력과 소망을 사로잡았다. 그러면서도 그녀는 예절과 관습적인 미덕에 의해 지배되는 관계를 견지했다.

그에게 누나 이상은 결코 되지 않으려 했고, 그녀가 괴테에게 요구한 승화의 감정은 "왜 당신은 우리에게 그윽한 눈길을 던집니까? (Warum gabst du uns die tiefen Blicke?)"라는 정신분석적인 탐색의 말에서부터 오레스테스의 고통 및 이피게니에에 의한 위안 등의 통찰을 가능하게 했다.

이 밖에도 이러한 통찰 속에서 쓰인 작품이 바로 단막극 《남매 Die Geschwister》(1776)이다. 〈달에게 An den Mond〉·〈술잔 Der Becher〉·〈사냥꾼의 저녁 노래 Jägers Abendlied〉·〈바다여행 Seefahrt〉 등 유명하고 사랑받는 서정시들을 비롯해서 2편의 〈나그네의 밤 노래 Wandrers Nachtlieder〉와 같은 뛰어난 작품들은 모두 슈타인 부인의 영향을 받은 것들이다.

그녀가 괴테를 어떻게 생각했는지에 대해서는 밝혀지지 않았다. 왜냐하면 그녀가 괴테에게 보낸 편지는 모두 불태워졌기 때문이다.

이 시들과 이 시기의 다른 시들 〈인간성의 한계 Grenzen der Menschheit〉·〈물 위의 정령의 노래 Gesang der Geister über den Wassern〉·〈신적인 것 Das Göttliche〉·〈겨울 하르츠 기행 Harzreise im Winter〉·〈일메나우 Ilmenau〉 등에서 자연은 더 이상 인간 정신의 단순한 반영이 아니라 그 자체로서 존재하는 무엇, 인간에게 무관심하며 거의 적대적이기까지 한 하나의 개념 내지 힘의 응결로 나타난다.

이 새로운 '객관성'에 관한 인식은 괴테로 하여금 더욱 과학에 몰두하게 하는 계기가 된다. 그러나 워낙 다면적인 그는 원하기만 하면 《툴레의 왕 Der König in Thule》(1774)의 기분으로 돌아갈 수도 있었고, 무의식적인 힘의 투영으로서의 자연을 그린 《마왕 Erlkönig》이나 《어부 Der Fischer》 같은 발라드를 쓰고 많은 종류의 오페레타와 뮤지컬을 만들어서 이것들로 궁정에서 여흥을 베풀기도 했다. 《감상주의의 승리 Der Triumph der Empfindsamkeit》라는 논문에서는 바로 자신이 쓴 《젊은 베르테르의 슬픔》이 주는 감수성을 풍자하기까지 했다.

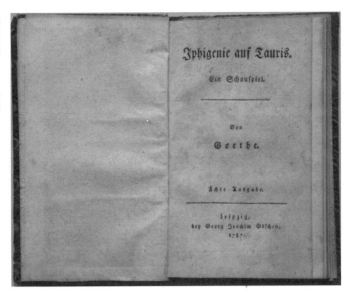

희곡 《타우리스 섬의 이피게니에》(1787) 속 표지
로마 여행을 통해 고대 세계를 접한 가장 큰 수확이다.

자연 생활을 찾아서

괴테는 지쳐 있었다. 10년 정도 윤리적 의무감에서 짊어져 온 국가 행정 업무도 계속해야 한다는 게 참을 수 없었다. 슈타인 부인과의 사랑도 《에그몬트》·《파우스트》·《타소》·《이피게니에》 등의 대작을 완성하기 위해 필요한 정신적 안정과 휴식에는 도움이 되지 못했다. 그리고 본디 관심사인 과학과 예술에 전념하고 싶은 욕구가 강하게 솟구쳤다. 공사(公私)문제를 정리하고 카를 아우구스트 공작에게 편지를 써서 무기한의 휴가를 간청했다. 구체적인 계획에 대해서는 공작에게도 샤를로테 폰 슈타인에게도 한 마디도 흘리지 않았다. 괴테가 가는 곳과 가명(假名)을 알고 있었던 사람은 비서 자이델뿐이었다. 그는 화가 '요한 필립 메라'라는 가명으로 이탈리아에 가려고 한 것이다. 1786년 9월 3일 아침 3시, 괴테는 역마차를 타고 소리 없이 카를스바트에서 남쪽으로 향했다.

그 무렵 괴테는 그림에 가장 관심을 갖고 있었다. 빛과 상상력, 현실의 여러 측면과 광활함을 표현하고 싶어했다. 반짝반짝 빛나는 태양, 대조되는 고운 빛깔 풍경, 밝고 아름다운 여성…… 인생을 즐기고 싶어했다고도 말할 수 있다. 괴테는 자발성과 자연성을 찾아서 이탈리아로 달아났다. 그리고 그곳에서 고대 로마 문화에 접하고 생생한 민중 생활을 맛보며 활력을 되찾을 수 있었다. 이 도피는 죽음인 동시에 재탄생이었다.

로마로 가는 길

《이탈리아 기행 *Italienische Reise*》은 편지와 일기에서 발췌하여, 1816년 드디어 제1권이 간행되었다. 일부를 인용하면 다음과 같다.

토르볼레 "지금 나는 정말로 새로운 땅, 전혀 알지 못하는 곳에 와 있다. 여기에서는 누구라도 유유자적 무릉도원 생활을 하고 있다."

말체시네 "이렇게 사람들이 많고 우아한 풍경이 펼쳐진 이 지방을 어찌 표현해야 할지 모르겠다."

베로나 "낮에 향락을 즐기고, 저녁을 즐길 수 있는 나라에서는 밤이 정말로 의미 깊다…… 하지만 암흑에서 온 우리는 낮이 어떤 것인지조차 모른다. 영원한 어둠의 안개에 덮여 있기 때문에, 낮이든 밤이든 다르지 않다. 어느 정도 집 밖에서 즐길 수 있을까."

비첸차 "도착하자마자 벌써 마을을 한 바퀴 돌고, 팔라디오가 건축한 올림피코 극장 등의 건물을 보고 왔다…… 그의 설계에는 어떤 신적인 요소가 들어 있다…… 이것으로 이탈리아 도시를 겨우 두 군데 둘러보았다. 말을 건넨 사람은 적지만, 이탈리아인에 대해 잘 알 수 있었다…… 이탈리아인은 대단히 친절하다고 생각한다."

치타 카스테라나 "내일 아침엔 드디어 로마다…… 이 오랜 바람이 이루어진다면 도대체 무엇을 바랄 것인가."

로마 "티롤 고개는 단숨에 넘었다. 베로나, 비첸차, 파도바, 베네치아는 자세히 보았는데 페라라, 쳰트, 볼로냐는 그다지 상세하게 보지 못하고 지났다. 로마를 향한 간절함이 시간이 지날수록 더욱 강해져서 발을 멈추지 못했다. 피렌체에서는 겨우 세 시간밖에 머무르지 않았다."

민중 속에서

괴테는 로마에 4개월 머무른 뒤 더욱 남쪽으로 여행을 계속했다. 나폴리는 그가 본 최대의 도시였다. 그 무렵 나폴리는 로마보다 세 배나 큰 도시로 변화하고 다채로웠는데, 괴테는 이 도시에 아주 열광했다.

"이렇게 많은 사람 속에서, 또 그렇게 끊임없는 활동 속에서 처음으로 나

〈캄파니아에 있는 괴테〉 이탈리아 여행 중 로마 캄파니아 폐허를 배경으로 그린 그림. 이 그림은 1840년 덴마크 나폴리 영사가 구입해서 프랑크푸르트 슈테델 미술관에 기증했다. 티슈바인 작.

는 진정으로 조용한 고독의 기분을 느낀다. 도시가 떠들썩할수록 나는 더욱 안정감을 누렸다."

그는 로마에서는 나서기를 꺼려했던 상류사회에도 들어갔다. 더 이상 화가 메라가 아닌 폰 괴테였다. 그중에서도 영국 나폴리 공사 해밀턴 집안을 자주 방문했다. 해밀턴은 아름다운 엠마 하트 양과 함께 포실리포의 대저택에서 연회를 열었기 때문이다. 또 괴테는 시칠리아를 방문해 팔레르모에서 카타니아, 타오르미나를 말을 타고 여행했다. 그 뒤 나폴리에서 로마로 돌아와 일 년 간 머물렀다.

고대 로마

괴테는 로마에서 "젊은 날의 무수히 많은 꿈이 눈앞에 펼쳐진다"는 것을 보았다. "모든 것은 이미 전에 상상했던 대로였으며 모든 것이 새로웠다."

그에게 있어서 로마는 고대 문화와 예술을 직접 만질 수 있는 위대한 학교였다. 그는 지오토(조토)를 보지 않았고 베네치아나 몬레알레에 있는 모자이크도 보지 않았다. 바로크도 무시했다. 모방하고자 하는 이상은 오로지 고대였다. 아시시에서는 성 프란체스코 수도원이 아닌 미네르바 신전을 방문했다. 페스툼에서는 정통 그리스식 신전 유적을 종일 돌아보며 다녔다. 세제스타에서나 아그리젠토에서도 마찬가지였다.

그는 고대의 인간성에서 개개인의 이상으로 삼아야 하는 아름다움, 고결함, 자주성, 평균 감각이 실현되어 있는 것을 보았기 때문이다. 이렇게 하여 그는 북유럽 세계의 주관주의와 고전고대(古典古代)의 객관주의와의 대립과 항쟁을 발견하기에 이르렀다. 이제는 정숙과 순수가 그의 생활원칙이 되었다. 그는 화가가 되고자 하는 꿈을 단호하게 버렸다. 로마를 출발하기 한 달 전, 그는 자신이 시(詩)를 위해서 태어난 것을 확인했다.

로마를 떠나다

그 무렵 로마는 인구 6만여 명으로 다른 이탈리아의 도시들에 견주어 볼 때 작은 도시이며 쇠퇴의 길을 걷고 있었다. 성벽 안의 약 삼분의 일 지역은 로마제국시대 건축물이며, 나머지 삼분의 이 지역은 붕괴한 저택의 황폐한 정원에 양 떼가 보이는 상황이었다. 이 조용한 도시에서 괴테가 가장 자주 찾아간 사람은 앙겔리카 카우프만이었다. 그는 그녀를 '헤아리기 어려운 여성'으로 표현하고 있지만, 그녀는 런던과 이탈리아에서 유명한 화가이며 '회화적인 여성 시인'이었다.

이러한 고대적이며 자연적인 생활로부터 떠난다는 것은 괴테에게 있어서 매우 고통스러운 일이었다. 하지만 자기 자신을 잃어버리지 않겠다고 한다면 언젠가는 끝맺지 않으면 안 되었다. 1788년 4월, 그는 로마를 떠나는 슬픔을 추방당한 오디세우스의 애가에 빗대어 표현했다. 돌아오는 길은 빨랐다. 안코나에서 헤르더에게 편지를 쓴다.

"이 편지를 쓰면서 이게 꿈인지 생시인지, 자고 있는 건지 깨어 있는 건지 모르겠다. 고통스러운 체험이다."

이탈리아 여행이 남긴 것

그리스 로마의 고대세계에 접하면서 얻은 가장 큰 수확은 《타우리스섬의 이피게니에》(1787)라고 할 수 있다. 그러나 이 작품이 '놀라울 정도로 근대적이고 비(非)그리스적'이라는 실러의 평은 옳았다.

《토르쿠아토 타소》와 마찬가지로 이 작품도 의사소통의 문제, 즉 발설한 말의 예기치 못한 위력, 나타내는 것만큼 감추는 언어의 이중적 양태, 진실의 반대가 명확한 거짓이라기보다는 자기 은닉이 되는 점 등을 다루고 있다. 그러나 또한 이 작품은 자기 자신에 대한 신화를 자신의 무의식의 반영으로 인식함으로써 그 신화로부터 벗어나려는 인간의 노력을 다루며, 시야를 새로이 조정함으로써 현재의 인간을 구속하는 것처럼 보이는 사건들의 연쇄를 파기하려는 노력을 보여 준다.

본디 그리스 비극작가 에우리피데스는 아테네 여신을 갑자기 출현시켜 작품의 결말을 이끌지만 괴테는 새로운 시각으로 화해로운 결론을 맺고 있다. 즉 그는 신탁의 말을 새롭게 해석한 것이다. 이 희곡은 그리스적 가치관과 그리스도교적 가치관을 종합한 것으로서, 이피게니에와 디아나 여신을 동일시하여 육체적인 것을 정신적인 것으로 승화시켰다는 점에서 18세기 인문주의의 극치를 이루고 있다.

이탈리아 기행을 통한 서정시의 가장 큰 수확은 《로마의 비가 Römische Elegien》(1788~89)이다. 조형적 아름다움과 대담한 관능을 표현하고 문화유산에 대한 고양된 의식과 애욕적인 부드러움을 결합해 낸 점에서 이 이교도적이고 고도로 세련된 시들은 어떤 현대언어에서도 그 유례를 찾아볼 수 없는 독특한 것이다. 만일 이 시들이 바이런의 《돈 주안 Don Juan》의 운율로 쓰였더라면, 아주 저속한 것들이 되었을 것이다. 그러나 고전적 이행연구는 이 시에 감추는 듯하면서도 드러내는 심미적 거리의 베일을 씌운다.

이 비가를 탄생시킨 당사자는 하급 공무원의 딸 크리스티아네 불피우스이다. 당시 스물네 살이었던 그녀는 소시민 가정에서 자랐으며 조화(造花)공장에서 일하고 있었다. 괴테는 당장에 그녀에게 매혹되어, 결국 1788년 4월 바이마르로 돌아온 뒤 곧 동거하게 되었고 아이까지 몇 명 낳았다. 그러나 비순응주의자인 그가 사회관습인 결혼에 순응하게 된 것은 프랑스군의 침입으로 생명과 재산이 위협받던 1806년에 이르러서였다. 결혼식은 전쟁이 끝난 지 4년 뒤 바이마르 궁정에서 거행되었다.

첫 번째 이탈리아 여행의 결과, 괴테는 자신이 관심과 재능을 갖고 있음에도 화가는 되지 못한다는 사실을 절실하게 느꼈다. 로마의 화가 친구들과 함께 열심히 연습했으나, 그림을 통해서는 자신의 심오한 감정을 자유롭게 표현하는 경지에 이를 수 없었고, 드문 경우를 빼고 많은 소묘들은 감수성 있는 아마추어가 줄 수 있는 매력 이상의 것은 되지 못했다. 그러나 시각예술에 대한 지속적인 연구는 과학저서뿐만 아니라 문학작품에도 뜻깊은 자취를 남겼고, 많은 미학에 관한 글과 평론을 더욱 정확하게 만들었다. 그가 마침내 모든 공직을 포기하고 자신의 재능을 문학과 과학에 바치기로 결심한 것도 이 여행에서였다.

그러나 1790년의 두 번째 이탈리아 방문은 실망만을 안겨 주었고, 외부세계의 혁명적 사건들로 인한 불안감은 계속 깊어졌다. 시집 《베네치아 단가 *Venezianische Epigramme*》(1790)는 이러한 불만을 반영하고 있다.

크리스티아네와 결혼

괴테는 귀국하기에 앞서 공작에게 편지를 보내 자신의 상황에 대해 자세하게 이야기하고 심정을 토로했다. 그리하여 귀국한 뒤 일메나우 광산 관계를 제외한 모든 공직에서 물러났다. 하지만 추밀원에는 그대로 남아 월급을 받았다. 왜냐하면 아직 작가로서 수입이 적어서 생계를 유지하기에 충분하지 않았기 때문이다.

그는 누구에게도 말하지 않고 조용히 바이마르를 탈출해, 약 2년 동안 이탈리아에 머물렀다. 그런데 이제 가슴을 펴고 돌아온 그에게 바이마르는 냉담했다. 카를 아우구스트 공작은 부재중이었고, 샤를로테 폰 슈타인은 그가 몰래 이탈리아로 떠난 것을 기분 나쁘게 생각했다. 게다가 어느 누구도 그가 이탈리아에서 느꼈던 인간적인 경험에 대해서는 귀를 기울이려 하지 않았다. 이제 서른아홉 살이 된 괴테는 뼈저리게 실망과 고독을 맛보았다. 이때 만난 사람이 앞서 말한 크리스티아네 불피우스이다.

두 사람에 대한 소문이 순식간에 바이마르에 퍼졌다. 이 사실을 제일 먼저 퍼뜨린 사람은 샤를로테 폰 슈타인의 아들 프리츠였다. 샤를로테는 이미 마흔여섯이 되었고, 산전수전 다 겪었다지만 이 소문에는 어찌할 바를 몰라했다. 온 바이마르 시민이 알고 있는 전설적 연애관계는 완전히 과거가 되었기 때문이다.

바이마르 사람들도 샤를로테도 충격을 받고 불같이 화를 냈다. 이제까지 사람들이 품고 있었던 괴테에 대한 감탄과 찬사는 모두 사라지고 말았다. 하지만 괴테는 이것을 좋게 여기며 가정생활과 시작(詩作) 활동을 즐겼다. 이제 기고하기 시작한 《로마의 비가》는 이 새로운 사랑의 문학적 기념비였으나, 여기에서는 이탈리아에서의 사랑의 회상이 크리스티아네의 모습과 미묘하게 교차하고 있다. 1789년 크리스마스에 장남 아우구스트가 태어났다. 괴테는 1806년 조촐한 결혼식을 올림으로써 그때까지의 내연관계를 합법화했다.

▲ 괴테의 아내 크리스티아네 초상 립스가 제작한 판화. 서정시집 《로마의 비가》를 탄생시킨 24세의 매력적인 아가씨였다. 1788년 두 사람은 동거에 들어갔고, 아이를 다섯이나 낳았다.

▼ 서른여섯 살 때의 크리스티아네 초상

새로운 시대가 열리다

프랑스혁명이 발발했을 때 실러와 헤르더 등 주변의 지식인들이 모두 모여 이를 지지했다. 하지만 괴테 한 사람만이 불안해하고 있었다. 그는 국민주의적이며, 군국주의적이며, 혁명적이며, 모든 정치적 열광에는 알레르기 반응을 일으켰다. 그도 그럴 것이 그는 인간사회는 자연과 마찬가지로 점진적 진화에 의해 발전한다고 굳게 믿고 있었기 때문이다. 괴테 스스로는 프랑스혁명에 어느 정도 거리를 두고자 했으나, 혁명의 거센 풍랑은 그를 가만히 놓아두지 않았다.

1792년 8월, 괴테는 프로이센 기병연대를 지휘하는 카를 아우구스트 공작의 요청을 받아 롱위 진영으로 건너갔다. 전쟁터에서도 그의 관심은, 예를 들어 포탄에 의해 움푹 파인 물웅덩이, 거기서 헤엄치는 작은 물고기들의 아름다운 빛깔 등에 있었다. 9월 20일 발미를 돌파하고 파리로 진입하려 했던 프로이센과 오스트리아 연합군은 엄청난 타격을 입었다. 괴테는 넋을 잃고 후퇴하기 시작한 군인들에게 이렇게 말했다.

"오늘 여기에 세계사의 새로운 시기가 시작되었다. 여러분은 그 자리에 와 있다."

전염병이 나돌기도 해서 후퇴 행렬은 비참 그 자체였다. 괴테도 여섯 필의 말이 끄는 공작의 마차를 타고 피했다. 그는 전쟁체험담을 쓰도록 권유받았는데, 어느 대령이 이렇게 말했다.

"그는 너무나도 지적인 사람이다. 그는 쓸 수 있는 것을 쓰려고 하지는 않을 것이며, 쓰고 싶다고 생각하는 것은 쓰지 않을 것이다."

괴테는 뒤셀도르프에서 《전쟁과 여행의 일기》를 불태우고, 크리스마스 일주일 전에 드디어 바이마르에 도착했다.

이듬해 5월, 괴테는 다시 카를 아우구스트 공작을 따라 프랑스군에 점령당한 마인츠 포위전에 출전했다. 7월에 마인츠는 항복하고 프랑스군은 후퇴했다. 그때 괴테는 프랑스군에 협력한 사람 중 하나를 처형하려는 장면을 바로 눈앞에서 보고는 그를 구해 주었다. 이에 대해 영국 화가인 친구가 "재미없는 일을 했다" 하자, 괴테는 이렇게 대답했다.

"무질서를 참을 정도라면 차라리 죄를 짓는 편이 더 낫다고 여겨지기도 한다."

그는 전쟁 경험을 《프랑스 종군기 Kampagne in Frankreich》(1792)와 《마인츠 공방전 Belagerung von Mainz》으로 남겼다. 그의 자유주의적 보수주의의 관점은 저지(低地)독일어로 쓴 풍자시를 개작한 《여우 라이네케 Reinecke Fuchs》와 《독일 피난민들의 대화 Unterhaltungen deutscher Ausgewanderten》 및 희곡작품 《대(大)코프타 Der Gross-Cophta》·《흥분한 사람들 Die Aufgere-

《빌헬름 마이스
터 수업시대》
(1795) 속표지
괴테의 두 번
째 장편소설.
연극소설 《빌헬
름 마이스터의
연극적 사명》
(1777~86)을
교양소설로 완
성시켰다.

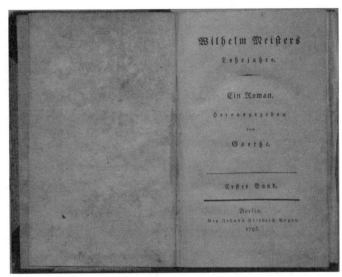

gten》·《시민장군 Der Bürgergeneral》에 나타난다.

이 세 편의 희곡은 예술적 가치보다는 독일 시인이 거의 쓰지 않는 정치문
학이라는 점에서 흥미롭다. 그러나 괴테가 프랑스혁명이라는 엄청난 현실을
불멸의 시로 변화시킬 수 있었던 것은 혁명이 퇴조할 무렵에 이르러서였다.
프랑스혁명은 피난민 문제를 호메로스풍으로 다룬 《헤르만과 도로테아
Hermann und Dorothea》(1797)의 배경이 되며, 《서출의 딸 Die Natürliche
Tochter》의 전체 구성을 지배한다. 3부작으로 계획되었으나 끝내 완성하지
못한 《서출의 딸》은 당대 최대 사건인 프랑스혁명에 대한 괴테의 마지막 결
산이었다. 그 형식적 완전함의 밑바탕에는 혁명적 현상을 비롯해 자연적인
삶뿐 아니라 사회적·문화적 삶을 영속하는 데 있어 죽음과 파괴의 부정적
역할에 대한 깊은 우려가 깔려 있다.

과학자 괴테

괴테는 자연과학적 지식에 목말라했다. 어릴 적 이미 화학 실험에 흥미를
느꼈으며, 의학 강의도 듣고, 식물학과 지질학을 연구하고, 게다가 해부학과
광학에도 손을 뻗었다. 1784년 3월에는 인간의 머리뼈에도 간악골(間顎骨),
즉 앞니뼈가 있다는 것을 발견했다.

'원형식물(原型植物)'이라는 구상은 이탈리아 여행 중에 파도바, 팔레르모

마인츠 포위전 1793년 4월, 프랑스에 점령된 마인츠는 연합군에 포위되었다. 6월 16일 시내 포격이 시작되자 근처 농민들이 구경 나왔다. 괴테는 아우구스트 공작을 따라 이 전투에 참전 했다.

의 식물원에서 생각해 냈다. 새로운 다양한 종류의 식물을 보고 있는 중에 모 든 식물의 형태는 하나의 형태에서 발달한 것은 아닐까 하는 생각이 들었기 때문이다. 이 구상을 발전시켜서 식물의 진화론적 발전을 체계화한 것이 1790년 《식물변태론 *Die Metamorphose der Pflanzen*》이다. 여기에서는 "식 물의 모든 부분은 잎이라고 하는 오직 한 개의 원기관으로 환원된다"고 주장 한다. 또한 같은 해에 공작의 어머니 안나 마리아를 베네치아까지 마중 갔을 때 숫양의 뼈를 발견했는데, 동물도 인간도 '머리뼈는 척추골이 변형된 것'일 지도 모른다고 생각했다. 그리고 《동물변태론》을 정리하려고 계획했다. 이렇 게 볼 때 괴테는 모든 점에서 다윈에 앞서 진화론을 구상하고 있었다고 말할 수 있다.

괴테는 광학 연구에도 몰두했는데, 여기에서는 수학이라고 하기보다도 비 현실적이며 추상적 추론에 근거하고 있다. 뉴턴이 프리즘에 빛을 비춰서 이 것을 색으로 분해했을 때 괴테는 거세게 반발했다. 빛은 하나이며 볼 수 없 다, 우리는 눈을 통해 내면의 빛이 외면의 빛과 대응했을 때 처음으로 볼 수 있다고 주장했다. 그리고 자기의 이론을 받아들이지 않는 자를 접근시키지

괴테와 나폴레옹의 만남 예나전쟁 뒤 괴테는 나폴레옹을 존경하게 된다. 1808년 10월 2일 나폴레옹은 에르푸르트에서 괴테를 초대하여 환담을 나눈다. 나폴레옹은 《젊은 베르테르의 슬픔》을 일곱 번이나 읽었다고 추켜 주었다.

않았고, 후세에 남긴다고 한다면 문학작품보다도 광학이론 《색채론 *Zur Farbenlehre*》(1810)이라고까지 생각했었다. 하지만 그 평판은 명예롭지 않았다. 오늘날에는 읽는 사람이 거의 없을 것이다.

실러와의 우정

《도둑 떼》로 문단에 등장한 실러는 1787년 7월 폰 카르프 부인의 초대를 받아 바이마르를 방문했다. 그런데 정평이 났던 '학예궁정'에 실망했다. 헤르더는 정중하기는 했으나 그의 작품을 거의 읽지 않았다. 때마침 이탈리아 여행 중에 있던 괴테와는 1788년 9월에 처음으로 만나지만 서로 이해하지 못했다. "아무것도 하지 않고 1,800탈러의 월급을 받아 이탈리아에서 쓰고 있었는데, 다른 이는 이 월급의 절반을 벌기 위해서 괴로움을 두 배나 더 짊어져야 한다" 불만을 토로하며, "이 남자는 내 길을 방해하고 있다"고 했다. 그해 말, 괴테는 실러를 예나 대학 교수로 추천했는데, 이는 그를 원조하기 위해서뿐만이 아니라 동시에 그를 쫓아내기 위해서이기도 했다.

이 둘의 우정은 1794년 6월에서 7월 즈음에 급속히 돈독해졌다. 실러는 신간 잡지 〈호렌 *Die Horen*〉을 기획하고 괴테에게 동인이 되어 달라는 부탁을 했다. 그러자 괴테는 승낙했고, 더욱이 예나 대학의 자연과학협회 모임에서 서로의 기본적 예술관이 일치하는 것을 확인했다. 그 뒤 두 사람은 자주 오가며 또 편지를 교환하며, 논쟁을 벌였다. 괴테는 극단으로 치우치는 경향을 지닌 실러를 자제하게 해주었고, 실러는 괴테를 자연과학 연구에서 시작(詩作)으로 이끌어 주었다. 실러는 《발렌슈타인》을 집필하기 시작했으며, 괴테는 《빌헬름 마이스터 수업시대》를 완성하고 《파우스트》에 심혈을 기울였다. 또한 1797년 《헤르만과 도로테아》를 간행하는데, 이는 프랑스혁명을 배경으로 한 서사시로 《젊은 베르테르의 슬픔》과 함께 괴테를 국민에게 친근한 작가로 만들어 주었다. 시민계급은 여기에 묘사되어 있는 자기 자신을 본 것이다.

1805년 실러가 죽자, 괴테는 '자신의 존재의 반'을 잃었다고 슬퍼했으며 이 위대한 친구를 위해 〈실러의 조종(弔鐘)에 대한 발문 *Epilog zu Schillers Glocke*〉이라는 조사(弔詞)를 썼다. 당시의 정신적 고독감은 예나에서 번영한 낭만파와의 접촉으로 어느 정도 완화되었다. 사실 이들 사이에는 공통점이 꽤 있었다. 그리스 문화를 찬양하는 책을 씀으로써 문필생활을 시작한 프리드리히 폰 슐레겔은 나아가 동양을 낭만주의 사상과 문학의 극치로 찬미했다. 한편 그의 형 빌헬름 슐레겔의 형식과 운율에 대한 깊은 관심도 괴테의 마음을 끌었다. 그러므로 괴테는, 《빌헬름 마이스터 수업시대》에 대한 그들의 열광적인 찬사나 자신을 '이 세상 시의 부집정관'이라고 평한 노발리스의 극찬에 대해 무관심할 수 없었다.

또한 괴테는 옛 애인 막시밀리아네의 딸 베티나 브렌타노에게서도 자신의 천재성과 인본주의에 관해 좋은 반응을 얻었다. 그래서 베티나의 《괴테와 한 소녀의 서한집 *Goethes Briefwechsel mit einem Kinde*》(1835)은 그 진실성에 대한 의문은 문제삼지 않은 채 독일문학의 애독서로 남아 있다. 괴테는 낭만파들을 형식의 미덕을 망각한 '억지 재간꾼'으로 비난했으며, 그들의 가톨릭

실러와 그의 아내 샤를로테
실러는 자연과학에 치중하게 된 괴테에게 시를 등한시하지 말라 충고한다.

적 경향, 맹목적인 중세 찬미, 문학 장르의 구별을 모호하게 하고 예술과 삶의 경계를 혼동하려는 시도를 개탄했으나, 그는 그들이 열광한 것들을 많이 받아들였고 심지어 고딕 건축양식에 대해서도 새로운 관심을 보였다.

그리하여 《친화력》에서는 '자연의 어두운 측면', 즉 화학적 세계에서 원소들이 서로 이끌려 화합물이 되듯 인간을 서로에게로 끌어당기게 하는 동물적·자기적(磁氣的) 친화력에 대한 그들의 몰두를 주제로 이용하고 있다.

그러나 이 소설은 자연적·초자연적 힘에 대한 미신적인 맹종이나, 도덕적 책임감에 대한 비인간적 포기를 변호하지는 않는다. 징후와 예감에 대한 자의적인 해석 뒤에는 가차없는 파멸이 오며, 여주인공은 성인(聖人)에 가까운 체념의 길을 선택한다. 그는 냉혹한 사실주의에 입각하여 결혼을 '불가능성의 결합'으로 그리지만, 그럼에도 결혼은 '문화의 시초이자 종말'로 존재하는 것이다. 바로 이 점에서 낭만파들은 사회적 행위와 예술형식에 대한 교훈을 얻었다. 서술자는 침착한 객관성으로 작품을 이끌어 나가고 있으며, 조형미·절제·균형 등의 고전적 가치들이 터무니없을 만큼 파격적인 주제를 뒷받침해 준다.

예술로서의 생애

1807년 열아홉 살의 베티나 브렌타노는 처음으로 바이마르에 왔다. 어머니는 막시밀리아네 브렌타노이고 할머니는 조피 폰 라 로세인데, 베티나는 괴테에게 《젊은 베르테르의 슬픔》을 쓰도록 인연을 만들어 준 여성 가운데 한 명이었다. 《젊은 베르테르의 슬픔》 후반부는 브렌타노 집안과의 교제를 염두에 두고 쓰였다. 베티나는 어릴 적 엄마 품에서 젊은 날의 괴테에 대해 자주 들었고, 프랑크푸르트에서 그를 만난 적도 있었다.

뒷날 여성해방운동의 선구자가 된 베티나는 성격이 거칠었으며 피부가 약간 거무스름한 미인이었다. 그녀는 괴테에게 홀딱 반한 것을 숨기지 않았다. 베티나는 바이마르의 미술전에서 크리스티아네와 폭력을 휘두르며 싸운 것을 시작으로, 남편 아힘 폰 아르님에게 질질 끌려나온 적도 있었다. 크리스티아네가 죽은 뒤, 베티나는 여러 차례 괴테를 방문했으나 괴테는 그녀를 무시했다.

그러나 괴테는 그의 자서전 《시와 진실》을 집필하면서 베티나가 준 삽화를 약간 이용했다. 그 목적은 자신의 생애를 예술품으로 나타내는 데 있었다. 괴테는 부지런히 향상을 위해 노력했고, 운명은 언제나 그에게 미소지어 주었다. 첫사랑, 좌절, 성공…… 모든 것이 시기적절하게 찾아왔다. 괴테의 생애를 그 자체로 예술작품이라고 할 수 있다면 이러한 인상을 후세에 끼친 것은 그 자신이었다.

"나의 생애에서 일어난 일들이 진실이기 때문에 가치가 있는 것이 아니라, 의미가 있는 한 가치가 있다."

아들 아우구스트의 죽음

괴테의 작품은 가끔 교육적이지만 그가 아버지로서 아들 아우구스트를 충분히 교육했는지는 의심스럽다. 분명히 귀여워했지만, 아우구스트는 언제나 '불피우스의 아들'이었고 아버지의 훈계를 받지 않고 성장했다. 아우구스트는 열여덟 살에 하이델베르크 대학과 더욱이 예나 대학에서 법률학을 공부했다. 그리고 바이마르로 돌아와 국가 공무원이 되어 실제로는 아버지 괴테의 조수로 일했다.

그러나 아우구스트는 술에 빠지고 게으르고 제멋대로여서, 괴테는 궁정 여관(女官)의 딸 오틸리에 폰 포그비슈와 결혼시켰다. 크리스티아네가 죽은 이듬해였다. 아우구스트는 아들 둘과 딸 하나를 낳았는데, 괴테는 인내심 강한 좋은 할아버지였다. 언제나 부드러운 눈길로 손자들을 바라보며, 함께 놀아 주고, 가까이서 돌보며 지켜 주었다. 어떤 의미에서는 맹목적인 사랑이라고도 말할 수 있을 것이다. 아우구스트와 오틸리에의 결혼 생활은 얼마 가지 않아 삐걱거렸다. 오틸리에의 화려한 생활, 가장으로서 괴테의 존재 그리고 칠칠치 못한 아우구스트. 가정생활을 바로잡기 위해 괴테는 아우구스트를 이탈리아로 보내려고 했다. 1830년 4월, 아우구스트는 에커만과 함께 출발했다. 병중에 동행한 에커만과는 제노바에서 헤어져, 아우구스트는 혼자서 여행을 계속한다. 그런데 10월 27일 로마에서 성홍열에 걸려 급사했다. 이 소식은 11월 10일 바이마르에 전해졌다. 괴테는 자신이 죽었다는 한마디를 내뱉을 뿐이었다. 그리

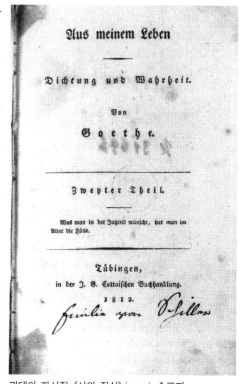

괴테의 자서전 《시와 진실》(1812) 속표지

고 1827년 1월에는 샤를로테 폰 슈타인이, 이듬해 6월에는 카를 아우구스트 대공작이, 1830년 2월에는 대공작 부인 루이제가 죽었다. 아우구스트를 잃은 괴테는 《파우스트》의 완성에 온힘을 쏟아붓는다.

에커만과의 대화

괴테 최후의 작품은 요한 페터 에커만이 쓴 《괴테와의 대화 *Gespräche mit Goethe in den letzten Jahren seines Lebens*》이다. 성실하고 소박하며 입이 무거운 에커만은 괴테의 말을 아주 자세하게 기록하여 괴테의 모습을 오늘날 우리에게 전해 준다.

에커만은 가난한 행상인의 자식으로 태어나, 어렵게 공부를 계속하여 괴팅겐 대학에 입학했다. 우연히 괴테의 작품을 읽고 감격해 바이마르로 괴테를 찾아왔다. 괴테는 그를 받아들여 전집 편찬의 준비 작업을 맡겼다. 괴테

집안에는 몇 명의 비서가 있었다. 크로이터는 심부름이나 경매에서 구매를 하거나 서고 정리를 했다. 요한은 괴테가 하는 말을 잘 받아 적었다. 슈하르트는 화폐·도자기·인쇄물·그림·암석·동물·반신상 모조품 등 괴테의 여러 가지 수집품 목록을 작성했다. 리머 박사는 예전에는 폰보르트 집안의 가정교사를 하고 괴테 집안에서도 가정교사를 도맡아 왔으나, 아우구스트가 성장하자 교육 기관 공직자가 되었다. 그래도 괴테의 신임이 두터워서 가끔 괴테를 방문하곤 했다. 에커만은 리머 박사에 버금가는 지위에 있었다고 말할 수 있다.

빌란트, 실러, 헤르더, 리바터 등이 죽자, 괴테는 이미 역사가 되어 버린 시절의 산증인이 되었다. 예술과 문학에 관심 있는 사람들이 각지에서 괴테를 찾아왔지만, 대부분은 실망하고 돌아갔다. 그는 능숙하게 듣는 자들의 주변을 돌며, 그들이 듣기를 바라는 비장의 무기를 술술 풀어내지 못했기 때문이다. 괴테 집에서 식사를 한 사람들에 따르면 대체로 다음과 같은 분위기였다고 한다.

"음식은 아주 훌륭했으며, 와인도 음식 맛에 뒤지지 않았다. 모든 초청객자리에는 레드 와인과 화이트 와인이 한 병씩 놓여 있었다. 대화는 평범하지만 활발하게 오갔으며, 도중에 끊기는 일은 없었다. 괴테는 능숙하게 대화를 이끌어 가면서, 누구의 이야기도 방해하지 않았다. 그리고 그의 옆에는 만물박사와도 같은 존재가 앉아 그때그때마다 지명을 하는 것이다. 리머 박사는 언어학을, 마이어는 미술을 대표하고, 에커만은 멈추지 않는 인용의 달인이었다. 그는 대화 중에도 숨을 죽이며 괴테의 말을 경청하며, 마치 신의 계시라도 받는 것처럼 곧바로 외우려 했다."

모순된 성격

괴테처럼 그 생애가 아주 상세하게 세상에 알려진 사람은 아마도 세상에 없을지도 모른다. 143권에 이르는 그의 전집과 여기에 포함되는 일기와 편지들 그리고 그와 왕래가 있었던 사람들의 작품과 증언들에서도 그에 대해서 말하고 있기 때문이다. 그리고 괴테 자신 또한 아무것도 감추지 않았다. 그럼에도 그의 전체적인 모습은 어딘가 분명하지 않다. 잡힐 것 같으면서도 잡히지 않는다. 그가 잘 쓰던 말을 빌려 말하자면 '헤아리기 어렵다.'

하지만 괴테의 생애에서 반복적으로 문제가 발생하는 이유는 그가 끊임없이 분열하고 모순되면서도 발전하고 있기 때문이다. 다시 말해 그는 파우스트적인 성격이기 때문이다.

"아, 나의 가슴에는 두 개의 영혼이 살고 있다. 서로 화합하지 않고 익숙해지려 한다. 한 영혼은 거친 정념(情念)의 지배를 받고, 현재의 삶에 얽매여 있다. 또 한 영혼은 더러운 인

비서를 상대로 구술하는 괴테
마치 글을 읽듯이 술술 말을 쏟아냈다. 뒷짐을 지고 방 안을 왔다 갔다 하면서 구술을 했다.

간 세상으로 날아가, 가장 높은 정신세계로 올라가려 한다."

이는 독일인다운 성격을 드러내지 않고 파우스트적인 성격과 메피스토펠레스적인 성격을 합해 놓았기 때문이다. 결국 독일인의 성격을 그 누구보다도 잘 표현하고 있다고 할 수 있다. 독일 정신을 비판하려 한다면 괴테와 대결해야 한다. 괴테는 독일인의 약점을 아주 예리하게 꿰뚫어 보았다.

"한 개인으로서 독일인은 존경받을 만하다. 하지만 모여 집단을 이루게 되면 가관이다."

세계문학에 대한 관심

예술과 문학세계는 괴테에게 주목했다. 젊은 한 프랑스인은 번역한 것을

가지고 바이마르를 방문했다. 칼라일은 스코틀랜드 대학에 취직하기 위해 추천장을 요청했다. 젊은 베를리오즈는 《파우스트》에 바치는 편지에 '씨'라 쓰지 않고 '각하'라고 썼는데, 이 칭호는 태어나면서부터 공작인 사람에게만 부여되었다. 물론 괴테도 유럽 예술과 문학에는 깊은 관심을 표명하고 있었다. 특히 프랑스 문학에는 생트 뵈브, 비니, 스탕달, 메리메를 열심히 읽었다. 일흔 살의 괴테는 젊은 열정이 넘치는 바이런의 시에 몰두했고 무엇보다도 그의 인격에 사로잡혔다. 외롭게 죽은 나폴레옹을 애석해했으며, 독일에서 처음으로 만초니를 위대한 이탈리아 시인으로 인정했다.

좋은 번역은 칭찬하고 원어를 알고 있을 때에는 원문으로 읽기를 좋아했다. 그는 또한 많은 번역서를 남겼다. 독일어에서 《여우 라이네케》, 이탈리아어에서 첼리니 작품을 번역하고, 볼테르의 《마호메트》, 《탕크레드》, 디드로의 《라모의 조카》—이것은 프랑스에서도 아직 주목받기 전 초고에서—를 번역했다. 또 《파우스트》의 헬레나에 대해 모스크바, 파리, 에든버러에서의 비평을 비교하며 독일 문학이 국제적으로 주목받는 것을 기뻐했다.

그에게 '세계문학'은 바야흐로 현실이었으며, 장래의 전망은 밝았다. 물론 여기에는 정치적 전망도 포함되어 있다. 그는 모든 국민주의적 문학을 물리쳤다. 그도 그럴 것이 시는 천사처럼 '자유롭게 국민들 위로 비상'하기 때문이다. 괴테 자신도 외국 문학에 큰 빚을 졌다고 인정했다. 셰익스피어, 스턴, 골드스미스, 타소, 첼리니, 에스파냐의 칼데론, 아라비아와 페르시아의 동방세계에서 많은 것을 배웠다. 세계문학을 말할 때 국경을 넘어 새로운 연대를 불러일으켰기 때문이다. "이제 국민문학은 거의 의미를 잃어버렸다. 시대는 세계문학을 구하고 있으며, 이 시대를 열기 위해 개개의 국민문학은 노력했다."

괴테는 분명히 북유럽 신화, 독일 중세 시, 니벨룽겐 등 아직 묻혀 있던 시는 물론이고 단테에게조차도 흥미를 갖지 않았다. "나는 건강한 것을 고전적이라 하고, 병적인 것을 낭만주의적이라 한다." 이는 괴테의 유명한 말이다.

그는 흔히 조직적이고 체계적인 분류를 물리쳤던 것처럼 자신의 작품을 분류하는 모든 시도를 물리치고, 사람들을 혼란스럽게 한 것을 기뻐했다. 《괴츠 폰 베를리힝겐》《젊은 베르테르의 슬픔》에 감격한 사람들은 그를 낭만

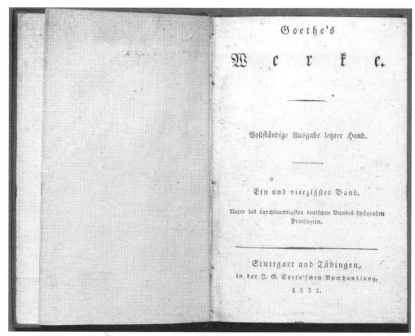

희곡 《파우스트》(1832) 속표지

주의자로서 우상시했다. 그만큼 《토르쿠아토 타소》나 《타우리스성의 이피게
니에》처럼 엄숙한 고전주의적 희곡에 놀랐으며, 1년 뒤 관능주의적인 《로마
의 비가》에 당황스러움을 감추지 못했다. 괴셴판 전집(1887~90년 전8권)의
반향은 적었으나, 자서전 《시와 진실》은 평판이 좋았다. 그는 독자들을 애태
우면서 천천히 써 나갔다.

한편 괴테는 독일 근대적 저술업의 확립자이기도 했다. '시의 제작은 신성
한 것으로, 보수를 받거나 인위적으로 시세를 올리는 짓은 마치 성물을 판매
하는 행위라 생각되고 있었다.'(《시와 진실》) 지금까지는 이런 분위기가 일반
적이었다. 하지만 그는 자신의 전집을 간행할 무렵 괴셴에 2천 탈러를 요구
했고, 출판업자에게 원고를 건네줄 때 봉투 위에 액수를 적어, 원고료가 그보
다 낮으면 출판하지 않았다. 즉 스스로 가격을 제시했던 것이다. 저술업의 성
립에는 독일 전체에 적용되는 저작권법의 보증이 반드시 필요하지만, 이것은
1828년부터 간행되기 시작한 괴테 전집 결정판에 처음 적용되었다. 참고로 2
천 탈러는 괴테가 장관 보수로 받던 봉급의 약 1년치에 해당된다.

마리엔바트에서의 사랑

괴테는 1806년부터 거의 매년 카를스바트를 방문했다. 첫 방문은 샬로테 폰 슈타인을 벗어나 이탈리아로 여행할 때였다. 그는 온천에 가려고 여기를 방문한 것은 아니었다. 온천욕 치료는 핑계에 지나지 않았다. 안정된 분위기와 바이마르와는 다른 사교계를 즐기기 위해서였다. 그는 유럽 사교계의 중심지에서 교제의 폭을 넓혔다. 오스트리아의 왕비 루드비카에게 시를 선물한 적도 있다.

그러나 1821년 이후에는 카를스바트가 아닌 마리엔바트를 방문했다. 여기서는 마리엔바트가 한눈에 들어오는 으리으리한 폰 브레디케의 대저택에 머물렀다. 브레디케의 딸 폰 레베초·부인과는 예전부터 알고 지내던 사이인데, 그녀가 열아홉 살 나이로 결혼했을 무렵 카를스바트에서 알게 되었다. 그녀는 딸이 셋인데, 열일곱 살인 울리케는 때마침 슈트라스부르크 기숙사에서 돌아와 있었다. 그녀는 겉보기에 신분도 높고 꽤 훌륭하게 보였으나, 작품이라고는 전혀 읽지도 않은 일흔일곱 살의 노인과 쓸데없는 소리를 지껄이더니 허리가 휘어지도록 깔깔거리며 웃었다. 그는 《빌헬름 마이스터 수업시대》를 그녀에게 선물했다. 또 산책할 때 주운 암석을 보여 준 적도 있는데, 그녀가 전혀 흥미를 보이지 않는 것을 보고는 초콜릿과 들풀을 선물했다.

괴테는 1822년과 1823년에 마리엔바트를 방문했다. 스스로 젊어졌다고 생각했으나 이 사랑은 온천이라고 하는 특별한 분위기와 맞물린 하나의 몽환(夢幻)적 사랑에 지나지 않는다는 것을 예감하고 있었을 것이다.

마지막 사랑의 고통

괴테는 자신이 울리케를 열정적으로 사랑하고 있다고 아우구스트 대공작에게 솔직히 털어놓았다. 어떤 의미에선 이 사랑을 끝맺었다고 보아도 될 것이다. 대공작은 처음엔 괴테가 농담하는 줄로 알았다. '당신 같은 노인이 설마 그렇게 어린 소녀를!' 하지만 너무나도 진지한 괴테의 고백에 끌려, 결국 대공작은 폰 레베초 부인에게 이 상황을 설명하고 정식으로 결혼 신청을 했다. 깜짝 놀란 부인은 그 자리에서는 대답을 피했다. 소문이 순식간에 퍼졌다. 폰 레베초 부인과 딸은 마리엔바트를 떠나 카를스바트로 향했다. 며칠이 지나자, 괴테도 그 뒤를 좇았다.

1823년 8월 25일 일흔네 살이 된 괴테는, 자신의 생일 날짜와 세 자매 이름의 앞 글자를 따서 새긴 컵을 선물 받았다. 그리고 9월 5일 괴테는 카를스바트를 떠났다. 두 번 다시 울리케를 만날 수 없었다. 그 뒤 울리케는 수도원장으로 긴 생애를 마쳤다. 괴테는 사랑의 고통을 시로 승화시켰다. 카를스바트에서 돌아오는 마차 안에서 단숨에 〈마리엔바트의 비

《파우스트》 발푸르기스의 밤의 한 장면
독일 화가 람베르크 작.

가(悲歌) *Marienbader Elegie*〉를 지었다. 이 시에서 열정은 이미 그 본디의 모습대로 노래되지 않고, 감정의 미묘한 기복이 자아내는 아픔이 함축성 있게 표현되어 있었다. 체념이라기보다는 이 세상에서의 모든 것을 초월한 영원한 사랑을 노래하는 위대한 시였다.

생애의 주제

단테와 《신곡》을 떼려야 뗄 수 없는 통일체라고 말하는 것처럼, 괴테와 《파우스트》도 마찬가지이다. 《파우스트》에 60년이라는 긴 시간을 쏟아부었다는 사실만으로도 그렇다. 괴테는 청년 시절의 구상을 계속해서 다듬어, 자신의 인간적 발전 속에서, 이른바 작품으로 성숙시켰다. 《파우스트》도 처음

엔 교수나 대학을 풍자하는 대학 희극—그레트헨과의 달콤하면서도 고통스러운 사랑을 포함하지만—그 이상의 것은 아니었다. 하지만 괴테가 지나온 정신적 단계를 계속 반영하면서 장대하게 펼쳐진 것이었다.

이는 다른 작품에서도 마찬가지이다. 《빌헬름 마이스터》도 본디 무대 생활을 동경하는 청년을 중심으로 극장 세계와 연예인 생활을 묘사하는 소설로 태어났다. 하지만 점점 중심 주제는 '영원한 도제(徒弟)'인 인간 형성으로 옮겨 갔다. 그는 바이마르에서의 처음 10년 동안, 《젊은 베르테르의 슬픔》을 출판하고 계속 작업해 온 《빌헬름 마이스터의 연극적 사명》에 힘을 쏟았으나, 1793년 이후 방향을 바꾸어 1796년에 《빌헬름 마이스터 수업시대》를 간행했다. 속편은 쉰여덟 살(1807)에 시작해 1821년 《빌헬름 마이스터 수업시대》의 1부를 공간하여 드디어 1829년에 완성시켰다.

괴테는 옛 유럽—앙시앵 레짐(구체제)의 유럽이라고 해도 좋다—의 문화를 짊어졌으나 19세기 첫무렵 거대한 변혁과 사회적 변동을 직시했다. 유럽 대륙의 장래에 대해 의심하기 시작한 것은 이민이 《빌헬름 마이스터 수업시대》의 주제 가운데 하나가 된 것을 보아도 알 수 있다. 기술의 발전, 대중의 증대, 새로운 계급 상승과 투쟁에 따른 19세기의 사회적·경제적 발전 방향을 괴테는 이미 예감하고 있었다. 이는 위대하고도 정확한 예언이었다.

파우스트

"《파우스트》의 구상이 청년 시절 내 마음속에서 우러난 이래, 60년이 넘는 세월이 지났다. 말할 것도 없이 자연의 자발적 활동에서 생겨난 것을 무리하게 달성하려고 해도 어렵다."

괴테는 죽기 5일 전 《파우스트》에 대해 이렇게 말했다.

시는 시인과 함께 독자적인 삶을 산다. 괴테는 1773년부터 1775년까지 메피스토 학생과의 대화, 아우어바흐의 술집, 그레트헨의 비극적 사랑 등을 썼지만 이 작품들의 《초고 파우스트》를 완성시키지 않고, 1790년 《파우스트 단편》으로서 간행했다. 하지만 실러의 강한 권유로 1797년 다시 쓰기 시작하여 1806년 쉰일곱 살 때 드디어 제1부가 완성되었다. 그리고 나서 20년이 지난 뒤 이어 제2부를 쓰기 시작했는데, 에커만의 격려를 받으며 생애 마지막 10년을 파우스트의 완성에 몰두했다.

라이프치히에 있는 괴테 동상

　괴테는 1831년 7월 21일 일기에 '완성했다' 이렇게 기록했다. 8월 중순, 괴테는 완성시킨 원고를 봉한 채 그가 죽은 뒤에 출판하도록 명했다. 《파우스트》 비극 제2부는 1833년 전집 제1권으로서 출판되었다.

　16세기에 실재했던 사기꾼 파우스트 박사 이야기—악마에게 영혼을 팔아 위대한 힘을 얻게 되자 신을 업신여기고, 결국 파멸했다고 한다—는 아주 빠른 속도로 진전되어 영국 극작가 크리스토퍼 말로에 의해 희곡화되었고 유랑 연예인에 의해 유포되었다. 이 파우스트 전설을 개변해 파우스트를 현 질서에 분노하는 인간으로서 희곡화하려는 움직임은 레싱에 의해서도 시도되었으나 완성을 보지 못했다. 괴테가 평생에 걸쳐 완성시킨 파우스트를 한 마디로 표현하기는 매우 어려운 일이다.

　더 많은 빛을……

　1831년 8월, 괴테는 일메나우로 향했다. 그러고는 여기서 튀링겐 삼림지대 키켈하안 사냥터에 있는 작은 오두막집을 찾아가 젊은 날 널빤지에 써 놓았던 시를 읽었다.

'모든 산봉우리에 쉼이 있으리, 모든 가지 끝은 침묵시켜라, 새는 나무에서 잠들리라, 기다려라 잠시 동안, 그대 또한 쉬리라(1780년 9월 7일 괴테).'

 흘러넘치는 눈물을 천천히 닦으면서 "그렇다. 기다려라 잠시 동안, 그대 또한 쉬리라." 괴테는 다시금 시를 읽었다.

 이는 괴테의 가장 유명한 시 가운데 하나이다. 이 시의 여러 가지 번역이 있으나 원작시를 뛰어넘는 번역은 없다. 그건 번역자의 역량이 문제라기보다는 시가 지닌 음악성 때문이다. 이런 의미에서 괴테의 시는 번역 불가능하다고 해도 좋다.

 1832년 3월 15일 괴테는 마차를 타고 가던 중에 감기에 걸렸다. 16일 '감기로 인해 온종일 침대 신세를 진다.' 19일에서 20일 저녁, 위태로운 상태. 주치의 카를 포겔 박사는 '애처로운 광경'에 불안해한다. 3월 22일 아침 괴테는 "오늘이 며칠이지?" 물었다. 22일이라고 하자 "봄이 왔다. 건강해 질 거야" 했다. 잠시 뒤 "창문을 열어다오. 더 많은 빛을……." 정오쯤 잠에서 깨어 마지막 힘을 다해 무릎 담요에 W를 크게 썼다. 그렇게 괴테는 글자를 쓰면서 죽었다.

 괴테의 위대함은 발전하는 자연성에 있다. 강요받는 것과 인위적인 것을 매우 혐오했으며, 자신이 보거나 느낀 것 외에는 믿지 않았다. 이것으로 기성 도덕, 즉 사회에 대한 반발과 함께 현저한 반정치성이 생겨난다. 어떤 의미에서는 모순되지만 '두 개의 영혼'의 존재를 인정하고, 메피스토펠레스와 계약을 하면서도 신을 구할 수밖에 없는 인간의 나약함과 위대함을 긍정했다.

《친화력》해설
삶의 미로와 희망의 날갯짓 소리

1. 수수께끼와 우의

소설 《친화력 *Die Wahlverwandtschaften*》(1809)은 수수께끼와 비밀, 상징과 우의(寓意)로 가득하다. 괴테는 이 작품 대부분을 인생의 말년인 1808년과 1809년 사이 칼스버그에서 집필했다. 원래 친화력은 '빌헬름 마이스터'의 한 부분으로 구상되었으나, 결국은 하나의 독립된 소설로 확대되었다. 어딘가 기묘한 이 제목은 괴테가 가진 과학에의 강한 경외심을 나타낸 것이다. 이 제목은 하나로 연결된 두 개의 요소가 다른 두 가지 요소의 영향으로 해체되어, 그 해체의 원인이 된 요소와 합쳐져서 새로운 화학적 결합체를 만들어 내는 현상을 직접적으로 암시하고 있다. 소설은 이러한 화학적 현상을 인간 감정 영역으로 옮겨서 표현했다.

줄거리는 오히려 간단하지만, 그 의미를 파헤치다 보면 독자의 눈은 보이지 않는 캄캄한 어둠 속으로 빨려들어간다. 거기 있는 인물들의 무의식적인 말, 동작, 배경에 깔린 사건, 풍경 하나하나가 상징과 우의이며, 모두 깊은 의미를 지닌다. 그러나 그 의미를 알려고 하면, 그것은 죽어야 할 운명을 지닌 사람에게는 거의 확정 불가능한 무한고리 속으로 사라져 버린다. 그리고 사건의 핵심에는 저 불길한 외모를 지니고 태어난 아기의 탄생과 죽음이 어두운 열쇠로서 묻힌 채 어렴풋한 빛을 발하고 있다.

2. 불행한 아기의 탄생과 죽음

성관과 영지에 틀어박혀 사는 지방 귀족 에두아르트와 샬로테는 서로 배우자를 잃고, 사랑해서라기보다는 지난날 약속을 지키기 위해 결혼한다. 그들 부부의 집에 남편의 친구인 대위와 아내의 조카인 오틸리에가 들어온다. 에두아르트와 오틸리에 그리고 샬로테와 대위 사이에 본성인 '친화력'이 발동하자, 지금까지 행복하게 보였던 결혼생활에 위기가 닥친다. 개개인의 관점에서 말하자면, 각 인물의 내면에 잠재하고 있는 '본성'이 사랑의 격정이 되어 그들을 내면으로부터 끌어올려 반인륜적인 결합으로 이끈다.

대위와 오틸리에 두 사람은 자신들도 모르는 사이에 부부 사이에 끼어들어 두 사람의 사이의 균형을 무너뜨리고 한 쪽에서는 에두아르트와 오틸리에, 다른 한 쪽에서는 샬로테와 대위 사이에 '공감 반응'이 일어난다. 이 새로운 정열은 은밀한 곳에 숨죽인 채 있었고, 어두운 모습을 숨긴 그들의 사중주는 겉으로 보기에는 밝고 온화하게 생활 속에 녹아든다. 그러나 그 정열이 고개를 드는 순간, 엄청난 일이 벌어진다.

열정은 서서히 고조되다가 마침내 봇물 터지듯 터져 나온다. 샬로테와 대위는 서로를 사랑하는 마음을 접으려 했으나, 에두아르트가 그만 자신을 미혹하는 힘 앞에 무릎 꿇고 오틸리에에게 그의 사랑을 고백해 버린 것이다. 오틸리에도 에두아르트에 대한 끓어오르는 사랑을 참지 못하고, 결국 두 사람 사이에서 행위가 아닌 마음의 간통이 이루어졌다. 우연히(이것이 정말 우연일까?) 에두아르트와 샬로테를 같은 침대로 이끌고, 어둠과 상상력이 뒤죽박죽 엉클어진 가운데 샬로테의 품 안에서 에두아르트는 오틸리에를 안고 있는 상상을 하고, 샬로테는 그녀대로 남편과 사랑을 나누는 순간조차 마음 속에서는 대위만을 그리워한다. 결국 샬로테는 임신하고, 뜻밖에도 에두아르트와 샬로테 사이에 오틸리에의 새카만 눈동자와 대위의 얼굴을 쏙 빼닮은 아이가 태어난다. 부모의 마음속에서 일어난 죄가 이러한 형태로 나타난 것이다.

결혼이라는 제도 아래에서 태어난 아기는 아무런 의심을 받지 않는다. 사람들은 아기의 생김새를 애써 모른 척하면서, 한번 틀어진 결혼생활의 회복 가능성을 그 아기에게서 찾으려고 한다. 그러나 불행한 아기의 삶은 짧았다. 오틸리에는 에두아르트와 뜻밖의 재회를 하자 마음이 동요하여 그만 아기를 호수에 빠뜨려 죽게 하고 만다. 아기를 받아들인 것은 행복한 사랑이 충만할 때 복원이 결정된 아득한 옛날의 호수였다.

샬로테는 남편과의 관계를 회복시켜 줄 존재였던 아기의 죽음에서 인간의 이성으로는 저항할 수 없는 운명의 강한 의지를 의식하고, 남편과 오틸리에의 결합을 허락한다. 그러나 오틸리에는 아기의 죽음을 자신에 대한 하느님

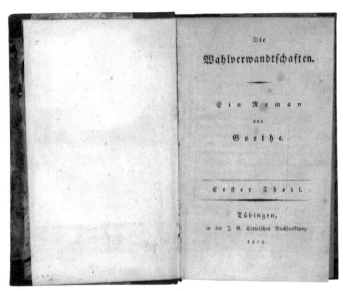

《친화력》(1809)
속표지

의 경고로 보고, 에두아르트와의 결합을 단념하고 자신의 천직인 교육에 헌
신하기로 마음먹는다. 하지만 아기의 죽음으로 인한 그 결심도 에두아르트
와의 뜻밖의 재회로 무너지고 만다. 자기에게 침묵이라는 벌을 내리고 음식
도 거의 먹지 않았던 오틸리에는 결혼의 신성함을 설교하는 미틀러의 말을
듣게 되고, 결국 에두아르트의 생일날 자신의 방에서 홀로 죽음을 맞는다.
에두아르트 또한 오틸리에에게 마음을 바친 채 그녀의 추억 속에 사로잡혀
죽게 된다. 샬로테만이 점점 희박해져 가는 공기 속에 홀로 남게 되고 그녀
는 죽은 에두아르트를 오틸리에와 아들의 옆에 묻는다.

　이야기는 이렇게 끝나는데, 그렇다면 그들의 삶과 죽음이 의미하는 바는
무엇인가? 이런 질문을 던져 보면, 독자는 거의 아무것도 대답할 수 없는
자신과 만나게 된다. 모든 사건은 다의적이며, 어떤 인물의 정당하게 보이는
의지와 생각과 행동도 이야기가 진행됨에 따라 다른 인물들의 의지, 생각,
행동과 비교되면서 그 정당성의 근거를 잃고 상대성의 과오로 빨려들어간
다. 그리고 자연, 운명, 신, 법(규율), 제도 등 모든 개인을 뛰어넘는 거대
한 힘들이 그것들을 지배하지만, 그 거대한 힘들의 상호 관계를 따지고 보면
그 물음은 다시 무한한 허공으로 사라져 버린다.

이야기의 핵심인 불행한 아기를 둘러싼 사건의 연쇄로 돌아가 보자. 아기는 보통 생물학적 부모와 닮은 모습으로 태어난다. 그것을 우주의 섭리라고 한다면, 그 섭리를 벗어나는 그 불길한 외모는 대체 어디서 온 것일까?

에두아르트와 샬로테가 형식적으로는 결혼 제도에 따라 보낸 하룻밤의 실상은 다양한 배신으로 가득 차 있다. 제도로 용인된 상대방의 몸을 안으면서 제도 밖의 연인을 마음에 그렸다는 점에서 그것은 법에 대한 은밀하고 음험한 배신이다. 또한 상상 속 연인에 대한 성적 욕구를 채우기 위해 현실 속 상대방의 육체를 이용했다는 점에서는 인간을 목적이 아니라 수단으로 이용했다는 의미에서 인류의 바탕에 대한 근원적 배신이다. 더 나아가 '친화력'으로 맺어진 상대에 대한 성적 욕구에 휘둘려 그것을 채우기 위해 제도로 보증된 안전한 상대를 품었다는 점에서는 격렬한 사랑의 순수성에 대한 일시적인 배신, 즉 본성에 대한 일시적인 배신이었다.

그럼 우주의 섭리에서 벗어난 그 불길한 아기의 외모는 이 배신 가운데 어디서 생겨난 것일까?

그 불길한 외모는 혼인의 맹세를 음험한 형태로 깨버린 사람에게 다시 엄격한 지배를 하겠다고 예고하는 법의 복수일까? 아니면 인류란 (인간의 자의적인 발명이 아니라) 우주의 섭리에 근거했다는 진리를 보여 주기 위해, 인류에서 일탈하면 우주 섭리에서 일탈한다는 것을 불길하고도 명확한 형태로 보여 준 것일까? 그것도 아니면 제도에 굴복한 인간의 비열하고 일시적인 배신을 경멸한 존재의 근원인 자연이, 모든 것을 지배하는 것은 자연이라는 진리를 명시하기 위해 그 불길한 외모 속에 우주의 섭리조차 깰 수 없는 자신의 힘을 과시한 것일까?

탄생만이 불행한 것은 아니다. 예사롭지 않은 외모로 태어난 아기는 자애롭게 길러 주던 오틸리에의 손에서 고요한 호수로 떨어져 지상에서의 존속을 거부당한다. 그것은 왜인가?

그것은 법이 복수의 의미를 이해하려 하지 않는 인간들의 헛된 희망을 그 엄격한 손으로 깨부순다는 것을 의미하는 것일까? 아니면 인류가 이 지상에서 자신의 지배력을 확고히 하려고, 반인류적 일탈이 낳은 생명은 결코 지상에서 존속하지 못한다는 진리를 널리 선언한 것일까? 아니면 힘의 과시에 만족한 자연이 자기가 어둠에서 낳게 한 이 독특한 아기를 희희낙락하면서 그 어둠 속으로 거두어들인 것일까?

그것도 아니라면 그 거대한 힘 위에 선 우주의 섭리 또는 신의 섭리가 그들의 다툼에서 태어난 이 이질적인 존재를 잠깐 허용한 뒤 다시 자신들의 섭리 안으로 부드럽게 거두어들이고, 아무 일도 없었다는 듯이 영원한 행로로 복귀시킨 것에 불과할까?

불행한 아기 탄생의 의미뿐만 아니라 그 죽음의 의미도 불확정한 채로 떠다닌다.

더 근본으로 들어가 보자. 아침과 밤이 번갈아

《친화력》 삽화(판화)
에두아르트와 샬로테, 대위와 오틸리에.

오는 것을 관장하고 계절의 변화를 담보하며 부모에게서 아이로 생명이 이어지게 하는 우주의 섭리는 서로 경쟁하는 자연, 운명, 법, 제도, 인륜과 어떤 관계에 있는가?

어쩌면 그런 거대한 힘들의 배후에서 우주의 섭리라 불리기에 충분한 커다란 원리 따위는 애초에 존재하지 않는 것일까? 그 힘들이 무한한 허무 속에서 영원히 주도권을 경쟁하고 있을 뿐일까? 우주에서 섭리를 보는 것은 그저 방황하는 인간의 환영뿐인가?

거대한 힘들이 지배하는 영역을 떠나 인간 상호의 문제로 눈을 돌리면 거기에는 다시 다른 문제가 부각된다.

저 불길한 외모는 인간 영역의 문제로 보면 틀림없이 에두아르트와 샬로테의 행위에서 비롯한다. 그런데도 그 외모 때문에 오래 살 수 없었던 아기의 죽음에 대한 책임을 왜 행위자인 두 사람이 아니라 오틸리에가 사랑의 포기와 죽음이라는 형태로 져야 하는가?

오틸리에도 보이지 않는 연쇄를 통해 죄를 범했던 것일까? 아니면 오틸리에는 그리스도처럼 남의 허물을 죄없는 자신의 몸으로 대신 덮어쓰는 순교자이기에 성 오틸리에가 되어야 하는가?

아니면 애초에 죄과와 책임과 속죄의 관계는 한 사람 내에서 완결되어야한다고 생각하는 자체가 잘못이고, 우리는 거기서도 '개인'을 실재(實在)로 보는 근대적 망상에 사로잡혀 있으며, 성관과 영지라는 폐쇄적이고 농밀한 공간에서 사는 사람들은 죄과와 책임과 속죄라는 낙인을 개인으로서가 아니라 거기에 사는 사람으로서 몸에 새긴 것일까? 그곳에서 죄란 허물 없이도 몸을 더럽히는 희귀한 것일까?

궁금증만 더해 간다.

3. 《놀라운 이웃 아이들》

불행한 외모를 지닌 아기의 이야기는 이렇게 인간 삶의 어두운 부분에 얽힌 물음을 무한히 불러일으키지만, 이 소설에는 그와 대립하는 것처럼 보이는 전혀 다른 작은 세계도 있다. 제2부 제10장에서 한 손님이 실화라며 들려준 단편 《놀라운 이웃 아이들》이다. 이 이야기는 《친화력》이라는 소설 공간 속에 있지만 오히려 그 반대적 공간에 있다고 해야 마땅하며, 《친화력》이라는 소설에서는 모든 사람이 그 불행한 삶을 마감하는 것과는 다르게 이 이야기는 두 연인이 축복받으며 끝난다.

괴테는 이 이야기 첫머리에 Novelle라는 주석을 붙였는데, Novelle란 '기이한 사건을 이야기하는 산문 단편'을 의미하며 단순한 형식이 아니라 내용까지 규정하는 장르의 명칭이다.

20세기 초 독일의 평론가 W. 벤야민의 〈괴테의 《친화력》〉은 아마도 지금까지 발표된 무수한 관련 논문 가운데 가장 철저한 논문일 것이다. 그는 이 작품 내의 단편(Novelle)이 작품 전체에 지니는 의미를 상세히 논하고, 소설의 주인공들이 운명에 굴복한 데 비해 단편의 인물들은 위기의 순간에 명확한 결단력으로 자신들의 운명을 개척하여 행복한 축복을 받기에 이르렀다고 말했다.

그러나 작품 내 반(反)공간이라고도 할 수 있는 이 단편이 과연 작품 전체가 지니는 파괴적인 힘에서 해방될 수 있을까? 마지막 부분의 축복이 소설 공간으로 돌아가서도 힘과 명석함을 유지할 수 있을까? 단편을 정확히 더듬어 보면 거기에는 벤야민이 분석한 것과는 다른 연관성이 보인다.

괴테는 '암시에 숨은 비밀(offenbares Geheimnis)'이라는 말을 즐겨 썼는데, 이 단편에서도 밝아 보이는 말 속에 어두운 관능의 충동이 다양하게 묻혀 있다. 밝은 대사를 사용하면 그 충동이 이미 정화된 것처럼 보이지만, 이야기를 이끄는 힘이 인간 내부에 깊이 감추어진 관능의 힘인 것은 부정할 수 없다.

이야기 출발점에 소년에 대한 소녀의 격렬한 적의가 드러난다. 소년을 향한 소녀의 이유 없는 폭력 속에는 은밀한 성적 충동, 더 정확히 말하자면 자신의 '생물학적 여성성(sex)'에 대한 양의적 태도, 즉 여성성의 긍정과 부정의 갈등이 담겨 있다.

소녀는 자기와 같은 자질과 능력을 지닌 소년에게 끌린다. 거기에 작용하는 것은 다름 아닌 성적 친화력이다. 그러나 소녀는 대등한 경쟁상대인 소년에게 끌리는 자신을 용서할 수 없다. 그 분노는 소년에게 신체의 자유를 구속당했을 때 정점에 이른다. 밝은 대사로 말해지는 것은 우리가 시대의 제도속에서 말하기를 꺼리는 성애적 지배와 굴복, 거기에 대한 합의와 반발이다.

이윽고 다른 지방에서 교육을 마친 소년이 휴가차 고향을 방문했을 때, 소녀는 이미 시대의 관습과 완전히 합치된 형태로 약혼한 상태였다. 소녀는 성인 여성으로서의 '사회적 여성성(gender)'을 인정한 것이다. 지금부터는 소년을 '청년', 소녀를 '여자'라고 부르겠다.

두 사람 사이에 우정이 부활한다. 여자는 예전의 증오심이 애정이었음을 깨닫는다. 여자의 성적 친화력은 다시금 청년에게 집중된다. 여자 안에서 일어나던 갈등은 이제 없다. 그 대신 다른 남자와의 약혼이라는 형태로 나타난 제도의 힘과 청년에게 집중되는 자신의 성적 욕망의 대립이 여자를 궁지로 몰아간다. 외적 대립이 내적 갈등을 일으키게 한 것이다.

그 대립에서 도망치기 위해 여자는 뱃놀이 때 물속에 몸을 던지고, 청년은 여자를 구조한다. 그 구조 과정에서 두 사람은 다시 제도와 관습을 부정한다. 먼저 청년은 제도를 무시하고 젖어서 경직된 여자의 나체를 드러내게 하고, 다음으로 두 사람은 관습을 아랑곳하지 않고 혼례 의상을 입는다. 그 반제도적 반관습적 행위는 '생명을 구하라'는 절대적 요청으로 정당화된다. 부모들과 여자의 약혼자는 젖은 몸을 혼례 의상으로 감싸고 나타난 그들을 축복하지 않을 수 없다.

이렇게 적의와 폭력으로 시작된 이야기는 축복과 자연적 욕망에 대한 제도의 전면적 합의로 막을 내리는 듯이 보인다.

그러나 그다음에는 많은 물음이 남는다.

먼저 이 짧은 이야기 안에서 생각해 보자. 소녀 안에서 자신의 생물학적 여성성의 긍정과 부정을 둘러싸고 갈등한 것은 어떤 힘과 어떤 힘이었나? 이윽고 성장과 동시에 그 갈등이 극복되었다면 그것은 어떤 매개를 통해서인가? 즉 자신의 생물학 여성성(sex)을 부정한 소녀는 어째서 사회적 여성성(gender)을 인정하게 되었나?

한번 젠더를 인정한 여자는 결국 제도 속 존재인 약혼자가 아니라 제도와는 반대되는 관계인 (비약혼자인) 청년을 선택하는데, 그것은 젠더를 인정한 자신을 배신하는 행위가 아닌가?

구조 과정에서 청년에게 '제도와 관습을 부정해서라도 생명을 살리라'는 절대적 요청을 한 주체는 무엇인가? 자연인가 인류인가, 그것도 아니면 근대인가?

두 번에 걸친 두 사람의 반제도적이며 반관습적 행위는 제도를 부정한 사통이요 도둑맞은 혼인이지만, 주위의 축복과 제도의 승인으로 끝난다. 그런 일이 어떻게 가능할까? '생명을 구하라'는 절대적 요청을 한 주체는 (그 주체가 무엇이든) 그 행위에 어떻게 관련되어 있나?

애초에 자연적 욕망에 대한 제도의 전면적 합의, 즉 인류의 영원한 몽상의 실현을 가능하게 하는 조건은 무엇인가? 등등······.

물론 그러한 물음에 대답하기란 어렵다. 이를테면 다음과 같이 말할 수도 있을 것이다.

애당초 이 이야기 초반부에서 섹스의 부정에서 젠더(여성성)의 긍정으로, 즉 자연성에서 제도로 이동하는 성장기 소녀의 사회화 과정을 본다는 것 자체가 잘못이며(더 나아가 섹스와 젠더라는 이분법 자체가 잘못이다), 오히려 거기 묘사된 것은 소녀에서 여자로 성장하는 자연스러운 과정뿐이다. 소녀는 생명력의 발현이라는 형태로 나타나는 성스러운 폭력을 한 번은 상대에게 두 번째는 자신에게 휘두르고, 그럼으로써 성충동을 정화했으며, 자연스러운 성장 과정에 내재된 불연속성을 다시금 극복하여 자연성과 제도가 동시에 축복받는 결말에 이르게 된 것이다.

《친화력》 삽화(판화)
오틸리에의 죽음

그러나 이 밝은 표층에 숨은 무수한 수수께끼의 상호 연관성 속에는 최종적으로 어떤 대답도 있을 수 없다. 이를테면 여기에 그려진 것이 지금 말한 성장기의 자연스러운 과정이라면, 거기에서 곧 새로운 물음이 생겨난다.

그렇다면 자연은 왜 무언가를 폭력을 통해 소진시켜야만 여자가 되도록 소녀를 만들었는가? 다시 말해 어째서 자연스러운 성장 과정에 불연속성이 내재되어 있는가?

이것은 자연의 본질에 관한 물음이다.

그래도 이 단편의 내부 공간에는 뒤엉킨 다양한 수수께끼의 배후에 확실한 것이 딱 하나 있다고 말할 수 있을지도 모른다. 뭐가 어떻든 이 단편은 자연적 욕망에 대한 제도의 축복이라는 '희한한 사건'(에커만 《괴테와의 대화》, 1827년 1월 29일)으로 끝난다. 그것만이 확실하기 때문이다.

그러나 시선을 단편 내부에서 돌려 단편과 작품 전체의 관계를 들여다보면, 그 유일하고 확실한 결말조차 즉시 흔들리기 시작한다. 여기서 언급된 사건은 사실 일찍이 대위에게 일어났던 일이지만, 대위는 현재 독신의 모습으로 나타났기 때문이다.

그렇다면 대위는 이러한 경험을 통해 얻은 아내를 어떠한 이유로 이미 잃은 것인가? 행복한 결말은 일시적인 환상에 불과했다는 것인가?

아니면 대위가 경험한 현실의 사건은 여기서 말했던 행복한 결말이 아니었던 것일까? "이런 이야기는…… 말주변이 좋은 사람의 공상을 거치면…… 마지막에 가서는 원래의 이야기에서 아무것도 남지 않게 되는" 것처럼.

어쨌거나 단편이 작품 공간 속에 놓일 때 행복한 결말은 단순히 가상, 빛나는 허구에 지나지 않는다는 것이 분명하다.

더 깊숙이 들어가자면, 작품 내에 신중하게 들어간 암시와 복선은 대위가 과거에 물로 인해 비극을 경험했다고 말하고 있다. 즉 소녀에서 여자로 성장하는 과정에서 일어난 자연적 욕망과 제도의 대립은 '말주변이 좋은 사람의 공상을 거친' 단편의 내부 공간에서만 행복한 결말이 가능하며, 전체 작품 공간에서 대위가 실제로 경험한 것은 '소녀의 익사'라는 비극적 결말이라는 것을 분명하게 추정할 수 있다.

게다가 작가인 괴테는 자기가 그런 형태로 전체 공간과 연결해 놓은 단편의 공간에 미련이 남는지 반공간으로서 독립시킴으로써 그 첫머리에 Novelle라는 장르 명칭을 느닷없이 덧붙였다.

4. 숨은 통로와 고독

이렇게 《친화력》의 세계에서 의문은 멈출 줄 모르고 커져만 간다. 거기서는 모든 대답이 다시 다른 의문을 낳는다. 밝은 표층에 소설 전체의 비밀이 드러난 것처럼 보였던 단편 《놀라운 이웃 아이들》조차 결국은 어두컴컴한 작품 전체 공간으로 거두어들여져 수수께끼와 불확정성의 소용돌이 속에 잠겨 간다. 우리에게 삶과 존재의 비밀은 결코 간과할 수 없는 것이지만, 《친화력》의 세계에 숨어 있는 미로도 거의 삶과 존재만큼이나 놓치기 어려운 듯이 보인다.

그렇지만 이 소설을 읽은 사람은 대답 없는 질문을 계속해서 자기 자신에게 던지지 않을 수 없다. 여기에 묘사된 인물들의 삶의 풍경이 죽을 운명을 지고 살아가는 인간 존재의 바탕에서 일어난 것이며, 그로 인해 시대의 관습과 풍속을 뛰어넘어 우리 마음 깊은 곳에 숨어 있는 비밀과 통하기 때문이다. 거기에는 저 숙명적인 밤에 에두아르트와 백작이 걸었던 성관의 비밀 통로와도 닮은 통로가 펼쳐져 있다. 그리고 에두아르트와 백작, 그 밖의 다른 사람들이 모두 이야기 안에서 모습을 감춘 뒤에는 독자도 소설과 자신의 실제 삶을 이어 주는 비밀 통로를 위험과 고독을 무릅쓰고 홀로 왕복해 보는 수밖에 없다.

5. 희망의 날갯짓 소리와 영원

그런데 작가인 괴테 자신은 그의 이야기 속 미로를 통해 대체 어디로 나갔을까?

《친화력》 마지막 장에 나오는 오틸리에가 죽은 뒤의 이야기, 그 신성화를 둘러싸고 괴테와 동시대인 두 사람은 다른 발언을 했다.

젊었을 때 괴테의 친구였던 F. 야코비는 이런 편지를 썼다.

"정말 화가 나는 것은 정욕이 마지막에 영적인 것으로 변신하는 것처럼 보인다는 점이다. 사악한 쾌락의 승천이라도 된다는 것인가!"

반대로 괴테를 열렬히 숭배하는 베티나 브렌타노(뒷날 베티나 폰 아르님)는 괴테에게 이런 편지를 썼다.

"괴테, 당신은 오틸리에를 연모하고 있군요. 그건 오래전부터 알았습니다. 그 비너스는 당신의 파도치는 열정의 바다에서 태어났으니까요." "하늘에 오르려면 육체를 버려야 한다고 믿는 것은 잘못입니다."

이 두 사람의 평론은 한쪽은 비난이고 한쪽은 칭찬이라는 차이는 있지만 양쪽 다 오틸리에가 그 성적 욕망 때문에 저자 괴테에 의해 성녀화되었음을 말하고 있다.

오틸리에를 성녀로 만들려는 괴테의 준비는 그녀가 죽기 전부터 시작되었다. 이야기 마지막 부분에서 오틸리에는 에두아르트와 예기치 못한 재회를 한 뒤 자신을 궁지로 몰아넣는 '자연의 힘'에 저항하기 위해 침묵하기로 맹세한다. 그러나 그녀는 그 맹세를 완벽하게 지켰기에 역설적으로 에두아르트의 사랑에 몸과 마음을 온전히 바치게 된다. 그리고 괴테는 그런 오틸리에 영혼의 행복을 드러내어 사람들에게 비판받게 하지 않고, 오로지 긍정적으로 거의 아무런 죄책감 없이 계속해서 말한다. 저자 괴테에게 있어서 오틸리에는 이른바 성애의 수도원에서 침묵 서약을 지키며 신앙에 몸과 마음을 바치는 경건한 수녀이다. 그녀의 주위에는 그 모습을 그리는 괴테의 꿈이 아우라가 되어 떠돈다.

이런 의미에서 "오틸리에는 괴테의 파도치는 열정의 바다에서 태어났다"고 말한 베티나는 이 작품을 얼마나 깊이 이해한 것인가!

그러나 괴테는 터무니없는 이기주의자였다. 사실은 오틸리에도 에두아르트를 구제하기 위한 수단에 불과했다. 그리고 에두아르트는 작가 자신의 '은밀한 자화상'이었다. 야코비와 베티나가 그것을 언급하지 않은 이유는 괴테의 이기주의가 두 사람에게 너무도 뻔한 사실이었기 때문이다.

은밀한 자화상…… 그것은 그렇게 살고 싶었지만 그러지 못했던 자신의 모습이다. 일찍부터 빡빡한 궁정인이 되어 살던 괴테의 마음 깊숙한 곳에, 아니 존재의 깊숙한 곳에 숨어 있던 젊은 시절의 꿈, 포기했던 환상적인 삶이 이따금 샘솟듯이 솟아나와 작품 안에 자화상을 새겼다.

그것은 일찍이 《젊은 베르테르의 슬픔》에서 주인공 베르테르의 위대함과 비참함으로 깨끗이 청산했어야 할 자화상이다. 베르테르의 "지금 당장 전부를!"이라는 유치한 소망은 이미 현실을 이기지 못하고 죽음을 선고받았다. 그럼에도 이 유치한 소망이 그 뒤 몇십 년 동안이나 뿌리 깊게 살아남아 에두아르트의 내면에서 다시 눈뜨고, 오틸리에가 구제해 주기를 기다리고 있는 것이다. 괴테는 그것을 구제하기로 결심했다. 아니, 그것을 구제하기 위해 이 장편소설을 쓴 것이다.

《친화력》 마지막 장에서 괴테는 먼저 오틸리에를 성녀화한다. 그리고 마지막 행에서 지상에서 행복을 거부당한 에두아르트에게 막연한 미래에서나마 성 오틸리에와 함께 눈뜰 수 있는 행복을 약속한다. 괴테는 수수께끼와 비밀로 가득한 삶의 미로 끝에 희망으로 향하는 통로가 열려 있음을 이 장편 마지막 부분에서 공공연히 알리고 있는 것이다.

하지만 그 약속된 불확실한 미래가 지상에서 살아야 하는 우리에게 대체 무슨 의미란 말인가?

"그 (희망의) 날갯짓 소리를 내며 우리 뒤로 영원이 날아간다."

괴테는 《친화력》보다 8년 늦게 쓴 〈태초의 말, 오르페우스의 비사〉를 이런 글귀로 맺는다. 희망의 날개 그림자를 지상에 드리우며 영원이 순식간에 날아갈 때, 우리는 대체 어디에 있느냐고 괴테는 말하는 것일까?

그럴 때 우리는 영원한 삶 속에 있는 걸까 죽음의 망각 속에 있는 걸까?

《친화력》 마지막 부분에 약속된 듯이 보이는 '희망'도 이렇게 다시 수수께끼와 비밀이 천천히 소용돌이치는 삶의 심연 위에 매달리게 된다.

그리고 저자인 괴테 자신도 그 위에 대롱대롱 매달린 처지임은 《놀라운 이웃 아이들》 첫머리에 덧붙여진 Novelle라는 느닷없는 장르 명칭이 말해 준다.

괴테·실러 기념상
괴테의 《파우스트》와 실러의 《빌헬름 텔》이 상연되었던 독일 국민극장 앞에 두 사람의 동상이 함께 있다.

6. 맺음말

그렇지 않아도 해설이라는 영역을 넘어 길게 늘어지고 만 이 글에서 《친화력》의 세계가 어떤 역사적 연관성에서 태어났는지를 자세히 설명하는 것은 그만두겠다. 연보에도 나오듯이 괴테는 모든 가치 기준이 유동하는 격변기를 살아간 인물이지만, 그가 《친화력》에 묘사한 삶과 존재의 끔찍함은 그러한 가치 유동기였기에 드러날 수 있었다고 말하는 것으로 그치겠다.

이 '해설'의 의도는 이 소설의 수수께끼와 비밀을 제시하는 데에 있기 때문이다.

《헤르만과 도로테아》 해설

《헤르만과 도로테아 *Hermann und Dorothea*》는 헥사메터 형식의 시구를 이용한 9개의 시로 이루어진 목가적 서사시이다. 출판자인 비베크가 1798 년, 그때로서는 막대한 금액인 금화 6천 탈렌트를 들여 출판했다. 두 연인의 감동적 이야기의 배경에는 프랑스 혁명 뒤의 전란의 고통이 숨겨져 있다.

프랑스 혁명이 끝나고 세계가 한창 혼란에 빠진 1796년 9월부터 이듬해 3 월까지 쓰인 이 작품은, 발표되자마자 선풍적인 인기로 많은 독자를 얻었고, 이미 《젊은 베르테르의 슬픔》으로 떨쳤던 괴테의 명성이 또다시 모든 사람의 입에 오르내리게 되었다.

이야기의 무대는 라인 지방의 한 소도시, 때는 1795년 여름, 사건은 아침 에 시작되어 그날 밤에 매듭짓는다. 라인 강 서쪽에 살고 있던 독일인들이 프랑스군의 진격으로 급히 떠나야만 하던 시기, 국경 근처 어느 지방에서 벌 어진 이야기이다. 독일 이주민들 가운데 도로테아라는 젊은 아가씨가 있었 다. '금사자 여관'의 부유한 후계자인 청년 헤르만은 그녀를 보자마자 사랑 에 빠지고……. 두 사람이 처음 만나는 장면이나, 목가적인 연애가 모든 어 려움과 몰이해를 극복하고 마침내 이루어지는 모습을 그려낸 작품이다.

작품의 배경으로는 혁명이 가져온 파괴와 무질서가 짙게 깔려 있다. 베르 테르는 사랑 때문에 스스로 목숨을 끊었으나, 이 새 작품의 주인공 헤르만 은, 사랑을 위해 자기 생활을 건설한다. 베르테르는 기성 사회 질서에 반항 했다. 그러나 헤르만은 자기가 속한 시민사회에 새로운 질서를 세우려고 한 다. 베르테르는 청춘의 에너지를 오직 자기 내부로만 향했다. 그러나 헤르만 은 열심히 일하고 사회인에게 봉사하려고 노력한다.

이러한 현격한 대조 속에서 우리는 베르테르 이후 20여 년간의 작자 자신 의 위대한 변모를 엿볼 수 있다.

괴테는 1734년에 출판된 게르하르트 게팅의 〈잘츠부르크 대주교령에서 추

《헤르만과 도로테아》(1797) 속표지 괴테의 장편 서사시 작품.

방된 루터 교도의 피난사)에서 소재를 얻어, 이것을 자기와 동시대의 사건으로 바꾸었다.

이 작품을 읽고 처음에는 드라마로 만들고 싶다고 생각했으나(1794년 끝무렵) 실현을 보지 못했다. 1796년 여름에 다시 서사시로 쓸 계획을 세워, 9월에 실러 부부의 따뜻한 격려를 받으며 쓰기 시작했는데 뜻밖에도 길어져서 끝을 맺지 못했다. 끝의 두 권은 다음 해(1797) 초에 다시 예나에서 실러 부부와 훔볼트의 격려와 조언을 받으며 써서 그해 6월에야 탈고했다.

이 작품은 이상(理想)을 내걸고 그것을 실현하려고 한 반면, 현실에서는 파괴와 혼란을 면치 못했던 혁명을 오랫동안 냉정한 눈으로 관찰해 온 괴테가, 새롭게 형성한 시민사회상을 나타낸 것이다. 이 소재를 희곡화하지 않고 서사시의 형식으로 끝맺은 것도 작자 자신의 시대에 대한 자세를 말하고 있다. 여유 있는 긴 여운을 울리는 서사시라는 형식에서, 그는 시대적인 격동에 침해받지 않는 자유로운 새로운 경지를 찾았던 것이다.

괴테가 후반부에 쓴 작품들은 그들의 고전적 이상을 구체화하고 있다. 가장 애호되는 작품들 가운데 하나인 《헤르만과 도로테아》는 '내면에서부터 그리스인을 창작하려는' 그의 시도이며, 여기에서 그는 불순물이 제거된 순수

한 인간성을 창조했다고 주장했다. 등장인물들은 남녀 주인공들을 제외하고는(그들의 이름조차도 상징적이다) 자신의 고유한 이름이 없는 유형적 인물들로서, 평화와 가정과 가정적 미덕들을 수호한다. 그러나 괴테의 작품들에서 늘 그러하듯, 그들은 확고한 존재들이 아니라 인간적·인도적 노력을 통해 끊임없이 발전할 필요가 있는 자들로 묘사된다.

《헤르만과 도로테아》 삽화 (판화)

요한 볼프강 괴테 연보

*표시는 관련문학사 사항

**표시는 관련역사 사항

1749년   8월 28일, 독일 프랑크푸르트 암마인에서 출생. 당시 독일은 신성로마제국에 소속된 300여 개의 영방국가(領邦國家)로 분립되어 있었으며, 프랑크푸르트는 제국에 직속하는 자유도시(영방국가와 동격, 인구 약 3만 명)였음. 아버지는 독일 북부의 장인 집안 출신의 유복한 자산가였지만, 신분 때문에 공직에 오르지 못하고 폐쇄적인 생애를 보냈음. 반대로 외가인 텍스토르 집안은 독일 남부의 법률가 집안으로, 외할아버지는 시장을 지내고 시의 최고 관직인 시통령까지 지냈음. 괴테는 아버지가 서른아홉 살, 어머니가 열여덟 살 때 낳은 맏아들임. 괴테는 아버지의 재력과 어머니의 명성 덕분에 오랜 역사를 지닌 근세도시에서 특권을 누리며 소년 시절을 보냈음. 자서전 《시와 진실》 참조. 여동생 코르넬리아(1750년생). 다른 형제는 요절.

           *클롭슈토크 《구세주》 서문(의고전주의 문학과 결별).

1752년(3세)   가을부터 유치원 통원(~1755년 여름).

1753년(4세)   크리스마스에 친할머니에게 인형극 세트를 선물받고 연극에 열정이 생기기 시작함.

1755년(6세)   친할머니가 죽은 뒤 4월에 생가 개축이 시작됨(~1756년 1월). 11월, 포르투갈 리스본 대지진의 참사가 어린 괴테에게도 큰 충격을 주었고, 모든 사람에게 안정된 근세의 종말을 예고함. 개축 중인 공립학교에서 읽기와 쓰기를 배움. 교육은 아버지의 계획하에 당시 상류층 관습에 따라 주로 집 안에서 가정교사와 아버지에게 받았음. 중심은 라틴어지만, 그 밖에 괴테의 호기심도 고려하여 그리스어·프랑스어·영어·이탈리아어를 비롯 그림·피아노·춤·승마·검술·기하학·신약구약성서 및 히브리어·이디시어·지리·역사 등 폭넓음. 어릴 때부터 아버지의 수많은 장서와 그림을 접할 기회가 많았음.

＊레싱《미스 사라 샘슨》(최초의 독일 시민극)

1756년(7세) 이해에 발발한 7년전쟁은 구제도를 대표하는 오스트리아에 대한 프리드리히 2세(대왕)가 이끄는 신흥 프로이센의 도전임. 괴테집안에서도 구질서를 옹호하는 외할아버지와 신시대를 갈망하는 아버지 사이에 격렬한 대립이 일어났음.

＊＊7년전쟁(～1763)

1757년(8세) 1월, 외할아버지 텍스토르에게 새해 축하시를 보냄(현존하는 최초의 시). 이 무렵 인형극 파우스트를 구경함.

1759년(10세) 1월, 오스트리아를 지원하는 프랑스군이 프랑크푸르트를 점령. 괴테 집안의 대부분이 군정장관 트랜 백작에게 접수됨(～1761년 5월). 트랜 백작은 미술과 연극 애호가로, 소년 괴테는 백작이 설치한 다락방 아틀리에에서 많은 프랑크푸르트 화가의 창작 현장을 구경하고, 할아버지를 통해 입수한 무료입장권으로 점령군을 위한 프랑스 연극을 날마다 구경했음.

＊클롭슈토크〈봄의 축제〉, 하만《소크라테스 회상록》(삶의 전체성 복권), 레싱《현대문학서간》(～1765년, 반의고전주의적 문학론집)

1763년(14세) 2월, 7년전쟁이 끝나고 프랑스군 퇴진. 8월, 일곱 살 모차르트가 연주회를 개최.

1764년(15세) 4월, 황제 요제프 2세, 전통에 따라 프랑크푸르트에서 대관식. 명문 집안의 소년 괴테는 화려한 축하연을 구경하고, 밤에는 등불이 환하게 켜진 마을을 여자 친구 그레트헨과 팔짱을 끼고 돌아다님.

＊＊(영) 와트가 증기기관 발명. 산업혁명 진행.

1765년(16세) 9월, 아버지의 권유에 따라 법률학을 공부하러 라이프치히로

감(~1768년 9월). 낡고 보수적인 프랑크푸르트와 대조적으로 라이프치히는 당시 인구 약 3만 명에 계몽주의의 영향을 받은 급진적 도시로서 작은 파리라고 불렸음. 호기심 넘치는 소년 괴테는 이곳에서 자유롭고 다채로운 학창 시절을 즐김. 시와 희곡 습작.

1768년(19세) 병에 걸려 9월에 고향 프랑크푸르트로 돌아옴. 일시적으로 중태에 빠짐. 이듬해까지 회복과 재발을 반복(결핵이나 위궤양 또는 십이지장 궤양이었을 것으로 추정). 어머니의 지인이자 경건주의자인 수잔나 폰 크레텐베르크(1723년 출생. 《빌헬름 마이스터 수업 시대》 중 〈아름다운 영혼의 고백〉 모델)에게 영향을 받아 경건주의, 이단신학, 연금술 등에 활발한 관심을 보임. 활달하고 자유분방한 서간시 〈프리데리케 에저 씨에게 보내는 시〉를 씀.

1770년(21세) 4월, 병이 완치되자 법률학을 마저 공부하러 슈트라스부르크(현재 프랑스 스트라스부르)로 감(~1771년 8월). 슈트라스부르크 대성당의 중세 고딕양식에 감동하고, 교외의 자연을 즐기며, 제젠하임교구 목사 딸 프리데리케 브리온과 소박한 사랑을 나눔. 생명과 자연과 역사의 복권을 주장하는 반합리주의적 비평가 헤르더와 만남. 프리데리케에게 보낸 여러 편의 서간시 《제젠하임 시가집》에는 소박한 표현 속에 자연과 자아와 사랑의 모순 없는 합일의 기쁨이 표현되어 있으며, 독일 문학의 새 시대를 예고함.
＊헤르더 《언어기원론》

1771년(22세) 8월, 박사학위 취득에 실패하고, 그에 준하는 법률수업사 자격을 얻음. 슈트라스부르크를 떠나 프랑크푸르트로 돌아와 변호사로 개업함.

1772년(23세) 다름슈타트의 '감상파 세대' 무리와 친하게 교우. 5월 초, 제국고등법원에서 실시하는 법률실습을 위해 베츨러로 향함(~9월 초). 샤를로테 부프와 알게 되지만 그녀는 이미 약혼한 처지라 괴테를 거절함. 돌아오는 길에 라인 강변 에렌브라이트슈타인에서 유명 여류작가 조피 폰 라 로슈와 그의 딸 막시밀리아네를 방문해 친교를 나눔. 막시밀리아네는 2년 뒤에 프랑크푸르트의 유복한 상인 브렌타노에게 시집감. 자제로 낭만파 시인 클레멘스 브렌타노와 작가 베티나 폰 아르님이 있음 (1807년 참조).

*레싱《에밀리아 갈로티》

1773년(24세) 셰익스피어를 본받아 자유분방하고 힘찬 희곡《괴츠 폰 베를리힝겐》을 자비출판하고 일약 주목을 받음. 여동생 코르넬리아와 괴테의 친구 슐로서가 결혼.

1774년(25세) 4월, 베츨러에서 실연한 경험을 소재로 하여 청년들의 사회적 폐쇄 상황과 자기파멸을 그린 서간체 소설《젊은 베르테르의 슬픔》을 완성, 가을에 간행. 젊은 세대의 열광적 지지를 얻어, '질풍노도파'를 대표하는 인기작가가 됨. 이 무렵《파우스트》집필에 착수. 6월~7월, 반합리주의적 사상가 리바터, 교육실천가 바세도우와 라인 지방 여행. 그 밖에도 서정시인 클롭슈토크, 동시대인 클링거, 야코비 형제 등과 활발한 교우. 이 시기를 전후해서 풍자극《사티로스》, 시〈툴레의 왕〉,〈프로메테우스〉,〈방랑자의 폭풍의 노래〉등 생명력 넘치는 작품을 씀.

*렌츠《가정교사》(질풍노도파)

1775년(26세) 4월, 부유한 은행가의 딸 릴리 쇠네만과 약혼. 5~7월, 제1회 스위스 여행. 9월, 젊은 바이마르 공 카를 아우구스트가 여행 중인 신흥작가 괴테를 방문. 소영방국가의 도의적 우위를 주장하는 유스투스 뫼저의 법철학을 둘러싸고 의기투합하여 괴테를 바이마르로 초대. 가을, 집안 간에 불화가 생겨 릴리와 파혼. 11월, 바이마르 공의 귀한 손님으로서 수개월 예정으로 바이마르를 방문. 이때《파우스트》제1부의 원형은 이미 절반쯤 완성되었음.

**미국 독립전쟁 발발(~1783).

1776년(27세) 봄, 바이마르에 머무르기로 결정. 6월, 공국 정부 내부의 반발을 무릅쓰고, 바이마르 공의 가장 친한 측근으로서, 나라의 최고기관인 추밀원 고문회의를 구성하는 3인의 대신 가운데 한 명으로 임명됨. 이후 죽을 때까지 바이마르를 정주지로 삼음.

영방국가 '작센 바이마르 아이제나흐'(정식 명칭)는 당시 인구 약 10만 명, 수도 바이마르의 인구 약 6천 명(그중 60%는 농민). 괴테는 그곳에서 사교, 담화, 사냥, 가장행렬, 아마추어 연극 등 근세 궁정생활에 날마다 참가함과 동시에, 그와 긴밀하게 진행되는 정치, 행정, 외교에도 관여했음.

이른바 바이마르 정주 초기(이탈리아 여행까지 약 11년)에 그가 관여했던 주요 정치, 행정, 외교 안건은 다음과 같음. 일메나우 은동광산 재건. 토지개량을 통한 농업진흥. 도로정비. 군대 소멸과 재무행정의 근대화 등 재정재건책 추진. 오스트리아과 프로이센 사이에서 중소 영방국가의 자주성을 확보하기 위한 군주동맹 결성의 시도 등등. 또한 실무도 요청받아 자연학 연구에도 손을 댔음. 한 마디로 계몽주의 사상에 근거한 합리적 국가경영 노력이었는데, 그 대부분은 괴테의 헌신에도 현실 조건을 극복하지 못하고 좌절됐음.

이 시기에 개인적으로는 일곱 살 연상의 슈타인 부인과 깊은 우정 또는 연애 관계에 있었음. 그녀에게 보낸 수천 통에 가까운 편지와 뛰어난 시들이 남아 있음. 〈어째서 그대는 운명인가〉, 〈달에게 보낸다(달빛은 안개에 빛나고/골짜기를 채운다)〉 등등. 세속적인 의미에서의 작가 활동은 거의 하지 않았고 동시대의 질풍노도파로부터도 거리를 두지만, 작품 집필은 쉼 없이 계속했음. 앞서 든 슈타인 부인에게 보낸 시들 말고도 《타우리스섬의 이피게니에》 산문 초고, 《빌헬름 마이스터 수업시대》의 초고인 《빌헬름 마이스터의 연극적 사명》 등을 썼음.

4월, 시 〈어째서 그대는 운명인가〉, 〈한스 작스의 시적 사명〉을 씀. 10월, 괴테의 추천으로 헤르더가 바이마르 종무총감독으로 부임.

＊클링거 《질풍노도》

＊＊미국 독립선언.

1777년(28세) 6월, 여동생 코르넬리아 죽음. 겨울, 하르츠 산지를 단독 기행. 브로켄 산 등산. 시 〈겨울 하르츠 기행〉을 씀.

1778년(29세) 5월, 바이에른 계승전쟁(오스트리아 대 프로이센)을 앞두고 바이마르 공을 따라 정치적 군사적으로 긴장 상태에 있는 베를린을 방문.

1779년(30세) 4월 《이피게니에》 초연.

9월~1780년 1월, 바이마르 공을 따라 두 번째 스위스 여행(프랑크푸르트 경유). 부모님, 결혼한 릴리, 미혼의 프리데리케와 재회. 베를린에서 바이마르 공국을 위한 차입금 교섭에 성공. 고지를 도보로 산행하며 풍경을 스케치하고, 제네바에서 기회를 얻어 여자의 완전 나체를 관찰함.

1780년(31세) 9월, 일메나우 지방 키켈하안 산 정상에 있는 오두막 널빤지 벽에 〈사냥꾼의 저녁 노래〉라는 시를 적음(1831년 참조).

1781년(32세) 11월, 시내 프라우엔플란에 집을 얻음(현재 괴테 기념관).

＊실러 《도둑 떼》, 칸트 《순수이성비판》

1782년(33세) 4월, 귀족 반열에 오름. 3~4월, 5월, 외교상 용무로 인근 궁정들을 차례로 방문함(~1785). 5월, 아버지 죽음.

1784년(35세) 2월, 일메나우에 새롭게 갱도가 뚫려 축하 연설을 함. 광산은 뒷날 수몰됨.

＊헤르더 《인류사 철학의 이념》(~1791)

1785년(36세) 괴테의 생각과는 달리 바이마르 공의 판단에 따라 현안인 중소군주동맹을 프로이센과 맺기로 결정됨. 6~7월, 처음으로 휴양지 카를스바트(현재 체코령 카를로비 바리)에 체재. 이후 여름마다 휴양지에 머묾. 가을, 프랑스 궁정의 추문 '목걸이 사건'에서 현존 질서의 근본적 동요를 보고 충격을 받음(1787, 1791년 참조).

1786년(37세) 6월, 괴셴서점과 제1차 작품집 출판 교섭. 7월, 카를스바트로 감. 8월, 카를스바트에서 저작집을 위해 《젊은 베르테르의 슬

품》퇴고. 9월 3일, 카를스바트에서 비밀리에 이탈리아로 여
행을 떠남(~1788년 9월.《이탈리아 기행》참조). 2주 간 베네치아
에 머무르는 등, 여행 뒤 10월 29일에 로마에 도착하여 체재.
저작집을 위해 기존 작품과 미완성 원고 등을 손보는 한편 고
전·고대·르네상스 미술 연구에도 힘씀.

＊실러《돈 카를로스》

＊＊프로이센 프리드리히 2세 죽음.

1787년(38세) 1월, 로마에서《타우리스섬의 이피게니에》완성. 2월, 카니발
체험. 2월 말 남쪽으로 여행을 떠남(~6월 초). 약 한 달간
나폴리에 체재. 민중과 마을과 고대 유적을 관찰하고, 활화산
베수비오를 세 차례 등정. 이어 처음으로 해로를 통해 시칠리
아의 팔레르모에 도착, 약 2주간 머묾. 식물원에서 무성한 남
국의 식물에 둘러싸여 '원식물'을 환시. '목걸이 사건'(1785년,
1791년 참조)에 관여했다는 의심을 받고 있는 희대의 사기꾼 칼
리오스트로의 생가를 거짓 핑계를 들어 가명으로 방문. 약 4
주에 걸쳐 시칠리아 내륙을 횡단한 뒤, 메시나에서 해로를 통
해 폭풍우로 난파 위기를 겪으면서도 나폴리로 돌아와 다시
체재. 6월 6일, 로마로 돌아와 거의 살다시피 함(~이듬해 4
월 말). 미술작품 연구, 회화실기 습득,《에그몬트》집필, 소
희가극 습작 등. 애인 파우스티네와 밀회했다고 추정됨.

1788년(39세) 2월, 두 번째로 카니발 구경. 〈로마의 카니발〉집필. 4월 23
일, 로마 출발. 피렌체, 밀라노를 거쳐 6월 18일에 바이마르
로 돌아옴. 문화학술 관계 및 일메나우 광산사업을 제외한 다
른 공무에서 은퇴. 그러나 바이마르 공의 측근으로서 각종 국
무에는 계속 참가함. 7월, 스물세 살의 크리스티아네 불피우
스와 동거. 슈타인 부인과 오랜 교우를 끝냄.《로마의 비가》
(~1790)

1789년(40세) 12월, 큰아들 아우구스트 태어남. 다른 자식들은 이미 요절.

＊＊7월, 프랑스혁명 발발(~1794년 7월).

1790년(41세) 3월, 이탈리아 여행 중인 태공비 안나 아말리아의 귀환을 마

중하러 베네치아로 가서 체재(~6월). 시집 《베네치아 단가》.
7월, 프로이센 진영에 있는 카를 아우구스트를 위문하러 슐레지엔(현재 폴란드령 실롱스키에) 지방으로 향함(~10월 초. 카를 아우구스트는 프로이센군의 장군이기도 했다). 이해 제1차 저작집 완결(1787~. 괴셴서점). 주요 수록 신작으로는 《에그몬트》, 《타우리스섬의 이피게니에》, 《토르쿠아토 타소》, 《파우스트 단편》.

1791년(42세) 여름, 프랑스 궁정 추문 '목걸이 사건'과 사기꾼 칼리오스트로를 모델로 혁명비판극 《대(大)코프타》 집필. 12월, 상연.
　*모차르트 〈마술피리〉, 실러 《30년전쟁사》(~1793)
　**8월, 오스트리아 프로이센의 필니츠 선언.

1792년(43세) 3월, 《대(大)코프타》 간행, 각지 오랜 지인들의 실망과 분노를 불러일으킴. 8월, 프로이센군 진영에 있는 바이마르 공 카를 아우구스트를 위문하러 프랑크푸르트, 마인츠를 거쳐 롱위(프랑스령) 공의 적진을 방문. 9월, 베르됭 침공 뒤 발미 포격전에 휘말려 군대와 함께 패주함. 프랑스군에 점령된 마인츠, 프랑크푸르트를 피해 토리아, 코블렌츠, 뒤셀도르프, 뮌스터, 카셀 등 북쪽으로 크게 우회하여 야코비 형제, 갈리틴 후작부인 등 지인들과 재회하면서 12월에 바이마르로 귀환(자서전 《프랑스 종군기》 참조).
　**4월, 프랑스 의회, 오스트리아에 선전포고. 7월, 프로이센 참전. 제1차 대불동맹전쟁. 9월, 발미 포격전 이후 형세가 역전하여 프랑스군이 우위를 점함.

1793년(44세) 5월 초, 반혁명 희곡 《시민 장군》 상연. 5월, 마인츠를 포위한 프로이센군 진영으로 바이마르 공을 방문. 탈환 직후 마인츠로 들어감. 8월, 프랑크푸르트를 거쳐 바이마르로 귀환(자서전 《마인츠 공방전》 참조).
　**(프) 루이 16세, 마리 앙투아네트 처형. 자코뱅파 독재, 공포정치.

1794년(45세) 2월, 바이마르 공, 프로이센군 퇴역. 전쟁은 계속되지만, 괴테의 생활에는 평화가 돌아옴(~1806). 이 무렵부터 가끔 대학 소재지 예나(바이마르령)에 장기 체재. 7월, 실러와 협력관계가 깊어짐.

＊＊(프) 7월, 테르미도르의 반동, 로베스피에르파 처형, 혁명진행 정지.

1795년(46세) 여름, 수년 만에 카를스바트에서 요양. 《메르헨》을 비롯한 《독일 피난민들의 대화》 완성.

《빌헬름 마이스터 수업시대》 완성.

＊＊실러의 논문집 〈소박한 문학과 감상적인 문학에 대하여〉 간행.

＊＊바젤화의(프로이센의 전선 이탈)

1796년(47세) 지난해부터 실러와 정치적 풍자단시집 《크세니엔》 공저.

1797년(48세) 7월, 프랑크푸르트를 거쳐 세 번째 스위스 여행(~11월). 많은 친구와 지인들과 재회. 〈코린트의 신부〉 외 발라드(이야기시) 집필. 장편 서사시 《헤르만과 도로테아》

＊티크 《장화 신은 고양이》(낭만주의적·전위적 희곡)

＊＊캄포 포르미오 조약(오스트리아 굴복).

1798년(49세) 《색채론》 연구. 《마술피리》 제2부 집필 시작.

＊슐레겔 형제, 낭만파 기관지 〈아테네움〉 창간(~1800).

1799년(50세) 7월, 티크, 노발리스, A.W. 슐레겔, 괴테 집안에 문객이 됨. 이 무렵부터 수년 동안 낭만파와 접촉 활발.

＊실러의 희곡 〈발렌슈타인〉 3부작 완결. 횔덜린 《히페리온》, 노발리스 《하인리히 폰 오프터딩겐(푸른 꽃)》 완성.

＊＊대불전쟁 재개(제2차 대불동맹전쟁).

(프) 나폴레옹 권력 장악.

1800년(51세) 6월, 옛 벗인 슈토르베르크 백작 가톨릭에 신앙 고백. 괴테, 깊은 실망.

＊노발리스 시집 《밤의 찬가》 간행.

1801년(52세) 1월, 안면화농성 염증과 인후염으로 호흡곤란 중태. 빈에서 사망설이 떠돎.

*노발리스 죽음.

**프랑스에 패배. 라인 강 좌측 할양.

1802년(53세) 이해부터 수년 간 건강 상태 좋지 않음(인후염), 정신적으로도 불안정. 여름, 작센의 요양지 라우흐슈테트에서 괴테의 감독하에 바이마르 궁정극장 소유의 새 극장이 완공. 괴테는 이후 수년 동안 여름마다 라우흐슈테트를 방문함(~1805).

1803년(54세) 은둔 생활과 음울한 기분. 3월, 이탈리아 르네상스의 자유분방한 금속공예가의 전기《체리니 자서전》의 번역·주역 완성.《서출의 딸》제1부 완성(제2부 이후 집필 중단). 12월, 헤르더 죽음.

*장 파울《거인》. 이를 전후하여 횔덜린 후기찬가 집필.

**제국대표자 주요결의(라인 강 좌측 할양의 뒤처리/300여 개의 영방국가를 약 40개로 정리, 재편).

1804년(55세) 1월, 병상.

**(프) 나폴레옹 스스로 황위에 오름.

1805년(56세) 연초부터 전신에 경련성 통증, 신장결석 급성 경련통으로 중태. 5월, 건강을 조금 회복. 5월, 실러 죽음. 여름에 완전히 건강을 회복함. 7월, 낭만파 회화〈새로운 가톨릭적 감상성〉에 공격 개시.

*이때부터 횔덜린의 광기가 심해짐.

**오스트리아·프로이센, 대불전쟁 재개(제3차 동맹), 패배.

1806년(57세) 1월, 쾌활한 희가〈하늘! 하늘의 하늘!〉집필. 2~3월, 건강 악화. 4월, 희곡《파우스트》제1부 완성(1808년 출판). 코타 서점 신저작집 간행 개시(전12권, ~1808년. 원고료 1만 탈러). 7월, 11년 만에 보헤미아의 요양지 카를스바트에 체재. 이후 여름 요양은 거의 해마다 습관이 됨.

당시 카를스바트를 비롯한 보헤미아 산간 요양지는 독일 제영방, 중·동유럽제국, 러시아 등의 궁정인과 상류층의 여름 사교장이었음. 괴테는 그곳에서 광천수 등을 마시고 건강을 회복하려고 애쓰는 한편 지질학 연구와 동시에 넓은 세계와의 다채로운 교류 및 자극을 즐겼음.

8월, 바이마르로 귀환. 9월, 대불전쟁 재개에 따라 프로이센 군 진영으로 복귀한 바이마르 공을 예나 근교로 방문, 군무에 협력. 10월 14일, 프로이센군, 예나에서 패배. 프랑스군 바이마르 침공. 괴테의 집도 습격당해 생명이 위태로워짐. 10월 19일, 18년 동안 동거했던 크리스티아네와 정식으로 결혼.

＊＊8월, 프랑스의 압력으로 신성로마제국 해체. 프로이센 대불전쟁 재개. 10월 14일, 예나 근교 아우어슈테트 전투에서 프로이센 패배. 독일 전역이 사실상 나폴레옹의 지배하에 들어감.

1807년(58세) 4월, 막시밀리아네(1772년 참조)의 딸 베티나 브렌타노(낭만파 시인 클레멘스 브렌타노의 여동생. 뒷날 아르님 부인) 내방(1835년, 베티나 폰 아르님《괴테와 한 소녀와의 서한집》). 6~8월 카를스바트.

＊클라이스트《암피트리온》

＊＊프로이센 개혁(국가 체재의 근대화).

1808년(59세) 5~9월, 카를스바트 및 주변 체재. 9월, 어머니 죽음. 9월 말, 에르푸르트의 제후 회의 수행, 나폴레옹 알현.

＊피히테 〈독일 국민에게 고함〉(내셔널리즘 고양), 클라이스트의 비극《펜테질레아》출간.

1809년(60세)《친화력》간행. 자서전《시와 진실》구상 시작.

1810년(61세) 5~9월, 카를스바트 및 테프리츠 체재. 오스트리아 황비 마리아 루드비카에게 헌시.《색채론》완성.

1811년(62세) 5월, 중세미술 사학자 부아슬리에를 최초로 방문. 5~6월, 카를스바트. 9월, 베티나 폰 아르님 내방, 아내 크리스티아네와 충돌. 베티나의 괴테 집안 방문을 금지.

《시와 진실》제1부 간행.

1812년(63세) 5~9월, 카를스바트 및 테프리츠. 베토벤과 친밀한 교제. 12월, 파리로 패주하던 나폴레옹이 바이마르를 통과하며 괴테에게 인사를 남김. 겨울, 심신 미약.《시와 진실》제2부 간행.

＊＊나폴레옹, 모스크바 원정과 후퇴.

1813년(64세) 4월 중순, 다가오는 전운을 피해 여름 휴양지로 떠남. 드레스덴을 거쳐 5~8월에는 테프리츠, 8월 19일에는 바이마르로 귀환. 9월, 전선이 바이마르까지 다가옴. 10월, 라이프치히 전투에서 대불동맹군 승리. 패주하는 프랑스군이 바이마르를 통과. 동맹국 귀족 바이마르 입성. 러시아 황제의 알현, 프로이센 왕자, 메테르니히 백작 등이 방문. 11월, 카를 아우구스트, 영지 내에서 대불의용군을 모집하지만 괴테는 허락하지 않음.

＊＊2월, 독일 해방전쟁 개시(~1814). 12월, 대불동맹군 라인 도강.

1814년(65세) 6월, 동양학자 하머가 독일어로 번역한 《하피스 시집》(14세기 페르시아 시인)을 읽고 《서동시집》의 최초 시군(詩群)이 탄생함. 8월, 평화가 돌아오자 《하피스 시집》을 들고 고향 프랑크푸르트를 거쳐 라인 강변의 요양지 비스바덴으로 여행을 떠남. 9월까지 이곳에서 머물며 주변의 라인·마인 지방을 여행. 지인 빌레머의 젊은 동거녀 마리안네(9월, 정식 결혼)를 알게 됨. 돌아오는 길에 프랑크푸르트, 게르바뮤레(마인 강변 빌레머 가문의 별장), 하이델베르크(부아슬리에의 중세미술 수집)을 방문. 10월 말, 바이마르로 귀환. 여행하는 동안과 돌아온 뒤 《서동시집》의 시가 끊임없이 탄생함. 겨울, 《서동시집》을 위해 중동 연구. 《시와 진실》 제3부 간행.

＊호프만 《황금 항아리》

＊＊4월, 파리 함락, 나폴레옹 퇴위. 11월, 빈 회의(~1815년 6월)

1815년(66세) 2월, 크리스티아네 중병. 5월, 다시 라인·마인 여행을 떠남. 여행 중 《서동시집》 가운데 〈줄라이카의 서〉의 시 몇 편을 집필. 6~9월, 비스바덴 및 주변. 8월 이후 게르바뮤레. 9월, 하이델베르크에서 빌레머 부인과 재회. 마리안네와 마지막 만남. 10월 중순, 바이마르 귀환. 이해 여름 마리안네와 빌레머를 줄라이카에 빗대어 〈줄라이카의 서〉의 주요 부분을 완성.

코타서점에서 신저작집(전20권, ~1819년. 원고료 1만 6천 탈러) 간행 시작. 빈 회의에서 전후 처리와 영방 재편을 논의한 결과 바이마르 공국은 대공국으로 승격.

＊아이헨도르프《예감과 현재》

＊＊9월, 39개의 영방국가로 이루어진 독일연방 발족. 유럽 열강의 신성동맹 체결(왕후귀족의 복귀).

1816년(67세) 6월, 아내 크리스티아네 죽음. 7~8월, 라인 지방에서의 세 번째 요양을 마차 사고로 단념. 바이마르 인근의 덴슈테트에서 머묾.《이탈리아 기행》제1부 간행.

1817년(68세) 4월, 여배우 카롤리네 야게만(바이마르 공 카를 아우구스트의 애인)과의 불화로 궁정극장 총감독직에서 해임됨. 자신의 삶을 돌아보는 시〈태초의 말. 오르페우스의 비사〉.《이탈리아 기행》제2부 간행. 자전적 각서《연대기록》집필 시작(~1825).

＊＊발트부르크의 축제(자유주의운동).

1818년(69세) 8~9월, 카를스바트 체재.

1819년(70세) 9월, 카를스바트 체재. 10월, 예나 대학 감독관 취임을 거절.《서동시집》간행.

＊＊카를스바트 결의·자유주의운동 탄압.

1820년(71세) 5월, 카를스바트 및 마리엔바트(현재 체코령 마리안스케 라즈네) 체재. 6~10월, 예나 장기 체류.

1821년(72세) 5월《빌헬름 마이스터 편력시대》제1부 간행(뒷날 전면 개편). 8~9월, 마리엔바트 및 에거 체재.

＊＊그리스 독립전쟁(~1829)

1822년(73세) 6~8월, 마리엔바트 및 에거 체류. 자서전《프랑스 종군기》,《마인츠 공방전》간행.《연대기록》집필 본격화.

1823년(74세) 2~3월, 중태(심근경색?), 사망설 떠돎. 6월, 에커만, 괴테의 권유로 바이마르에 정주. 비서 에커만《괴테와의 대화》기록 시작. 7~9월, 마리엔바트, 카를스바트 및 에거. 폴란드의 피아니스트 시마노프키의 연주에 감동하여 시〈화해〉를 지음. 열일곱 살 울리케 폰 레베초와의 결혼 가능성을 알아봄. 레베초의 어머니는 완곡히 거절. 바이마르로 돌아오는 마차 안에서 〈마리엔바트의 비가〉를 지음. 여름 휴양은 이것이 마지막. 10월, 시마노스프키, 바이마르를 방문하여 괴테를 위해 거듭 피아노 연주. 11월 초, 시마노스프키 떠남. 직후 병이 재발하여 중태.

1824년(75세) 3월, 《젊은 베르테르의 슬픔》 50주년 기념판을 위해 시 〈베르테르에게 보내는 편지〉(〈화해〉, 〈마리안바트의 비가〉와 함께 《열정 3부작》). 4월, 그리스 독립전쟁에서 바이론 전사(《파우스트》 제2부 제3막 〈헬레나극〉에 그 모습을 묘사함). 10월, 하이네 내방.
  *베토벤 〈교향곡 제9번〉

1825년(76세) 2월 이후 희곡 《파우스트》 제2부 집필 재개. 6월, 《빌헬름 마이스터 편력시대》 퇴고 시작. 자전적 각서 《연대기록》 완성 (대상연대, 1749~1822).
  **(영) 스티븐슨이 증기기관차 실용화.

1826년(77세) 이 무렵부터 난청과 건망증 징후. 6월, 《헬레나》(《파우스트》 제2부 제3막) 완성.

1827년(78세) 1월, 슈타인 부인 죽음. 3월, 코타서점에서 결정판 괴테전집 간행 시작(전40권, ~1830년. 원고료 6만 탈러. 죽은 뒤 전60권으로 증판, ~1842년). 5월, 자유로운 연작시 〈지나·독일 사계일력〉.
  *하이네 서정시집 《노래책》

1828년(79세) 3월, 프랑스역 《파우스트》 제1부 (E. 들라크루아의 석판화 삽입)를 헌정받음. 6월, 바이마르 대공 카를 아우구스트, 베를린에서 귀환 중에 객사. 7~9월, 자르 강변 도른부르크에 있는 성관에서 은둔생활. 9월, 〈도른부르크의 시〉. 12월, 《실러·괴테 왕복 서한》 간행. 이 무렵부터 불면증과 만성피로 등 노쇠 징후. 백내장 증상.

1829년(80세) 《빌헬름 마이스터 편력시대》 결정판 전3부 간행. 《이탈리아 기행》 제3부 간행.

1830년(81세) 11월, 아들 아우구스트가 로마에서 객사(10월)했다는 소식이 전해짐. 이달 말 각혈을 반복하며 중태.

**이때를 전후하여 산업혁명이 독일로 번짐. 프랑스 7월혁명. 자유주의적 정치운동이 독일 곳곳으로 파급.

1831년(82세) 1월, 유서 작성. 8월, 희곡《파우스트》제2부 완성, 봉인. 이달 말, 생일이 지나자마자 마지막으로 일메나우 여행. 키켈하안 산 정상에 있는 오두막에서 50년 전 널빤지에 적었던 시〈사냥꾼의 저녁 노래〉와 재회(1780년 참조).《시와 진실》제4부 완성. 유행성감기, 류머티즘, 하지궤양 등을 앓음.

*하이네, 파리로 이주.

1832년(83세) 1월, 희곡《파우스트》제2부의 봉인 해제. 2월, 영국 철도 개통 소식을 들음. 3월 중순 마차를 타고 산책하다가 감기에 걸림. 폐렴으로 발전하여 심근경색 유발, 극심한 고통에 시달림. 3월 22일, 멀어지는 의식 속에서 고통도, 죽음에 대한 두려움도 잊은 채 간병인들도 모르는 사이에 평온하게 자택에서 죽음.

*뵈르네《파리에서 온 편지》(~1834)

**5월, 급진자유주의자의 함바흐 축제.

〔죽은 뒤〕

1833년 《파우스트》제2부,《시와 진실》제4부 출판.

*1835년 뷔히너《당통의 죽음》

1836년 하이네《낭만파》

**1834년 1월, 독일 관세동맹 발족(독일 통일의 첫걸음). 1830년대 후반, 각지에 철도 부설(산업혁명 진행). 1871년, 프로이센 주도하에 독일 통일.

곽복록 (郭福祿)

일본 조치(上智)대학교 독어독문학과 수학. 서울대학교 문리과 대학 독어독문학과 졸업. 미국 시카고 대학교 대학원 독어독문학과 졸업. 독일 뷔르츠부르크 대학교 독문과 졸업(독문학 박사). 서울대학교·서강대학교 독문과 교수 역임. 한국 독어독문학회 회장. 한국 괴테학회 초대회장. 서강대학교 명예교수. 저서에 〈독일문학의 사상과 배경〉, 역서에 폰타네 〈사랑의 미로〉, 토마스 만 〈마의 산〉, 헤르만 카자크 〈강물 뒤의 도시〉, 하인리히 뵐 〈아담, 너는 어디 가 있었나〉, 프리덴탈 〈괴테 생애와 시대〉, 슈테판 츠바이크 〈어제의 세계〉, 요한 볼프강 괴테 〈빌헬름 마이스터 수업시대·편력시대〉 요한 페터 에커만 〈괴테와의 대화〉 등이 있다.

World Book
226

Johann Wolfgang von Goethe
DIE WAHLVERWANDTSCHAFTEN
HERMANN UND DOROTHEA
친화력/헤르만과 도로테아
요한 볼프강 폰 괴테/곽복록 옮김
1판 1쇄 발행/2014. 2. 28
발행인 고정일
발행처 동서문화사
창업 1956. 12. 12. 등록 16-345(윤)
서울 강남구 도산대로 163(신사동)
☎ 546-0331~6 (FAX) 545-0331
www.dongsuhbook.com
잘못 만들어진 책은 바꾸어 드립니다.

＊

사업자등록번호 211-87-75330
ISBN 978-89-497-0857-7 04080
ISBN 978-89-497-0382-4 (세트)